향기로운 삶과 말씀

향기로운 삶과 말씀

초판1쇄 인쇄   2014년 8월 6일
개정판1쇄 인쇄 2020년 5월 20일
개정판1쇄 발행 2020년 5월 25일

지 은 이   성 뽀르피리오스 수도사제
옮 긴 이   아가티 백은영 수녀
펴 낸 이   암브로시오스 조성암 대주교
펴 낸 곳   정교회출판사
출판등록   제313-2010-5호

주   소   서울특별시 마포구 마포대로 18길 43
전   화   02)362-7005
팩   스   02)365-2698
e-mail   orthodoxkorea@gmail.com

* 잘못된 책은 바꿔드립니다.

정가   28,000원
ISBN 978-89-92941-61-7 03230

ⓒ정교회출판사, 2014

* 이 책에 실린 내용은 무단복제와 무단전재를 할 수 없습니다.

Βίος καί Λόγοι
Copyright©2006 Ἱερά Μονή Ζωοδόχου Πηγῆς - Χρυσοπηγῆς
Korean Translation Copyright ©2012 Korean Orthodox Editions
All rights reserved

정교회의 영적 아버지이신
뽀르피리오스 성인의 자서전

향기로운 삶과 말씀

정교회출판사

차례…향기로운 삶과 말씀

머리말·암브로시오스 조성암 대주교　7

성인에 대한 간략한 소개　11

제 1 부
성 뽀르피리오스 수도사제의 생애(1906-1991년)
　아토스 성산을 향한 여정　18
　아토스 성산, 깝소칼리비아(1918-1925)　32
　에비아(1925-1940)　82
　아테네 병원(1940-1973)　102
　깔리시온의 성 니콜라스 성당(1955-1979)　135
　밀레시에 있는 구세주 변모 수도원(1979-1991)　145
　깝소칼리비아(1991)　157

제 2 부
성 뽀르피리오스 수도사제의 말씀

교회에 대하여   162

하느님을 향한 열렬한 사랑에 관하여   178

기도에 대하여   210

영적 투쟁에 대해서   251

수도 생활에 대하여   297

참회의 신비에 대하여   325

이웃 사랑에 관해서   339

하느님의 섭리에 관하여   358

어린이 교육에 관해서   367

마음속의 생각들에 대해서   397

자연에 대하여   407

병에 대하여   417

초자연적인 통찰력에 대해서   431

영원한 세계에 대해서   457

성 뽀르피리오스 수도사제와의 만남 · 피시디아의 소티리오스 대주교   467

흐리소피기 수녀원의 성 뽀르피리오스 성화 작품

머리말

2003년 그리스에서 그리스어로 처음 출판된 이 책은 출판되자마자 수많은 독자의 호평을 받았으며, '최근 백 년 동안 출판된 영성 서적 중에서 최고'라는 찬사를 받았습니다. 그 명성에 걸맞게 이 책은 지금까지 이미 12개의 언어(영어, 프랑스어, 독일어, 러시아어, 세르비아어, 루마니아어, 불가리아어, 네덜란드어, 핀란드어, 아랍어, 덴마크어, 헝가리어)로 번역 출판되었고, 현재 에스토니아어를 비롯하여 이탈리아어, 스페인어 그리고 폴란드어로도 번역 출판 작업이 진행 중입니다.

한국 정교회에서도 이 보물 같은 영성 서적을 한국 독자들과 함께 나누자는 데 뜻을 같이 하여 마침내 정교회출판사를 통해 출판하게 되었습니다. 이제 뽀르피리오스 성인의 어린 시절부터 아토스 성산에서 성인처럼 임종(1906~1991)을 맞이한 내용까지 수록된 이 책을 통해서 한국 독자들이 '정교회 영성'의 참 뜻을 이해하리라 기대합니다.

오늘날 많은 사람들이 '정교회의 영성'이라는 용어를 제 나름대로 해석하고는 있지만 실천 신앙으로서의 '정교회의 영성'을 제대로 이해하는 사람의 수는 극히 드뭅니다.

2013년 11월 27일 콘스탄티노플 세계총대주교청에 의해 성인으로 공포된 뽀르피리오스 현대 성인은 우리들에게 어렵지 않는 방법과 적절한 예를 통해서 '영성생활'의 훌륭한 길잡이 역할을 하십니다. 성인의 삶과 가르침을 통해서 우리는 하느님에 대한 사랑과 이웃에 대한 사랑, 믿음, 겸손, 단순함, 순종, 분별력, 회개, 기도, 기쁨 그리고 희망을 배웁니다. 또한 우리가 살아가면서 직면하게 되는 어려운 고비들, 즉 질병, 슬픔, 분노, 아이들의 교육 등을 어떻게 대처해 나가야 하는지도 제시해 줍니다.

이 책은 성직자의 영성생활 발전에 큰 도움이 되는 책이지만 교회의 사업에 동참하고 봉사하는 이들에게, 부모들에게, 교육자들에게, 수도사들에게, 주님의 뜻에 따라 살고자 하는 모든 이들에게도 진정한 영적 양식을 제공해 줄 매우 훌륭한 책입니다.

이 책의 저자는 뽀르피리오스 성인 자신이 아니라 크레타의 하니아에 위치한 흐리소피기 수녀원의 수녀들입니다. 1977년부터 뽀르피리오스 성인은 자주 흐리소피기 수녀원을 방문하여 영적 투쟁을 하는 수녀들에게 도움이 될 만한 권면을 주시곤 했습니다.

뽀르피리오스 성인의 영적 자녀들인 흐리소피기 수녀원의 두 명의 수녀들은 30년 동안 성인과 가깝게 지내면서 영적 아버지인 뽀르피리오스 신부의 성인다운 삶을 글로 기록하고 훌륭한 가르침을 녹음하여 이 자료를 보관하였다가 책으로 엮어냈습니다. 이렇게 해서 탄생된 이 책은 뽀르피리오스 성인에 대한 신뢰할 수 있는 증언들에 기초하기 때문에 유일하면서도 객관적인 소중한 영적 유산입니다.

이 책은 2부로 구성되었습니다. 1부는 뽀르피리오스 성인의 삶에 대한 내용이고 2부는 성인의 가르침입니다. 영성생활에 관심이 있는 독자라면 이 책을 읽고서 '샘솟는 물'(요한 4:11)을 마심으로써 갈증을 없애고 '생명의 빵'(요한 6:48)을 얻어서 영적인 배고픔을 채울 수 있으리라 확신합니다.

끝으로 이 책의 출판을 허락해 주신 그리스의 흐리소피기 수녀원과 출판 비용을 맡아주신 마리아 한희옥, 아가뻬 백은경님께 감사를 드리며, 애써 번역해 주신 주 변모 수도원의 아가티 백은영 수녀의 수고와 헌신에 특별한 감사의 인사를 전합니다.

정교회 한국대교구 교구장
† 암브로시오스 조성암 대주교

† 조성암 대주교

성 뽀르피리오스

성인에 대한 간략한 소개

뽀르피리오스 수도사제[1]는 1906년 2월 7일 에비아(Evia)섬의 카리스티아(Karystia) 지역에 위치한 아기오스 요아니스(Agios Ioannis)라는 시골 마을에서 태어났다. 어렸을 때 이름은 에방겔로스였고, 아버지는 레오니다스 바이락타스이며 어머니는 엘레니 람부루였다. 성인의 부친은 마을에 있는 성당의 성가대장이었고, 넥타리오스 성인[2]을 개인적으로 만난 경험이 있었다.

성인의 가족은 형제자매가 많은 대가족이었다. 더군다나 부모는 가난한 농부였기에 대가족을 제대로 부양하기가 힘들었다. 그래서 성인의 부친은 미국으로 건너가 파나마 운하 공사현장에서 노동자로 일했다.

에방겔로스는 넷째 아이였다. 어렸을 때는 주로 산에서 양치기 일을 했고, 가난 때문에 더 이상 학업을 계속하지 못하게 되자 초등학교 1학년만을 마치고 할키다(Chalkida)로 가서 취직을 해야 했다. 그래서 일곱 살 되던 해부터 상점에서 2년 동안 일을 했고, 그 후로도 친척이 경영하던 피레아

---

[1] 수도사제: 정교회에서는 성직자가 되기 전에 결혼할 것인지 수도사가 될 것인지 여부를 먼저 결정해야 한다. 결혼한 뒤에 신품성사를 받고 사제가 되면 기혼 사제이고, 수도사로서 신품성사를 받은 사제이면 수도사제라 한다. 정교회의 성직품계에는 주교, 사제, 보제가 있다.
[2] 성 넥타리오스(1846~1920): 펜타폴리스의 주교 성인. 주교가 되어 훌륭한 업적을 행하였으나 비방과 중상모략으로 주교직에서 물러나 그리스의 에기나에 수도원을 건립하셨다. 생전에도 많은 기적을 행하셨고 사후에도 기적을 행하셨다. 성인의 성해는 부패되지 않으면서 향기를 내고 있다.

(Piraea)에 있는 상점에서 2년 동안을 일했다.

성인은 열두 살이 되던 해에 칼리비티스 성 요한(Saint John in Hut-dweller)[3]을 닮고 싶은 갈망을 가지게 되었고, 어린 나이에 집을 나와 아토스 성산[4]으로 들어갔다. 이처럼 어렸을 때 칼리비티스 성 요한 전기를 읽은 성인은 평생 동안 칼리비티스 성 요한을 사모하게 되었다. 하느님의 축복으로 성인은 아토스 성산의 깝소칼리비아에 위치한 칼리비티스 성 요한(Saint John in Kafsokalyvia) 칼리비[5]로 가게 되어 두 명의 영적 아버지에게 인도되었는데, 한 분은 판델레이몬이라는 고백사제[6]였고 또 다른 한 분은 그분의 친형제였던 요아니코스 신부님이었다. 성인은 두 분의 영적 아버지[7]의 말씀을 따라서 열심히 영적 수행을 했다. 성인은 지인들에게 영적 아버지들에 대해 "두 분은 매우 엄격하였지만 나는 이분들을 진정으로 사랑했고 그들에게 완벽하게 순종했다."고 회고했다.

열네 살 되던 해, 성인은 니키타스라는 이름으로 수도사[8]가 되었다. 그

---

3) 칼리비티스 성 요한(460-?): 레온 1세 황제 때 콘스탄티노플의 부유한 집안에서 태어나셨다. 어렸을 때부터 신앙심을 키운 성인은 손님방에서 잠시 머물던 수도사의 도움으로 수도원으로 떠나셨다. 수도원에서 영적으로 훌륭하게 성장하셨다. 수도원장의 허가를 받고 마지막 일생을 자신의 집에서 영적 투쟁을 하셨다. 금식과 철야예배 등 수도원 생활로 말미암아 변해버린 자신의 모습을 부모는 알아보지 못하였다. 집안의 마당 한 구석에 움막을 치고 그곳에서 영적 단련을 하셨다. 생애의 마지막 날이 다가옴을 안 성인은 부모에게 자신의 정체를 밝히고 검소하게 수도사를 위한 장례를 치르게 해달라고 부탁하셨다. 하지만 성인의 어머니는 훌륭한 옷을 입히고 화려한 장례를 치르려고 했는데 갑자기 지진이 일어나서 성인의 유언대로 수도사에 어울리는 장례를 치르게 되었다. 자신의 집 마당에서 움막을 치고 영적 단련을 했다고 해서 칼리비티스(움막) 성 요한이라고 칭한다.
4) 아토스 성산: 기원후 5세기부터 독자적으로 혹은 소공동체를 형성해 수도생활이 시작된 곳이다. 9세기 초엽부터 새로운 수도원 시대가 시작되어서 9세기 중엽부터 수도원 영성이 꽃을 피기 시작하여 10세기경에 만개함으로써, 거룩한 산(聖山)이라는 뜻의 '아기온 오로스'라는 명칭을 얻었다. 오늘날에도 전 세계 그리스도교에서 가장 큰 수도영성의 중심지이다. 1988년 유네스코 세계유산으로 지정되었다.
5) 은둔처. 아토스 성산에서 몇몇 은수도사들이 모여 사는 은둔처(소공동체)를 말한다. 은수도사들의 방과 작업실 그리고 성당이 있다. 수도원 공동체와 구별하기 위해서 칼리비(은둔처)라는 단어를 사용한다.
6) 특별 기도식을 통해 고백성사를 거행할 수 있게 된 사제를 말한다.
7) 영적으로 성장하도록 인도해 주는 분으로서 주로 고백사제가 영적 자녀들의 영적 아버지가 된다. 수도원에서는 수도원장이 영적 아버지의 역할을 함께 담당하기도 한다.
8) 하느님께 자신을 봉헌하고 독신으로 삶을 사는 사람을 말한다.

리고 2년 후에 메갈로 스키모스 수도사(종신서원 수도사)가 되었다. 그 후 얼마 되지 않아 하느님께서는 성인에게 초자연적인 통찰력[9]을 주셨다.

열아홉 살 때 성인은 중병을 앓게 되어 아토스 성산을 떠나야 했다. 그 후 에비아 섬으로 다시 돌아와 레프카(Lefka)의 성 하랄람보스 수도원에서 지냈다. 일 년이 지난 1926년 스무 살 때 성인은 시나이산의 대주교셨던 뽀르피리오스 3세로부터 사제 서품을 받았고, 대주교는 성인에게 자신의 이름을 따 뽀르피리오스라는 이름을 주었다. 또한 성인은 스물두 살 때 고백사제가 되는 축복을 받고나서 영적 아버지이자 고백신부가 된다. 그리고 얼마 뒤에는 대수도사제(archimandrite)가 되었고, 에비아 섬의 시골 마을에서 이슬람국가에서 이주해 온 이들을 위한 사제로 활동하였다.

에비아 섬에 있는 성 하랄람보스 수도원에서는 12년을 지냈고 영적 아버지와 고백사제로서 사람들을 섬기면서 살았다. 그리고 3년 동안은 아노 바티아(Ano Vatheia)에 폐허로 방치된 성 니콜라스 수도원에서 살았다.

1940년 제2차 세계대전이 발발하여 그리스가 침공 당하기 전날에 아테네로 이주하였고 아테네 종합병원에서 사제로 봉직했다. 신부님은 33년간을 이곳에서 한결같이 지내면서 지칠 줄 모르고 영적 사목활동에 자신을 헌신했으며 환자들의 아픔과 고통을 위로해 주었다.

1955년부터는 성인은 칼리시아(Kallisia)에 정착하여, 펜델리 수도원으로부터 그 지역에 있던 작고 아담한 성 니콜라스 수도원과 주변에 있는 경작지를 빌려 아주 정성껏 가꾸었다. 이와 함께 성인은 영적 아버지로서도 많은 일들을 수행했다.

1979년 여름이 되자 평생 소원이었던 수도원을 짓기 위해 밀레시(Milesi)로 이주했다. 그곳에서 성인은 처음에는 비바람만 겨우 막아주는 이동식 가옥에서 살다가, 나중에는 시멘트 벽에 돌을 쌓아 지은 초라한 집에서 옮

---

9) 하느님의 특별한 은사 중 하나로 과거와 미래를 꿰뚫어 보는 능력을 말한다.

겨 살았고, 그곳에서 악화된 건강 상태가 야기하는 수많은 시련들을 불평 없이 견뎌냈다. 1984년, 성인은 건축 중인 수도원의 한 건물로 이사했다. 성인은 병들었고 시력도 잃었지만 자신의 고통도 돌보지 않고 쉼 없이 일했다. 1990년 2월 26일 마침내 구세주 변모 수도원 머릿돌 축성식을 거행함으로써 수도원을 세우고자 했던 성인의 꿈은 현실이 되었다.

성인은 이 세상에서 얼마 남지 않은 마지막 날들을 지내면서 세상과 작별할 준비를 하였다. 성인은 예수님께 자신의 영혼을 맡기기 위해, 그토록 사랑했던 아토스 성산의 깝소칼리비아로 조용하게 그리고 아무도 모르게 (평생을 그렇게 사셨던 것처럼) 가기를 원했다. 사람들은 성인이 "이제 늙었으니 아토스 성산에 가서 평안하게 눈감을 수 있기를 바랄 뿐이오."라고 말하는 것을 자주 들었다.

1991년 12월 2일 아침, 뽀르피리오스 대수도사제는 자신의 은둔처였던 깝소칼리비아에서 성인처럼 임종을 맞이했다. 그리고 예수님께서 제자들을 위해 "이 사람들도 하나가 되게 하여 주십시오."라고 기도하신 것처럼, 평소 이 말씀을 너무나도 사랑했던 성인도 "이 사람들도 하나가 되게 하여 주십시오."라는 말씀을 마지막 유언으로 남겼다.

성 뽀르피리오스

제 1 부

성 뽀르피리오스 수도사제의 생애
(1906-1991년)

아토스 성산을 향한 여정(旅程)

"칼리비티스 성 요한을 닮고 싶은
꿈을 품었지요."

어린 시절

에비아 섬의 어느 한적한 곳에 '아기오스 요아니스(성 요한)'라는 마을이 있습니다. 나는 그 시골마을 출신입니다. 나의 부모는 가난했고 아버지는 파나마 운하 공사장에서 노동자로 일하기 위해 고향을 떠나 미국으로 건너 갔습니다. 그래서 시골에서 자란 우리는 어렸을 때부터 일을 해야만 했습니다. 정원과 나무에 물을 주고, 가축을 돌보는 등 형들이 시키는 대로 바쁘게 일했습니다. 어렸던 나는 주로 산에서 양떼들을 지켰습니다. 난 똑똑하지 못했고 내성적이었습니다. 학교는 초등학교 1학년만 다녔고 선생님께서 자주 아프셔서 결근하셨기 때문에 그나마 배운 것도 별로 없었습니다. 나는 양떼를 지키면서 칼리비티스 성 요한 전기를 더듬더듬 읽었고, 그 후로 내겐 수도사가 되고 싶은 열망이 생겼습니다. 물론 수도사가 무엇인지 전혀 알지 못했고, 수도사를 본 적도 없었으며 수도원에 가본 적은 더더욱 없었습니다. 한마디로 아무런 경험이 없었습니다.

내가 일곱 살 때, 어머니는 나를 할키다(Chalkis)로 보내어 한 가게에서 일하게 했습니다. 그 가게에는 열쇠, 철, 못, 끈 등 철물은 물론이고, 설탕, 쌀, 커피, 후추, 온갖 식료품 등, 없는 물건이 없었습니다. 가게는 꽤 컸고,

이미 두 명의 아이들이 그전부터 일을 하고 있었습니다. 그 아이들과 함께 일하게 된 나는 그 고참들이 시키는 대로 일을 다 했습니다. 모두들 내게 일을 다 떠맡겼지만 나는 그 일들을 마다하지 않았습니다. 내가 그곳에 오기 전에 그 두 아이는 주인 아주머니의 베란다에 있는 '바실' 화분에 물 주는 일도 맡아 하고 있었습니다. 서로 순서를 정해 번갈아 가면서 하루에 한 번씩 물을 주었습니다. 그러나 내가 온 후부터는 그 일을 전부 내게 떠넘겼습니다. 나는 꾀를 부리지 않고, 청소 하는 일이나 꽃에 물주는 일이나 시키는 것이면 무엇이나 지체없이 실행했습니다.

어느 날 문 닫을 시간이 되어 가게 바닥을 쓸고 있었는데 쓰레기를 모아 두는 곳에 열다섯 개 정도의 커피콩들이 떨어져 있었습니다. 나는 몸을 숙여 그것들을 모두 주워 커피자루에 다시 담으려고 했습니다. 그때 사방이 유리창으로 된 사무실 안에 있던 주인은 내가 몸을 숙여 자루에 무엇인가를 넣는 모습을 보고 나를 불렀습니다.

"에방겔로스(내가 어렸을 때의 이름), 이리 와 봐! 손에 쥔 게 뭐지?"

"커피콩이요. 바닥에 버려져 있어서 주웠어요." 나는 이렇게 대답했습니다.

그러자 주인은 "타소스, 아리스토스, 야니스, 요르고스!" 하며 큰 소리로 아이들을 불렀습니다. 한 아이는 창고에, 다른 아이들은 다른 곳에 있었습니다. 주인은 계속 목청을 높여 더 큰 소리로 아이들을 불렀습니다. 잠시 후에 모든 아이들이 다 모였습니다.

"에방겔로스, 손을 펴 봐! 다들 봤지? 이게 뭐지?"

"커피콩이요."

모두들 입을 모아 대답했습니다.

"에방겔로스, 어디서 찾았지?"

"바닥에 흩어져 있어서, 전부 주워서 커피자루에 넣으려고 했어요."

주인은 한참 동안 훈계를 늘어놓았습니다. 아마 무슨 일이 벌어졌을지 여러분도 상상이 될 것입니다. 가게 안에서는 낭비가 심했습니다. 작은 삽으로 커피콩을 퍼내면서 조심하지 않아 땅에 흘리기 일쑤였습니다.

"자, 잘 들어라. 오늘부터 당번을 정합니다. 한 주일은 아리스토스, 그 다음 한 주일은 타소스, 또 다른 한 주일은 에방겔로스. 꽃에 물주기와 모든 일들을 순번을 정해서 하도록 해라. 알았지?"

주인 가족들은 나를 좋아했습니다. 주인집의 위층으로 나를 불러서 내가 알고 있는 성가를 부르게 하기도 했습니다. 그들은 나를 진심으로 아껴주었습니다. 그전에는 그들이 나를 잘 몰랐지만 그 일을 통해서 그들은 내게서 깊은 인상을 받았던 모양입니다.

이런 생활을 2년쯤 하다가 피레아에 있는 친척의 식료품 상점으로 옮기게 되었습니다. 이 식료품 상점은 챠마두 거리에 있는 언덕에 위치해 있었습니다. 내 잠자리는 식료품 상점에 있는 다락방이었습니다. 식료품 상점은 타페르나(작은 식당)도 하고 있었습니다. 우리 상점은 매일 물건을 사러 오는 손님들로 분주했고 단골 손님 중에는 상점에 있는 타페르나에서 술을 마시거나 간단하게 식사를 하는 사람들도 있었습니다.

은수도사(隱修道士)

어느 날 같은 동네에 살고 있던 노인 두 분이 우리 가게에 와서 생선구이 두 접시와 포도주 한 병을 주문했습니다. 주문한 것을 가져다주면서 나는 한 노인이 "아토스 성산에서 마셨던 포도주를 어디서 구하지? 아마도 못 구할 거야."라고 다른 노인에게 말하는 것을 들었습니다. 나는 귀가 솔깃해졌습니다.

"자네, 아토스 성산에 가본 적이 있나?"

다른 노인이 물었습니다.

"그럼. 고향인 미틸리니 섬 칼로니에 있을 때, 아토스 성산에 갔었지. 수도원에서 직접 빚은 포도주도 마셨는데 맛이 기가 막혔다네."

"정말로? 은수도사가 되려고 갔었나?"

노인이 다시 물었습니다.

"그랬지, 수도사가 되려고 갔었지. 하지만 결국 그곳 생활을 견디지 못해서 수도사는 되지 못했어. 그 후로 그곳을 떠났는데, 나중에 얼마나 후회했는지 모른다네."

나는 이 대화를 주의깊게 들었습니다. 사실 얼마 전에 어떤 수도사들이 이 가게를 들르면서 작은 책자들을 주고 갔던 적이 있었기 때문이었습니다. 그 중에는 칼리비티스 성 요한 전기가 실려 있는 책도 있었는데, 그 책은 조금 전에 말했듯이 내가 시골에서 양떼를 치면서 더듬더듬 읽었던 것이었습니다. 글을 제대로 읽지 못했던 나는 몰래 다락방의 등불 아래에서 더듬더듬 힘들여 그 책자를 다시 읽었습니다. 그리고 나서 요한 성인의 삶에 큰 감동을 받고 성인을 닮고자 결심했습니다. 하지만 아토스 성산에 대해서는 아무것도 몰랐습니다.

노인은 계속 이야기를 이어나갔습니다.

"그땐 은수도사가 되려고 갔었지. 그곳이 얼마나 아름다운 곳인지 자네는 아마 모를 걸세. 난 그곳에서 척박한 환경과 외딴 곳에서 금식하고 기도하며 영석 단련을 하던 은수노사들을, 하느님을 사랑하려고 노력하는 서룩한 사람들을 만났지. 하지만 결국 그 모든 걸 뒤로 한 채 세상으로 되돌아온 나는 엄청난 어려움에 빠져버렸다네. 아토스 성산에서 지내던 시절을 항상 기억하면서 그곳에 남아있지 못했던 걸 슬퍼하고 있지. 다시 속세로 나와 가족과 아이들과 온갖 소음들로 고통 받으면서 살다 보니, 이제는 너무 지쳐버렸다네. 정말 아토스 성산이 많이 생각난다네. …"

　잠시 후에 그 노인들은 자리를 떴지만, 그들이 나누던 대화는 내 머릿속에 계속 남아있었고, 그 노인이 말한 곳에 가고자 하는 깊은 갈망이 생겼습니다. 칼리비티스 성 요한을 닮고자 하던 내 꿈이 이제 실현될 수 있겠구나 하는 생각에 강하게 사로잡혔습니다. 이 갈망은 지속적으로 강렬하게 마음속에서 활활 타올랐습니다.

　이틀 뒤에, 그 노인이 우리 가게에 다시 왔습니다. 나는 다른 사람들이 눈치채지 못하게 얼른 노인에게 갔습니다.

　"안토니오스 할아버지, 아토스 성산이 얼마나 좋은 곳인지 말씀해 주세요."

　"지난번에 다 들었잖아. 지금은 이야기해 줄 수 없어."

　그러고서는 내게 아무런 말씀도 없이 그냥 가 버렸습니다. 그때부터 나는 다른 것을 생각할 수 없었습니다. 마음 깊은 곳에는 오직 수도사가 되어야겠다는 생각밖에 없었습니다. 하지만 어떻게 해야 아토스 성산에 갈 수 있는지 나는 몰랐고, 돈도 없었으며, 또 주인에게는 뭐라고 말해야 할지도 몰랐습니다.

　그 후로 안토니오스 할아버지께서 또 다시 가게에 오셨습니다. 그때 기회를 놓치지 않고 아토스 성산에 대해 다시 슬그머니 물었습니다. 그제서야 모든 이야기를 다 해 주셨습니다. 하지만 그 당시 내가 그곳을 떠나는 일은 불가능해 보였습니다.

　"주인에게 무슨 변명을 둘러대야 떠날 수 있을까?"

그리스도를 사랑한 부랑아

며칠을 종일토록 의기소침해서 생각에 잠겨 있었습니다. 주인은 이런 나를 보고 이상하게 여겨 내게 이렇게 말했습니다.

"왜 그러니? 무슨 일이 있니?"

그때 나는 거짓말을 할 수 밖에 없었습니다.

"음식을 사러 시장에 갔었는데요, 고향 사람한테서 어머니가 아프시다는 말을 들었어요. 어머니가 보고 싶어서요."

그러자 내 말을 믿은 주인은 여비를 주면서 어머니를 만나보고 오라고 했습니다. 또 어머니에게 가져다주라면서 음식도 싸주고 마음 아파하면서 날 배웅해 주었습니다.

나는 곧장 배를 타러 항구로 달려갔습니다. 아토스 성산으로 떠난 것입니다! 내 꿈이 실현되기 시작했습니다. 배는 할키다, 볼로, 테살로니끼를 지나기로 되어 있었습니다. 그러나 배가 출항하자, 나는 슬픔에 잠겼습니다. 내가 그토록 원하던 곳으로 가는 것이었음에도 불구하고 갑자기 두려워지기 시작했고 부모님에 대한 생각 때문에 슬퍼지기도 했습니다. 내가 행방불명이 된다면 무척이나 걱정하실 부모님을 생각하니 슬퍼졌습니다. 나는 더 이상 그 슬픔을 견디지 못하고 배가 에비아 섬의 부두에 도착했을 때 배에서 내려 피레아로 가는 배편으로 갈아탔습니다.

가게로 다시 돌아온 나는 주인에게 어머니가 다 나았다고 다시 거짓말을 했습니다. 그러고 나서 평상시처럼 일했습니다. 하지만 예전과 같지 않았습니다. 훨씬 생각이 깊어졌습니다. 끊임없이 기도했고, 조금밖에 먹지 않았고, 참회의 절을 드렸습니다. 이런 생활로 인해 마침내 나는 살이 많이 빠졌습니다. 내 몸이 눈에 띠게 변하게 되었습니다.

"에방겔로스, 무슨 일이니? 무슨 일이야? 너무 생각이 많아 보이고, 말라서 뼈만 남았구나. 우리는 너를 사랑하니 네가 이곳에 계속 있으면 좋겠다만 혹시 부모님께 가고 싶어서 그러니?"

"네. 가고 싶어요."

"그래, 가고 싶으면 가거라. 그리고 부모님을 만나보고, 다시 오게 된다면 가게에서 일할 수 있는, 너처럼 착한 아이를 하나 데리고 오거라."

그래서 주인은 다시 내게 돈과 음식, 과일 절임, 음료수 몇 병, 포도주 등 여러 가지 것들을 챙겨주었습니다. 그리고 항구까지 배웅 나와서 할키다로 가는 배표를 사 주었습니다.

배는 할키다, 에딥소, 볼로, 테살로니끼를 거쳐 아토스 성산의 다프니로 가는 '아테네'라는 배였습니다. 나는 배에 탔고, 마침내 배는 떠났습니다. 배가 떠날 때는 밤이었습니다. 배는 밤새 항해해서 마침내 할키다에 도착했습니다. 배가 항구에 정박하자 선원이 소리쳤습니다.

"할키다 내리실 분! 할키다 내리실 분!"

난 아무 대답도 하지 않았습니다. 한쪽 구석에 꼼짝 않고 조용히 앉아 있었습니다. 잠시 후 배는 할키다를 떠났습니다. 다음 항구인 에딥소에 도착했을 때 선원들이 배표를 검사했고 할키다까지 가는 표를 가지고 있던 나를 발견했습니다.

"할키다에서 왜 안 내렸지?"

"잠… 들… 었어요."

"어떻게 하지? 요금을 더 내야 하는데."

"돈이 조금 밖에… 없… 어… 요."

"너, 오늘 운 좋은 줄 알아!"

인상을 잔뜩 찌푸린 선원은 가버렸습니다.

이렇게 해서 돈을 더 내지 않고도 계속해서 여행할 수 있었습니다. 그때 화폐는 5센트, 10센트 동전들이 있었는데, 그 당시 내가 가진 돈은 다 합해도 1드라크마 정도밖에 없었습니다.

배가 볼로에 도착하자 나는 갑자기 우울해졌습니다. 목놓아 울고 또 울었습니다. 다시는 세상을 보지 못할 것이고, 부모님은 나를 잃고서 걱정하며 슬퍼하리라는 생각이 들었기 때문이었던 것 같습니다. 형제들과 자매들 생각도 났습니다. 누가 내 목을 조이는 것 같았고, 나는 다시 돌아가고 싶어졌습니다. 배는 몇 시간 동안 볼로에 정박했고 모두 배에서 내렸습니다. 드디어 고동이 울렸고, 배는 테살로니끼로 떠났습니다. 나는 다시 돌아가려고 배를 타지 않고 그냥 바닷가에 남았습니다. 그날 밤 나는 언덕 위에서 밤을 지냈고 울면서 기도했습니다.

다음 날 나는 전날 내린 배와 같은 노선이었던 테살로니끼로 가는 배를 보았습니다. 돈이 다 떨어졌기 때문에 표 없이 몰래 배에 올랐고, 발각되지 않으려고 배 뒤편 구석에 숨어 있었습니다. 하지만 얼마 후에 선원이 나를 찾아내서 표를 보여 달라고 했습니다. 선원은 표가 없는 나에게 큰 소리로 마구 야단치고는 휙 가버렸습니다.

나는 왼편에 있는 긴 의자에 앉아서 바다를 바라보았습니다. 성가대장이었던 아버지가 영혼토요일에 불렀고 나에게도 가르쳐주셨던 성가를 나는 속삭이듯 조용히 불렀습니다. "우리 주님이시여, 삶은 폭풍에 휩싸인 바다와도 같습니다. 폭풍이 휘몰아치는 이 바다를 여행하는 제가 당신이 계신 평화의 항구에 도착할 수 있도록 자비를 베풀어 주소서. 그곳에서 제 영혼이 평온을 얻게 해 주소서."

이렇게 혼자서 조용히 성가를 부르고 있자니 눈물이 났습니다. 속세를 떠난다는 사실보다는 부모님과 작별해야 한다는 사실 때문에 감정이 복받쳐 올랐습니다. 세상과의 이별은 내게 대수로운 것이 아니었습니다. 하지만 그 당시 나는 아직 어렸고, 그래서 무엇보다도 부모님 생각에, 부모님과 헤어져야 한다는 생각에, 너무 슬펐습니다.

점심시간이 되었습니다. 선상에서는 승객들이 자리를 깔고 앉아서 식구들끼리 둘러앉아 점심식사를 하기 시작했습니다. 그 시절에는 아주 익숙한 풍경이었습니다. 내 맞은편에는 어떤 아주머니와 남편 그리고 세 명의 아이들이 모여 앉아 식사를 하고 있었습니다. 나는 바다를 바라다보고 있었습니다. 그러다 선원이 표를 보여 달라고 했을 때 표가 없어서 잔뜩 혼이 났는데 이때 내가 가난한 아이라는 것을 알게 된 아주머니 한 분이 내게로 다가왔습니다. 그리고 내 어깨를 툭툭 치더니 빵 한 조각과 작은 생선 세 마리를 건네주었습니다. 나는 "감사합니다. 감사합니다." 하고 거듭 인사했습니다. 그러자 근처에 있던 부인들 중에 어떤 사람이 이렇게 말했습니다.

"참 잘 하셨어요. 우리는 미처 생각을 못했는데요."

하지만 그 부인은 돌아서며 다른 부인들에게 이렇게 말했습니다.

"집에서 뛰쳐나온 손버릇이 나쁜 부랑아들은 돌볼 필요도 없어요. 밖에서 고생 좀 해야지 집으로 돌아가겠죠. 우리가 잘해주면 버릇만 나빠지잖아요. 하지만 어떻게 하겠어요? 우리도 사람인데 인정상 그냥 내버려둘 수는 없잖아요."

가난하고 불쌍했던 나는 부랑아라는 말을 들었을 때 매우 기뻤습니다. 정말 나는 부랑아였습니다. 나는 그리스도를 사랑하는 부랑아가 되었습니다. 나는 이렇게 속삭였습니다.

"그리스도시여, 저를 구원해 주소서. 저를 인도해 주소서."

마침내 배가 테살로니끼에 도착했습니다. 우리는 배에서 내렸습니다. 나는 어디로 가야 할지 몰랐습니다. 나는 성 디미트리오스 대성당으로 가서 이콘에 입을 맞춘 후 무릎을 꿇고, 내 소망대로 은(隱)수도사가 될 수 있도록 도와달라고 울면서 디미트리오스 성인에게 간청했습니다. 그리고 나서 높은 언덕으로 올라갔는데 그곳에는 아담한 시골 성당이 있었습니다. 하지만 성당문이 닫혀있어서 성당 밖에 있는 나무 의자 위에서 밤을 지냈습니다. 나는 많이 울었습니다. 다시 집으로, 부모님에게 돌아가고 싶었습니다. 그것은 내게 큰 유혹이었습니다. 나는 이미 세 번이나 길을 돌이켜 되돌아갔습니다. 아버지께서 가르쳐 주신 성모님께 드리는 기원의식의 성가를 울면서 계속 불렀습니다.

"제 기도를 내치지 마시고 제게 유익한 것을 주십시오." 하고 계속 노래하면서 울었습니다. 그리고 잠이 들었습니다.

집에 간다고 해서 주인이 우리 가족에게 준 선물을 어떻게 했는지 깜박 잊고 이야기하지 않았는데 배에 탔던 군인들에게 나눠주었습니다. 초콜릿과 장미향이 나는 술도 나누어 주었습니다. 그러고 나니 기분이 홀가분해졌습니다. 군인들은 내 행동을 의아해하면서도 다 가져갔습니다. 그때 난 어린아이였기 때문이었습니다.

시골 성당 앞마당에서 잠이 들었다가 아침에 일어나 항구로 내려와서 배를 타고 다시 피레아로 돌아왔습니다. 나는 그 유혹을 이길 수 없었습니다.

세상이여, 이제 안녕!

떠나고 되돌아오기를 반복한 이 부질없는 여행 이후로 얼마간의 시간이 흐른 뒤에 마침내 내게 이제 떠나서 다시는 결코 돌아오지 않으리라는 확고한 결심이 섰습니다. 나는 배가 중간 중간 항구에 정박할 때 결코 배에서 내리지 않겠다고 마음먹었습니다. 나는 다시 피레아를 떠났고 아토스 성산으로 가는 편도표를 끊었습니다. 세 번째로 떠나는 길이었고 수많은 난관을 겪은 후에 하는 마지막 여행이었습니다.

드디어 토요일에 테살로니끼에 도착했습니다. 그 당시 그곳은 유대인들이 상권을 잡고 있었습니다. 그래서 토요일에는 대부분의 상점들이 문을 열지 않았고, 도시는 정말로 죽은 듯이 조용했습니다. 부두에는 배도 없었고 여행하는 사람들도 없었습니다. 우리는 밤에 도착했습니다. 사람들은 먹을 것을 사러 배에서 내렸지만 나는 배에서 내리지 않고 그대로 있었습니다. 유혹이 두려웠기 때문이었습니다. 혹시라도 또 무슨 일이 생겨서 내가 그토록 가고 싶어 했던 곳에 가지 못하게 되지나 않을까 걱정되었기 때문이었습니다. 그래서 배에서 내리는 사람에게 얼마의 돈을 주고 빵과 생선을 사달라고 부탁해서 배 안에서 먹었습니다. 사람들은 하루 종일 항구에서 배가 다시 떠날 때만을 기다렸습니다.

저녁때가 되자 몇 명의 수도사들이 배에 올랐습니다. 나는 경외심이 가득한 눈빛으로 그들을 바라보았습니다. 수도복을 입은 사람을 본 건 그때가 처음이었습니다. 나는 계단 쪽에 서서 지나가는 수도사들을 바라보았습니다. 경건함이 저절로 흘러나오는 풍채에, 연세가 지긋이 든, 키가 크고 수염이 길게 난 수도사 한 분이 짐 보따리를 매고 있었습니다. 그 수도사는 나에게로 가까이 다가와, 의자에 앉은 뒤, 나보고도 앉으라고 했습니다.

"꼬마야, 어디 가니?"

"아토스 성산에 가요."

"뭐 하려고 가는 거니?"

난 진심을 감추고 이렇게 대답했습니다.

"일하러 가요."

"깝소칼리비아로 오렴. 나는 한적하고 작은 칼리비에서 내 형제와 함께 살고 있단다. 꼬마야, 나와 함께 그곳으로 가서 함께 그리스도를 찬양하며 살자꾸나. 그런데 지금 무슨 책을 읽고 있니?"

나는 대답했습니다.

"칼리비티스 성 요한 전기요. 하지만 글을 제대로 읽을 줄 몰라요."

하지만 그는 책에 대해서는 좋다 나쁘다 일언반구도 없었습니다.

"나와 같이 가자. 네가 할 일도 있단다. 물론 품삯도 주마. 그리고 수도사가 될 수도 있지."

나는 '수도사'라는 단어를 듣자마자 눈물이 핑 돌았지만 곧바로 미소 지었습니다.

"그런데 지금부터 내가 하는 말 때문에 슬퍼하지는 말아라. 어린 아이는 아토스 성산에 들어갈 수 없단다. 너는 아직 어려서 들어가지 못한단다."

그 말을 듣고 내 얼굴이 금방 슬퍼지는 것을 보자 그는 이렇게 말했습니다.

"하지만 걱정하지 말아라. 내가 아주 작은 거짓말을 할 것인데 하느님께서도 용서해 주실 거야. 하느님 앞에서는 거짓말이 아니지. 암, 그렇고말고. 정말이지. 너는 아직 어린 꼬마지만 그리스도만 사랑하고 찬양하려고 아토스 성산에 가고 싶어하는 게 아니냐! 그러니 누구든 너와 내가 어떤 사이인지 물어보거든 나를 삼촌이라고 해라. 나는 너를 내 여동생의 아들이라고 하겠다."

배에는 수도사들이 많이 있었습니다. 밤이 깊었습니다. 한 곳에 모인 수도사들은 각자 가지고 온 음식들을 꺼내 놓았습니다. 우리도 그곳에 앉았습니다. 나중에 사부님이 된 그 수도사는 내게 빵을 건네주었습니다.

"이 꼬마는 왜 데려오셨습니까?"

수도사들이 모두 궁금해 했습니다.

"내 여동생의 아들이야. 여동생이 갑자기 세상을 떠나서 고아가 된 조카를 내가 데려왔네."

특별한 기적

우리는 밤새도록 항해했습니다. 그리고 다음 날 오전 10시쯤에 다프니 항구에 도착했습니다. 수도사들은 테살로니끼에서 구입한 손노동에 필요한 재료들이 잔뜩 든 가방을 메고 계단을 내려가 우리를 기다리고 있던 작은 배로 옮겨 탔습니다. 사부님은 연로한 사제여서 첫 번째 순서로 그 배에 올라탔습니다. 배는 다프니 부두에 도착했고, 드디어 나는 아토스 성산의 거룩한 땅을 밟게 되었습니다. 그런데 그 순간 무슨 일이 일어났는지 아십니까? 사부님이 조금 떨어진 곳에서 배낭을 찾고 있을 때, 키가 아주 크고 검은색 털실 방울이 대롱대롱 매달려 있는 빨간 모자를 쓴 감독관이 나를 붙잡아서는 또 다른 수도사들을 데리러 가는 배에 억지로 태우면서 "여기에 무슨 볼일이 있어서 왔어? 꼬마는 못 들어와! 배로 다시 돌아가."라고 말했습니다.

나는 울음을 터트렸고 배는 떠나기 시작했습니다. 그 순간 사부님이 알아차리고 뛰어오면서 소리쳤습니다.

"배를 멈춰! 꼬마를 다시 데려와! 내 아이야!"

그러자 배는 다시 돌아왔고 나는 배에서 내릴 수 있었습니다. 그때 아토스 성산을 지키는 그 감독관이 말했습니다.

"꼬마를 데려오는 것은 금지된 일입니다."

"난 데려 갈 수밖에 없네. 얜 내 조카야. 내 여동생의 아이인데 그냥 내버려둘 수는 없어. 고아야. 그냥 뒀다가는 어떻게 될지 몰라."

"좋습니다, 하지만 꼬마를 들여보내면 처벌을 받는 사람은 다름아닌 저라구요."

"걱정하지 말게. 무슨 일이 생기면 나한테 말하게. 내가 수도원장님들께 잘 말씀드려서 자네가 곤란한 일을 당하지 않게 하겠네."

이렇게 해서 나는 졸지에 내 '삼촌'이 되신 사부님과 함께 그분의 은수도처인 스키티로 올라갔습니다. 그분의 이름은 판텔레이몬이었습니다. 하느님께서는 하찮은 나에게 수많은 기적을 보여주셨습니다. 하느님의 손은 어디서나 나를 보호해 주셨습니다. 내 사부님을 보내주셨고 그분을 통해 나를 구해주셨습니다. 이것은 하느님의 섭리로 일어난 큰 기적이었습니다. 하느님께서는 수없이 내게 도움을 주셨지만, 그중에서도 가장 큰 도움은 어린아이에겐 들어가는 것이 금지되었던 아토스 성산에 어린 나이의 내가 들어갈 수 있도록 인도해주신 것이었습니다. 나는 수도생활에 대해서는 아무것도 몰랐지만 하느님께서는 나를 도와주셨습니다.

마침내 우리는 사부님의 은수도처에 도착했습니다. 그때로부터 나는 전과는 전혀 다른 삶을 살았습니다. 그리스도 안에서의 삶. 아침기도(조과), 저녁기도(만과), 석후과, 철야예배 … 예배와 기도 속에서, 아무 근심 없는 생활, 부활의 삶이었습니다.

아토스 성산, 깝소칼리비아(1918-1925)

"아토스 성산에서 기도하고
내 영적 아버지들께 기쁘게 순종하면서
살았습니다."

성 뽀르피리오스가 수도하셨던 깝소칼리비아

아토스 성산에서

나의 사랑, 나의 헌신, 아토스 성산에서의 내 인생에 대해 말한다면, 히브리서 11장 32절의 말씀처럼 "그 이야기를 일일이 다 하자면 시간이 모자랄 것입니다." 하지만 그대들을 사랑하기 때문에 이제 나는 기억나는 대로 그때의 이야기를 해보고자 합니다.

전에도 말했지만 아토스 성산에 갔을 때 나는 어렸고 아무것도 아는 게 없었습니다. 책도 거의 읽을 줄 몰라, 겨우 더듬더듬 글자를 읽을 수 있을 뿐이었습니다. 내 영적 아버지셨고 서로 친형제 간이었던 판델레이몬 사부님과 요아니키오스 사부님이 내게 물었습니다.

"책은 읽을 줄 아니?"

"조금이요."

나는 수줍어하면서 대답했습니다.

그날은 토요일 저녁이었습니다. 그분들은 내게 시편을 읽어 보라고 했습니다. 그래서 시편 제1장 1절을 부끄러워하면서 읽기 시작했습니다.

"복… 되… 어… 라."

"애야. 괜찮다. 이번에는 내가 읽을 테니 다음 번은 네가 읽도록 해라."

이렇게 말하고 나서 요아니키오스 신부님은 안경을 쓰고 시편을 읽기 시작했습니다.

"복되어라, 악을 꾸미는 자리에 가지 아니하고 …"

독자들은 내가 얼마나 창피했을지 짐작할 수 있을 것입니다. 이 일이 내겐 큰 교훈이 되었습니다. 그래서 꼭 글을 배워야겠다고 결심했습니다. 그리고 재빨리 실천에 옮겼습니다. 시간이 날 때마다 『매일 예식서』에 나오는 시편, 신약성경, 아침기노(조과) 카논을 잘 읽을 수 있도록 열심히 연습을 했고 시편은 수도 없이 읽어서 나중에는 아예 외워버렸습니다. 심지어 밤에도 열심히 읽기 공부를 했습니다.

천국 같은 삶

깝소칼리비아의 성 삼위일체 대성당

어느 날 밤, 우리 스키티(은둔처)의 성 삼위일체 성당에서 철야예배가 있었습니다. 그날은 우리 스키티의 축일이었고, 내가 아토스 성산에 온 첫 주간이었습니다. 한밤중에 영적 아버지 판델레이몬 신부님과 요아니키오스 신부님은 대성당으로 가면서 나보고는 더 자라고 말했을 뿐 데려가지는 않았습니다. 내가 너무 어렸기 때문에 철야예배가 끝나는 아침까지 견디지 못할 것 같아서였습니다.

새벽녘에 요아니키오스 신부님이 와서 나를 깨웠습니다.
"일어나라. 성당에 가야지."

성 뽀르피리오스가 수도하셨던 깝소칼리비아의 성 삼위일체 대성당

나는 곧바로 일어나 옷을 입고 삼 분 후쯤에 성 삼위일체 성당에 도착했습니다. 제 정신이 아니었습니다! 성당으로 들어가 보니 많은 수도사들이 경건하고 예의 바르게 서 있었습니다. 중앙에 있는 등잔 불빛은 사방을 비추고 있었고 성당벽의 이콘들과 성상대에는 등잔들이 빛을 발하며 타고 있었습니다. 모든 것이 빛나고 있었습니다. 등잔들은 환하게 켜져 있었고, 향로에서는 향내가 뿜어져 나왔고, 시편은 애절하게 낭독되고 있었습니다. 나는 마치 이 세상이 아닌 다른 세상에 있는 것 같은 느낌을 받았습니다. 지극히 아름다웠던 이 밤에, 나는 주님에 대한 두려움에 경건한 마음이 들었습니다. 그것은 마치 지상이 아니라 하늘에 있는 것과 같은 느낌이었습니다. 요아니키오스 신부님은 내게 앞으로 나가서 이콘들에 친구(親口)하도록 했지만 나는 선뜻 움직일 수가 없었습니다.

"저를 잡아 주세요. 신부님, 저를 붙잡아 주세요. 두려워요!" 나는 소리

성 뽀르피리오스의 칼리비에 위치한 성 요르기오스 성당 내부

쳤습니다.

나는 신부님의 손을 꼭 움켜쥐고, 신부님에 이끌리어 성상대로 다가가 이콘에 친구했습니다. 이 모든 일은 내가 경험한 첫 번째 영적인 체험이었고, 이 체험은 내 마음속에 깊이 새겨져 절대로 잊을 수가 없었습니다.

유 혹

나는 아토스 성산에서 큰 기쁨을 누리며 살았고, 정말 흥이 났습니다. 하지만 그것도 단지 처음 얼마 동안만이었고 곧 시련이 다가왔습니다. 먼저 부모님 생각이 났습니다. 부모님의 마음을 아프게 했다는 생각에, 또 내가 살았는지 죽었는지를 몰라 안절부절 못하고 계실 부모님 생각에 슬픔이 몰려왔습니다. 또 내 나이 또래인 사촌 생각도 났고, 잠시 고향을 방문해서 사촌을 아토스 성산으로 데려와 이 아름다운 삶을 함께 누리도록 해야겠다는 생각이 들었고, 심지어 사촌을 그리스도에게 가까이 데려와야 한다는 의무감마저 느꼈습니다. 하지만 이런 마음을 영적 아버지에게는 말하지 않았습니다. 그때부터 나는 완전히 식욕이 떨어졌고, 얼굴은 점점 노랗게 변해갔으며, 우울증을 겪게 되었습니다.

영적 아버지는 나를 주의 깊게 지켜보다가 어느 날 나를 불러 다정하게 물었습니다.

"왜 그러니? 요즘 무슨 일이 있니?"

나는 마음속에 일어난 모든 일을 고백했습니다. 그러자 나는 다시 자유롭게 되었습니다. 유혹은 지나가 버렸고 다시 식욕도 생겼으며, 내 마음속에서는 전과 같은 기쁨이 넘쳐났습니다.

나는 영적 아버지에게 계속해서 순종했습니다. 내 얼굴은 빛나고 있었습니다. 내 얼굴은 빛이 났고 더욱 잘 생겨보였으며, 정말 멋진 사람이 되었습니다. 전에는 아주 말랐었지만 그 후로 건강한 몸으로 멋지게 바뀌었습니다. 내 얼굴은 마치 천사와 같았습니다. 어떻게 내 얼굴을 봤느냐구요? 언젠가 영적 아버지의 방에 들어갔을 때 해가 창문을 비추고 있었는데, 그 창문이 마치 거울처럼 되었습니다. 창문에 비친 내 얼굴을 보고 나는 마음속으로 '은총이 나를 이렇게 바꾸어 놓았구나.' 하고 속으로 말했습니다. 그전에는 부모 생각이 나면 몹시 괴로웠지만 고백성사를 한 후에는 부모님을 그리워하는 연약한 감정에 시달리지 않게 되었습니다. 하느님께서 그분들을 구원해 주시길 간구하는 내 기도 안에서만 부모님을 생각했습니다. 그전에는 부모에 대한 그리움으로 애가 탔지만 고백성사를 한 후로는 오직 영적 아버지만 바라보게 되었습니다. 부모님을 항상 기억하고 있었지만 전과는 다른 방식이었습니다. 오로지 그리스도에 대한 사랑 안에서 그분들을 기억했습니다. 엄격하게 금식을 했고, 더욱더 많은 영적 투쟁을 했습니다. 나는 점점 더 기쁨과 열정으로 충일해져 갔습니다. 하루 종일 성당 안에만 있고 싶었습니다. 영적 아버지들을 기쁘게 해 드리려고 모든 일에 순종하려 했습니다. 이것은 정말 하느님의 은총이 가져온 변화, 변모, 전환입니다!

내 영적 아버지들

이미 전에도 말했듯이 내 영적 아버지들은 판텔레이몬 수도사제와 그분의 형제인 요아니키오스 수도사제였습니다. 나는 그분들을 사랑했습니다. 하지만 참 엄한 분들이었습니다. 그 당시 나는 그것을 조금도 개의치 않았습니다. 오히려 나는 그분들이 엄하지 않다고 생각했습니다. 난 그분들을 많이 존경했고 예의를 갖추어서 사랑했습니다. 내가 그분들을 경건하게 대한 것은 그분들을 그리스도의 형상처럼 바라보았기 때문입니다. 나는 그분들께 예의를 갖추었고 존경심과 두려움을 동시에 갖고 살았습니다. 하느님 다음으로 중요한 분이 영적 아버지이기 때문이었습니다. 두 분 다 사제였습니다. 그분들의 출신 도시는 '까르디차'였습니다. 좀더 정확히 말하면 그분들의 고향은 까르디차의 메세니콜라스라는 마을이었던 것으로 기억합니다. 나는 그분들의 고향에서 온 담요를 가지고 있었고, 최근까지도 나는 그 담요를 덮고 잠을 잤습니다. 나는 그분들에게 절대적인 순종을 보여주었습니다.

순종! 순종이 무엇이라고 생각하십니까? 나는 그것을 분명히 압니다! 나는 사랑과 기쁨으로 순종했고, 이 절대적인 순종은 나를 구원했습니다. 이 절대적인 순종을 보시고 하느님께서는 내게 큰 복을 주셨습니다. 다시 말하지만, 나는 영적 아버지에게 절대적으로 순종했습니다. 마지못해서 순종한 것이 아니라 기쁨과 사랑으로 순종했습니다. 그것은 내가 그들을 정말로 사랑했기 때문입니다. 이 사랑으로 나는 그분들이 무엇을 원하는지 알 수 있었습니다. 그분들이 원하는 것이 무엇인지 말하기도 전에 이미 나는 그것을 다 알 수 있었습니다. 나는 언제나 분주하게 돌아다녔고, 그분들을 위해 헌신했습니다. 그래서 내 영혼은 그분들 곁에서 언제나 기쁨으로 날아올랐습니다. 다른 사람은 생각하지 않았습니다. 부모와 지인들 그리고 친구도 잊었고 세상도 더 이상 생각나지 않았습니다. 내 삶은 기도와 사랑과 기쁨과 영적 아버지에 대한 순종뿐이었습니다. 한 번 들은 충고는 잊지 않고 언제나 지켰습니다.

예를 들어 영적 아버지가 내게 이렇게 말했습니다.

"얘야, 식사 전에 손을 씻어라. 그리고 성당에 들어가기 전에도 손을 씻어라. 거룩한 장소에 들어가는 것이니 모든 것이 깨끗해야 하기 때문이란다. 우리는 사제라서 성찬예배를 거행하니까 우리 손은 항상 깨끗해야 한다. 그리고 우리가 모두 청결하면 좋지 않겠니!"

그래서 나는 항상 비누로 손을 깨끗하게 씻었습니다. 두 번 다시 말하지 않아도 되도록 노력했습니다. 식사 전에 손을 씻었고, 교회에 갈 때, 그리고 필요할 때마다 손을 씻었습니다. 그 어떤 불평이나 반항심도 갖지 않고 모든 일을 이렇게 했습니다. 잘 보십시오. 나는 두 분의 영적 아버지를 모시고 있었습니다. 그런데 어떤 때는 두 분의 영적 아버지가 나에게 정반대의 일을 하라고 시키기도 했습니다.

어느 날 요아니키오스 신부님이 내게 말했습니다.

"이 돌들을 저기에다 옮겨 놓아라."

나는 신부님이 말한 장소에 돌들을 옮겨 놓았습니다. 조금 있다가 또 다른 영적 아버지 판델레이몬 신부님이 오셨습니다. 그분은 돌을 옮겨 놓은 것을 보고 화를 내며 나를 야단쳤습니다.

"멍청한 놈 같으니라구! 멀쩡한 돌들을 왜 옮긴 것이냐? 그곳이 맞는 자리라고 생각하니? 돌들을 다시 제자리로 옮겨 놓아라."

판델레이몬 신부님은 화가 나면 '멍청한 놈' 하며 나를 호통 치셨습니다.

그런데 다음 날 요아니키오스 신부님이 지나가다가 돌들이 다시 제자리로 옮겨져 있는 것을 보고 또 다시 나를 야단치셨습니다.

"저쪽에 돌을 옮겨 놓으라고 하지 않았니?"

나는 창피해서 얼굴이 빨개졌습니다. 허리를 숙여 정중하게 용서를 빌면서 이렇게 대답했습니다.

"신부님, 용서해 주세요. 판델레이몬 신부님께서 옮겨놓은 돌을 보고 '다시 제자리로 돌려놔라, 그 돌들은 그곳에 필요해.'라고 했습니다. 그래서 다시 원래 자리로 옮겨 놓았습니다."

내 말을 들은 요아니키오스 신부님은 아무 말씀도 못하셨습니다.

그분들은 내게 이런 종류의 육체 훈련을 많이 시켰습니다. 하지만 나는 꾀를 부리지 않았습니다. '나를 시험하시는 걸까?' 하고 의심하지도 않았습니다. 그런 생각은 아예 하지도 않았는데 지금 생각해 보니 그분들은 분명 나를 시험하셨던 것 같습니다. 하지만 영적 아버지들이 그 당시 나를 시험했다 해도 그 모든 것이 너무 자연스러워서, 나는 이런 일들이 '나를 시험하기 위한 것'이라고 생각할 수 없었습니다. 여기에는 큰 뜻이 들어있습니다. '나를 시험하기 위한 것' 임을 내가 알게 되면, 순종의 덕을 보여주기 위해서 그 어떤 어려운 일이 있어도 해낼 수가 있게 될 것입니다. 하지만 나를 시험하고 있다는 것을 전혀 눈치 채지 못하고 더군다나 아주 억울하게 혼이 나고 있다면, 아마 그 누구라도 '도대체 이게 뭐야! 많은 세월 이곳에서 수행생활 해오신 분들이 화를 내다니? 그게 말이 돼? 수도사가 있는 대로 다 화를 내면서 기도하는 게 가능한 것일까? 아직도 '화'를 다스리지 못하다니, 정말로 인격이 덜 된 사람들이군. …'이라고 마음속으로 비난하며 발길질을 하지 않을 수 없을 것입니다.

하지만 나는 조금도 그렇게 생각하지 않았습니다. 더구나 그분들이 나를 시험하고 있다는 사실을 알지조차 못했습니다. 오히려 이와는 정반대로 나는 이 모든 일들에 정말 기뻐했는데, 그것은 내가 그분들을 정말로 사랑했기 때문입니다. 겉으로 드러나게 보여주지는 않으셨지만 그분들도 나를 사랑해 주셨습니다. 나는 두 분의 영적 신부님을 사랑했고 내 고백신부님인 판델레이몬 신부님을 특별히 더 사랑했습니다. 다윗이 "이 몸 당신에게 포근히 안기면 당신 오른팔로 붙들어 주십니다."라고 고백하듯 말입니다. 내 영혼은 고백신부님 품에 평화로이 안겨있었습니다. 내가 하는 말은 진심입니다! 내 마음은 항상 그분의 마음과 함께 했습니다. 나는 그분의 마음을 보았고 느꼈습니다. 외출할 때에는 내가 동행하게 해주셨고 다른 성당에도 데려갔고 함께 일하러 가기도 했습니다. 내가 그분께 꼭 붙어 있는 것, 이것이 나를 거룩하게 만들었습니다. 내 마음은 영적 아버지의 마음에 안기어서 큰 도움을 받았습니다. 그분은 정말로 아주 훌륭한 성인이셨습니다.

고백신부님은 통 말씀이 없으셨습니다. 고향이 어디며 어릴 적 이야기 등등 개인적인 이야기는 하지 않았습니다. 결코 "내 고향은, 내 부모는, 내 형제는 …" 이런 말들은 하지 않았습니다. 항상 침묵을 지켰고 기도했습니다. 화내지 않고 언제나 온순한 분이었습니다. 가끔씩 화내셨지만 그건 일부러 그러신 것입니다. 내가 그분을 사랑했고 또 그분에게 순종했기 때문에 은총이 나를 찾아왔다고 나는 생각하고 또 믿습니다. 무엇이라도 좀 더 배우기 위해서 또 철저히 본받기 위해서 나는 항상 주의 깊게 영적 아버지를 따랐습니다. 그분을 사랑했고 존경했고 그분만을 바라보았고 그래서 많은 유익을 얻었습니다. 그저 그분을 바라보는 것만으로도 충분했습니다. 한번은 먼 길을 함께 걸어갔던 적이 있었습니다. 산나물을 캐기 위해서 깝소칼리비아에서 산 위로 올라갔습니다. 우리는 그 먼 길을 말 한 마디도 없이 걸어갔습니다. 영적 아버지는 어떤 산나물을 캐야 하는지 가르쳐 주셨습니다.

"신부님, 제가 캤어요."

나는 신이 나서 소리쳤습니다.

"칼을 가지고 다시 저쪽으로 가거라."

나는 주위에 있는 곁가지들을 쳐내면서 앞쪽으로 나아갔고 영적 아버지는 내게 또 다른 나물을 찾아주셨습니다. 나는 영적 아버지가 시키는 대로 단숨에 그 나물을 캤고 "영적 아버지, 캤어요."라고 곧바로 소리쳤습니다. 기쁘게 이 모든 일을 했습니다. 물론 꾀를 부릴 수도 싫증을 낼 수도 있었겠지만 나는 전혀 그런 마음을 갖지 않았습니다. 영적 아버지로부터 하느님의 은총이 비천한 나에게 흘러들어왔습니다.

수도사들이 한 사막교부를 찾아가서 끊임없이 질문을 해대는 이야기를 들어본 적이 있습니까? 들어보십시오. 이런 이야기입니다.

어느 훌륭한 은수도사에게 수도사들이 몰려와 끊임없이 질문을 했습니다. 그런데 한 수도사는 그 옆에 앉아서 듣고만 있었습니다. 이것을 궁금하게 여긴 은수도사가 그 수도사에게 질문했습니다.
"왜, 자네는 가만히 앉아만 있는가? 물어볼 것이 없는가?"
그러자 수도사는 공손하게 이렇게 대답했다고 합니다.
"네. 저는 여쭤볼 질문이 없습니다. 다만 사부님을 바라보는 것만으로 충분합니다."

다시 말하자면 이 수도사는 은총 안에서 영적 아버지 그 자체를 온전히 누린 것입니다. 그는 영적 아버지를 "빨아들였고", 그분을 매개로 하여 하느님의 은총을 받았던 것입니다. 신 신학자 성 시메온도 똑같은 말을 합니다. 즉 시메온 성인 역시 자신의 영적 아버지를 통해서 하느님의 은총을 받았다고 고백합니다.

기쁜 마음으로

영적 아버지들은 내게 힘든 노동을 시키지 않았습니다. 내가 하는 일은 정원에 물을 주는 것과 나무로 조각하는 손노동 정도였습니다. 내게 무얼 배우라고 다그치지도 않았습니다. 처음 얼마동안 나는 오직 그분들과 함께 예배만 드렸습니다. 다른 일은 없었습니다.
내가 도착한 지 며칠 지났을 때, 영적 아버지가 나를 불러 기도 매듭(꼼보

스끼니)을 주시면서 밤마다 "주 예수 그리스도시여, 저를 불쌍히 여기소서."라고 외며 기도하라고 했습니다. 그러고는 아무것도 가르쳐주지 않았습니다. 별다른 가르침이나 자세한 설명 같은 것은 없었습니다. 다만 기도 매듭을 주시기 전에 내게 이렇게 말씀하셨습니다.

"몸가짐을 바르게 해라. 그리고 허리를 굽혀 절하고, 내 손과 십자가에 입을 맞추어라. 하느님께서 너를 도와주시도록 내가 축복해 주겠다."

이렇게 해서 나는 기도 매듭을 가지고 기도하는 법을 배웠습니다.

처음에는 은수도처에서 멀리 떨어진 곳에 가서 일을 하지는 않았습니다. 무슨 일을 하든지 은수도처 안에서 했습니다. 정원을 가꾸고, 땅을 파고, 물을 주고, 잡초를 뽑고, 그렇게 내가 할 수 있는 일을 했습니다. 이런 일을 한 다음에는 내게 곁에서 시편을 읽으라고 했고, 그러는 동안 두 분은 자신들의 일을 하셨다. 나는 아주 성실한 아이였고, 어떤 일이 있어도 두 분을 상심시키는 일은 하고 싶지 않았습니다. 나는 오직 어떻게 하면 그분들을 도와주고 모든 일에서 어떻게 하면 그분들을 기쁘게 해드릴 수 있을까 생각했습니다. 그리고 그분들이 내게 말씀하신 것은 무엇이든 다 실천했습니다. 조금도 어긋남 없이 정확하게 실행에 옮겼습니다. 그분들이 내게 하신 말씀을 확실하게 숙지하기 위해 머릿속으로 반복해서 생각했습니다. 그것을 가르침으로 알고 내 머릿속에 단단히 새겨넣었고, 말씀하신 그대로 일 했습니다.

예를 들면 내 소임 중에는 나무를 가지고 조각하는 일이 있었습니다. 나는 엉적 아버지들께서 어떻게 하시는지 주의 깊게 봐 두었다가, 밤에 잠자리에 들어서도 머릿속으로 그 방법을 계속해서 생각했습니다. '나무를 적당하게 잘라서 물에 넣어 불린 다음 꺼내어 물이 마르도록 기다린다. 그 다음에 바다에서 주어온 돌을 하나 가져다가 식초로 빛나게 닦고, … 그 다음에 모양을 스케치한다. …' 이런 식으로 작업 과정을 내 머릿속에서 계속 반복하여 그려보곤 했습니다. 영적 아버지가 원하시는 대로 정확하게 일을 수행하려 했고, 어떤 작은 실수도 하고 싶지 않았습니다. 혹시 작은 실수라도 해서 그분들을 속상하게 하지 않으려고 노력했습니다. 그렇게 하기 위해서 그분들이 하신 말씀을 완전히 다 외워 버렸습니다.

나무 조각 일을 왜 해야 하는지 그 이유도 설명해 주셨습니다.

"너는 조각을 배워야 한단다. 그렇지 않으면 생계를 꾸려나갈 수가 없어. 여기는 채소, 과일, 포도 등을 수확해서 자급자족을 하면서 단체 생활을 하는 큰 수도원이 아니야. 그러니 손노동으로 만든 조각을 팔아서 양식을 사야하지 않겠니."

바로 이런 이유 때문에 그분들은 내게 조각 일을 가르쳐 주셨고, 내가 이미 말한 것처럼, 나는 그분들의 마음을 상하게 하지 않으려고 심지어 잠 잘 시간에도 계속해서 머릿속으로 이 모든 가르침들을 반복해서 기억하려 했습니다. 그렇게 함으로써 나는 아침이 되면 언제라도 작업을 할 수 있는 충분한 준비가 되어 있었던 것입니다. 어떤 일을 하든지 나는 늘 기쁜 마음으로 했습니다. '나는 수도사가 될 거야! 그러니 이것을 꼭 배워야 해. 이 일의 의미를 잘 알아야만 해!' 라고 마음을 다지곤 했습니다. 무엇을 배우든지 나는 호기심에 넘쳐 넓고 깊게 배우려 했습니다. 그것은 그리스도에 대한 사랑 때문이었지, 내가 장차 설교사제가 될 것이고, 그때가 되면 이런 배움이 쓸모 있을 것이라는 계산으로 그렇게 했던 것은 아니었습니다. 나는 수도사 서원 예식서를 읽어도 된다는 영적 아버지의 축복을 받았고, 십오 일 만에 그것을 다 외워버렸습니다.

오로지 주님을 향한 일편단심

나무 조각 작업장에는 성경이 있었습니다. 일하면서 틈틈이 성경을 펼쳐 읽곤 했습니다. 마태오 복음 첫 장부터 시작해서 복음경을 읽어내려 갔습니다.

"아브라함의 후손이요, 다윗의 자손인 예수 그리스도의 족보는 다음과 같다. …" 나는 먼저 성경을 읽었고, 일을 시작한 다음에는 일하면서도 읽은 내용을 계속 되풀이하여 속으로 되새겼습니다. 나는 너무나 자주 성경을 반복하여 되새겼기 때문에, 그 중 어떤 것들은 지금도 생생하게 기억납니다. 이렇게 나는 내 생각을 오로지 거룩한 말씀으로 채우려고 관심을 집중했습니다. 여러 번 읽어도 힘들지 않았습니다. 하느님의 말씀을 사랑했고, 그 말씀을 온 몸으로 느꼈고, 그 의미를 깊게 새겼습니다. 하루 종일 성경말씀을 중얼거리며 반복하고 또 반복해도 결코 지루하지 않았고, 조금도 피곤하지 않았습니다.

나는 열정으로 타올랐습니다. 영적 아버지가 아침에 나갔다가 밤에 들어오시는 그런 날에는 나도 조금 자유로운 시간을 얻을 수 있었고, 그러면 성 요르고스 소성당에 가서 기도를 드렸습니다. 어떻게 표현해야 좋을까요? 내 마음은 너무도 기쁨으로 충만해져 식사도 잊곤 했습니다. 나는 계속 기도했고, 성가를 불렀고, 말씀을 읽었습니다. 나는 홀로 성당에 갔습니다. 나는 정말로 아주 좋은 목소리를 가지고 있었습니다! 내 자랑 같지만 나는 정말 그렇게 느낍니다! 이렇게 멋진 목소리로 부르는 성가는 그리스도를 향한 사랑의 노래였습니다.

이렇게 아토스 성산에서의 첫 시기를 보냈습니다. 나는 이제 키도 더 커졌고 힘도 세졌으므로 영적 아버지들은 나를 칼리비(은둔처) 밖으로 내보내서 아주 먼 곳에서 흙을 옮겨오는 일을 시키셨습니다. 깝소칼리비아는 온통 바위 투성이어서 경작할 땅이 없었기 때문이었습니다. 나는 이 일에 순종했습니다. 흙을 짊어지고 성 니폰 동굴 쪽으로 걸어갈 때도 나는 아무 생각 없이 걸어가지 않고 계속해서 성경 말씀을 암기하는 것을 습관으로 삼았습니다. 성경구절과 시편 그리고 아름다운 카논들을 암송했습니다. 그렇게 내 정신을 선한 것들로 채우려고 했습니다. 설교사제가 교인들을 위해 설교 준비를 할 때 그러듯이, 연설이나 설교에 사용하려는 생각으로 그런 것은 아닙니다. 정말 내가 언젠가는 아토스 성산 밖에 나가게 될 것이라는 상상을 단 한 번도 해본 적이 없습니다. 나는 아토스 성산에서 살다가 그곳에서 죽을 줄로만 알았습니다. 하지만 생각지도 못하게, 나는 머지않아 아토스 성산 밖으로 나가지 않을 수 없게 되었습니다.

두 팔을 활짝 펼치고 설교하다.

언젠가 그날도 영적 아버지들이 은둔처로 흙을 운반해 오라고 했습니다. 그때도 나는 평소처럼 성 니폰 동굴쪽으로 향하면서 요한복음을 속으로 외웠습니다. 그때 내 눈 앞에 끝없이 펼쳐진 에게해를 바라보며 큰 바위 위에 섰을 때, 순간 어디선가 향기로운 허브의 냄새가 났고, 나는 대자연의 아름다움 앞에서 크게 감동 받아 소리치기 시작했습니다. 팔을 활짝 펼치고 설교를 하기 시작했습니다. 흙을 담을 자루는 바닥에 내려놓고 팔은 해안 절벽을 향해 펼친 채, 큰 목소리로 의미를 강조해가며 장엄하게 설교하기 시작했습니다. "빛이 세상에 왔지만 사람들은 자기들의 행실이 악하여 빛보다 어둠을 더 사랑했습니다. 이것이 바로 심판입니다. 과연 악을 일삼는 자는 누구나 자기 죄상이 드러날까 봐 빛을 미워하고 멀리합니다. …"

나는 마지막 절까지 모두 암송했습니다. 그때 과연 나는 누굴 향해서 이 설교를 했을까요? 허공에, 바다에, 넓고 넓은 온 세상을 향해 한 것입니다. 비록 듣는 자 아무도 없었지만, 나는 광야 한복판에서 이렇게 설교했던 것입니다.

뛰고 또 뛰고, 절대 걷지 않았지요.

나는 앉아있는 것을 좋아하지 않았습니다. 이리저리 분주하게 움직였고, 물을 주고 나무를 베면서 계속 일했습니다. 그리고 나는 이 모든 일들을 할 때, 늘 먼저 영적 아버지들에게 고개 숙여 인사하고 축복 받은 후에 했습니다. 기쁨이 넘쳤던 나는 언제나 명랑했습니다. 나는 충일함을 느꼈고, 그래서 늘 뛰어다녔습니다. 뛰고 또 뛰었고, 절대 걷지 않았습니다. 영적 아버지 앞에서는 뛰어다니는 것이 왠지 모르게 조금 부끄러워서 조신하게 걸어가다가, 영적 아버지에게서 멀어진 다음에는 다시 뛰었습니다. 그리고 소임을 마친 후에는 영적 아버지에게 서둘러서 돌아가야 한다는 생각에, 마치 날개가 달린 듯 쏜살같이 돌아왔습니다. 은총이 충만한 삶이었습니다. 더 이상 무슨 말을 하겠습니까! 이런 삶이 천사의 삶이 아니고 또 무엇이겠습니까! 은총을 받은 내 영적 아버지 또한 열정이 가득 찬 분이셨습니다. '여기로 와라, 저기로 가라, …' 끊임없이 지시하셨습니다. 정말 우리에게는 해야 할 일들이 매우 많았습니다. 거처도 청소해야 했고 물건들을 언제나 깨끗이 정돈해야 했고 정원도 가꾸어야 했습니다.

물론 일이 많았기 때문에 피곤했습니다. 산도 올라 다녔습니다. 그래서 다리가 자주 아팠습니다. 영적 아버지께서 이것을 어떻게 아셨겠습니까! 내가 아직 젊으니까 괜찮다고 생각하셨던 모양입니다. 세 시간을 걸어서 산에서 내려오니 요아니키오스 신부님이 이렇게 말씀하셨습니다.

"내일 빵을 만들 거다. 그러니 지금 나뭇가지를 가져와서 준비해두렴."

나는 곧바로 노끈을 가지고 나무하러 산으로 갔습니다. 사람이 지나다닐 수 없는 곳, 절벽이 있는 위험한 곳에도 갔습니다. 영적 아버지들께서는 자주 내게 마른 나무들을 주워오라고 시키셨습니다. 나는 당나귀처럼 그 나무들을 어깨에 짊어졌고, 짐이 너무 무거워 허리가 몹시 아플 때면 난간에 걸터앉아 잠시 숨을 돌리곤 했습니다. 가끔 짐이 너무 무거워 힘들 때 나는 내 자신에게 이렇게 일렀습니다.

"이 쓸모없는 당나귀 같으니라구, 내가 손을 봐주겠다."

나는 게으름을 몰랐습니다. 정말이지 내 몸을 불쌍하게 여기지 않았고 무릎이 아프면 내 자신에게 복수를 하고 싶어졌습니다. 다시 말하자면, 아프면 아플수록, 불평이 나오면 나올수록 더욱더 많은 짐을 내 어깨에 메었습니다.

"이 쓸모없는 당나귀, 내가 손봐주겠어."

이렇게 말하면서 악한 나 자신에게 복수해주었습니다. 어떻게 그럴 수 있었는지, 지금도 믿기지 않습니다! 그 당시 나는 겨우 열일곱 살 먹은 소년이었지만, 70kg이나 되는 무거운 짐을 짊어지고, 오모니아 광장에서 리카비또 언덕에 이르는 정도의 먼 거리를 걸어갔던 것입니다.

나는 조금도 게으름을 피우지 않았습니다. 피곤에 지쳐 녹초가 되었을 때도 기도하는 것은 내게 너무나 기쁜 일이었습니다. 몸이 지치면 지칠수록 더욱더 하느님을 갈망했습니다. 여러분, 내 말을 믿어 주기 바랍니다. 실제로 이 모든 일이 가능한 것임을 여러분은 꼭 아셔야만 합니다. 그것은 사랑의 문제입니다. 사랑이 핵심입니다. 일을 신속하게 수행하는 것만이 능사가 아닙니다. 한 가지 일을 끝내면, 또 다른 일을 시작합니다. 되돌아오면, 또 다른 일이 기다립니다. 물을 주고, 흙을 파고, 흙과 나뭇가지를 가져오고, 산에 가고, 손노동을 하기 위해 나무를 가져오고, 끝내야 할 일들이 줄지어 있습니다. 이렇게 사랑은 우리를 끊임없이 움직이게 합니다. 그러면 내 속에 있는 죄가 없어지는 걸 깨닫습니다. 죄는 깊은 잠 속으로 빠져듭니다. 알겠습니까? 진실로 이런 삶은 특별한 삶이고, 거룩하고 숭고한 삶이고, 천국의 삶입니다.

나는 숲 속의 야생 염소

참된 순종이 어떤 것인지 한마디로 설명할 수 있는 그런 예는 들지 못하겠습니다. 다만 현재로선 순종이란 것이 '가서 앞구르기를 해라' 라고 말하면 그대로 순종하는 그런 것은 아니라는 것을 우선 염두에 두었으면 합니다. 우리가 말하는 순종은 이런 것이 아닙니다. 순종에 대한 생각 자체도 없는, 자유로운 영혼을 가지고 있어야 합니다. 누가 그대에게 갑자기 어떤 일을 요청할 때, 그것을 기쁘고 자유로운 마음을 행할 준비가 되어있어야 합니다. 다시 말해 그것은 그대를 비굴하게 만들 수도 있는, 긴장하여 뭐든 재빨리 해치우려는 그런 상태가 아니라 과제 자체에 전념하는 그런 상태입니다. 그대가 순종을 실천하는지 그렇지 않은 지를 보여줄 수 있는 것은 바로 그대의 태도와 자세입니다.

나는 영적 아버지들의 지시를 문자 그대로 철저하게 지켰습니다. 영적 아버지는 이렇게 충고했습니다.

"침묵을 시켜라. 우리가 무엇을 하는지, 우리 집에서는 어떤 규율을 지키는지에 대해서 말해서는 안된다. 길거리에서 수도사를 만났을 때 그분이 '주님의 은총이 있기를 빕니다.' 하고 인사를 건네면, 너도 '안녕하세요.' 라고 대답해서 그리스도를 사랑하는 수도사답게 예의를 갖추어라. 만약 수도원장님을 만나면 손에 입을 맞추어라. '영적 아버지는 안녕하시냐?' 고

네게 물어보면 '네, 수도원장님 덕분에 잘 계십니다.' 라고 대답해라. 그리고 곧바로 네가 가던 길을 가거라. 다른 대화는 하지 말아라. 네 뒤를 쫓아와서 다른 걸 물어보더라고 멈춰서지도 말고 대답하지도 말아라. 수도사라고 해서 모두가 덕망이 높은 건 아니니 주의해야 한다. 뭔가를 물어보면 그저 '저는 모릅니다. 제 영적 아버지께 직접 물어 보십시오. 저는 모릅니다.' 라고 대답한 후 '안녕히 계십시오.' 라고 인사하고 떠나거라. '네가 하는 나무 조각일은 좋은 게 아니다. 이콘 그리기나 성가 부르기 같은 것을 배우러 내게 와라.' 라고 말해도 듣지 말고 그냥 가던 길을 가거라."

어느 날 영적 아버지들이 나를 성 니폰 성당으로 보내셨습니다. 나는 길을 가다가 속세에서 온 사람들을 ―아토스 성산에서는 수도사가 아닌 사람들은 이렇게 부른다― 만났습니다. 그들을 모른 척 하자니 마음에 걸려서 "안녕하세요!" 하고 인사를 하고 지나쳤습니다. 그들 중 한 사람이 내 모습을 보고는 "야생 소년 같군." 했고 또 다른 사람은 "글쎄 말이야. 불쌍한 아이군. 정상적인 아이는 아닌 것 같군." 하고 말했습니다.

나는 저만치 지나가고 있었고 내 귀에는 그 말들이 다 들렸습니다. 나는 그 말을 듣고 겸손해졌습니다. 그리고 기뻤습니다. 나는 마음속으로 미소 지었습니다.

"맞는 말이지. 정말 맞는 말이야. 하지만 내가 정말로 무엇에 미쳐 있는지 저들이 알기나 할까!"

나는 칼리비 밖으로는 자주 나가지 않았습니다. 나는 수호 성인들 축일에도 예배에 같이 참여하지 않았습니다. 영적 아버지들은 성당에서 축일을 지내실 때, 나는 혼자 은둔처의 방에 있기도 했습니다.

아토스 성산에서 원로 수사들은 방 안에서 불을 피웠습니다. 하지만 나는 불 근처에 가까이 있는 걸 싫어했습니다. 불을 내 옆에 두지 않았습니다. 영적 아버지들은 불 가까이에 앉아 있었지만 나는 멀찍이 떨어져 있었습니다. 나는 불이 나에게 나쁜 습관을 갖게 할까봐 걱정했습니다. 나는 영적 아버지들께 이런 마음과 결심을 말했고, 그분들도 별 수 없이 나를 그냥 내버려두었습니다. 한번 불 가까이에 앉는 습관이 들면 그 다음에는 엄격한 생활을 하기가 힘들어질 것이라고 생각했습니다. 가끔씩 감기에 걸려 콧물이 날 때도, 나는 우선 뜨거운 차를 한 잔 마시고 500번씩 혹은 600번씩 참회의 절 기도를 올렸습니다. 그런 다음 땀에 흠뻑 젖은 옷을 갈아입고 침대에 눕습니다. 그러면 감기가 다 낫곤 했습니다.

참으로 나는 '야생' 인간이었습니다. 나는 숲 속의 들짐승 같았습니다. 나는 눈 속을 뛰어다녔고 맨발로 빗속을 걸어 다녔습니다. 그러면 내 다리와 발은 눈 속에서 새빨개졌습니다. 영적 아버지들이 내게 맨발로 다니라고 지시한 것도 아니고, 그분들 또한 맨발이 아니었습니다. 나 스스로 그러길 원했던 것입니다. 하지만 그분들도 나에게 신발을 벗지 말라고 말하지는 않았습니다. 하지만 소성당과 대성당에서는 양말과 신발을 신었습니다. 전통식 시골 신발을 신었습니다. 아름다운 추억 하나가 기억납니다. 그때는 이른 봄이었습니다. 영적 아버지들은 나를 케라시아로 보냈습니다. 나는 뛰었기 때문에, 신발을 벗었습니다. 왜냐하면 나는 눈과 얼음 속에서 내 발바닥이 마치 신발처럼 굳게 되길 바랬기 때문입니다.

영적 아버지들은 이런 내 모습을 보고 좋아했습니다. 그러나 나를 겸손하게 만들려고 나를 야단치기도 하셨습니다. 내가 일을 잘해도 잘못했다고 야단쳤습니다. 물론 항상 그랬던 것은 아니었고, 다만 내가 생각하지도 못한 곳으로 나를 데려가리고 나를 인도해주리고 그랬던 것이 있습니다.

내 영적 아버지들은 거룩한 분들이었습니다. 여러 가지 방법으로 나를 가르쳐 주셨고 때론 엄하게 대하기도 하셨습니다. 결코 한번도 "브라보!", "참 잘했구나!"라고 말하지 않았습니다. 한 번도 칭찬하지 않았습니다. 오로지 어떻게 하면 나를 하느님을 사랑하는 사람, 겸손한 사람으로 만들 수 있을까, 오직 그것만을 염두에 두고 충고해 주셨습니다. 나 자신과 내 영혼을 튼튼하게 해달라는 하느님께 간구하라고 가르치셨고, 오직 하느님을 더욱더 사랑하라고 가르쳐주셨습니다. 나는 "브라보!"라는 단어도 몰랐고, 칭찬 받으려 하지도 않았습니다. 나는 우리 집에서조차 "브라보!" 혹은 "잘했구나. 훌륭해!"라는 말을 들어 본 적이 없었습니다. 어머니는 간혹 날 야단치시곤 했고, 아버지는 미국에 가서 파나마 운하를 만드는 데서 일하셨기에 아주 오랫동안 집에 계시지 않았습니다. 나는 이러한 가정환경에서 겸손을 배웠고 이것은 내게 큰 유익을 주었습니다. 겸손의 습관을 익힌 사람은 하느님의 은총을 얻습니다. 영적 아버지들이 나를 야단치지 않으면 나는 오히려 속으로 불안을 느꼈습니다. 나는 속으로 이렇게 말하곤 했습니다. "하느님께서 우리 모두에게 복을 주셨구나. 그렇지 않으면 이렇게 좋으신 영적 아버지들을 나는 결코 만나지 못했을 거야."

나는 그분들이 나를 엄하게 대해주시길 바랬습니다. 지금 생각하니 그분들이 얼마나 엄격한 분들이었는지 알겠습니다. 하지만 그때는 전혀 깨닫지 못했습니다. 왜냐하면 그분들을 사랑했기 때문입니다. 나는 그분들과 헤어지지 않고 영원히 함께 있고 싶었습니다.

불순종

몇 번은 나의 지나친 열정 때문에 잘못을 한 적이 있습니다. 열정이 나로 하여금 도를 넘게 만들었던 것입니다. 영적 아버지의 축복 없이 분에 넘치는 영적 투쟁을 한 것이었습니다. 그건 오만이었습니다. 그 중 한 가지 일화를 들려 드릴 테니 잘 들어보십시오.

영적 아버지들이 일 때문에 하루 종일 밖에 계실 때가 종종 있었고 그러면 나는 혼자 남아 손노동을 했습니다. 내가 하던 손노동은 전에도 말했듯이 나무에 조각을 하는 일이었습니다. 그런데 그분들은 내게 조각 기술을 다 알려주지는 않으셨습니다. 혹시 내가 떠날까봐 두려웠던 모양입니다.

어느 날, 나는 혼자서 조각을 완성할 욕심으로 결이 아주 곱고 색이 하얀 나무판 위에 스케치를 하나 했습니다. 그렇게 해서 작은 새 한 마리를 조각했는데, 정말 예뻤습니다. 검고 작은 새가 날개를 뒤로 제치고 날아들어 포도 나무 가지에 매달려 있는 포도송이의 포도알 하나를 부리로 물려고 하는 모습이었습니다. 나뭇가지에는 잎사귀도 두세 개 달려 있었습니다. 전부 사포로 문질러서 작품을 완성했습니다. 훌륭한 작품이었습니다. 영적 아버지들이 돌아왔을 때 나는 고개를 숙여 인사를 한 다음, 내가 만든 작품을 요아니키오스 신부님께 보여드렸습니다.

"신부님, 제가 뭘 만들었는지 보세요."

신부님은 그것을 보시자마자 두 눈을 부릅뜨더니 소리를 치셨습니다.

"누가 이런 것을 만들라고 했니? 만들어도 되느냐고 누구에게 물어보았니?"

그리고 그것을 가로채더니 바닥에 내던졌습니다. 작품은 산산조각이 났습니다.

"고백신부님께 어서 가서 말해라."

나는 신부님이 매우 속상해 하시는 것을 알았고 그래서 용서를 구했습니다. 나도 모르게 그분들에게 고통을 안겨드렸던 것입니다.

"왜 물어보지 않고 했니? 영적 아버지에게 빨리 가서 이 조각들을 보여주고 고백성사를 해라."

나는 곧바로 영적 아버지에게 가서 그 조각을 보여주었습니다.

"얘야, 이것은 하지 말았어야 했다. 축복을 받지 않고는 아무것도 해서는 안 된단다. 이렇게 마음대로 행동하면 잘못에 빠질 수 있고 주님의 은총을 빼앗길 수도 있단다."

곧바로 나는 겸손하게 엎드려 절한 뒤, 야단맞은 것을 마음에 담아두지 않고 용서를 구했습니다. 나를 야단친 것에 대해서는 조금도 속상하지 않았습니다. 나는 '영적 아버지들이 나를 더욱 엄하게 책망하셨어야 했어. 내게 엄벌을 내려주어야 했어'라고 속으로 되뇌었습니다.

또 한번은 알면서도 불순종한 적이 있었습니다. 어느 날, 영적 아버지들이 출타하실 일이 있었고, 떠나시기 전에 영적 아버지 판델레이몬 신부님께서 이렇게 말했습니다.

"저기 위에 있는 책이 보이니? 만지지 마라. 네가 읽기에는 아직 적합한 책이 아니란다. 지금 넌 어리니까, 세월이 흘러 네가 더 훌륭해지고 겸손해지면 그때 읽으렴."

이것은 분명 내게는 하나의 법이었습니다. 그래서 그쪽으로는 눈길조차 주지 않았습니다. 그런데, 어느날 영적 아버지들이 케라시아로 떠나서 홀로 남게 되었을 때, 나는 문득 호기심에 사로잡혔습니다. 자꾸 그 책으로 눈길이 갔습니다. 나는 어렸고 키가 작았기 때문에, 높은 곳에 있던 그 책은 내 손에 닿지 않았습니다. 책을 보고 싶은 마음이 더 강렬해졌습니다. 마침내 내 자신에게 속삭였습니다.

'잠깐 무슨 내용인지만 알아보자.'

작은 의자 위에 올라서니 책이 손에 닿았습니다. 그래서 그 책을 꺼냈지만, 안타깝게도 글자들이 이상했습니다. 꼭 외국어 같았습니다. 손으로 직접 쓴, 아주 크고 두꺼운 책이었습니다. 어떤 글자들은 너무 이상해서 전혀 알아볼 수도 없었습니다. 그 글자들을 읽는 방법을 결국 나중에는 배우게 되었지만, 아무튼 그 당시에는 내가 배운 글자들과는 너무 달라서 잘 읽을 수조차 없었습니다. 상상해 보십시오! 그것은 신 신학자 시메온 성인의 책 필사본(筆寫本)이었던 것입니다. 굉장히 큰 책이었고 종이도 두꺼워, 매우 무거웠습니다. 결국 제대로 읽어보지도 못하고 다시 제자리에 갖다 놓을 수밖에 없었습니다.

  하지만 그날 이후부터 나는 슬퍼졌습니다. 가슴이 떨렸습니다. 일도 기도도 할 수 없었습니다. 아무것도 손에 잡히지 않았습니다. 영적 아버지들께서 계시지 않을 때 나 혼자 성당에 가면 마음이 간절해지곤 했습니다. 그리고 아름다운 목소리로, 간절한 마음으로 성가를 부르곤 했습니다. 성가를 부르면서 혼자 감동하곤 했습니다. 그러나 순종하지 않은 후로는 성당에 들어갈 용기가 나지 않았고, 그저 성당 밖에 있는 의자에 앉아서 슬퍼하며 에게해를 바라보기만 했습니다. 예수 기도도 드리고 싶지 않았습니다. 이런 나를 이해할 수 있겠습니까? 나는 그때 아주 위험한 낭떠러지 앞에 서 있었습니다. 성당에도 가지 않았고, 예수 기도도 드리지 않았으며, 매우 우울했었습니다. 분명 나는 하느님을 믿었습니다. 하지만 나는 영적 아버지들의 명령도 어기고 싶지 않았습니다. 하느님께서 계시다는 것은 분명 느낄 수 있었지만, 동시에 내 곁에 있는 사람들을 슬프게 하고 싶지도 않았습니다. 나로 인해 다른 사람들이 슬퍼하게 되길 결코 원하지 않았습니다. 나는 정말 어찌 해야 할지 몰랐습니다.

  이 사건이 있던 날 저녁에 영적 아버지들이 돌아오셨습니다. 불쌍한 나는 어찌해야 할지 몰랐습니다. 그들에게 곧바로 이야기할까도 생각했지만 그렇게 하지 못했습니다. 영적 아버지들과 함께 가야 했기 때문에 성당에는 갔습니다. 만과와 석후소과 때 시편들도 읽었습니다. 하지만 예배가 끝난 후에도 고백하지 못하고 위층에 있는 내 방으로 갔습니다. 잠회기도도 개인기도도 매듭기도도 하지 않았습니다. 관 속에 누워 죽어있는 내 모습을 상상하면서 마냥 침대에 누워있었습니다. 슬펐습니다. 아침이 밝자 또다시 종소리가 들렸습니다. 성당으로 내려가서 예배에 참석했고 시편을 낭독했고, 그렇게 예배를 마치는 기도를 듣고서 밖으로 나왔습니다. 성당에서 나와 곧바로 식당으로 가려했지만, 나는 더 이상 참을 수가 없었습니다. 마침내 영적 아버지이신 고백신부님의 옷자락을 잡고 말씀드렸습니다.

"영적 아버지, 저, 좀 드릴 말씀이 있어요."

영적 아버지와 나는 가던 길을 되돌려 다시 성당으로 들어갔습니다. 나는 모든 것을 털어놓았습니다.

"아버지, 저는 지금 너무 슬픕니다. 순종을 하지 않았기 때문입니다. 그 책을 절대로 보지 말라고 하셨지만 저는 그 책을 보고 말았고 그 순간부터 평화가 사라졌습니다. 예수 기도도, 참회기도도, 일반기도도 드릴 수 없었고 시편도 눈에 들어오질 않습니다."

"애야, 왜 그랬니?"

"영적 아버지, 저를 용서해주세요. 유혹에 넘어갔고, 그래서 저는 지금 너무 괴롭습니다. 저를 위해 기도해주시고, 저를 용서해주세요. 앞으로는 불순종하는 일이 없도록 주의하겠습니다."

영적 아버지는 고백성사를 해주셨습니다. 그 다음 내게 어떤 일이 일어났을까요? 단번에 모든 걱정이 사라져 버렸습니다. 내게는 한 가지 좋은 것이 있었는데 그것은 고백신부님께 고백성사를 하고 나면 곧바로 모든 것이 해결된다는 것이었습니다. 하느님께 영광 돌릴 뿐입니다. 고백성사를 할 때마다 아주 큰 기쁨이 내게 왔고 그런 다음에도 전처럼 다시 기도에 전념할 수 있었습니다. 나는 바로 하느님께 모든 것을 고백했다고 믿었고, 그래서 다시 하느님과 함께 있게 되었습니다. 고백성사의 능력을 내가 얼마나 강하게 느꼈는지, 여러분은 정말 상상할 수 없을 것입니다! 여러분 중에 어떤 사람들은 "조심해. 영적 아버지가 알면 안되니까!"라고 말하길 즐겨 한다는 것을 나도 잘 알고 있습니다. 하지만 그게 무슨 뜻인지 정말 잘 알아야 합니다! … 그와는 정반대로 오히려 우리의 모든 삶과 우리 심장의 박동소리까지 영적 아버지가 알 수 있도록 해야 합니다.

나는 영적 아버지들을 무척 사랑했습니다. 물론 그때 그 시절에는 예비 수도사들과 젊은 일꾼들 대부분은 그들의 영적 아버지를 사랑했습니다. 하느님 다음으로 중요한 것이 있다면 그것은 영적 아버지의 뜻이었습니다. 그래서 만약 영적 아버지의 뜻을 어기고 불순종했다면, 성체성혈도 받을 수 없었습니다. …

영성생활의 비밀, 그것은 바로 순종

아토스 성산에는 종적을 감추고 사는 수도사들이 많습니다. 이들은 아무도 모르게 하늘나라로 갑니다. 나도 그렇게 세상에서 잊혀진 채로 살려고 했습니다. 설교 사제가 된다거나 그밖에 다른 인생의 목표는 없었습니다. 더군다나 아토스 성산 밖으로 나갈 거라고는 상상조차 못했습니다. 완벽한 광야에 있는 어린 아이! 나는 더욱 철저한 광야를 느껴보고 경험해 보기 위해서 종종 산으로 올라갔고, 그곳에서 몇 시간이고 머물곤 했습니다. 나는 이렇게 은수도사로 살고 싶었습니다. 산나물을 찾아서 캐먹기도 했습니다. 영적 수행의 일환으로 이렇게 한 것입니다. 내가 어렸을 때부터 사랑했던 칼리비티스 성 요한처럼 나도 혼자 살고 싶었습니다. 이분은 내가 제일 좋아하는 성인입니다. 나는 이 성인을 꼭 닮고 싶었습니다. 성 요한은 부모님 곁을 떠났고 오랜 세월이 흐른 뒤에 다시 고향에 왔습니다. 하지만 부모님조차도 그의 변한 모습 때문에 알아보시 못했습니다. 그러자 그는 자신이 누군지 밝히지도 않은 채 부모님 집 근처에 움막을 짓고 평생 그곳에서 수도생활을 하셨다고 합니다. 부모님 곁에서 평생을 인내하며 부모님에게 용기를 주면서 살았다고 합니다. 나는 이 성인의 수도적 삶에 큰 감명을 받았었습니다. 이 성인의 찬양송과 조과 성가 하나를 불러보겠습니다.

성 요한이시여, 당신은 어려서부터 주님을 뜨겁게 사모했으니,
세상과 세상의 모든 즐거움을 포기하시고
금욕가가 되어,
부모님 집 문 옆에 움막을 마련하시고
영적 투쟁으로 악마들의 공격을 무찔렀나이다.
그러므로 그리스도께서는 이러한 행실을 높이 보시고
당신께 합당한 영광을 주셨나이다.
요한 성인이시여, 라자로처럼 가난하셨고
온갖 고통을 겪으면서도
부모님 집 문 옆 움막에 머무셨으니,
이제 당신은 하늘에서
천사들과 성인들이 사는 큰 집에 머무시나이다.

나는 영적 아버지에게 내 꿈을 모두 털어놓았습니다. 내가 생각하는 모든 것을 이야기했습니다. 가끔 내가 너무 지나친 상상에 빠져 있을 때면, 그분은 내게 "애야, 그건 잘못된 생각이다."라고 충고해 주셨습니다.

내 삶은 전부가 천국이었습니다. 기도, 예배, 손노동, 영적 아버지에 대한 순종. 내 순종은 사랑의 결과였습니다. 마지못해서 한 것이 아니었습니다. 이 복된 순종은 내게 큰 유익을 주었습니다. 그것은 나를 바꿔놓았습니다. 나는 깨어있는 사람이 되었고, 더욱 총명하고 민첩해졌으며, 영혼과 육신 모두가 더욱 튼튼해졌습니다. 이생에서 이러한 삶을 살게 해주신 하느님께 나는 밤낮으로 찬양드릴 수밖에 없습니다.

나는 끊임없이 완벽하게 순종하려 했습니다. 하느님께서 내게 주신 그 밖의 모든 것은 저절로 자연스럽게 순종의 결과로 주어졌습니다. 내가 가진 초자연적인 통찰력도 이렇게 순종을 했기 때문에 하느님께서 주신 것입

니다. 순종은 그리스도께 보여드리는 사랑입니다. 그리스도께서는 특별히 순종하는 사람들을 사랑하십니다. 성경을 통해 하느님은 이렇게 말씀하십니다. "나를 사랑하면 내 사랑을 받고, 애타게 찾으면 나를 만나리라."(잠언 8:17) 성경에는 모든 것이 적혀있지만 그 심오한 뜻은 쉽게 드러나지 않습니다.

열정으로 가득 찬 영적 생활

영적 아버지께서는 내가 해야 할 일들에 대해서 지시하지 않으셨습니다. 영성 생활에 대한 지도는 기도매듭을 하나 주시고 "예수 기도를 드려라."고 말씀하신 것이 다였습니다.

다른 것은 없었습니다. 영적 아버지는 내 열정이 지나침을 아셨고, 그래서 내게 특별한 조언도, 무엇을 읽어야 하는지도 말씀하지 않으셨습니다. 다만 위대한 교부들의 책 가운데에서도 굉장히 엄격한 내용을 담고 있는 책들은 읽지 못하게 하셨습니다. 예를 들면 성 에프렘, 성 이사악, 성 요한 클리막스, 신 신학자 성 시메온의 책들은 읽지 못하게 하셨습니다. 나는 순종하면서 성인전과 시편과 성모님께 드리는 기원의식과 미네온[10]을 읽었습니다. 나는 이런 책들을 통해서 책읽기를 배웠습니다. 나는 글은 제대로 읽을 줄 몰랐지만 영적 삶에 대한 열정만은 대단했습니다. 그래서 성 요르기오스 성당에 갈 때마다 ―이 성당 짓는 것을 나도 도왔는데― 나는 예배드리며 성가들을 많이 따라 불렀습니다. 특히 트리아디코스 성가를 아주 좋아했습니다. 성 삼위 하느님께 바쳐진 성가들을 나는 참 좋아했습니다. 성가

---

10) 『미네온』(우리 말로는 『월별예식서』)은 월별로 총 12권으로 구성된 예식서로, 매일 매일 그날 축일에 불려지는 여러 종류의 성가(찬양송, 아포스티하, 까논, 엑사뽀스띨라리온)들을 담고 있다.

를 부를 때면 눈물이 났고 많이 울었습니다. 그것은 슬퍼서 그랬던 것이 아니라, 주님께서 주신 기쁨 때문이었습니다. 예배는 내게 언제나 큰 감동을 주었습니다. 나는 성가를 아주 아름답게 불렀습니다! 바로 이것이 내 삶이었습니다. 내가 산 것은 내 힘으로 산 것이 아니라 주님의 은총으로 살았습니다. 이 모든 것이 주님의 은총이었습니다. 내가 영리해서도 아니고 내 지식과 배움이 깊어서도 아닙니다. 나는 대학은커녕 초등교육도 제대로 받지 못했습니다. 그러니 이 모든 것은 다 주님의 은총 덕분이었습니다.

하지만 몇 번은 잘못을 범하기도 했습니다. 영적 아버지에게 말씀드리지 않고 나 혼자 독단적으로 결정하고 행동한 적도 있었습니다. 들어보십시오. 나는 잡념을 없애려고 마태오 복음을 시작으로 해서 성경을 외우기 시작했습니다. 어느 날 나는 좋은 기회다 싶어 영적 아버지들 앞에서 요한복음 1장을 자랑스럽게 외워 보였습니다. 하지만 영적 아버지들은 그것을 듣고는, 축복도 받지 않고 성경을 외웠다고 나를 매우 야단치셨습니다.

갈망하며 기다렸던 이 순간

내가 어떻게 수도사가 되었는지 어디서부터 이야기하면 좋을까요? 아토스 성산에서 내가 살아온 삶을 다 이야기하자면 너무 길 것이기 때문입니다.

내가 14살이 되었을 때 영적 아버지께서 나를 부르시더니 이렇게 말씀하셨습니다.

"어떻게 할래? 앞으로 어쩔 생각이니? 여기서 살거니?"

"네, 여기서 살 거예요."

나는 감사와 기쁨으로 대답했습니다.

"내 손에 입을 맞추어라."

영적 아버지의 손에 입을 맞추고 나니 일할 때 입으시던 오래된 수도복을 하나 건네주셨습니다. 꿰맨 자국이 너무 많아서 원래 천이 어떤 것이었는지 구분이 가지 않을 정도였고 땀을 많이 흘려서 목 부분은 벌써 다 닳아 있었습니다. 성당에서 본 수도사들은 깔끔한 수도복을 입고 있었기에 나도 그런 수도복을 상상했었습니다. 그때 그 심정을 어떻게 표현할까요! 나는 간절히 이 순간을 기다렸습니다. 나는 그때 너무 어렸기 때문에 내가 입을 수도복이 깔끔하고 새 것일 걸로 상상했었습니다. 하지만 결국 내가 받은 수도복은 다 헐은 수도복이었던 것입니다! 다른 천을 대고 여러 군데 꿰맨 자국이 난 낡은 수도복을 보자 처음에는 조금 속상했지만, 그것도 잠시뿐이었습니다. 나는 고작 열네 살 먹은 어린 아이였던 것입니다. 하지만 나는 속상한 마음을 결코 표현하지 않고, 불평도 하지 않았습니다. 수도복을 보는 순간 실망감이 찾아왔지만, 곧바로 실망감은 행복한 마음으로 변했습니다.

"신부님 축복해 주십시오."라고 말씀드린 후 수도복을 받았습니다.

그러고 나서 두 번 다시 수도복에 미련을 두지 않았습니다. 나는 은수도사들을 생각했습니다. 그들은 허리에 짐승털 옷을 입고 절대로 벗지도 빨지도 않았습니다. 이렇게 생각을 바꾸고 나니 하느님께서는 나를 크게 위로해주셨습니다. 성가대쪽으로 갔더니, 요한복음이 펼쳐져 있었습니다. 하느님께서 성경을 통해서 내게 말씀하신 것입니다. '오! 내 주님이시여, 내게 많은 말씀을 해주셨군요.'

종신서원

그날 이후 2, 3년이 더 지난 후에 종신서원을 했습니다. 그 전날에 나는 또 다른 특별한 축복을 받았습니다. 나는 내 영적 아버지와 함께 메기스터 라브라에 가서 내 종신서원의 허락을 받아야 했습니다. 허가를 내준 수도원 장님은 성인 같은 분이셨습니다. 라브라로 가던 중, 미로블리투(성해에서 성유가 나오는) 성 닐로스의 은둔 장소로부터 하늘의 향내를 느꼈습니다. 향내가 내게 밀려왔고, 그래서 나는 영적 아버지에게 이것을 말씀드렸습니다. 그분은 담담하게 내 이야기를 들었을 뿐, 아무 말씀도 없이 묵묵히 길을 걸었습니다. 바로 이런 자세로 이러한 현상을 보아야 했던 것입니다. 내가 두 번째로 이런 향내를 맡은 것은 성 하랄람보스의 성해로부터였습니다.

내 종신서원식 때 모든 수도사들이 성 삼위일체 대성당에 모였습니다. 철야예배가 있었고, 수도사들은 간절하고 아름답게 성가를 불렀습니다. 나는 신을 벗고 하얀 양말을 신은 채로 애절한 마음으로 서 있었습니다. 모든 수도사들에게 엎드려 절하고, 여러 이콘에 입을 맞추었습니다. 종신서원식을 집전하신 수도원장님께서 종신서원에 대해 여러 가지 질문을 하셨습니다. 내 눈은 감동의 눈물로 가득했습니다. 철야예배가 끝나고 나서 방으로 돌아왔습니다. 참으로 기뻤지만 나는 침묵을 지켰습니다. 나는 오직 하느님과 함께하고 싶었습니다. 이 간절한 마음으로는 성가를 부르고 싶지도 말을 하고 싶지도 않았습니다. 그저 고요하게 있고 싶었습니다. 그리스도의 음성을 분명히 듣기 위해 아무 소리도 들리지 않는 절대 침묵을 누리고자 했습니다.

철야예배

아토스 성산에서의 삶은 철야 예배의 삶입니다. 올바른 자세로 드리기만 한다면, 다시 말해 참여한 모든 사람들이 하느님께 드리는 예배 안에서 하나가 되어 영적인 분위기가 만들어지고 모두가 그 분위기에 젖게 된다면, 철야예배는 아주 커다란 영적 유익을 가져다줍니다. 영적으로 고양되고 주님과 깊은 교제를 나눌 수 있는 가장 좋은 조건들이 만들어집니다. 아토스 성산에서는 새벽 두 시가 바로 영적 투쟁이 개시되는 시간입니다. 이 시간이 되면 나는 항상 거룩한 두려움을 느낍니다. 기도는 그 장소를 흔들고, 더 나아가 영적인 세상 전체를 흔듭니다. 그것은 바로 그리스도를 향한 사랑입니다.

나는 아토스 성산의 철야 예배를 참으로 좋아했습니다. 그 시간이 되면 나는 전혀 다른 사람이 되었습니다. 나는 항상 특별히 이 시간에 주의를 집중했습니다. 지극한 사랑의 자세로 기도문들을 들었습니다. 한 순간이라도 잠의 유혹에 넘어가지 않으려고 집중했습니다. 강렬한 사랑으로 예배에 참여했습니다. 가끔씩 의자에 앉아 있을 때도 졸지 않으려고 의자 등받이에 기대지 않았습니다. 그리고 성찬예배가 끝난 후에도 나는 잠시라도 눈 붙이고 싶지 않았습니다. 사랑이 모든 것을 지배했습니다. 이렇게 나는 언제나 깨어있었습니다.

내 영혼을 비춘 은총

철야 예배나 다른 여러 예식에 참여하기 위해 대성당(kyriakon)으로 갔을 때 나는 거룩한 사람들을 알게 되었습니다. 그 중 잘 알려지지 않은 한 성인에 대해 이야기해 드리겠습니다.

우리의 은수도처 위쪽으로 아주 높은 곳에는 디마스라는 러시아 출신 노수도사 한 분이 살고 있었습니다. 노수도사 디마스는 아주 허름한 오두막에서 혼자 살고 있었습니다. 그분은 아주 경건한 분이었습니다. 하지만 이 노수도사의 이름도, 그가 가진 은사에 대해서도 잘 아는 사람이 없었습니다. 그분은 러시아에서 왔습니다! 그가 얼마나 오랜 시간이 걸려 여기까지 왔는지 그 누구도 알지 못했습니다! 그는 모든 것을 저버리고 세상의 끝이나 다름없는 그곳, 깝소칼리비아에 와서 평생을 이름없이 살았고, 또 그렇게 이름없이 돌아가셨습니다. 하지만 그분은 결코 자기 안에 갇혀 사는 사람이 아니었습니다. 오히려 정반대로 영적 투사였습니다. 생각해 보십시오. 그분 곁에는 "오늘 오백 번의 참회기도를 올렸습니다. 그리고 이런 것을 느꼈습니다. …"라고 말할 수 있는 사람이 아무도 없었습니다. 그분은 숨어있는 영적 투사였습니다.

맞습니다. 그것이야말로 완벽한 일입니다. 완벽하고도 순수한 투쟁입니다. 어떤 이익도 구하지 않음, 오직 하느님에 대한 경배, 참된 거룩함, 하느님과의 대면, 사람들의 찬사를 원하지 않는 삶입니다. 임금이신 주 예수 그리스도의 종으로서의 삶이었습니다. 이보다 더 완벽한 삶은 없습니다. 그에게는 순종해야 할 수도원장도 없었고, '브라보'라는 칭찬의 말도 없었습니다, 그리고 '왜 그럴까?' 하는 질문도 없었습니다. 나는 살아있는 성인을 보았습니다. 이름없는 성인을 보았습니다. 가난했고, 무관심속에 방치되었던 분이셨습니다. 그분이 돌아가셨을 때도 우리는 며칠 후에야 그것을 알게 되었습니다. 아니 몇 달 전인지도 모릅니다. 그것도 한 겨울에 그렇게 떠나셨습니다. 더구나 그 높은 곳 돌로 쌓아 만든 그의 오두막까지 올라갈 사람이 어디 있겠습니까? 아무도 그분을 보지 못했습니다. 이런 은수도사들은 돌아가신 뒤 한두 달 지난 뒤에야 발견되는 일이 자주 있었습니다.

은총의 충만과 넘쳐흐름은 보잘것없는 내게도 선물처럼 찾아왔습니다. 그것은 디마스 노수도사가 대성당에서 참회기도를 드리며 신음하고 흐느껴 우는 것을 내가 보았을 때였습니다.

그분이 참회의 기도를 드릴 때, 은총이 그를 사로잡았고 그를 뒤덮었으며, 이윽고 그것을 보고 있던 내게도 빛을 비추어 주었습니다. 이렇게 은총의 충만한 임재가 내 안에서도 일어났습니다. 영적 아버지들을 사랑할 때도 은총은 분명 나를 감싸주었지만, 정말 그 순간에 내가 경험한 은총은 특별히 더욱 강력한 은총이었다고 말하고 싶습니다. 이제 그 상세한 과정을 말씀드려 보겠습니다.

그날 새벽 3시 30분에 나는 성 삼위일체 성당으로 예배를 보러 갔습니다. 이른 아침이었습니다. 성당 종이 울리기도 전이었습니다. 성당 안에는 아무도 없었습니다. 나는 예비신자석(narthex)에 앉아 있었습니다. 나는 어둠 속에서 기도를 하고 있었습니다. 그 순간 성당 문이 열리더니, 키가 큰 한 노수도사가 들어오셨습니다. 디마스 수도사였습니다. 노수도사는 성당에 들어오면서 주위를 살펴 아무도 없는 것을 확인한 후 아주 긴 기도매듭을 들고 큰절을 하며 참회기도를 하기 시작하셨습니다. 큰절의 참회기도를 빠르게 셀 수 없이 계속하면서 "주 예수 그리스도시여, 저를 용서해주소서, … 성모님이시여, 우리를 구원하소서."라고 기도드렸습니다. 얼마 후에 그분은 신비스러운 경지에 이르렀습니다. 나는 그분이 하느님 앞에서 행한 이 몸짓을 어떻게 설명해야 할지 모르겠습니다. 사랑과 흠숭의 몸짓, 사랑으로 불타는 열정의 몸짓, 거룩한 사랑과 헌신의 몸짓이있습니다. 디마스 은수도사는 모세가 홍해 바닷가에서 그랬듯이 두 팔을 십자가 모양으로 벌리고 서서는 "우~~~~~ !" 하는 소리를 내었습니다. 어떤 일이 일어났던 것일까요? 그분은 은총 안에 있었습니다. 빛으로 환해졌습니다. 그리고 그 은총의 빛은 곧바로 내게 축복이 되어 전달되었습니다. 디마스 은수도사는 나를 보지 못했습니다. 나는 감동의 눈물을 흘리기 시작했습니다. 나같이 보잘것없고 가치 없는 사람에게 주님의 은총이 임하다니! 어떻게 말해야할까요? 나에게도 은총이 전해졌던 것입니다. 성인의 경지에 이르신 디마스 은수도사가 지녔던 은총의 광채가 내 영혼에도 그 영적인 은총을 전해주며 빛났던 것입니다.

디마스 은수도사는 영적인 신비경에 이르렀습니다. 그의 의지와 상관없이 그렇게 되었습니다. 그는 더 이상 자신을 어찌할 수 없게 되었던 것입니다. 내가 말한 것 또한 정확하다고 할 수 없으니, 그것은 도대체 설명할 수 있는 어떤 것이 아니었기 때문입니다. 다만 그것은 온전히 하느님께 속한 상태라고 밖에 말할 수 없고, 그 이상 설명할 방법이 없습니다. 설명하려 하면 할수록 오히려 오해만 생길 뿐입니다. 수많은 책을 쓰더라도 온전히 전달될 수 없습니다. 그것은 이해의 대상이 아니기 때문입니다. 정녕 그것을 이해하려면, 먼저 그에 합당한 사람이 되어야 할 것입니다.

디마스 은수도사로부터 받은 은총들

새벽 4시에 종소리가 울렸습니다. 종소리가 들리자 디마스 노수도사는 몇 번 더 절을 올리더니, 기도를 멈추고 의자에 앉았습니다. 성당 입구 쪽 나르텍스 벽에 붙어있는 나무의자로 기억됩니다. 그때 마까루다스 신부님이 성당으로 들어왔습니다. 원래는 마카리오스 신부님이신데, 애칭으로 마까루다스라고 불렀습니다. 행동이 민첩하시고 상냥하게 이야기하는 분이셨습니다. 과연 천사같은 분이었습니다. 그분은 성당 구석 구석의 등잔들, 성당 중앙에 매달려 있는 대형 등잔들을 정말 우아한 모습으로 켜 나갑니다! 또 참회기도는 얼마나 경건하게 드리는지 모릅니다. 오른쪽과 왼쪽으로 번갈아 가면서 사람들에게 용서를 구하고 나서는 책을 받아 들고 성당에서 예배를 이끌어 갔습니다. 나는 그분을 정말로 사랑했습니다. 주님의 은총을 지니신 그분을 어찌 사랑하지 않을 수 있겠습니까?

이렇게 마까리오스 수도사가 성당 본당으로 들어왔습니다. 디마스 노수도사도 그를 따라 문을 열고 본당 안으로 들어갔습니다. 그는 아무도 자기를 보지 못했을 것이라고 생각하고, 잠시 머뭇거리며 자기 자리에 가 앉았습니다. 계단 뒤쪽 보이지 않는 곳에 있던 나도 신중함과 경외감을 가지고 몰래 성당 안으로 들어갔습니다. 성 삼위 이콘에 가서 입맞춤을 하고 나서 멀찍한 곳에 자리를 잡고 서있었습니다. 성찬예배가 한창 진행되었고 사제가 성작을 들고 나와 "하느님에 대한 경건한 마음과 믿음과 사랑으로 가까이 올지어다."라고 말했을 때 많은 수도사들이 성체성혈을 받았습니다. 나도 큰절을 하고 성체성혈을 받았습니다. 그 성체성혈을 받는 순간 기쁨이 흘러넘쳤습니다. 그것은 거룩한 흥분 그 자체였습니다!

예배가 끝난 후 기쁨과 감사로 마음이 충만해진 나는 혼자 숲 속으로 갔습니다. 너무 기뻐 어쩔 줄을 몰랐습니다! 은둔처로 향하면서 주님께 감사의 기도를 드렸고 가슴이 벅차올라 숲 속을 껑충껑충 뛰며 달려갔습니다. 나는 기뻐서 펄쩍펄쩍 뛰었고, 팔을 활짝 펼치고 아주 큰 소리로 외쳤습니다.

"하느님께 영광! 하느님께 영광!"

내 두 팔은 벌려져 움직이지 않았습니다. 내 몸 전체는 십자가처럼 되었습니다. 누군가 내 뒷모습을 보았다면 십자가처럼 보였을 것입니다. 내 머리는 하늘을 향해 있있고 벌린 팔과 벅찬 가슴으로 마치 하늘을 닐 것만 같았습니다. 심장이 터질 것만 같았습니다. 내가 말한 모든 것이 사실이고, 내가 경험한 것입니다. 몇 시간 동안 이런 상태로 있었는지 난 잘 모르겠습니다. 다시 제정신을 차렸을 때, 나는 두 팔을 내리고 말없이 눈물을 흘렸고 눈물에 젖은 채 다시 길을 계속해서 걷기 시작했습니다.

은둔처에 도착했을 때, 평소 간단한 간식을 먹던 것과는 달리 나는 아무 것도 먹지 않았습니다. 아무 말도 할 수 없었습니다. 성당에 갔을 때도, 평소같으면 조용히 성가들을 따라 부르곤 했을 텐데, 나는 성가도 부르지 않았습니다. 의자에 앉아 그저 "주 예수 그리스도시여, 죄인인 저를 용서하소서."라고 예수 기도만 간절하게 드렸습니다. 비록 조금은 차분해졌지만 내가 말한 이 상태는 얼마간 지속되었습니다. 감정이 북받쳤고, 내 의지와 상관없이 계속 눈물이 흘러내렸습니다. 그것은 하느님께서 나를 찾아주심으로 인해 일어난 감정들이었습니다. 눈물은 저녁이 될 때까지도 멈추지 않았습니다. 성가를 부를 수 없었고 생각할 수도 말할 수도 없었습니다. 내 곁에 다른 사람이 있었다 해도 나는 아마 아무 말도 하지 않았을 것이고, 다만 홀로 있기 위해 그 자리를 떠났을 것입니다.

오직 한 가지만은 확실했습니다. 디마스 은수도사가 성 삼위일체 대성당에서 기도를 하던 그날, 그분은 내게 '예수 기도'의 은총과 초자연적인 통찰의 은사를 전해주었다는 것이 바로 그것입니다. 내가 받은 이 은총을 나는 생각해 본 적도, 원한 적도, 기다린 적도 없었습니다. 영적 아버지가 이러한 은총에 관해 이야기해준 적도 없었습니다. 아토스 성산에서는 말로 가르쳐주지 않는 것이 관례입니다. 대신 직접 모범을 보임으로써 가르쳐줍니다. 성인들의 삶을 기록해 놓은 글들을 읽으면서 나는 하느님께서 그들에게 어떤 은총들을 주셨는지 알게 되었습니다. 교부들은 자신의 뜻대로 해달라고 하느님께 조르지 않았고, 기적을 보여 달라고도, 은총을 달라고도 하지 않았습니다. 나 또한 절대로 하느님으로 이런 저런 은사를 받고 싶다고 생각해 본적이 없습니다. 나를 믿어주기 바랍니다. 절대로 그런 생각을 하지 않았습니다. 단 한 번도 생각해 본 적이 없는 이 모든 것이, 결코 중요하다고 생각해 본 적이 없는 이 모든 일이 어느 날 갑자기 내 앞에 나타났던 것입니다.

그날 저녁 무렵이 되어서야 나는 성당에서 나왔습니다. 그리고 의자에 앉아서 바다를 바라보았습니다. 영적 아버지들께서 돌아오실 시간이 다 되어서 혹시나 오시지 않나 하고 저 멀리 내다보았을 때 나는 그분들이 저 멀리 나타나는 것을 볼 수 있었습니다. 그분들은 대리석 계단을 내려오고 있었습니다. 하지만 그곳은 아주 먼 곳이었고, 정상적인 상태로는 결코 볼 수 없는 곳이었습니다. 내가 멀리 있는 그분들을 볼 수 있었던 것은 하느님의 은총 덕분이었습니다. 나는 가슴이 벅찼습니다. 그런 일은 처음이었습니다. 나는 밖으로 뛰쳐나갔고, 그분들께로 달려가 가방을 들어주었습니다.

"우리가 오는지 어떻게 알았니?"

영적 아버지가 물으셨지만 나는 대답하지 않았습니다. 그러나 은둔처에 도착했을 때, 나는 영적 아버지인 판델레이몬 신부님에게 가서 요아니키오스 신부님 모르게 말씀 드렸습니다.

"영적 아버지, 이 일을 어떻게 설명해야 할지 모르겠습니다. 신부님께서는 산 뒤편에 계셨지만 저는 신부님들이 짐을 잔뜩 지고 서둘러 오시는 것을 볼 수 있었습니다. 가로막힌 산이 꼭 유리같이 투명해져서 그 뒤쪽까지도 다 볼 수 있었습니다."

나의 말을 다 듣고 영적 아버지께서는 이렇게 충고해 주셨습니다.

"음 그랬구나. 알겠다. 하지만 그것을 너무 중요하게 여기지는 말거라. 그리고 누구에게도 말하지 말거라. 악마가 숨어 노리고 있으니 말이다."

별들 사이에서, 무한한 공간에서, 하늘에서 …

앞에서도 이야기했지만 나는 절대로 초자연적인 통찰력의 은사를 원했던 적이 없습니다. 그리고 하느님으로부터 그 은사를 받았을 때도 그 은사로 앞으로 어떻게 해볼까 하는 생각도 없었습니다. 그러니까 그 은사를 개발할 생각도 없었다는 것입니다. 아무 신경도 쓰지 않았습니다. 절대로 원하지도 않았고 하느님께 뭔가 미래를 보여 달라고도 하지 않았으며, 그렇게 하는 것은 결코 하느님께서 원하시는 것이 아니라고 생각했습니다. 하지만 디마스 노수도사를 통한 체험 이후로 나는 완전히 달라졌습니다. 내 삶은 온통 기쁨과 감사로 충만했습니다. 마치 별들 사이에서, 무한한 공간에서, 하늘에서 날아다니며 사는 것 같았습니다. 정말 그전에는 그랬던 적이 없었습니다.

하느님의 은총을 느낀 그때로부터 모든 은사들이 몇 배로 늘어났습니다. 나는 전보다 훨씬 총명해졌습니다. 트리아디코스 카논, 주 예수 그리스도 카논, 그리고 다른 카논들도 배웠습니다. 성당에서 카논들을 다 외워 읽기도 하고 부르기도 했습니다. 시편도 다 외워서 낭독했습니다. 시편을 읽을 때는 오해할 만한 단어들을 특히 주의했습니다. 나는 정말 완전히 바뀌었습니다. 많은 것을 미리 알 수 있게 되었지만 말하지 않았습니다. 내가 본 미래를 말해도 좋다는 주님의 허락이 없었기 때문입니다. 모든 것을 보았습니다. 모든 것에 주의했고 모든 것을 이해했습니다. 기쁨으로 인해 나는 땅을 밟지 않고 공중에 떠 있는 것 같았습니다. 내 코는 모든 냄새를 맡을 수 있게 되었고, 내 귀도 열렸으며 내 눈은 더욱 밝아졌습니다. 아주 멀리서도 나는 사물들을 깨달을 수 있었습니다. 짐승들, 새들, 모든 것을 구별할 수 있었습니다. 검은 새, 참새, 작은 새, 나이팅게일, 붉은가슴울새, 지빠귀 등 울음소리만으로도 어떤 새인지 알 수 있었습니다. 밤에도 새벽에도 나이팅게일과 검은 새 등 모든 새들의 합창을 들으면서 기뻐했습니다.

나는 다른 사람이 되었습니다. 나는 새로워졌고 달라졌습니다. 주님의 은총으로 나는 무엇을 보든지 그것을 통해 기도를 드렸습니다. 그것들을 나와 일치시켰습니다. 새는 왜 창조주를 찬송하고 영광을 드리는 걸까? 나도 그렇게 하고 싶었습니다. 꽃들도 마찬가지였습니다. 30분 정도는 족히 가야할 먼 곳에 피어있는 꽃도 그 향기만으로 어떤 꽃인지 이름을 맞췄습니다. 풀, 나무, 물, 바위들. 아! 바위들과도 이야기를 했습니다. 이 바위들이 무엇을 보았는지 아십니까? 나는 그들에게 물어보았고, 바위들은 내게 깝소칼리비아의 모든 비밀을 이야기해주었습니다. 나는 묵상 속에서 늘 감동에 젖었습니다. 주님의 축복으로 모든 것을 보았지만 아무에게도 말하지 않았습니다. 자주 숲 속으로 갔고, 바위들과 계곡들 그리고 크고 작은 나무들과 우거진 덤불 사이를 걸었습니다. 이 모든 것들에 나는 매료되었고, 이 모든 것들이 나에게 크나큰 열망을 불어넣었습니다.

내게 영감을 준 꾀꼬리

어느 날 아침 나는 혼자 외진 숲 속으로 들어갔습니다. 숲은 아침이슬에 젖어 있었고 새벽의 신선한 공기가 햇빛을 받아 빛났습니다. 계곡을 발견한 나는 그곳을 지나서 저만치에 있던 바위 위에 앉았습니다. 내 옆으로는 차가운 물이 흘렀고 나는 조용히 '예수 기도'를 드렸습니다. 고즈넉했습니다. 아무 소리도 들리지 않았습니다. 그러나 조금 뒤, 조용한 가운데 아주 달콤한 목소리로 창조주를 찬양하는 소리가 들렸습니다. 앞을 쳐다보았습니다. 아무것도 보이지 않았습니다. 마침내 반대편 나뭇가지 위에 새가 하나 보였습니다. 꾀꼬리였습니다. 꾀꼬리가 지저귀는 걸 들었습니다. 목청이 터질 것처럼 힘껏 소리 내어 노래하는 것을 들었습니다. 몸짓이 작은 이 새는 달콤하고도 아름다운 목소리를 내기 위해 날개를 옆으로 접어놓고 힘껏 목청을 돋구고 있었습니다! 나는 당장이라도 물 한 모금을 주어서 작은 새의 갈증난 목을 축여주고 싶었습니다!

나는 눈물이 났습니다. 이와 같은 눈물은 디마스 노수도사에게 은총을 받았을 때 끊임없이 흐르던 눈물과 같은 것이었습니다. 두 번째로 맛본 영적 경험이었습니다.

내가 경험한 것들은 결코 남에게 설명될 수 있는 것이 아니지만, 내가 느낀 것, 그 신비를 나는 그대들에게 지금 털어놓은 셈입니다. "꾀꼬리는 왜 지저귀는 걸까? 왜 노래하는 걸까? 이렇게 아름다운 노래를 왜 부르는 걸까? 노래를 너무 많이 해서 목이 아프면서도 무슨 이유로 계속 노래하는 것이지? 혹시 누가 자기를 칭찬해주기를 기다리는 걸까? 물론 아니다. 그런 목적 때문이 아니다." 나 혼자서 사색했습니다. 이 사색의 습관은 디마스 수도사와의 사건으로부터 얻게 된 것입니다. 그전에는 이렇게 생각하지 않았지만 꾀꼬리가 수많은 이야기를 해주었습니다. 침묵 속에서 얼마나 많은 이야기를 해주었는지 모릅니다.

"꾀꼬리야, 내가 여기를 지나갈 거라고 누가 이야기해주었니? 여기는 외딴 곳이고 인적이 없는 곳이야. 쉬지 않고 하느님께 기도를 드리는 네 임무를 다하고 있으니 이 얼마나 좋으니? 꾀꼬리야, 네가 얼마나 많은 이야기를 해주는지 모르겠구나. 나를 얼마나 많이 가르쳐 주는지 모르겠구나. 나의 주님! 감동스럽습니다. 꾀꼬리야, 너는 온 힘을 다해 지저귀는 모습을 통해 내게 어떻게 하느님을 찬양해야 하는지 말해주는구나. 많은 것을 이야기해주는구나. …"

지금은 내 건강이 별로 좋지 않습니다. 그래서 지금 내가 느꼈던 것을 있는 그대로 표현하는 것은 정말 쉽지가 않습니다. 다른 사람 같으면 글로 써놓을 수도 있었을 것입니다. 나는 꾀꼬리를 참으로 많이 사랑했습니다. 나는 꾀꼬리를 사랑했고 꾀꼬리는 내게 영감을 주었습니다. '내가 꾀꼬리처럼 행동하지 못하는 이유는 뭘까? 꾀꼬리는 숨는데 나는 왜 숨지 못하지?' 하고 생각했습니다. 그래서 내가 떠나야 한다는 생각이 들었습니다. 사라져야 한다는 생각이 들었습니다. 내가 존재하지 않아야 한다고 생각했습니다.

"왜 이런 곳에서 지저귈까? 새는 누구에게 자신을 나타내고자 했을까? 꾀꼬리는 내가 자신의 소리를 듣고 있는 것을 알았을까? 지저귀는 소리를 누군가 들었을까? 왜 이렇게 외진 곳에 숨어있을까? 숲이 우거진 곳에서, 계곡에서, 밤낮으로 아침저녁으로 꾀꼬리들이 지저귀는 소리를 누가 들을 수 있을까? 왜 종달새는 지저귀는 걸까? 왜 이토록 인적이 드문 곳으로 왔을까? 그것은 창조주를 찬양하고 경배하기 위한 것입니다." 나는 마침내 이렇게 설명했습니다.

나는 이 모든 것들이 하느님의 천사라고 여겼습니다. 즉, 새들은 만물의 창조주인 하느님을 찬양하지만 다른 사람들은 그것을 듣지 못합니다. 그렇습니다. 꾀꼬리는 사람들이 듣지 못하도록 숨어서 노래하는 것입니다.

꾀꼬리는 사람들이 자신의 지저귐을 다른 이들이 듣거나 말거나 그것에는 관심이 없습니다. 하지만 고독 속에서, 고요 속에서, 사막에서, 침묵 속에서 노래할 때, 꾀꼬리는 과연 이 지저귐을 누가 들어주길 원했을까요? 만물의 창조주, 모든 것을 창조하신 분이 듣기를 원한 것이었습니다. 삶과 숨결과 소리를 주신 그분 말입니다. "새들에게도 지능이 있는 걸까?"라고 묻는다면 어떻게 대답해야 할지 모르겠습니다! 새도 감정을 가지고 지저귀는 건지는 나도 잘 모르겠습니다. 성경 말씀대로라면 새들은 현세에서는 생명이 있지만 다른 세계에선 생명이 없습니다. 우리는 성경 말씀과 다르게 생각하면 안 됩니다. 다만 하느님께서는 이 모든 것이 하느님의 천사들임을 알려주고 싶어 하십니다. 우리는 그 이유를 잘 모르지만 새들은 사람들이 듣지 못하도록 숨어서 하느님께 영광송을 불러드리는 것입니다.

이처럼 아토스 성산의 수도사들의 삶도 알려지지 않았습니다. 다만 영적 아버지와의 사랑의 교제 안에 살아갈 뿐입니다. 참회기도를 드리면서 영적 투쟁을 전개하는 데 온 생애를 바칩니다. 하지만 사람들은 그들을 기억하지도 못할 뿐만 아니라 "당신들은 무엇하는 사람들입니까?" 하고 물어보는 사람도 없습니다. 우리는 그리스도와 함께 삽니다. 우리는 그리스도에게 속한 사람들입니다. 모든 것 안에서 살고, 하느님과 함께 삽니다. 성경 말씀처럼 "우리는 모든 것에 생명을 주시고 살아있게 하시는" 그분 안에서 그분을 통해서 살아갑니다. 거룩한 교회에 들어가서, 이름 없이 살아갑니다. 끊임없이 이웃을 위해 기도하면서 살지만 결코 그들에게조차 알려지지 않은 채로 살아갑니다.

나 홀로 한적한 곳으로

나는 광야로 떠나고 싶다는 열망에 사로잡혀 있었습니다. 영적 아버지의 축복을 받고 빵이 든 배낭 하나 어깨에 메고 사라져서, 홀로 하느님을 끊임없이 찬양하며 살기를 원했습니다. 하지만 "어디로 가야 하지? 조각 기술을 다 배우지 못했는데 …"라는 생각도 들었습니다. 수도사에게 손노동이 공기 못지 않게 중요한 이유는 그것을 팔아 생계를 유지해야 했기 때문입니다.

내 머릿속에는 이러한 생각이 깊이 박혀 버렸습니다. '오직 하느님을 위해 홀로 사막으로 떠나자. 자만하지 않고, 오만하지 않으며, 헛된 욕망을 꿈꾸지 않고서 말이다.' 어떤 전제조건도 내걸지 말고 오직 하느님을 믿어야 한다는 생각이 내 안에 생겨났습니다. 그것이야말로 진정한 삶, 가장 훌륭한 삶입니다. 그것이 바로 사막으로 사라진 은수도사들이 완벽하게 이루어냈던 삶입니다. 그들의 야망은 세상에 있지 않았습니다. 그 어떤 것에도 … 다만 그들은 하느님을 향해 끊임없이 눈물을 흘렸고 교회와 모두를 위해 기도했습니다. 그들은 먼저 세상과 교회를 위해서 기도하고 맨 마지막에 자신을 위해 기도했습니다.

여러분에게 말했듯이, 꾀꼬리가 왜 그토록 끊임없이 노래를 부르는지 곰곰이 생각했습니다. 사막에서 목이 터져라 노래를 부른 이유는 무엇일까요? 그것은 바로 창조주께 경배와 찬송과 영광송을 바치는 것이었습니다. 그러니 나라고 해서 사막으로 물러나 세상에서 잊혀진 채 침묵 속에서 하느님을 찬양하며 살지 말라는 법이 어디 있겠습니까? 그보다 더 완벽한 삶이 또 어디 있을까요? 꾀꼬리로부터 이 모든 것을 배우게 되었습니다. 바로 이것이 나의 계획이었습니다. '어떻게 하면 사막으로 갈 수 있을까? 내가 거기서 누릴 기쁨은 또 어떤 것일까? 또 거기서 나는 어떤 죽음을 맞이할까? 나는 나물을 먹게 되겠지! 그리고 이런 저런 일을 하게 될거야! 남루한 옷차림으로 아무도 없는 외진 곳에서 아무에게도 알려지지 않은 채 가끔 큰 수도원에 가서 빵을 얻어 생계를 유지하며 사는거야!' 나는 이 모든 계획을 머릿속에 입력해 놓았습니다. 이 계획은 가슴 속에 숨겨둔 나만의 비밀이었습니다.

이런 상상과 계획에 도취되어 다시 은둔처로 돌아왔습니다. 그리고 영적 아버지에게 고백 성사를 하며 이 모든 생각들을 털어놓았습니다. 영적 아버지는 미소를 지으며 이렇게 말씀해 주셨습니다.

"얘야 그것은 잘못된 생각이란다. 그러니 그 생각을 지워 버리거라. 다시는 그런 공상에 빠지지 말거라. 그런 생각은 너의 기도 생활을 방해할 뿐이란다."

내가 여러 번 말했듯이 내게는 놀라운 비밀이 하나 있었습니다. 그것은 영적 아버지에게 어떤 내용이라도 고백성사를 하고 나면 그 순간 죄지은 과거는 다 잊어버리고 내 마음속에 큰 기쁨을 느낄 수 있었다는 것입니다. 그것은 영적 아버지의 기도 덕분이었습니다. 이렇게 지상의 낙원인 아토스 성산에서 순종하면서 수도사로 살았습니다. 영원히 그곳에서 살고 싶었고, 결코 떠나지 않으려 했습니다. 하지만 하느님의 계획은 다른 것이었습니다.

하느님께서 구해주심

비가 많이 내린 어느 날이었습니다. 비가 멈추자, 사방에서 수도사들이 모여들어 달팽이를 줍기 위해 성 니폰 성당 쪽으로 가고 있었습니다. 나는 일하다가 창문 밖으로 우연히 그 모습을 보게 되었습니다. 요아니키오스 신부님도 창문으로 그 모습을 내다보고 조금은 안타까워했습니다. 아마도 나도 그분들과 함께 가서 달팽이를 주워오길 바라는 눈치였습니다.

나는 신부님께 "영적 아버지께서 저 보고 가지 말라고 하셨어요."라고 말했다가, 생각이 바뀌어 "하지만 신부님께서 원하신다면 순종해서 가겠습니다." 하고 말했습니다.

그때 신부님께서 내게 말씀하셨습니다.

"오늘 달팽이가 아주 많을 테니 가서 주워오거라!"

그래서 나는 배낭을 낚아채고 뛰어나갔습니다. 영적 아버지가 눈치채지 못하게 처음에는 조심조심 걷다가, 수도원에서 조금 멀어졌을 때부터는 쏜살같이 뛰어갔습니다. 아주 높은 곳까지 올라가서, 멧돼지도 다니지 않는 험난한 절벽에 올라섰습니다. 비가 온 뒤엔 언제나 멧돼지들이 달팽이를 먹기 위해 떼를 지어 몰려들곤 했습니다. 세 시간 동안 달팽이를 주워 모아 내 배낭을 가득 채웠습니다. 저녁이 다 되어 산에서 바다 쪽으로 내려올 때, 나는 땀으로 범벅이 되었고 산에서 불어오는 차가운 바람으로 몸이 꼭 얼어붙을 것만 같았습니다. 어깨에 멘 배낭도 다 젖었고 내 등은 달팽이 진액으로 인해 모두 얼어붙었습니다.

지나가기 힘든 지형을 통과해야 할 때였습니다. 수시로 돌들이 굴러떨어지는 아주 비탈지고 험한 곳이었습니다. 그런데 내가 중간쯤에 도착했을 때, 아니나 다를까 산꼭대기에서 돌들이 쓸려 내려오더니, 마치 산사태가 난 것처럼 모든 것을 쓸어버리며 흘러내려왔습니다. 산사태의 폭은 십오 내지 이십 미터 정도는 되었고, 내 무릎까지 돌들이 쌓였습니다. 짐도 잔뜩 지고 있었기 때문에 나는 더 이상 걸을 수가 없었습니다. 목숨이 위태로운 상황이었습니다. 나는 "성모 마리아여, 도와주세요!" 하고 소리쳤습니다. 그 순간, 나는 갑자기 보이지 않는 어떤 힘에 이끌렸고, 내 몸은 순식간에 이십 미터쯤 날아가서는 반대편 절벽의 큰 바위 위로 옮겨졌습니다. 하지만 그 바위들도 언제 굴러떨어질지 모르는 위태로운 상황이었습니다. 그 순간 그 아래쪽으로 달팽이를 모아 가져가는 수도사들이 성 니폰 성당과 반대 방향으로 지나가고 있었습니다. 수도사들은 산사태가 난 것을 보고 소리치기 시작했습니다.

"여보시오! 혹시 거기 누구 있소?"

나는 큰 부상도 입지 않고 이미 기적적으로 위험에서 구출된 상태였습니다. 단지 산사태가 난 구렁텅이 속으로 내 신발이 빠져버렸고, 그 와중에 내 발은 온통 긁힌 상처로 피투성이가 되어 있었습니다. 수도사들이 다시 소리치기 시작했습니다. 하지만 나는 대답하지 않았습니다. 대답하고 싶었지만 할 수가 없었습니다. 그들의 소리가 들렸지만 두려움에 사로잡혀 있던 나는 대답하지 못했습니다. 그래도 나는 등에 진 75kg의 무거운 배낭을 잃어버리지 않았습니다. 결국 나는 정신을 차리고 바위를 타고 아래까지 내려왔습니다. 그런데 아래로 내려오자마자 다른 위험이 도사리고 있었습니다. 아주 큰 식물 안에, 아주 큰 뱀이 똬리를 틀고 있었습니다. 정말 놀랐습니다.

이렇게 하느님께서는 기적적으로 나를 구해주셨습니다. 나는 놀란 모습으로 간신히 수도원에 도착했습니다. 그리고 곧바로 쓰러졌습니다. 이 모든 사태를 영적 아버지에게 이야기했습니다. 영적 아버지도 무척 놀라셨습니다. 산사태와 잃어버린 신발에 대해, 피투성이가 된 발들, 뱀 이야기를 했습니다. 영적 아버지께서는 몹시 슬퍼하셨고 요아니키오스 신부님을 심하게 책망하셨고, 몇 달 동안 성찬예배를 거행하지 못하도록 벌을 주셨습니다. 요아니키오스 신부님은 이 사건 때문에 매우 슬퍼하셨고 많이 우셨습니다.

작별의 입맞춤

이 날 걸린 감기가 습성 늑막염으로 발전하여 몹시 앓게 되었습니다. 무기력해졌고 아무것도 먹고 싶지 않았습니다. 영적 아버지들은 아토스 성산의 은수도사이신 키 큰 안토니오스 신부님을 모셔왔습니다. 그분은 훌륭한 영적 아버지셨고, 의사 노릇을 하셨습니다. 우리 은둔처에 오셔서 나를 진찰한 뒤 다시 자신의 거처로 돌아가 엑도리온이라 부르는 어떤 가죽을 가져와서 내 등에 붙여주셨습니다. 가죽은 밤새도록 내 등의 물을 흡수했습니다. 다음 날 10시쯤 내 피부에 붙어 물이 가득차서 꼭 베개처럼 부풀어버린 엑도리온을 잘라냈습니다. 그 순간 나는 아픔을 참지 못했습니다. 거의 탈진 상태였고, 결국 정신을 잃고 말았습니다. 얼마 후 나는 다시 정신을 차렸고, 내 마음은 기쁨으로 날아갈 듯 했습니다. 그것은 내가 다시 기도를 드릴 수 있게 되었기 때문이었습니다. 나는 기뻐하며 "내 수많은 죄로 인하여 내 몸이 고통 당하니, 내 병과 영혼 …"이라는 성가를 흥얼거렸습니다.

요아니키오스 신부님이 내 성가를 듣고 가까이 다가와서 나를 꼭 껴안아 주고 내 이마에 입 맞추면서 말했습니다.

"애야, 나를 용서해다오!"

그때 갑자기 영적 아버지가 방으로 들어오셔서 요아니키오스 신부님를 보고는 득달같이 호통치셨습니다.

"아이구, 이 정신 나간 사람 같으니라구!"

나는 입맛이 없어서 아무것도 먹고 싶지 않았습니다. 아주 조금씩만 먹었고 병은 날이 갈수록 더욱 심해졌습니다. 죽을 것만 같았습니다. 영적 아버지들은 내가 죽을까봐 근심했고 나를 치료해주시던 안토니오스 신부님도 같은 걱정을 하였습니다.

안토니오스 신부님이 말했습니다.

"이 아이는 여길 떠나야 할 것 같아요! 더 이상 견디지 못할 겁니다. 약이 필요한데, 이곳엔 없습니다. 물론 먹지도 못하니, 여기에 있으면 있을수록 병만 악화될 뿐입니다."

아몬드를 가루로 만들어서 한 숟가락을 먹어보았지만 그것마저도 속에서 받아들이지 못했습니다. 내 위는 완전히 약해진 상태였습니다.

영적 아버지들은 나와 함께 살고 싶어 했지만 나를 세상 밖으로 보낼 수밖에 없었습니다. 아토스 성산에는 우유도, 고기도 없었습니다. 결국 영적 아버지들은 나를 축복해주시며 내가 건강을 찾을 때까지 두 달 정도 내 고향에 가 있을 수 있도록 허가서를 받아주셨습니다. 그래서 나는 아토스를 떠나게 되었습니다. 요아니키오스 신부님이 직접 노를 저어 배로 다프니까지 데려다 주었습니다. 아토스 성산에는 짐을 옮겨주는 노새도 없었고 트럭이나 자동차도 없었습니다. 그래서 은수도사들은 아토스 성산의 높은 곳에 위치한 수도원까지 어깨와 등에 물건을 짊어지고 운빈했습니다. 다프니에 도착했습니다. 나는 바로 설 수조차 없었습니다. 신부님은 우체국 안에 있던 작은 방에 나를 눕혀주었습니다. 잠시 후 콩팥이 몹시 아팠고, 너무 아파서 눈물을 쏟으며 울었습니다. 그러자 요아니키오스 신부님도 우셨습니다. 나는 너무 아팠지만 힘을 내어 신부님을 위로해드리고 싶었습니다.

"신부님, 울지 마세요. 저 나을 거예요. 아무렇지도 않아요."

신부님도 내 말에 위로를 받고 울면서 대답했습니다.

"얘야, 너도 울지 마라. 그래, 나을 거야."

배가 도착했습니다. 신부님은 나를 배에 태운 뒤 이마에 입맞춤을 하며 작별의 인사를 했습니다. 우리는 서로 울면서 헤어졌습니다.

아토스 성산에서 젊은 수도사 시절의 성 뽀르피리오스

에비아(1925-1940)

> "영적 자녀들은 마음이 부드러워져서
> 스스로 금식하기를 요청했고
> 영적으로 더욱 성숙해지고자 노력했고
> 그리스도를 좀 더 잘 알고자 원했습니다."

세상으로 다시 돌아오다.

세상으로 다시 돌아오리라고는 전혀 생각하지 못했습니다. 아토스 성산에 들어간 이후로 내 고향은 오직 깝소칼리비아였으니까요. 물론 나는 전에 하느님께 병을 달라고 기도한 적이 있었습니다. 그래서 하느님께서 내게 병을 주셨다고 생각했습니다. 그렇지만 하느님께 "하느님, 병을 주신 건 좋지만 아토스 성산에서 나오게까지 하시다니요!" 하고 내 억울함을 토로하기도 했습니다. 하지만 하느님께서는 결국 내가 아토스 성산을 떠나도록 하셨습니다. 나는 병 때문에 아토스를 나와야 했습니다. 하느님께서 나를 쫓아내신 것입니다. 다시 말하자면 하느님께서는 내 기도를 들어주셨지만, 그것은 내가 원했던 것과는 다른 것으로 응답해주신 것이었습니다. 그것은 하느님께서 허락하신 병 때문에 아토스 성산마저 떠나야 했기 때문입니다. 그래서 나는 결국 오랜 세월이 지난 뒤, 다시 고향집으로 돌아오게 되었습니다! 배 안에서 고향집으로 오는 동안 내내 시간은 정말 더디게 흘러갔습니다. 모든 것이 낯설었습니다. 꽤 오랜 세월 동안 나는 아이들과 여인들을 만나지 못하고 살아왔기 때문입니다.

나는 할키도스를 거쳐 시골인 고향으로 향했습니다. 알리베리 지역을 지났습니다. 나는 고향 '아기오스 요아니스'에 도착했습니다. 우선 밭길을 따라 걷다가 엘레니의 아버지이자 나의 매형인 니콜라스를 만났습니다.

"지금 여기에는 또 누가 살지요?" 하고 매형에게 물었습니다.

"저기에는 레오니다 바이락타라스(나의 아버지이십니다.), 저기에는 이런 저런 분들이 살고 있지요." 하고 이름들을 이야기해주었습니다. 쿵쾅쿵쾅 가슴이 뛰기 시작했고 어찌할 바를 몰랐습니다. 간신히 정신을 가다듬고 아버지를 만나러 갔습니다. 무척 오랜만에 뵙는 것이었습니다. 내가 앞에서도 이야기했듯이 나의 아버지는 오랫동안 미국에 계셨습니다. 나는 아버지를 보자마자 금방 아버지를 알아보았습니다. '아버지는 나를 금방 알아보지 못하시겠지!' 나는 속으로 이렇게 생각했습니다. 그때 나는 길게 자란 머리카락에다가 긴 수염을 덥수룩하게 기른 수도사의 모습이었기 때문입니다. 물론 앙상하게 뼈만 남은 내 몸은 수도복에 가려 드러나지 않았습니다. 나는 병으로 바싹 마른 내 모습을 남에게 드러내기가 부끄러웠습니다.

나는 아버지께 인사를 드렸습니다. 아버지는 내게 말을 건넸습니다.

"누구시오? 어디서 오는 거요?"

"수도사입니다. 어르신, 가족은요? 자녀분은 몇 분이나 됩니까?"

"네 명이오. 하지만 오래 전에 한 명은 행방불명이오. 한 녀석을 잃어버렸지요. 그 녀석은 피레아에서 일했는데, 잃어버렸어요."

"피레아요? 사녀분 이름이 어떻게 되나요?"

"에방겔로스요."

"에방겔로스요? 그는 내 옛날 친구였답니다."

"어딜 가야 그 녀석을 찾을 수 있는지 말해줄 수 있겠소?"

"글쎄요, 그것이 … 불행히도 이미 죽었어요."

"죽었다구요?"

아버지는 몹시 가슴 아파했습니다. 울기 시작했습니다. 그래서 나도 복받쳐 오르는 감정을 억누르지 못했습니다. 내가 무쇠였더라도 녹아버렸을 것입니다. 나도 울었습니다. 내 심장이 뛰었습니다. 아버지의 마음이 갈기갈기 찢어지는 것을 보고 참지 못했습니다. 그래서 곧바로 사실대로 밝히고 말았습니다.

"아버지, 제가 에방겔로스예요."

그때 어떻게 됐는지 아십니까? 기쁨과 감격의 눈물로 뒤범벅이 되어 서로 부둥켜안고 함께 어머니를 만나러 집으로 갔습니다. 하지만 나의 어머니는 아주 엄한 분이셨습니다. 나를 보자마자 엄청나게 야단치셨습니다. 어머니는 자신의 아이가 수도사가 된 사실을 받아들일 수가 없었던 것입니다. 물론 나중에는 수도사인 나를 자식들 중에서 가장 자랑스러워 하셨지만 말입니다.

동네의 구경거리

작은 시골 마을에 소문이 쫙 퍼졌습니다. 동네방네에서 사람들이 나를 보려고 몰려들었습니다. 이때 나는 청년이었습니다. 나는 병들기 전만해도 얼굴에 붉은 혈색이 도는 아주 멋진 청년이었습니다. 내 얼굴은 세상에서는 구할 수 없는 그런 아름다움을 가지고 있었습니다. 그것은 하느님으로부터 오는 아름다움이었습니다. 세상에 나오니 모두들 내 머리 모양새를 두고 한마디씩 했고, 나에 대해 쑥덕거렸습니다. 아토스 성산으로 간 뒤부터 기른 내 머리카락은 너무 길어서 허리까지 닿았습니다. 내 머리모양 때문에 시골에서 소동이 난 것입니다. 나는 일부러 끓는 물에 머리카락을 넣고 오래도록 내버려 두어, 머리카락이 낡고 쇠약해지게 만들었고, 그래서 내 머리카락은 대부분 뽑히거나 끊어져 버려 거의 대머리가 되었습니다. 이렇게 해서라도 머리를 깎는 일만은 피하려 했던 것입니다.

앞에서 이야기한 대로 사람들은 나를 보러 우리 마을로 모여들었습니다. 바이락타라스 레오니다의 아들이 그동안 죽은 줄로만 알았는데 수도사가 되었고, 아토스 성산에서부터 돌아왔다는 소식이 퍼졌습니다. 그래서 사람들은 호기심으로 나를 보러 왔습니다. 나는 몹시 수줍어하는 성격이라서 제대로 말도 못했습니다. 그래서 사람들을 피해서 시골 성당에 숨어 있곤 했습니다. 우리 어머니는 자신의 아들이 허락도 받지 않고 몰래 수도사가 된 일로 여전히 속상해하셨습니다. 이런 이유로 결국 나는 고모 집에서 지내게 되었습니다. 고모집에서는 우유, 치즈, 계란, 고기 등 영양가 있는 음식을 먹으며, 병에서 빨리 회복하려고 노력했습니다. 하지만 고모집에서도 오래 머물지는 않았습니다. 나는 떠나고 싶었습니다. 수도사에게 잘 어울리지 않는 가정집 환경에서는 수도사의 삶을 제대로 영위할 수가 없었고, 잘 적응하지도 못했기 때문입니다. 그리고 무엇보다도 부끄러웠습니다. 나는 우리 가족이나 친척들에게 별 도움이 되지 못했습니다. 그러니 어떻게 이제 와서 친척들 신세를 질 수 있겠습니까?

다시 아토스 성산으로

내 고향 마을에서 걸어서 네다섯 시간 걸리는 곳에 성 하랄람보스 수도원이 있었습니다. 하루는 아버지에게 수도원으로 데려다 달라고 했습니다. 처음부터 그 수도원에서 살려고 마음먹은 것은 아니었습니다. 그 수도원의 사정도 잘 모르고 그곳에서 나를 원하는지도 모르기 때문에 그냥 수도원만 방문하려고 했습니다. 때마침 우리는 알리베리에서 이 지역의 교무담당이신 야니 파파바실리오 신부님을 우연히 만났습니다. 그 당시 알리베리에서 끼미까지 전화선이 연결되어 있었는데, 그 신부님은 대주교님께 전화를 해서 아토스 성산에서 온 수도사가 마을에 와 있다고 보고했습니다. 대주교는 "야니 신부님, 그분이 다른 곳으로 가지 않도록 하세요!"라고 신부님께 부탁하셨습니다. 끼미의 판델레이몬 포스티니스 대주교님은 수도사들을 무척 사랑하고 아끼는 분이셨습니다. 이렇게 해서 내가 이 시골에 있다는 소식을 대주교님도 알게 되었습니다.

아버지는 나를 데려다 주었고 우리는 곧 수도원에 도착했습니다. 집을 떠나기 전에 어머니의 손에 입을 맞추면서 인사하려고 했지만 불쌍한 어머니는 그 손을 뒤로 빼버렸습니다. 어머니는 손을 주지 않았습니다.

아버지는 나를 성 하랄람보스 수도원으로 데려다 주셨습니다. 수도원장은 기쁘게 마중 나왔고 진정으로 나를 아끼는 마음으로 이렇게 말했습니다.

"여기서 지내게나. 계란, 우유, 닭 모두 있으니까!"

그래서 그 수도원에 머물렀습니다. 수도원장께서는 특별히 나를 아껴주셨습니다. 내 건강에 도움이 될 만한 특별한 음식도 직접 요리해주셨습니다. 처음에는 입맛이 없어서 먹지 못했지만 천천히 입맛이 돌아왔습니다. 처음에는 나를 보살펴 주기 위해 아버지도 나와 같이 수도원에 계셨습니다. 아버지는 성가대원이었습니다. 넥타리오스 성인을 개인적으로 뵌 적이 있는 특별한 경험을 가진 분이셨습니다. 바위처럼 굳건한 믿음을 소유하신 친절한 분이셨습니다.

건강이 조금 회복되었다고 느껴졌을 때 나는 다시 아토스 성산으로 돌아갔습니다. 영적 아버지께서 기뻐하셨습니다. 하지만 열흘 정도 지난 후에 다시 아토스 성산을 떠나야 했습니다. 또 입맛이 없어졌고 얼굴색도 창백

해졌으며 살은 더 빠졌습니다. 국수 등 영양가가 적은 음식을 섭취하다 보니 내 몸의 기운이 다 빠졌기 때문이었습니다. 나는 정말로 심각하게 앓았었습니다. 이런 지경에 이르니 다시 새로운 출입허가증을 발급받아 다시 성 하랄람보스 수도원으로 출발하지 않을 수 없었습니다. 그곳에서 계란, 치즈, 버터 등 전에 섭취하던 영양가 많은 음식을 먹고 건강을 되찾았으며 힘도 생겼습니다. 그래서 삼 개월 후에는 또 다시 아토스 성산으로 갔습니다. 세 번을 이런 식으로 갔다가 되돌아왔습니다. 갈 때마다 안타깝게도 십여 일 후에 똑같은 건강 문제가 생겼습니다.

이렇게 아토스 성산을 세 번이나 왔다 갔다 하니 영적 아버지는 이렇게 말했습니다.

"우리는 네 건강을 책임지고 있단다. 우리가 너를 참으로 사랑하니 여기에서 함께 살고 싶지만 하느님께서는 네가 죽지 않으려면 여기를 꼭 떠나야 한다고 하시는 것 같구나."

그리고 이렇게 한 말씀 더 하셨습니다.

"얘야, 우리는 너를 사랑한단다. 그리고 하느님께서 복을 주시고 도와주셔서 네가 꼭 건강을 되찾을 것이라고 믿는단다. 다음에 건강해져서 이곳으로 다시 올 때는 너 같이 착한 아이를 함께 데려오렴. 우리 그때 오랫동안 함께 살자꾸나."

아토스 성산에서 출입 허가증을 받아 나를 보내 주시면서 영적 아버지는 내게 말했습니다.

"만약 젊은 네가 여기서 숙는다면 수도사늘이 우리를 비난할 것이 누렵구나. 너를 차마 다른 곳으로 보내고 싶지는 않지만 다른 방법이 없구나. 우리는 사랑으로 최선을 다했단다. 세 번씩이나 갔다가 돌아왔지만 여기서 머물 수는 없었잖니."

여행 때 요긴하게 쓰일 거라면서 영적 아버지가 내게 주신 담요를 나는 가장 소중하게 간직하고 있습니다. 내 방에서 나는 이 담요 위에서 참회기도를 올리기도 했고, 그 담요를 깔고 눕기도 했으며, 때론 일어나 그 위에 앉아서 꾸벅꾸벅 졸기도 했습니다. 담요 위에서 새우잠을 자는 경우도 많았습니다. 이 담요야말로 내가 해온 영적 투쟁을 늘 지켜봐 준 증인이라고 말할 수 있습니다.

이렇게 해서 마침내 나는 아토스 성산을 완전히 떠난 것이나 다름없게 되었습니다. 다시 성 하랄람보스 수도원으로 갔습니다. 나를 사랑해주신 수도사들은 내가 수도원에서 머물기를 원했고 내가 돌아온 것을 매우 기뻐했습니다. 다시 우유를 마시고 버터와 계란을 먹기 시작했습니다.

내가 아주 소중하게 기억하고 있는 이야기를 하나 해주겠습니다. 아토스 성산의 수도사인 요아킴 신부님은 성 닐로스 수도원에서 살았습니다. 지금 거기에는 그의 제자인 수도사들이 살고 있습니다. 요아킴 신부님은 우리 어머니에게 편지를 써 보냈고 우리 어머니를 몹시 속상하게 하셨습니다. 우리 어머니에게 들짐승조차도 자신의 새끼만은 사랑한다는 내용의 편지를 써서 보냈기 때문입니다. 편지 내용은 훌륭했지만 우리 어머니의 양심을 고발하고 훈계하는 편지였습니다. 그래서 우리 어머니는 무척 속상해했습니다.

그러나 불쌍한 우리 어머니께서 나중에는 변하셨습니다. 교회에 헌신하셨습니다. 내가 성찬예배를 거행할 때면 늘 내 맞은편에 앉아계셨습니다. 성호를 그으면서 열심히 기도하셨습니다. 나를 계속 쳐다보면서 시선을 내게서 떼지 않았습니다. "우리 신부님이오!" 하고 나를 자랑스럽게 소개하기도 했습니다. 또 이슬람교 국가에서 이주한 이들이 모여 사는 시골에서 잠시 신부로 봉직했을 때는 사람들이 우리 어머니를 "빠빠디아"(사제 presbyteros의 부인presbytera을 이렇게 부르곤 했습니다.)라고 부르기도 했습니다. 어머니의 손에 사람들이 입을 맞추며 예의를 표하면 무척 기분 좋아하셨습니다. 불쌍한 어머니는 마지막에 내 곁에서 돌아가셨습니다. 처음에는 나를 뻐딱하게 보셨지만 나중에는 "우리 자녀들 모두 수도사가 되었어야 했는데. 우리 자녀들 모두가 수도사가 되었더라면!" 하고 안타까워하며 말하곤 했습니다.

나의 신품성사

나는 성 하랄람보스 수도원에서 수도사로 살았습니다. 아토스 성산에서처럼 공동체생활과 규칙적인 생활을 했고 성인전과 카논들을 좋아해서 많이 읽었습니다. 신약성경을 비롯해서 대부분의 기도문은 암기했고 시편도 오래전부터 외우고 있었습니다. 시편 전체의 내용을 다 꿰고 있었습니다. 또한 성경 구절을 시편 내용과 연관시켜 해석할 줄도 알았습니다. 시편은 내 사색의 양식이었습니다. 남루한 수도복을 걸친 수도사로 살면서 밤에는 수도원 밖의 한적한 곳에서 시편을 계속 읽곤 했는데, 이 수도원에서는 내가 예배 때 시편을 봉독하지 않았기 때문이었습니다. 수도원 일을 적극적으로 도와서 사방팔방으로 뛰어다녔습니다. 노인 수도사 두세 분만이 치즈 만드는 일을 맡고 있었기 때문에 내 도움이 필요했습니다. 그래서 나는 '치즈 제조실' 열쇠를 맡았습니다. 선량하기 짝이 없는 노수도사 두 분이 전적으로 나를 믿어주셨습니다. 나는 일하면서도 내 생각을 풀어두지 않았습니다. 계속 정신을 다잡았습니다. 일부러 나를 힘들게 하려고 한 것이 아닙니다. 그것은 바로 그리스도에 대한 나의 사랑 때문이었고, 그리스도께 집중하기 위한 것이었습니다. 예를 들어 한 소녀가 첫사랑에 눈을 떴지만 안타깝게도 폐렴에 걸렸다고 합시다. 비록 병에 걸렸지만 소녀의 마음은 더욱더 절실하게 애인을 향하지 않겠습니까! 내 사랑을 이렇게 비유하고 싶습니다. 이해하시겠습니까? 내가 사랑하는 분, 그리스도께로 모든 정성과 마음을 기울이고 싶었습니다. 나는 성 하랄람보스 수도원에서 사제가 되었습니다. 사제가 된 경위는 이러합니다.

포스티니스 대주교는 신학자들에게 관심과 애정이 많아서 그들을 늘 가까이에 두셨습니다. 대주교는 식사하는 동안 혹은 식사가 끝난 후에도 함께 한 수도사들과 영적인 주제로 대화하기를 즐겼습니다. 예를 들자면 이런 식입니다.

"가장 큰 미덕이 어떤 것인지 말해보십시오." 하고 대주교님이 질문을 던지면 수도사들은 자신들의 의견을 내놓았습니다. 보통 식탁에 한 열다섯 명 정도가 함께 했고 주제는 성경, 종교, 수도생활과 같은 것들이었습니다.

어느 날 늦은 저녁 시간 '수도생활'을 주제로 이야기하고 있을 때 대주교가 한숨을 쉬면서 말했습니다.

"흠, 수도사들을 내게 보내주십시오. 다른 소원은 없어요. 믿음과 인내로 무장한 훌륭한 수도사들이 탐나는군요. 무엇을 더 바라겠습니까! 오로지 이 한 가지 소원뿐입니다. 내 소원이 이루어지면 내가 교회 일을 더욱 훌륭하게 해낼 겁니다."

그 당시 포스티니스 대주교 곁에는 신학대학을 졸업하고 석사과정을 준비하려는 한 청년이 있었습니다. 티베아의 꼬클라 출신이었던 그 청년 신학도가 나서서 이렇게 말했습니다.

"대주교님, 말씀 드리자니 망설여지는군요. 대주교님은 수도사를 원하십니다. 하지만 대주교님은 성 하랄람보스 수도원에서 한 수도사가 천천히 죽어가고 있는데도, 관심조차 없으시군요."

"무슨 말인가요?" 대주교가 놀라면서 말했습니다.

"네, 아토스 성산에서 불쌍한 청년 수도사가 왔는데요. 훌륭한 수도사이지만 너무 말라서 뼈만 남았어요. 수도원장은 그 수도사에게 일을 시키는

데요. 일도 꽤 많이 한다고 합니다."

"그래요! 그렇다면 곧장 가서 그 수도사를 데려오십시오."

대주교의 서신을 가진 그 신학도는 나를 대주교에게 데려갈 작정으로 수도원장을 만나고자 수도원으로 왔습니다. 나의 수도사 이름은 니키타였습니다. 수도서원식 때 새롭게 받은 이름이었습니다. 이렇게 해서 나는 대주교를 만났고 그의 곁으로 가자 그는 내 머리를 다정하게 쓰다듬어 주면서 말했습니다.

"건강은 어떤가요?"

대주교는 내 옆에 앉았습니다.

"고향이 어딘가요? 여기는 어떻게 해서 오게 된 것입니까?"

나는 예수 그리스도와 수도생활을 몹시 사랑해서 어렸을 때부터 아토스 성산으로 가게 되었고, 몸이 아프게 되자 영적 아버지가 병이 완쾌되기를 바라면서 나를 다시 세상으로 보내신 이야기를 들려주었습니다. 아! 그때 어떻게 됐는지 아십니까? 대주교는 끼미에서 가장 권위 있는 의사를 불러왔습니다. 의사선생님은 나를 진찰한 후에 적절한 약을 처방해주셨습니다. 대주교는 내가 대교구청에 머무르기를 원했습니다. 하지만 나는 대주교 곁에 있기가 부끄러웠습니다. 나는 숲과 침묵 그리고 단순함을 좋아했습니다. 그래서 성 하랄람보스 수도원으로 다시 돌아왔습니다.

대주교는 자주 내가 있던 수도원을 방문했습니다. 그분은 아주 거룩하신 분이었습니다. 주님의 은총으로 나는 대주교의 인격을 금방 알아차릴 수 있었습니다. 어느 날, 성 하랄람보스 수도원에 오셔서 깅론을 하셨는데 참 훌륭했습니다. 나는 대주교의 강론을 좋아했습니다. 나는 설교사제의 강론은 들어보지 못했습니다. 대주교는 끼미 지역 근처에 복지관을 하나 설립하셨습니다. '성 판텔레이몬 복지관'이라는 이름이었습니다. 대주교께서는 가끔씩 이 복지관에 있는 아이들과 함께 우리 수도원을 방문하곤 하셨습니다.

또 한번은 대주교께서 시나이산의 뽀르피리오스 3세 대주교와 함께 수도원에 오셨습니다. 그때 내게 신품성사를 주기로 결정했습니다. 그때만 해도 나는 원한다면 누구든 수도사는 될 수 있지만, 만약 신부나 주교가 되라는 추천을 받으면 먼저 사양하면서 그 자리에 오르려 하지 않는 것이 올바른 태도라고 알고 있었습니다. 그러나 뽀리피리오스 대주교께서는 내게 신품성사를 주셨고 사제 이름으로 자신의 이름을 따 뽀르피리오스라고 지어주셨습니다. 나는 뽀리피리오스 대주교에게 큰 감동을 받았습니다. 산길을 걸어가면서 통찰의 은사에 힘입어 대주교 개인과 관련된 일들을 알려드렸더니 대주교는 내게 "그 은사를 결코 잃지 마시게."라고 말씀해주셨습니다.

그 당시 내 나이 스무 살이었습니다. 나는 사제가 되고 싶지 않았지만 별다른 도리가 없었습니다. 대주교가 끈질기게 요청했습니다. 대주교는 그리스도를 대신하는 분입니다. 대주교의 추천을 내 뜻만 고집하면서 거절할 수는 없었습니다. 그렇게 하면 내 기도는 하늘나라에 올라가지 못하고, 기도의 열매도 없게 됩니다. 성 빠라스케비 축일 날 나는 보제가 되었고 성 빤델레이몬 축일 때 사제 서품을 받았습니다.

밤과 낮을 가리지 않고

이 년 후에 나는 고백성사 사제가 되었습니다. 큰 축일 때 수많은 교인들로 운집한 대주교청에서 공식적으로 고백성사 사제로 축성하는 기도를 받았습니다. 그 당시 내 나이가 겨우 스물두 살이었습니다. 뭘 알기나 할 나이입니까! 나는 검은 수도복을 입은 어수룩한 바보일 뿐이었습니다. 글도 제대로 배우지 못했고 교회법이나 규율들도 잘 몰랐습니다. 뭐라 이야기해야 좋을까요! 난 참 바보였습니다. 내가 어떻게 해야 했다고 생각하십니까? 나는 순종 앞에 그저 머리 숙일 뿐이었습니다. 지금은 모든 걸 깨달았지만, 그때만 해도 나는 아무것도 이해하지 못했습니다.

고백성사를 하러 오는 수도사들과 교인들이 나를 얼마나 사랑했는지! 밤낮을 쉬지 않고 고백성사를 거행했습니다. 아침 일찍 시작해서 하루 종일, 그리고 그 다음 날 밤까지 쉬지 않고 성사를 거행했습니다. 말하자면 먹지도 않고 24시간 내내 고백성사를 했습니다. 다행히도 하느님께서 나를 보호해 주셨습니다. 내 여동생이 가져온 우유를 마시며 기운을 내곤 했습니다. 고백성사 하는 장소로 가려면 몇 개의 계단을 올라가야 했는데, 나는 이 계단을 오르락내리락 하면서 많은 사람들에게 고백성사를 베풀었습니다. 사람들은 밤새도록 순서가 오기를 기다렸습니다. 고백성사를 마친 사람들은 떠나면서 다른 사람에게 "아! 정말 사람의 마음을 꿰뚫어 아시는 신부님이세요!" 하고 말하곤 했습니다. 그곳에서 나는 십오 년 동안 머물렀습니다.

교인들이 오면 나는 습관적으로 이렇게 물었습니다.

"나이는요? 누구와 살아요?" 그러면 사람들은 "아내와 삽니다." "부모와 살아요." 혹은 "혼자 살아요."라고 대답했습니다. 그리고 계속해서 "무슨 공부를 했나요? 직업이 뭐죠? 언제 고백성사를 했죠? 언제 성체성혈성사를 받았나요?" 이런 걸 물었습니다. 밖에서는 사람들이 줄을 서서 기다리는 형편이라서 간단하게 형식적인 것을 물어보고는 교인이 고백한 내용에 대해 쌀막하게 소언을 해주었습니다. 그리고 다음과 같은 내용으로 진행했습니다.

"생각나는 죄를 말해보세요. 영혼을 짓누르는 무거운 짐은 무엇인지 그리고 양심상 꺼려지는 일은요? 무슨 잘못을 했습니까? 무슨 죄를 지었습니까?"

교인이 천천히 자기 잘못을 고백하기 시작하면 나는 교인 스스로가 진정한 마음에서 우러나와서 고백하도록 도와줄 뿐이었습니다.

고백신부로서 초창기에는 교인들을 아주 엄하게 대했습니다. 고백성사를 하는 교인들에게 언제든지 적용할 수 있도록, 나는 항상 곁에 성 니코디모스의 『고백성사 지침서』를 두었습니다.

예를 들자면 한 교인이 중죄를 고백했을 때, 나는 습관적으로 고백성사 지침서를 펼쳐서 해당되는 내용을 살펴보았습니다. 거기에는 이렇게 쓰여 있었습니다. '18년 동안 성체성혈을 받지 못함.' 나는 아무것도 몰랐고 경험도 일천했습니다. 나는 이런 식으로 정해진 규칙대로 교인들에게 고백성사를 베풀었습니다. 책에 적혀진 내용이 법이었습니다. 그들은 그 다음 해에도 여러 지역에서, 여러 마을에서, 그리고 먼 곳과 가까운 곳에서 다시 나를 찾아왔습니다.

내가 그들에게 "언제 고백성사를 했습니까?" 하고 물었습니다.

"작년 이맘때쯤 신부님께 고백성사를 했지요."

"그때 내가 뭐라고 했지요?"

"날마다 백 번씩 참회 기도를 하라고 했습니다."

"했나요?"

"아니요."

"왜요?"

"신부님께서 18년을 기다렸다가 성체성혈을 해야 한다고 말해주셨습니다. 그래서 난 어차피 지옥에 갈 사람이라는 생각이 들더군요. 그래서 모든 걸 다 포기했죠."

이해하시겠습니까? 다른 사람도 와서는 똑같은 이야기를 했습니다. 그래서 나는 어떻게 해야 할까 고민했습니다. 그때 나에게 지혜가 생겼습니다. 고백성사 신부에게는 묶고 푸는 권한이 있습니다. 성 대 바실리오스의

『규칙』에 적힌 이 내용이 생각났던 것입니다. 그 내용에 근거를 두고 고백성사의 지침을 바꿨습니다. 책에 정확하게 이렇게 기록되어 있습니다. '고백사제에게는 묶고 푸는 힘이 있으니, 만약 고백자가 그 죄를 크게 뉘우치고 있다는 판단이 든다면, 고백사제는 참회의 시간을 줄여주어야 합니다. 참회를 기간이 아니라 그 진정성을 기준으로 판단해야 합니다.'

나는 사람들에게 성인전을 읽고 참회기도를 올리고 성경을 읽도록 권하기 시작했습니다. 이렇게 하니 그들은 우리 종교에 더욱 깊은 관심을 두기 시작했습니다. 이들의 마음이 부드러워졌고 그들이 스스로 금식을 하고 그리스도를 알기 위해 노력했습니다. 그리스도를 알고 사랑하고, 또 그리스도의 사랑을 경험하게 되면, 모든 일이 순리대로 풀리고 인생이 즐겁고 거룩하게 된다는 지혜를 깨닫게 되었던 것입니다.

이 위대함 앞에서

성 하랄람보스 수도원에서의 삶에 대해서는 정말 기억나는 이야기가 참 많습니다. 아름다운 추억 이야기를 하나 들려드리겠습니다. 내가 숲 속을 좋아한다고 전에도 이야기한 적이 있습니다. 외롭게 지내는 것이 내 습관이었습니다. 나는 혼자 있고 싶었습니다. 나는 자연을 만끽하고 싶었고 밤을 더욱더 좋아했습니다. 그래서 나는 2.5미터 정도의 털가시나무 위로 올라가, 그곳에 갈대와 참나무 가시들을 엮어서 침대를 만들었습니다. 담요를 하나 갖다 놓고 그 안으로 들어가 있곤 했습니다. 참 좋았습니다. 사다리를 이용하여 그 위로 올라간 뒤에는 다시 그 사다리를 끌어 올려놓아 누구의 방해도 받지 않았습니다. 들꽃으로 엮은 침대에서는 참으로 그윽한 향내가 났습니다. 짚으로 두툼하게 엮어 만든 침대 밑은 큰 털가시 나무가 튼튼하게 지탱해 주었습니다. 이 나무 위의 평상 주위에는 포도밭이 널따랗게 펼쳐져 있었고, 갈대밭과 온갖 들풀들이 피어있었습니다.

나는 침대까지 나무 사다리를 타고서 올라갔습니다. 나는 그곳에서 기도만 했습니다. 그곳에서 다시 아토스 성산에서 사는 수도사가 되었습니다. 내게는 고독과 시편이 필요했습니다. 그리고 "주 예수 그리스도시여, 죄인인 저를 불쌍히 여기소서." 하고 예수 기도도 드렸습니다. 아주 오랜 시간 기도드리곤 했습니다.

어느 날 밤, 그날도 나는 풍성한 꽃들로 엮어진 나무 위의 평상으로 올라가서 기도했습니다. 아주 조용한 밤, 사막이 따로 없었습니다! 달은 지구를 비추어 주었고 꾀꼬리들이 나와 함께 해주었습니다. 시편을 많이 읽었고 "주 예수 그리스도시여, 죄인인 저를 불쌍히 여기소서."라는 예수 기도를 주로 드렸습니다. 일어서서 석후소과를 다 암송하며 기도드렸고, 특별히 성모님께 드리는 기도를 할 때는 내 머릿속에 참으로 아름답고 가장 높으신 테오토코스 성모님 뿐만 아니라 천사들, 대천사들, 헤루빔, 세라핌, 순교자들, 성인들, 예언자들이 함께 어울려 있는 모습들이 떠오르곤 했습니다. 그러면 그 위대함 앞에서 보잘것없는 나는 무릎을 꿇고 큰 소리로 외쳤습니다. "지극히 거룩하시고 순결하시고 …" 경건한 두려움과 떨림이 나를 사로잡았습니다. 보잘것없는 내가 지극한 겸손으로 머리를 숙이니 성모님으로부터 온 빛나는 광채가 내 머리를 비추었습니다.

이렇게 성모님께 드리는 기도를 마친 후 나는 침묵했습니다. 그때 나무 아래로 한 사람이 다가오는 소리가 들렸습니다. 남자였습니다. 그는 내게 이렇게 소리쳤습니다.

"하느님의 사람이여, 위에서 내려와 보세요. 내가 당신께 할 말이 있습니다."

나는 내려갔습니다. 그는 내게 인사하고 이렇게 말했습니다.

"배고파서 죽을 지경이오."

"내가 먹을 것을 갖다 줄게요."

"내 말 좀 들어보십시오. 난 미국에서 왔고 아내를 죽인 살인잡니다. 쫓기는 신세가 되어 산으로 도망 왔어요. 잡히지 않으려구요. 하지만 배가 고파 죽을 지경입니다."

나는 그에게 빵 세 개를 갖다 주었습니다. 그 남자는 아내에게 내연의 남자가 생겼다는 소식을 듣고 미국에서 돌아와 큰일을 저질러버렸다고 내게 자신의 죄를 고백했습니다. 그 일을 후회하지만 이미 살인을 저질렀다고 했습니다.

처음 만난, 나이도 어린 수도사인 내게 흉악범이 자신의 죄를 고백한 것은 확실히 성모님의 중보를 통한 주님의 은총이었습니다.

정말입니다. 성인들 중에서 가장 높으신 성모님께서 내 앞에 계셨습니다. 보잘것없는 내게 빛의 광채를 보내주셨습니다. 나는 수도사제였고 고작 스물한 살에 불과한 나이었습니다.

성수식 하러 오십시오.

언젠가 에비아섬에 있는 한 시골 교회 주임신부로 가 있었을 때의 일입니다. 할 얘기가 많지만 그 중 하나만 말씀드리겠습니다. 어느 날 어떤 여인이 당나귀를 타고 내게로 다가왔습니다. 그녀는 나를 보자마자 당니귀에서 내려서 이렇게 말했습니다.

"신부님, 제 아이가 아픕니다."

"증세가 어떻지요?"

"목소리가 전혀 안 나와요."

"그런 증세가 좀 오래됐나요?"

"네. 신부님, 전혀 말을 못해요."

나는 영대를 챙겨 그녀와 함께 마을에 있는 그녀의 집으로 갔습니다. 그녀의 아들은 18세 남짓 되는 청년이었습니다. 그 청년을 만났을 때 그는 정말로 말을 못했습니다. 나는 그녀에게 제안했습니다.

"성수식을 합시다."

곧바로 내 앞에 탁자를 가져왔고 그 위에 물그릇과 수건을 놓았습니다. 나는 기도문을 읽기 시작했습니다. 청년은 침묵한 채 서 있었습니다. 성수식이 끝나고 나는 성수를 뿌리면서 성가를 부르기 시작했습니다.

"주여, 주의 백성을 구원하시고 …"

청년의 이마에 십자가와 바실리꼬(임금풀) 가지를 갖다 대었더니 기적 같은 일이 일어났습니다. 청년이 내게 "정말 고맙습니다." 하고 말하는 것이 아니겠습니까! 이 일이 있은 후로 그 청년은 나를 매우 좋아했습니다.

그 후 세월이 흘러 그 청년은 어른이 되었고 한 아이의 대부가 되자 자기의 대자에게 뽀르피리오스라는 이름으로 세례를 받게 했습니다. 나중에 그는 내게 와서 "저의 대자가 신부님과 같은 이름으로 세례를 받았습니다."라고 말했습니다.

"내 의견은 물어보지도 않고?"

"여쭤봐야 하나요? 저는 신부님을 사랑하고 존경하니 신부님 이름을 주고 싶었어요."

이와 유사한 또 다른 사건도 있었습니다. 역시 에비아 섬에서 일어난 일입니다. 어느 날 한 부인이 딸을 데리고 나를 찾아와서 이렇게 말했습니다.

"신부님, 제 딸 때문에 속상해 죽겠습니다. 한 달 동안 통 저에게 말을 안 해요!"

나는 그 부인에게 말했습니다.

"어떻게 된 일인지 말해 보십시오."
"강가에 염소 한 마리를 묶어놨지요. 제 딸은 풀들이 무성한 그곳에 가서 밤이 늦어서야 염소를 데리고 돌아왔어요. 그리고 집으로 돌아온 후로는 딸아이가 벙어리가 되었죠."
나는 그곳에 가서도 성수식을 했습니다.
"사제이신 남편의 성함이 어떻게 되십니까?"
"저 산 너머에 위치한 시골성당에 봉직하고 있는 …"
"아! 크리스토스 신부님의 사모님이신가요?"
"네, 신부님."
딸의 어머니는 사제의 사모였습니다.
내가 성수식을 거행했더니 딸이 나았습니다. 물론 주님의 은총 덕분입니다.

성 니콜라스 수도원

몇 해가 지났습니다. 나는 여전히 에비아섬에 있었고, 묵상의 삶을 위한 새로운 장소를 찾고 있었습니다. 나는 마치 영적인 기도를 통하여 하느님의 품 속에 안겨 쉬길 열망하는 작은 새와도 같았습니다. 나는 홀로 내버려졌습니다.

어느 날 나는 에비아섬 마디아에 있는 성 니콜라스 수도원에 갔고, 거기서 십 일 동안 머물렀습니다. 폐허가 된 수도원에는 터만 남은 방들에다 큰 쥐들이 득실거렸습니다. 하지만 그곳에서 무슨 일이 일어났는지 아십니까? 처음 이틀 동안 심한 폭풍우가 휘몰아쳤습니다. 계속해서 비가 쏟아졌습니다. 비는 벽을 때렸고 창문을 두드렸는데 아마 우박이었을지도 모르겠습니다. 바람은 미친듯이 큰 플라타너스 나무 위로 불어댔고, 나뭇가지들이 서로 부딪히며 요란한 소리를 냈습니다. 마치 세상 종말의 소용돌이 같았습니다. 자연 만물이 한꺼번에 울부짖는 것 같았습니다. 나는 니콜라스 소성당 안에 있었습니다. 성당은 초라했고, 성당 벽은 온통 거룩한 프레스코 벽화로 덮여있었습니다. 성당은 몇 년 전부터 작은 영혼들에 의해 거룩해졌고, 나는 그때 그 영혼들이 성인들 앞에서 몸을 숙이고 있는 모습을 "볼 수" 있었습니다. 그 영혼들은 굳게 닫혀 있던 자신들의 마음을 성인들에게 다 열어 보이고 있었던 것입니다.

그곳은 인적 없는 장소였고, 자연만이 울부짖는 것 같았습니다. 나는 두려워 떨며 하늘을 나는 한 마리 새와 같았습니다. 그 새는 이 험난한 폭풍 속에서 어떻게 했겠습니까? 상상해 보십시오. 작은 구멍을 파고 들어가 둥지를 틀지 않겠습니까? 거센 폭풍우 속에서 안전을 찾아 둥지로 들어간 새처럼, 나도 피신처를 찾아서 뛰었습니다. 하늘에 계신 우리 아버지의 품안으로 숨으려고 뛰었습니다. 그리고 나는 그리스도께서 주시는 영적인 따뜻함을 느꼈습니다. 하느님과 내가 일치되는 것을 느꼈습니다. 큰 기쁨과 감사 그리고 평온을 느꼈습니다. 나는 거기에서 황금 같은 나날들을 보냈습니다. 이 변덕스럽고 험한 날씨를 오히려 영적인 삶에 활용했습니다. 이 세상에서 일어나는 폭풍, 천둥, 번개 같은 건 상관없었습니다. 내 영혼은 더 높고, 더 완벽한 것을 원했습니다. 나는 안전과 위로와 편안함을 느꼈습니다. 나는 그곳에서 아주 소중한 시간을 보냈습니다. 그 시기의 험한 날씨에서 많은 영적 유익을 얻었던 것입니다.

우리도 어려움과 시련을 만나면 이렇게 살아야한다고 나는 생각합니다. 모든 것을 기도의 기회로, 하느님께 더욱 가까이 다가가는 기회로 여겨야 합니다. 이것이 바로 비밀입니다. 모든 것을 기도로 만드는 게 비밀입니다. 사도 바울로 성인이 자신에게 일어났던 모든 시련과 고통과 슬픔에 대해서

"나는 이 모든 시련을 기뻐합니다."라고 말씀하신 것도 바로 그런 의미인 것입니다. 이렇게 함으로써 성화가 이루어지는 것입니다. 우리 모두가 하느님께 합당한 사람이 되기를 기원합니다. 내가 기도 안에서 가장 간절하게 간구하는 것이 바로 이것입니다.

  그 후 나는 에비아섬 바티아에 위치한 이 성 니콜라스 성당에서 삼 년이나 더 머물렀습니다. 그리고 이탈리아와의 전쟁 직후에 그곳을 떠났습니다.

아테네 병원(1940-1973)

> "아테네 병원에서 33년 동안 지냈습니다.
> 주님의 은총이 충만했던 세월이었고,
> 환자와 고통 받는 이들에게
> 내 자신을 내어 준 삶이었습니다."

아테네 병원에서 33년을 하루처럼

1940년, 전쟁이 난 어느 날, 나는 아테네 병원에 있는 성 예라시모스 소성당의 주임사제로 발령을 받았습니다. 그래서 전쟁이 발발한 후 아테네로 갔습니다. 사회복지시설에서 일해보고 싶었던 마음을 헤아리신 하느님께서 내 소원을 들어주셨으니 큰 기쁨을 가지고 봉직했습니다. 나는 지금까지 내 인생담을 솔직하게 털어 놓았습니다. 이번에도 내 소원이 무엇이었는지 이야기해 볼 테니 들어보십시오.

아토스 성산 깝소칼리비아의 수도사였을 때, 어느 주일날 나는 대성당에서 복음경에 대한 니케포로스 테오토키스의 주해강론을 듣게 되었습니다. 신학자 테오토키스는 암환자, 한센병 환자, 결핵 환자 등 병자들을 위로하는 것이 얼마나 훌륭한 일인지를 잘 설명해 주었습니다. 낭독자의 훌륭한 낭독 덕분에 나는 더욱더 감동을 받았고, 마음에 어떤 열정이 솟구침을 느끼게 되었습니다. 나는 좋은 말씀을 들을 때마다 큰 감동을 받곤 하였습니다. 그래서 그때부터 나는 꿈꾸기 시작했습니다. 신학을 공부하고 강론하게 된다면, 한센병 병원이나 폐결핵 환자를 위한 요양소 같은 사회복지시설에서 봉사하는 꿈을 꾸었고, 이 꿈을 꼭 실현해 보고 싶었습니다!

나는 어떤 삶을 꿈꾸면 그렇게 살려고 했습니다. 광야로 가겠다는 열망이 몇 번이고 있을 때마다 마음속으로 그 광야를 상상하며 마치 광야에서 사는 듯이 살았습니다. 헛된 상상이었지만 그렇게 살았습니다. 그래서 아토스 성산에서 가장 높은 지역인, 성 바실리오스 성당이 있는 케사리아에서 사는 은수도사라고 상상하고는 내 자신에게 이렇게 말하곤 했습니다. "이렇게 생활하고 … 이렇게 등불을 켜고, … 이렇게 밤을 보내고, … 예수기도와 참회의 절기도를 하고 딱딱한 빵과 마른 나물을 먹어야지. …" 꿈이 현실인 것처럼 상상하며 살았습니다. 물론 헛된 상상이었지만 그 상상만으로도 나는 만족했고 그러고 나면 그 헛된 상상은 떠나갔습니다. 내 자신이 영적으로 나약해질 때는, 이런 틈을 타서 내 마음속에 스며드는 악한 생각들을 물리치기 위해, 이러한 영적인 삶을 생각했습니다. 그런 삶을 간절히 열망하며, 그렇게 상상하면서 살았습니다.

이렇게 해서 나는 한센병 환자촌이 있는 섬에 가서 성찬예배를 거행하고 그들과 대화하고 거동이 불편한 그들을 도와주는 상상을 했습니다. 이렇게 상상하면서 그 환자들과 함께 살았습니다. 얼마간 그런 상상에 빠져 살다 보면 어느새 이 열망은 사라지고 다시 일상으로 되돌아오곤 했습니다. 그런데 영적 아버지가 나를 세 번이나 집에 가도록 허락하시고 내 병이 낫기를 바라셨지만 내 병은 완쾌되지 않았습니다. 나는 아토스 성산 밖에서 지내도록 허락을 받았고, 건강해지려고 우유, 치즈, 고기 같은 것을 먹으며 지냈습니다. 이러한 이유로 에비아섬의 성 하랄람보스 수도원으로 갔고 십오 년 동안 그곳에서 살았습니다. 그 후 아토스 성산에서 상상했던 것처럼 요양소에 가서 일하고 싶은 생각이 다시 나를 강하게 사로잡았습니다. 그래서 '펜델리 지역'으로 갈까도 생각했습니다. 어떤 지인이 내게 말하기를 그곳에 사제가 필요하다고 했기 때문이었습니다. 그 시절에 '펜델리 지역'에는 한센병 환자가 많았습니다. 그래서 나는 그곳의 책임자를 찾아 갔었는데 "신부님, 이미 다른 신부님이 오셨습니다. 바로 접니다."라는 답을 들었습니다. 내가 품었던 열정에 대해 설명해주었지만 "저도 같은 열망이 있었습니다. 그래서 하느님께서 나를 이곳에 오게 하셨습니다."라는 대답을 들어야만 했습니다.

그 후로 나는 아테네로 갔습니다. '스파타 지역'에 있는 성 십자가 성당에서 봉직했던 아토스 성산 출신의 한 신부님을 찾아갔습니다.

"마태오 신부님, 제가 이러한 열망이 있는데 어떻게 하면 좋겠습니까?"

"신부님, 아테네 병원의 소성당에서 봉직해 달라는 부탁을 받았는데 사정상 그 부탁을 들어드리지 못했어요. 혹시 그 자리가 아직 비어 있을지 모르니까 아밀까 알리비자토 교수에게 부탁해 볼까요?"

"네, 한번 만나보았으면 합니다."

어느 날 약속을 정해서 아테네 병원에 가보았더니 많은 환자들이 있었습니다. 수많은 사람들이 오가고, 정말 시끌벅적한 시장 같았습니다.

"마태오 신부님, 여긴 제가 있을 곳이 아닌 것 같습니다."

"왜요? 왜 안 된다는 겁니까?"

마태오 신부는 아밀까 알리비자토 교수와의 면담을 주선해 주고서 떠났습니다. 알리비자토 교수와의 면담은 그 다음 날로 정해졌습니다.

나는 약속한 시간에 교수의 집으로 찾아갔습니다. 그리고 가정부가 안내해 준 응접실에서 알리비자토 교수를 기다렸습니다. 교수는 외출 중이었습니다. 포켓용 신약성경을 꺼냈습니다. 시간을 낭비하지 않으려고 신약성경을 읽기 시작했습니다. 교수가 집에 도착했다는 말을 전해 듣고 나는 성경을 다시 가방에 넣었습니다. 교수는 다가와서 내게 인사를 건네고 말했습니다.

"신부님, 무슨 책이었습니까?"

"네, 교수님, 신약성경입니다."

"신학자이십니까?"

"아닙니다."

"학교는 어디까지 마치셨습니까?"

"초등학교 1학년, 그것도 제대로 다니지 못했어요. 책 읽기는 아토스 성산의 은수도사에게 배웠죠. 깝소칼리비아에서 저는 두 명의 영적 아버지를 모시고 살았습니다."

"성가를 부를 줄 아십니까?"

"네, 부를 줄 압니다."

"신부님께서 아테네 병원 성당에서 봉직하셨으면 좋겠습니다."

"교수님, 저는 잘 모르겠습니다. 하지만 교수님께서 원하신다면 그렇게 될 것입니다. 저는 복지시설에서 봉직하고 싶었습니다. 제가 아토스 성산의 은둔처에서 생활할 때부터 가졌던 열망입니다. 그렇다고 해서 아토스 성산에서 떠날 계획은 없었어요. 제가 교수님께 속마음을 털어 놓는군요. 한센병 환자 병원에 봉직하기 위해 굳이 아토스 성산을 떠나고 싶지는 않았습니다. 그런 거룩한 일에 대한 설교를 듣고 그저 혼자 좋아서 상상으로 그렇게 살아봤던 것입니다. 그러니 아테네 병원 소성당에서 아픈 환자들을 위해 일하게 된다면, 그것은 하느님께서 주신 은총이고 이로써 제 꿈도 현실이 되는 거겠지요."

그때 교수는 곧바로 끼미의 대주교에게 전화를 해서 "병원에 계실 신부님을 찾았습니다."라고 전했습니다. 그리고 내게 말했습니다. "성찬예배를 집전하셔야겠습니다. 같이 가시지요."

"교수님, 대주교청의 허가를 받지 않고서는 성찬예배를 집전할 수 없습니다."

"제가 병원의 대표이니 말씀을 드려 놓겠습니다."

나는 교수의 말을 믿고 아테네 병원의 성 예라시모스 성당에서 매일 성찬예배를 집전했습니다. 하지만 그 사이 무슨 일이 있었는지 아십니까? 원래는 신학자이고 대사제이며 런던에서 공부도 하신 한 신부님이 성 예라시모스 성당의 주임신부로 오시길 원하셨지만, 아테네병원 책임자인 그 교수는 나를 마음에 들어 했고 그래서 이미 마음을 정한 후였습니다.

교수는 아테네 대주교에게 나를 소개시켜 주었습니다.

대주교는 나에게 물었습니다.

"글을 읽을 줄 압니까?"

"대주교님, 전 공부를 못했습니다. 은둔처에서 글을 읽는 법을 배웠을 뿐입니다."

"학교는 어디까지 나왔습니까?"

"초등학교 1학년이요."

대주교는 교수를 한번 쳐다보았습니다.

"교수님, 그곳은 아테네 시내 한복판인 옴모니아 광장에 있습니다. 어떻게 해야 하지요? 사람들이 우리를 오해할 겁니다."

"저는 이분이야말로 적임자라고 판단됩니다."

교수는 이렇게 대답했습니다.

"어떻게 해야 하지요?"

대주교님은 내게 말했습니다.

"신부님, 성가를 부를 줄 압니까?"

"네. 그냥 듣고 배워서 부를 줄 압니다."

"잘 들어봐요. 그곳에는 적어도 신학대학을 나오고 설교를 잘 하시는 신부님을 추천하려고 했어요. 매춘소굴이 있고, 부패와 타락의 중심지이기 때문에 설교를 하고 사람들을 가르쳐야 합니다. 하지만 교수님은 신부님이 적임자라고 하는군요. 내가 이야기하고 싶은 건, 신부님은 대학 졸업장은 없지만 적어도 그렇게 훌륭한 자세를 유지할 수 있다면 그 모습만으로도 사람들에게 설교를 하는 신학자보다 더 나을 수도 있겠군요."

"대주교님께 축복을 받았으니 열심히 하겠습니다."라고 나는 정중하게 대답했습니다.

이러한 결정을 듣고 나서 나는 인사를 드리고 떠났습니다.

나는 성 예라시모스 성당을 몹시 사랑했습니다. 물론 환자들도 사랑했습니다. 한 사람도 소홀히 하지 않았습니다. 성찬예배 후에는 모든 병동을 다 돌아다니면서 환자들을 전부 만나보았습니다. 성찬예배가 없는 날에도 아침에는 원하는 교인들에게 고백성사를 해주었습니다. 그리고 이어서 계속 병실을 찾아갔습니다. 거기에서 33년 동안을 꼭 하루같이 지냈습니다. 나는 즐거웠고 걱정 없는 세월을 보냈습니다. 은총으로 충만한 삶을 살았습니다. 그곳에서는 나를 알아주는 사람이 아무도 없었고 나는 보이지도 않았습니다. 아주 피곤할 때나 저녁에 일이 있을 때에는 집으로 돌아가지 않고 병원에 계속 머물렀는데 그 누구도 내게 관심을 두지 않았습니다. 공간이 아주 작은 방에서 의자 여러 개를 나란히 놓고 춥지 않게 엎드린 채 얼굴을 파묻고 잠시 눈을 붙이곤 했습니다. 나를 알아주는 사람도 없었고 또 사교성도 별로 없어서, 나는 전혀 대접을 받지 못했습니다. 아마 가방끈도 짧았고 보잘 것 없고 가난한 신부였기 때문인지도 모르겠습니다. 나는 아는 게 별로 없었지만, 거기에서 33년 동안 은총 안에서 살았습니다. 은총 받은 세월들, 아픈 사람들과 고통 받는 사람들을 도와줄 수 있었던 나날들, 이런 노력 덕분에 내가 훌륭한 고백성사 신부라는 소문이 퍼지게 되었고 그래서 많은 사람들이 내게 고백성사를 하러 오게 되었습니다. 갈기갈기 찢겨진 영혼을 가진 많은 사람들이 성 예라시모스 성당에 와서 회개하며 눈물을 흘렸고, 믿음을 가지고 고백성사를 했습니다.

이미 이야기했듯이 나는 50년 넘게 고백성사 신부로 일해오고 있습니다. 고백성사를 할 때는 항상 신자들이 먼저 오랜 시간 동안 자신이 하고 싶은 이야기를 하게 했고 마지막에 가서 내가 해주고 싶은 이야기를 했습니다. 신자들이 고백하는 동안에는 나는 그의 외적인 생활 뿐만 아니라 그 영혼의 상태를 살폈습니다. 모든 면에서 그의 상태를 이해하려 했고 그에게 유익한 충고를 해주려고 노력했습니다. 고백의 내용이 신자 개인과 관련된 것이 아닐 경우도 있었습니다. 하지만 그것 역시 어떤 점에서는 그의 영혼의 본성과 상태에 관련된 것이기에 다 들어주었습니다.

모두가 나를 사랑했습니다. 나는 주로 침묵하고 있었고 상대방이 원하는 대로 자연스럽게 말할 수 있게 해주었습니다. 나는 믿음이 약한 사람에게나 자신의 심각한 잘못을 고백하는 사람에게 그 잘못에 대해서 집중적으로 강조해서 말하지는 않았습니다. 왜냐하면 누구나 사람은 자신의 잘못에 대해 심한 지적을 받게 되면 반항심이 생기게 되고, 그래서 도리어 그 잘못을 고집하거나 극복하려 하지 않기 때문입니다.

고백 성사가 끝날 무렵에 나는 고백자가 어렵게 용기를 내서 고백한 죄를 잠깐 언급할 뿐입니다. 이렇게 나는 고백자의 잘못을 곧바로 지적하거나 그 문제를 강조하지 않았습니다. 상황에 따라서는 별로 의미를 두지 않기도 했던 것 같습니다. 그러고 나서 나는 마지막으로 이렇게 말하곤 했습니다.

"하느님께서는 당신이 고백한 모든 것을 다 용서해주셨습니다. 주님께서 당신에게 힘을 주시기를 기도하십시오. 이것만 주의하시고 며칠 후 성체성혈을 받으십시오."

잘못을 구체적으로 지적하거나 강조하지 않는 것, 그것은 매우 중요합니다. 그 누구도 잘못에 대해 홀로 책임이 있는 것은 아니기 때문입니다.

'옴모니아' 광장의 소음 속에서 아토스 성산의 은둔처에서처럼 살다.

인파로 북적거리는 세상에서 그리고 옴모니아 광장의 소음 속에서 나는 하느님을 향해 내 손을 들어 올리고, 내 마음속에 아토스 성산의 은둔처를 두고, 그곳에서 사는 것처럼 살았습니다. 아! 나는 마음속으로 '나는 세상에 살아야 할 사람이 아니야. 나는 광야에서 살아야 할 사람이야. 거기선 내가 하는 일을 아무도 모를 텐데!' 하면서 늘 아쉬워했습니다. 하지만 나는 세상 한가운데서 살았습니다. 주님께서 인도하신 이곳에서 살았습니다.

나는 모든 사람들을 사랑했습니다. 모든 사람들을 위해 마음 아파했고, 모든 것들이 나를 감동시켰습니다. 하느님의 은총이 주신 선물이었습니다. 병원에서 하얀색 간호복장을 한 간호봉사자들을 많이 보았습니다. 흰 옷을 입은 천사들처럼 간호봉사자들이 성당으로 내려오는 모습을 보면서 나는 눈물을 흘렸습니다. 간호사로서 헌신하는 그들을 매우 사랑했습니다. 간호봉사자들을 볼 때면, 내가 주님의 사랑 가득한 성당에 예배를 집전하러 가는 것과 마찬가지로, 그들도 병원에서 환자들과 형제들을 위해 자비와 사랑으로 헌신하는 자매들이라고 생각했습니다. 천사, 하얀 천사. 우리는 무관심 때문에 얼마나 소중한 것들을 많이 놓치고 사는지 모릅니다. 엄마가 아이에게 젖 먹이는 모습을 보면서 나는 감동합니다. 사랑의 생명인 태아를 품고 있는 임산부를 보면서 나는 감동합니다. 교리교사들이 아이들을 교회에 데려가는 모습을 볼 때도, 그들이 실천하는 사랑을 보고서도 나는 눈물지었습니다.

물론 가장 큰 감사를 드리는 것은 성찬예배를 드릴 때입니다. 기도문을 읽을 때 신도들은 조용히 숨을 죽였고, 나는 집중했습니다. 심혈을 다 기울여 성찬예배를 집전했습니다. 이렇게 정성 다해 성찬예배 드리는 것을 나는 너무나 좋아했습니다. 교인들은 내가 소박하게 성찬예배를 집전하는 것에서 많은 영적 감동을 얻곤 했습니다.

나는 정규 교육을 받지 못했지만 그래서 더더욱 많이 노력했습니다. 성 예라시모스 성당에서는 교수들이나 전문 음악가들이 성가를 불렀습니다. 교인들의 대부분이 알비자토스 교수의 동료인 대학 교수들이었습니다. 병원 옆에는 아테네 음악 아카데미가 있어서 그곳에 있는 음악 선생님들과 가족들이 와서 예배에 참석했습니다. 교회의 성가대장은 바실리고스 테아즈루였습니다. 처음에 나는 예배를 드릴 때, 성가대와 화음을 맞추는 것뿐만 아니라 호흡 맞추기도 힘들었습니다. 그래서 음악학원을 다니기로 결정했습니다. 남는 시간을 낭비하지 않고 하루에 몇 시간씩 음악학원에 가서 열정과 끈기를 가지고 배웠습니다. 성가대에 도움이 되고 싶었고, 교회의 성가대를 슬프게 하고 싶지 않았기 때문이었습니다. 이미 언급했듯이 이들은 전문적인 성가대였습니다. 그래서 나도 기본부터 잘 배우고 싶었습니다. 성가대와 조화를 이루면서 훌륭한 예배를 드리고 싶었습니다. 그래서 음악학원에 가서 전문적으로 음악을 배워야 할 필요성이 절실했던 것입니다. 내가 교회음악을 얼마나 사랑했는지 잘 들어보십시오!

풍금을 배우고 싶었었습니다. 수도원을 설립해서 그곳에 있는 수도사들과 함께 영적인 수업도 하고, 영적이고 아름다운 대화도 나누고, 풍금으로 연주하며 함께 성가도 배우고 싶었습니다. 그러나 음악학원에 풍금이 없어서 그 대신에 피아노를 배우게 되었습니다. 피아노를 배우긴 했지만 악기로는 풍금을 더 많이 좋아했습니다. 음악학원에서는 모두가 나를 사랑해주셨고 정말로 성인처럼 훌륭한 선생님을 배정해주셨습니다.

어느 날 나는 성찬예배를 드린 후 신자들이 봉헌한 빵 하나를 갖다 드렸습니다. 이보다 더 크고 귀한 선물이 있었을까요? 그 당시는 전쟁 때였기 때문에 모두가 배가 고팠었습니다.

나는 미소와 함께 선생님에게 빵을 건네주면서 이렇게 말했습니다.

"아주 맛있는 빵을 가져왔습니다."

"아니에요. 아니에요. 이렇게 귀한 걸 받을 수는 없습니다."

"제발 받아주세요."

"아닙니다. 이러시면 안 됩니다."라고 말하며 선생님은 극구 사양했습니다.

나는 창피했습니다. 피아노 수업을 마친 후 피아노 선생님에게 다시 이렇게 말했습니다.

"선생님, 빵을 받지 않아서 제가 속상합니다."

그제야 선생님은 마지못해 빵을 받아주셨습니다.

하지만 나도 피아노 수업 때 선생님을 속상하게 해드리고 싶지 않았습니다. 내가 어떤 생각까지 했는지 아십니까? 잠자기 전에 겸손하게 기도드린 후 잠이 들 때까지 나는 마치 손가락을 피아노 건반 위에 올려놓듯 시늉을 하며 복습하곤 했습니다. "도, 시, 라, 솔, 솔, 솔, 미" 머릿속으로 이렇게 피아노 공부를 했습니다. 왜 이렇게 했는지 아십니까? 선생님을 실망시켜 드리고 싶지 않아서였습니다. 나는 아토스 성산에서 이런 정신을 배웠습니다. 그래서 결코 다른 사람을 속상하게 할 수 없었습니다. 왜냐하면 나는 어렸을 때부터 순종하도록 가르침을 받았습니다. 물론 이로 인해 잘못을 저지르게 된 경우도 있었습니다. 예를 들자면 나는 어떤 사람이 자꾸 졸라대고 애원하면 그를 불쌍하게 여겨서 내가 비록 원하지 않더라도 그렇게 해 주곤 했습니다.

아주 큰 유혹

이것은 여러분에게 한 번도 얘기하지 않은 일입니다. 처음 내가 그 직에 임명되었을 때, 나는 큰 유혹에 빠졌지만 하느님께서 나를 도와주셨습니다.

첫 주일에 기쁜 마음으로 성찬예배를 거행하려고 갔습니다. 복지시설에서 일하고자 했던 내 꿈이 실현되는 순간이었습니다. 하느님께서 내게 이 선물을 주셨던 것입니다. 하지만 어떤 일이 일어났는지 아십니까! 시간이 되어 성찬예배를 시작하려 했을 때, 성 예라시모스 성당 밖에서 "사랑해, 사랑해, …"하며 대중가요가 귀청을 찢을 듯 크게 들려온 것입니다. 성찬예배를 계속 진행했지만 상황은 변하지 않았습니다. 나는 성찬예배를 드리며 계속 기도를 드렸습니다. 밖에서는 대중가요가 울렸고 교회 안은 교인들로 꽉 차있었습니다. 아름다운 문으로 나가서 "모든 이에게 평화"라고 축복했지만, 성찬예배는 점점 엉망이 되어버렸고, 나는 점점 자제력을 잃고 동요했습니다. 겨우 성찬예배의 마지막 부분인 신비의 성찬을 마치고 나서 나는 제의를 잘 접어두고 절망감에 젖어 곧바로 밖으로 나갔습니다. 성당 반대편에는 음악 카세트를 크게 틀어놓고 손님을 끌려는 레코드 가게가 있었습니다. 그 레코드 가게 주인인 주레타씨를 찾아갔습니다. 그에게 적어도 성찬예배 시간에는 음악을 틀지 말아달라고 예의를 갖추어 간곡한 어조로 부탁했습니다.

"신부님, 난 내 하루 끼니를 벌어야겠습니다. 신부님께서 말씀하시는 것을 들어드릴 수가 없습니다. 저는 자식들도 있고 가게세도 내야 합니다."

그는 이렇게 말했습니다. 나는 슬펐습니다.

"제발 부탁입니다. 성찬예배를 방해하는 이런 불미스러운 행동은 죄 짓는 일입니다."

"신부님은 신부님 일이나 잘 하세요."

그때 나는 앞으로 어떻게 해야 할지 막막했습니다. 그 교회를 떠나 다른 교회로 가게 해달라고 부탁해볼까 하는 생각마저 들었습니다. 하지만 나는 이미 그곳에 있겠다고 다짐을 한 터였습니다. 초등학교 졸업장도 없고 어떤 대단한 능력도 없는 자격 없는 나에게 이 자리를 내주시고 큰 사랑을 보여주신 대주교님께 무슨 변명을 해야 할까 고민하기도 했습니다. 그래서 나는 큰 슬픔에 잠겼습니다. 지성소 안에 앉아 어떻게 해야 할까 생각했습니다. 결국 나는 떠나야겠다고 마음속으로 결심을 굳혔습니다. 더 이상 그곳에 머물 수가 없었습니다. '이런 곳에서 내가 어떻게 살 수 있으며, 또 어떻게 평화롭게 성찬예배를 거행할 수 있단 말인가? 완벽한 고요함이 깃든 광야에서 살았던 내가 악마적인 소음으로 들끓고 있는 이런 곳에서 내가 과연 견뎌낼 수 있을까? 성당 밖에는 니케아, 뻬리스테리, 피레아를 오가는 온갖 버스들이 지나다니고, 쉴 새 없이 경적소리를 울려대는 이 시끄럽고 소란한 곳에서 내가 과연 살 수 있을까?' 이런 생각만 들었습니다. 그래서 나는 떠나야겠다고 생각했습니다. 하지만 어떻게 그만둔다고 말할까를 고민하며 우울하게 집으로 돌아왔습니다. 어떻게 해야 할지 몰랐습니다.

리까비또의 독싸비아드리 도로에 있는 집으로 돌아가는 내내 생각에 골몰했습니다. 입맛도 사라졌고 너무나 슬펐습니다. '어떻게 해야 할까? 병원에서 봉직하게 되어 기뻤는데 … 거기에서 환자도 보고, 그들을 돌보아주고, 이야기도 하고, 고백성사도 하고, 성체성혈도 주고 … 이제 어떻게 해야 할까?' 오직 주님만이 이 어려운 상황에서 내가 벗어나도록 해주실 수 있었습니다. 내가 직면하고 있는 이 심각한 상황을 다만 "하느님께서 말씀하시는 대로 대처하리라." 하고 나는 속으로 생각했습니다.

"주님, 저는 주님께서 직접 제게 말씀해 주시기를 바라지도 않습니다. 징표 같은 것을 주시는 것도 원하지 않습니다. 그저 당신의 사랑으로, 내가 떠나야 하는지 아니면 이곳에 머물러야 하는지 이해할 수 있도록, 아주 간단한 예로만 알려 주십시오. 부끄러워서 기적을 요청하지도 않겠습니다." 그리고 삼 일 동안 입에 물 한 모금도 대지 않는 엄격한 금식을 하면서 완벽한 침묵으로 기도하면서 주님의 대답을 기다렸습니다.

마침내 주님의 대답이 왔습니다. 성 예라시모스 성당에 있을 때 여러 방문객들이 들어와 초를 켰습니다. 그 순간 한 여인과 아이가 들어 왔습니다. 아이는 중학교 1학년쯤 되는 것 같았습니다. 손에는 학교에서 배우는 책들을 들고 있었습니다. 그 책들 중에 화학책이 있었습니다. 배우는 걸 워낙 좋아하는 나는 그냥 한번 훑어보려고 그 책을 보여 달라고 했습니다. 항상 하던 습관이었습니다. 책을 훑어보던 중 실험과 관련된 페이지를 열게 되었습니다. 다음과 같은 내용이었습니다.

'한 고요한 호수에 작은 돌을 던지면, 물은 그 고요함을 잃고 작은 크기의 파문을 낸다. 더 큰 돌을 던지면 더 큰 파문을 내는데, 그 큰 파문은 전에 있던 작은 파문을 덮어서 이긴다.'

그 순간 내 마음속에는 내가 혼란스러웠던 문제의 답이 떠올랐습니다. 하느님께서 밝혀주셨습니다. '성당 밖에서 들리는 대중가요의 작은 소용돌이는 성당 안에서 드리는 더욱 강력한 영적 기도의 파문에 의해 파묻혀 사라져 버릴 것이다.'라는 생각이 그 순간 머릿속에서 명료하게 떠올랐고, 마치 누군가 나에게 분명한 어조로 말하는 것처럼 이런 말이 들려왔습니다.

"여기서 온 정신을 하느님께로 들어 올리며 성찬예배를 드린다면, 누가 너를 방해할 수 있겠느냐?"

그래서 나는 이렇게 될 수 있도록 마음의 준비를 단단히 했습니다. 나는 성찬예배를 집전할 때 그리스도의 사랑에 모든 것을 집중시키리라, 영적 드라마인 성찬예배를, 골고다 언덕의 그 끔찍한 희생의 드라마를 내 모든 영적 능력을 총동원하여 집전하리라 마음먹었습니다. 나는 너무나 기뻤습니다. 주님께서 해결책을 주셨다고 믿었습니다. 주일 아침 희망을 가득 안고 성당에 도착했습니다. 축복기도로 성찬예배를 시작했습니다. 내 머릿속에는 오로지 성찬예배에 대한 생각만 있었고, 다른 것은 들어설 여지가 없었습니다. 나는 지상과 천국에 동시에 있는 느낌을 받았으며 하느님의 양떼인 교회와 내가 하나임을 느꼈습니다. 나는 우리 모두가 주님의 은총 안에 있다는 것을 확실히 알 수 있었습니다. 밖에서는 여전히 미친 듯이 카세트 테이프의 노랫소리가 울려대고 있었지만, 내 귀에는 아무 소리도 들리지 않았습니다. 이토록 고요함 가운데 성찬예배를 드린 것은 처음이었습니다. 내 삶에서 가장 아름다웠던 순간 중에 하나였습니다. 그때부터 나는 성찬예배를 드릴 때마다 항상 이와 같은 느낌이었습니다.

배움의 열정

아테네 병원에서 오랫동안 살았습니다. 그 당시 그리스, 특히 수도인 아테네는 전쟁의 시련, 외세의 지배, 배고픔, 죽음 등으로 힘든 시절을 겪고 있었습니다. 사람들은 날마다 굶어죽었고, 그밖의 다양한 사연을 가지고 세상과 이별했습니다. 나는 사람들이 내게 보내온 것들과 빵을 이웃들과 함께 나누어 먹었습니다. 초자연적인 통찰력의 은총으로 이웃들의 영혼 깊은 내면을 알게 되었기에 그 마음의 고통도 같이 나누고자 했습니다. 병든 이들이 내게 오면 부조건 기도했습니다. 환자들이 내게 기도를 요청하기 시작했습니다. 나는 그때부터 다시 공부를 시작했습니다. 이번에는 환자가 아픈 곳이 신체부위 중에서 정확히 어디에 있는 것인지, 그리고 각 신체 부위나 장기들을 지칭하는 용어들은 무엇인지, 어떤 질병들이 있는지, 전문적인 의학 지식을 조금이라도 더 잘 알고 싶었기 때문입니다. 그래서 의학 서적, 해부학 서적 등을 구해서 읽으며 연구했습니다. 더 많이 배우고 싶은 의욕이 넘쳐서 한동안은 의과 대학교에서 수업을 들었고, 실습에도 참여했습니다. 이렇게 모든 분야를 배우고 싶은 마음이 간절했습니다. 모든 분야를 깊고 넓게 배우려고 했습니다. 만약에 공장에 가면 그곳이 어떻게 운영되는지 아주 자세한 것까지 배우고 싶었습니다. 박물관을 방문하면 오랫동안 관찰했습니다. 재밌는 일화 하나를 소개해 드리겠습니다.

어느 주일 점심 때 고고학 박물관 앞을 지나갔습니다. 시간이 좀 여유가 있었는데 문득 박물관을 관람하고 싶다는 생각이 들었습니다. 전시실에 들어가서 동상들을 쳐다보았습니다. 어떤 전시실에 단체관람객들이 있었고 한 안내인이 그들에게 설명을 하고 있었습니다. 모두 조용하게 듣고 있었습니다. 나는 그들에게 다가갔습니다. 그때 안내인이 나를 보고는 단체관람객들에게 조용하게 말했습니다.

"신부님께서 오셨네요. 난 별로 신부님들을 좋아하지는 않지만 이분은 다른 신부님과 다른 것 같네요."

나는 그녀에게 더욱 가까이 다가가서 말했습니다.

"안녕하십니까?"

"안녕하세요."

안내인이 화답했습니다.

"이 그룹에 끼어서 함께 좀 들어도 괜찮겠습니까?" 하자 그 안내원은 "네"라고 대답했습니다.

안내인의 설명을 들으면서 우리 모두는 이 동상에서 저 동상으로 이동하고 있었습니다. 어느 순간 제우스 동상 앞에 서게 되었습니다. 왕좌에 앉은 제우스 신이 사람에게 번개를 던지는 모습이었습니다. 안내인이 자세하게 이야기하고 내게 다가와서 이렇게 말했습니다.

"신부님의 의견은 어떠세요? 이 동상 말입니다."

"전 이런 것들에 대해서는 잘 모릅니다. 다만 제가 느낀 대로 말씀 드리자면 저도 예술가의 작품에는 감탄하지만 하느님께서 완벽하게 창조하신 창조물에도 감탄하게 되는군요. 이 작품을 만든 예술가는 분명 하느님으로부터 영감을 받았다는 것을 알 수 있습니다. 제우스 신을 보십시오! 사람에게 번개를 던지면서도 얼굴은 평화롭잖아요. 화를 내는 모습이 아니에요. 욕망이 없는 거죠."

내 설명을 듣고는 안내인뿐만 아니라 그룹 전체가 모두 만족해했습니다. 이 동상이 우리에게 가르쳐 주는 것은 무엇일까요? 그것은 바로 하느님께서는 비록 벌을 내리실 때라도 감정에 휘둘리는 분이 아니시라는 것입니다.

전에도 이야기했듯이 나는 배우는 걸 무척 좋아했습니다. 그래서 사실은 양봉을 공부하려고도 했습니다. 벌꿀 만드는 것을 배우기 위해 켈키라섬 출신의 한 교수를 찾아가기도 했었습니다. 그 교실에는 남학생, 여학생, 젊은이, 노인들까지 다양하게 있었습니다. 수업이 끝나고 교수님이 청강생인 내게 다가와서 말했습니다.

"신부님, 제가 어떻게 생각하고 있는지 아십니까? 신부님이 양봉을 전공하셨다면 아마도 우수한 성적으로 졸업했을 겁니다."

"어떻게 아시죠?"

"제가 신부님을 유심히 살펴보았습니다. 신부님은 벌들을 유심히 관찰하고 벌들이 하는 행동을 주의 깊게 바라보시더군요. 신부님은 잘 해내고 계십니다. 벌들과 대화도 하시지요? 벌들이 신부님에게 말을 거는군요. 서로 대화하고 계십니다."

그에게 대답했습니다.

"그렇습니다. 맞습니다. 저는 벌들과 이야기합니다. 벌들이 많은 꿉셀리에 가서는 벌들이 하는 대화를 듣곤 합니다. 물론 무슨 내용인지도 알아듣지요. 벌들과 있으면 저는 미치도록 좋습니다. 하지만 벌들에게 너무 지나치게 관심을 두게 되면 나는 신부복과 이 신부 모자를 잃을지도 몰라요. 사제직에서 물러나야 할지도 …"

원했던 은둔 생활

고백사제가 된 내가 평생 동안 해온 주된 일은 고백성사를 거행하는 일이었습니다. 오랜 시간 밤낮을 가리지 않고 24시간을 계속해서 고백성사를 보았습니다. 성 하랄람보스 수도원 성당, 에비아섬, 성 예라시모스 성당, 성 니콜라스 성당, 깔리스타, 지금 머물고 있는 수도원, 이 모든 곳에서 나는 항상 고백성사를 보았습니다. 내가 병에 걸려서 아플 때도 -나는 많이 아팠고 오랫동안 지병을 앓았습니다- 주님께서 내게 보내주신 영혼들을 사랑으로 맞이했습니다.

나는 아테네에서도 금욕적 은둔자의 삶을 살고 싶었습니다. 그래서 거처만은 외진 '투르꼬부니아'에 두어, 그곳에서 부모와 여동생과 조카와 함께 시멘트와 돌로 지은 오두막에서 살았습니다. 밤마다 침묵과 기도 속에서 일했습니다. 직조기계를 구해 속옷도 만들었고 털옷도 짜서 팔았습니다. 이것들을 판 돈으로 수도원을 지을 계획을 가지고 있었습니다.

그리고 값나가는 향(香)도 만들었습니다. 내가 직접 재료를 배합해서 만들었습니다. 이 향을 만들기 위해서는 오십 개의 향료가 들어갑니다. 냄새로 향을 구별할 수 있었고 향기를 통해 산도(酸度)가 어느 정도인지도 알 수 있었습니다. 향을 어떻게 배합하는 게 좋을지 그 내용을 적은 공책이 한 권 있었습니다. 내가 가지고 있던 향의 재료를 순서대로 50개 정도를 넣어서 배합했습니다. 신기한 일이었습니다! 작은 병들에 담아둔 50개의 향을 나는 전부 알고 있었을 뿐만 아니라 냄새만 맡아도 향기가 나는 정도와 산도(酸度)를 금방 알 수 있었습니다. 그 병에 들어있는 향들을 하나, 둘씩 섞어서 훌륭하고도 특별한 향냄새가 나도록 배합했습니다. 그런데 그 내용들을 모두 적어둔 공책을 누가 훔쳐갔습니다. 누가 훔쳐갔는지 알지만 말하고 싶지는 않습니다. 그런 건 이야기할 만한 것이 못 됩니다.

소박한 사람

나는 아주 소박한 사람입니다. 세상물정도 모르고 사회에서 어떻게 행동해야 하는지도 모르는 사람입니다. 더불어 사는 기본적인 생활에 대해서도 알지 못했습니다. 산에서 자랐기 때문입니다. 피레아에서 대부님과 생활하면서 더불어 사는 생활을 조금 배우기는 했지만 역시 그곳에서도 혼자 생활했습니다. 대부님의 딸들이 내게 음식을 차려주면 나는 혼자 식사를 했고 손님방에서 혼자 잤습니다. 이렇게 생활하다 보니 식탁에서 수저와 포크를 어떻게 사용하는지도 잘 몰랐습니다. 그래서 초대를 받게 되면 늘 거절하곤 했습니다. 한번은 환자가 있는 집에서 '성모님께 올리는 기원의식'을 해달라고 나를 초대했습니다. 병원 가까이 있는 시청 옆에서 일하는 예의 바르고 좋은 부인이었습니다. 초대 받은 집에 도착해서 기원의식 기도를 하고 나니 시간이 많이 흘러버렸습니다. 부인은 내게 식사하고 가라고 권했습니다.

"아니오. 시간이 없습니다. 지금 가야 합니다." 나는 이렇게 잘라 말하면서 식사초대를 거절했습니다. 그러나 부인의 남편이 재차 식사를 권유했습니다.

"신부님, 식사도 안 하시고 가시면 저희들이 너무 섭섭합니다. 우리에게 기쁨을 주십시오. 우리를 봐서라도 자리에 앉으세요. 우리 딸도 보고 있지 않습니까?"

그들은 결혼한 지 얼마 안 된 젊은 부부였고 아주 착한 딸이 하나 있었습니다. 나는 결국 마지못해 승낙했습니다. 축복기도를 한 뒤 식사가 시작되었을 때, 어린 딸은 내가 식사하는 모습을 보고 이렇게 소리쳤습니다.

"엄마, 신부님이 숟가락을 잘 잡지 못해요."

부모들은 "조용히 해라!"라고 아이를 타일렀습니다. 그러나 잠시 후에 아이는 또 "숟가락을 잘 못 잡아요!"라고 말했습니다. 정말, 불쌍한 사람이 따로 없었습니다! 그래서 나는 그들이 수저를 어떻게 잡고 먹는지 잘 보면서 그대로 따라했습니다. 하지만 어떻게 먹어야 할지 모르는 새로운 음식이 나와서 포크를 써서 먹기 시작하자 어린 꼬마가 내 서툰 손짓을 보고 또 말했습니다.

"포크를 잘 잡지 못해요."

여러분들은 내가 얼마나 어수룩한 사람이었는지 정말 모를 것입니다.

성 예라시모스의 지팡이

조금은 가파른 언덕의 '투르꼬부니아'에서 살 때, 나는 아침 일찍 일어나 성 예라시모스 성당으로 갔다가 밤이 되면 돌아오곤 했습니다. 그런데 우리 집 앞에 있던 길은 경사가 심해서 지나다니기가 힘들었습니다. 어느 주일 아침 나는 결국 그 길에서 넘어져 다리가 부러지고 말았습니다. 아직 날이 밝기 전이었고, 주변은 고요했습니다. 넘어진 곳에서 신음하고 있을 때, 마침 지나다가 나를 발견한 이웃 사람들이 응급차를 불러서 나를 병원으로 데려갔습니다. 왼쪽 정강이뼈가 부서진 것이었습니다. 참지 못할 정도로 고통스러웠습니다. 아테네 병원에 도착하자 사람들은 나를 응급차에서 내려 침대에 눕혔고, 의사들은 내 다리를 검진한 후 깁스를 하자고 했습니다. 사고가 있던 그날 교회에서 신자들은 내가 성찬예배를 집전하러 오기만을 기다리다가 오지 않자 그냥 집으로 돌아갔습니다.

이 일로 15일 동안 병원 신세를 졌는데, 어느 날 기도를 하면서 무심코 다친 다리를 살펴보게 되었습니다. 그때 나는 다리의 깁스가 올바른 위치에 되어있지 않은 것을 하느님의 은총으로 깨닫게 되었습니다. 나는 의사들에게 깁스를 다시 해 달라고 요청했습니다. 의사들은 내 말을 듣고 웃으면서 말했습니다.

"신부님, 신부님께서는 교회나 잘 돌보시면 되지, 왜 우리 일까지 간섭하려 하십니까? 엑스레이를 찍어 본 결과이니 정확한 진단입니다. 어떻게 해드리길 원하십니까? 우리를 시험하시려는 겁니까?"

그렇게 말하고서는 전혀 신경을 쓰지 않았습니다. 나는 내 다리를 다시 봐 달라고 끈질기게 요청했습니다. 하지만 의사들은 전혀 반응이 없었습니다. 그래서 나를 엑스레이실로 데려가 달라고 요구하면서 점심도 먹지 않고 버텼습니다. 이렇게 끈질기게 요청한 이유는 만일 그때 제대로 치료를 받지 못하면 평생을 뼈뚤어진 발로 걸어 다녀야 할 것이 확실했기 때문입니다. 그러나 의사는 "신부님, 다리는 괜찮습니다."라는 말만 간호사를 통해서 전달할 뿐이었습니다.

밤이 되었습니다. 음식을 갖다 주었지만 내 다리를 먼저 살펴보아 달라고 요청하면서 계속 식사를 거부했습니다.

다음 날 아침, 의사가 와서 화를 내며 말했습니다.

"신부님, 도대체 왜 이러십니까? 계속 이렇게 우리를 힘들게 하실 작정입니까?"

그는 이렇게 불평을 털어놓고 나서야 나를 엑스레이실로 데려다 주었습니다. 결국에는 깁스의 위치가 잘못 잡혀있는 것을 확인했고, 다리는 벌써 삐딱하게 굳어져 가고 있었습니다. 의사들은 깁스를 부수기 시작했습니다. 나는 침묵하면서 겸손하게 기도만 드렸습니다.

"지금은 말씀이 없으시군요. 우리를 용서해 주십시오."

의대 교수이기도 했던 의사가 내게 말했습니다.

깁스를 잡아 당겨서 빼냈습니다. 나는 매우 아팠습니다. 두 명의 의사가 발을 잡아 당겼고 교수는 망치로 정강이를 세게 내리쳤습니다. 다리가 삐딱한 상태로 굳어지기 시작했기 때문이었습니다. 나는 참지 못할 만큼 아팠지만, 입술을 꽉 깨물고 참았습니다. 마침내 굳어져 버린 부분을 다시 교정했습니다. 그들은 엑스레이를 찍기 위해 다시 눕혔고 발을 팽팽하게 잡아당겨 중심축 위에 올려놓았습니다. 의사들은 조심스럽게 깁스를 다시 해주고 나서 나를 병실로 보냈습니다.

그 뒤로 아마 정확하지 않지만 두세 달 정도 계속 침대에 누워 지냈습니다. 이 기간이 지나자 나는 다시 앉을 수도 그리고 목발을 짚고 걸을 수도 있게 되었습니다. 하지만 나는 목발을 사용하고 싶지 않았습니다. 그러자 교수가 내게 조언했습니다.

"목발을 짚고 일어나도록 하세요. 계속 누워 있는 건 좋지 않아요."

나는 이 목발을 오래 쓰지 않았습니다. 혼자서 중심을 잡을 만하기도 했고, 또 목발에 의지하는 것이 습관이 되면 나중엔 목발 없이는 걸어 다닐 수 없게 될지도 모른다는 두려움이 앞섰기 때문이었습니다.

그러자 교수가 내게 이렇게 또 조언해 주었습니다.

"지팡이를 하나 사세요."

"아, 지팡이는 쓰고 싶지 않아요."

"신부님은 우리에게 항상 순종을 강조하시지요. 제 말을 듣지 않으면 신부님이 넘어질 확률이 커집니다. 물론 넘어지시면 신부님의 뼈들은 전부

부서질지도 모르구요."

그제야 하는 수 없이 내 여동생에게 이렇게 부탁했습니다.

"내게 지팡이를 하나 사줘야겠어. 우리는 가난하지만 지팡이를 하나 사야겠어. 목발은 하고 싶지 않아. 이것만 보면 마음이 슬퍼지는군."

아침 11시, 병원의 교회에도 목발에 의지한 채 내려갔습니다. 나를 부축하던 여동생이 지팡이를 하나 사려고 막 떠나려는 찰나에, 어떤 부인이 손에 지팡이를 들고 성당으로 들어왔습니다.

"성 예라시모스 성당이 여긴가요?"

"네, 여깁니다."

성당 관리인이 말했습니다.

"성인의 이콘이 어디에 있나요?"

관리인은 "저기요." 하고 대답하며 이콘을 가리켜 주었습니다.

처음 보는 이 부인은 성인의 이콘 앞에서 무릎을 꿇고 눈물을 흘리면서 모두가 들을 수 있을 정도로 아주 큰 목소리로 말했습니다.

"나의 성인이시여, 저는 당신을 몰랐습니다. 당신에 대해 들은 적도 없었고 심지어 당신의 이름도 몰랐습니다. 그러나 당신은 나를 찾아오셨고, 제가 예루살렘에서 사온 지팡이를 다시 당신의 집으로 가져오라고 내게 부탁하셨습니다. 나의 성인이시여, 여기 있습니다. 당신이 부탁하신 지팡이를 가져왔습니다. 당신은 '나는 내일 아침 이 지팡이가 필요하니, 내게 가져다 주오.' 라고 내게 말씀했습니다. 저는 당신의 집이 어딘지도 몰랐고, 그래서 물어물어 결국 이렇게 찾아왔습니다."

그때 나와 여동생 그리고 성당 관리인은 성초함 옆자리에 앉아 있었습니다. 이 부인은 우리들에게 다가와서 이야기했습니다.

"도대체 이게 무슨 일입니까? 성인이 지팡이를 요청한 이유가 뭘까요? 어디에 사용하려고 하신 걸까요?"

성당관리인이 말했습니다.

"성인이 지팡이를 가져오라고 한 이유를 잘 들어보세요. 성인이 직접 사용하려고 그러신 것이 아닙니다. 성인에게는 자신을 돌보는 종이 있어요. 그 성인을 돌보는 종이 지금 여기 계시는 신부님이시지요. 다리가 부러져서, 몇 달 동안 고통스럽게 지내셨는데 마침내 오늘 퇴원할 수 있어서 의사는 지팡이를 짚도록 했지요. 그래서 여동생이 '에올루' 거리로 가서 지팡이를 하나 사오려던 참이었다오. 성인 앞에 놓아둔 지팡이를 가져와서 성인을 돌보는 이 신부님께 가져다 드리세요."

감동받은 여인은 내게 지팡이를 갖다 쥐어주고 내 손에 입을 맞추며 이렇게 말했습니다.

"자, 가지세요. 신부님. 그리고 제 모든 죄를 용서해주세요. 이 지팡이는 예루살렘에서 산 것입니다. 성모 마리아의 무덤에서 산 것입니다. 저는 빠띠시아의 끝에 있는 '브로보나'라는 동네에서 왔습니다. 그곳에 살지요. 저는 꿈속에서 성인을 보았어요."

나는 그 부인께 감사를 드렸습니다. 그리고 그 지팡이를 사용하기 시작했습니다. 물론 목발은 버렸습니다. 이 지팡이를 '성 예라시모스 지팡이'라고 이름을 붙여주었습니다. 이 지팡이에 애정이 참 많이 갔습니다. 지팡이를 잃어버리지 않으려고 늘 신경을 썼습니다. 더 놀라운 일은 몸 어딘가가 아픈 사람에게 이 지팡이를 갖다 대면 병이 나았습니다. 정말로 기이한 일이었습니다. 무슨 일인지 모르겠습니다! 성인이 나처럼 보잘것없는 이에게도 신경을 다 써주시다니요!

그 부인은 성 예라시모스와 나에 대해서 단 한 번도 들어본 적이 없는데도, 성인은 부인에게 실제로 성인이 나타나셨던 것입니다. 성인들은 참으로 많은 기적들을 행합니다. 그래서 우리들은 성인들을 존경해야 합니다. 거룩함과 은총을 소유한 성인은 그에게 기대는 모든 병든 자들을 지탱해주는 든든한 지팡이이십니다. 그래서 나도 예라시모스 성인을 너무 사랑하고 존경하게 되었습니다.

"의인이나 악인이나 모두에게 비를 내리시는 …"

병원의 성 예라시모스 성당에는 많은 방문객이 찾아와서 초를 켰습니다. 몇몇 사람들은 고백성사를 하려고 남아 있기도 했고, 어떤 사람은 축복을 받고 돌아가는가 하면, 또 어떤 사람들은 성당에 들어와 초를 켜고 몇 번 성호를 그은 다음 돌아가기도 했습니다. 남자, 여자, 어린이, 어른, 배운 사람, 평범한 사람 등, … 옴모니아에는 각 계층의 사람들이 살고 있었습니다.

옛날에는 신현축일 때 '집 성수식'을 하는 것이 관례였습니다. 몇 년 정도는 나도 집 성수식을 하러 다녔습니다. 대문을 두들기면 주인이 문을 열어주었고 나는 성가를 부르며 들어가서 성수를 뿌리곤 했습니다.

"주여, 주께서 요르단 강에서 세례 받으실 때, 성 삼위에 대한 경배가 나타나셨으니, 아버지의 소리가 주를 증거하시기를 사랑하는 아들이라 하셨고, 성령도 비둘기 모양으로 나타나 이 말씀을 확인하셨도. 하느님으로 나타나시어, 세상을 밝히신 그리스도시여 주께 영화로다."

메조노스라는 곳에도 갔을 때, 나는 철문으로 된 어떤 집에 들어갔습니다. 마당으로 늘어가 보니 귤나무, 오렌지나무, 레몬나무가 많은 성원이 있었고 계단이 보였습니다. 밖으로 나 있는 계단이었는데, 위로 올라갈 수도 있었고, 지하로도 내려갈 수 있었습니다. 계단으로 올라가서 문을 두드렸더니 한 부인이 나와 문을 열어주었습니다. 그러자 나는 해오던 대로 신현축일 성가를 부르면서 들어가려고 했습니다. 그랬더니 그 부인이 갑자기

나를 가로막아 섰습니다. 바로 그때 젊은 여성들이 내 성가를 듣고 이곳 저곳 방에서 뛰쳐나와 복도로 모여들었습니다.

'매춘하는 집에 왔군.' 나는 속으로 중얼거렸습니다.

그 부인은 내 앞을 가로막고 나를 방해했습니다.

"어서 가세요. 여기에는 십자가에 입 맞출 사람이 없어요. 내가 대표로 십자가에 입을 맞출 테니 제발 가주세요."

나는 아주 엄숙하면서도 근엄한 모습으로 무섭게 노려보며 그녀에게 말했습니다.

"난 갈 수 없습니다! 나는 신부입니다. 여기에 성수를 뿌려 주려고 왔습니다."

"하지만 십자가에 입을 맞출 자격이 없는 아이들이예요."

"십자가에 입을 맞출 자격이 없는 사람이 저 소녀들인지 당신인지는 우리가 모르는 일입니다. 하지만 저 소녀들과 당신 중에서 누가 십자가에 입을 맞출 자격이 있는지 하느님께서 내게 물어보신다면 나는 이렇게 말할지도 모르겠소. 소녀들은 십자가에 입을 맞출 자격이 있지만 당신은 아니라고요. 그들의 영혼은 당신의 영혼보다 더 착하다고요."

그 순간 그 부인의 얼굴이 조금 붉어졌습니다. 계속해서 그 부인에게 이야기했습니다.

"소녀들이 십자가에 입을 맞출 수 있게 해주시오."

나는 그녀들에게 다가와 십자가에 입맞추라고 손짓을 했습니다. 처음에 성가를 부를 때보다 더욱 우렁차게 감정을 실어 성가를 불렀습니다.

"요르단 강에서 …"

왜냐하면 내 마음속에 기쁨이 있었기 때문이었습니다. 하느님의 섭리로 이 가련한 영혼들도 십자가에 입맞출 수 있었던 것입니다. 소녀들은 모두가 십자가에 다가와 입을 맞추었습니다. 소녀들은 얼룩덜룩한 색으로 된

치마들을 입고 있었지만 모두 정숙하고 단정했습니다.

"여러분, 새해 복 많이 받으세요. 하느님께서는 우리 모두를 사랑하십니다. 그분은 좋은 분이십니다. 옳은 사람에게나 옳지 못한 사람에게나 똑같이 비를 내려주십니다. 아버지이신 하느님께서는 우리 모두에게 관심을 가져주신답니다. 우리는 그분을 알기 위해 그분을 사랑하기 위해 노력해야 합니다. 그렇게 해서 더욱 착한 사람들이 되어야 합니다. 그분을 사랑하면 얼마나 행복한 사람이 되는지 여러분도 알게 될 것입니다."

그들은 의아한 표정으로 나를 쳐다보았습니다. 힘든 삶을 사는 이 영혼들도 뭔가 깨달은 모양입니다.

"나는 오늘 이곳에 와서 여러분에게 성수를 뿌릴 수 있는 영광을 주신 하느님께 감사드립니다. 또 여러분을 만나 마음이 너무 기쁩니다. 새해 복 많이 받으세요."

"새해 복 많이 받으세요."

그 소녀들의 명랑한 화답을 뒤로 하고 나는 그 소녀들의 영혼을 위해 기도하며 그곳을 떠났습니다.

위대한 기도

신현축일 말고도 가정집이나 단체에서도 성수식을 요청하곤 했습니다. 한번은 이런 사건도 있었습니다. 독일군이 그리스를 점령하고 있던 시기였고 병원에 봉직하고 있을 때 일입니다. 병원으로 적십자사의 대표가 와서 내게 성수식을 해달라고 요청했습니다.

"성 콘스탄티누스 성당에 계신 주임 신부님께 말씀드리세요."

나는 그 지역 소속 신부를 추천했습니다.

"아니요. 신부님께서 오셔야 합니다. 이유가 있어요. 원치 않으셔도 꼭 트리티 세툼부리오에 있는 적십자 본부로 오셔야 합니다."

거절을 하지 못하는 나는 하는 수 없이 그를 따라갔습니다. 성수식에 쓸 십자가를 준비하고 신부복을 깔끔하게 입고 신부 모자와 검정색 라소를 가지고 그곳에 도착했을 때 나는 어쩔 줄을 몰랐습니다. 나는 학식 있는 신사 숙녀들과 대학교 총장 앞에 서게 되었던 것입니다. 총장은 '베이스'라는 이름을 가진 철학부 교수였습니다. 강당 안으로 들어서자 나는 용기 있게 그들과 인사했습니다. 나는 똑똑한 사람은 아니었지만 성수식 의식을 외워서 거행할 수 있었기에 성수식 책은 가지고 있지 않았습니다.

"성수식을 거행하겠습니다." 나는 그들에게 말했습니다.

모두가 배고팠던 독일 점령 시절임에도 다과가 가득 담긴 큰 접시들, 또 정장을 차려입은 사람들 때문에 나는 조금 긴장이 되었습니다. 나는 라소를 입고 신부 모자를 머리에 쓰고 십자가를 들었습니다. 예식서를 보지 않고 성수식을 시작했고, 용기를 가지고 단어 하나하나 아주 또박또박 잘 낭독했습니다. 모든 것이 순조로왔고, 눈은 오로지 성수통만 바라보고 있었습니다.

"모든 이에게 평화!"

"우리들의 머리를 주님께 숙입시다."

"요르단 강에서 세례 받으시고 물을 거룩하게 하신 주여, 당신의 귀를 기울여 우리말을 들으사 머리를 굽혀 섬기는 우리에게 축복하시고 우리가 이 물을 마시고 뿌림으로써 주의 거룩함으로 충만해지기에 합당한 자가 되게 하시어 우리 영혼과 육신을 건강케 하소서."

마치 대주교가 하듯이 그렇게 기도문을 암송해 나갔습니다. 성수식이 끝났을 때 나는 성수를 뿌려주려고 사람들에게 다가가지는 않았습니다. 대신 십자가를 손에 들고서 누가 먼저 앞으로 나올지 바라보며 기다리고 있었습니다. 총장이 먼저 다가왔고 줄지어서 다른 사람들도 다가왔습니다. 나와서 내 손에 들려있는 십자가에 입을 맞추는 사람들에게 나는 이렇게 기원해 주었습니다.

"주님께서 은총과 빛과 힘을 주시기를 빕니다. …"

그러나 나는 계속해서 내가 너무 무식한 사람이라고 느꼈습니다. 떠나기 전에 나는 성호를 긋고 그 장소도 축복해주었습니다. 하지만 이대로 떠나기에는 좀 허전하다는 생각이 들어 멋지게 인사말을 하고 싶어서 이렇게 말했습니다. "자녀 여러분, 좋은 하루 되십시오!" 하지만 그들은 모두가 대학 교수님들이었습니다!

총장은 "정말 위엄있는 축복의 말씀이었습니다." 하고 내게 특별하게 감사의 말을 전했습니다.

"축복의 말씀은 정말 좋았습니다. 제게는 정말 큰 기쁨이었습니다. 신부님은 예식서를 정말 아름답게 암송하셨습니다. 단 한가지 실수를 제외하고 말입니다. 복음경을 암송하실 때, 한 군데 틀리시더군요."

"지적해주셔서 고맙습니다. 저는 무지한 사람입니다."라고 말하면서 나는 그 지적을 겸손하게 받아들였습니다. 그날 성수식 기도문을 잘 외워서 거행했기 때문에 나는 참 기뻤습니다.

아래에 소개하는 성경 구절은 부활절 후 제4주일인 '중풍병자 주일' 때 봉독하는 내용입니다. 우리 정교회는 이 성경 구절에 근거해서 성수식을 거행합니다.

얼마 뒤에 유다인의 명절이 되어 예수께서 예루살렘에 올라가셨다. 예루살렘 양의 문 곁에는 히브리 말로 베짜타라는 못이 있었고 그 둘레에는 행각 다섯이 서 있었다. 이 행각에는 소경과 절름발이와 중풍병자 등 수많은 병자들이 누워 있었는데 그들은 물이 움직이기를 기다리고

있었다. 이따금 주님의 천사가 그 못에 내려와 물을 휘젓곤 하였는데 물
이 움직일 때에 맨 먼저 못에 들어가는 사람은 무슨 병이라도 다 나았던
것이다.

(요한 5:1-5)

이날 부르는 시기송도 소개해 드리겠습니다. 이 시기송의 내용은 잘 기억하고 있다가 기도문으로 사용해도 좋을 것입니다.

당신께서 중풍병자를 일으켜 세우셨던 것처럼 오, 주님이시여, 당신은 신성한 권능으로 내 영혼을 일으키셨나이다. 수많은 죄와 사악한 행동으로 말미암아 내 영혼은 비참한 중풍병자처럼 되었나이다. 치유 받은 나는 이렇게 외치나이다. 자애로우신 우리 주 예수 그리스도시여, 당신의 권능에 영광 돌리나이다.

(중풍병자 주일 시기송)

주 예수 그리스도를 직접 만나다.

성 예라시모스 성당에서 예배를 드리면서 나는 큰 감동을 받곤 했습니다. 특별히 복음경을 봉독할 때 더욱 큰 감동을 받았습니다. 내가 이런 감동을 받게 된 것은 예수님을 직접 뵈었기 때문입니다.

성 대 금요일이었던 어느 날, 예배를 집전하고 있을 때였습니다. 교회 안은 사람들로 가득 메워졌습니다. 그때 무슨 일이 일어났는지 아십니까? 복음경을 봉독할 때 나는 "엘리, 엘리, 레마 사박타니?" 다시 말해 "나의 하느님 나의 하느님 어찌하여 나를 버리셨나이까?"라는 구절에 이르러서는

마음속에 감동이 밀려와 차마 이 구절을 다 끝낼 수 없었습니다. 잠깐 동안 나의 목소리는 끊어졌습니다. 그때 내 앞에 놀랄 만한 광경이 보였습니다. 그분의 얼굴이 나타났던 것입니다. 그분의 소리가 들렸던 것입니다. 나는 예수님의 모습을 아주 생생하게 보았습니다. 교인들은 내가 봉독을 이어가길 기다리고 있었습니다. 하지만 나는 아무것도 할 수가 없었습니다. 더 이상 예배를 집전할 수 없었습니다. 나는 봉독대에 복음서를 그냥 놓아두고 지성소 안으로 들어갔습니다. 성호를 긋고는 거룩한 제단에 입을 맞추었습니다. 내 머릿속에는 곧 어떤 형상이 떠올랐습니다. 아름다운 형상이었습니다. 나는 주님의 부활을 생각했습니다. 이보다 더 아름다운 것은 없었습니다. 그러고 나서 나는 곧바로 제 정신을 되찾았습니다. 그리고 아름다운 문 앞으로 나가서 신자들에게 이렇게 말했습니다.

"저를 용서해 주십시오, 여러분. 제가 잠시 다른 이끌림을 받았습니다."

그리고 복음서를 들고 처음부터 다시 읽었습니다. 성찬예배가 진행되는 동안 내 눈에서는 계속 눈물이 흘러나왔습니다. 나는 이러한 내 행동이 탐탁지 않았습니다. 이런 나를 두고 사람들은 제각기 다른 추측들을 할 것입니다. 그래서 신자들이 그런 추측과 상상에 빠지지 않도록 해야 합니다. 그래서 우리는 최대한 우리 자신의 감정이 밖으로 드러나지 않도록 억제할 수 있어야 합니다.

주님의 사랑과 섭리

전쟁 직후에는 생활이 너무 어려웠기 때문에 모든 사람들이 살아남기 위해 필사적으로 노력했습니다. 전에도 말했듯이 그 시절에 나는 병원에서 봉직하고 있었습니다. 그 시절에 일어났던 수많은 이야기들이 생각나는데,

그 중에서 하나를 얘기해 드리겠습니다.

열일곱 살인 에피는 여름에는 부모님과 오빠와 함께 '보야티'라는 시골에서 살았습니다. 그 아이는 밭을 경작하여 생산되는 농작물을 팔면서 살았습니다. 어느 날 밤, 에피의 어머니는 호롱불 연료로 사용할 석유를 사오라고 심부름을 보냈습니다. 그 당시에는 전기가 없었기 때문입니다. 집으로 돌아오는 길에 에피는 같은 학교에 다니는 남학생을 만났습니다. 두 사람은 서로 학교 수업에 대해 이야기를 나누었습니다. 그때 에피의 오빠가 지나가다 그들이 대화하고 있는 모습을 보게 되었습니다. 여동생이 남학생과 이상한 대화를 하는 줄로 오해하고 오빠는 "에피가 우리를 창피하게 해. 길거리에서 남자와 노닥거리잖아."라고 어머니에게 일러 바쳤습니다.

에피가 집에 도착하자 어머니는 딸을 매우 야단쳤고 심지어 때리기까지 했습니다. 그녀의 부모는 매우 엄했습니다. 에피는 너무 속이 상했습니다. 그녀는 부당하게 혼났다고 생각했기 때문에 억울해서 화를 참을 수 없었습니다. 오빠의 오해에서 이 모든 일이 비롯되었기 때문에 에피는 억울해서 오빠에게 반항했습니다.

그날 밤 집을 비웠던 아버지가 다음 날 집으로 돌아왔습니다. 아버지는 이 일을 다르게 받아들였습니다. 딸을 이해해주면서 좋은 말로 위로해 주었습니다.

"나는 널 믿는다." 아버지는 딸에게 말했습니다.

"밭에 물을 주러 가자."

"한 고랑에 물이 다 차는지 앉아서 보고 있다가 물이 다 차면 나에게 다른 고랑으로 물을 옮기라고 말해주거라."

그 사건은 이렇게 마무리되는 듯 했습니다. 그러나 에피는 그날 밤에 잠을 이루지 못했습니다. 슬프고 억울한 심정이 그녀의 목을 죄여왔습니다. 그녀는 절망했고 마침내 자살하기로 결심했습니다. 아버지와 같이 밭에 가기로 한 시간에 자살을 결행하기로 마음먹었습니다. 농약병을 하나 숨겨서 가져가 야채밭에 물을 준 뒤 숨어서 농약을 마시고 죽기로 했습니다.

'그래, 나를 사랑하는지 똑똑히 봐 둘 거야.' 라고 벼르고 있었습니다.

에피는 농약병을 주머니에 넣었습니다. 그 농약을 마실 시간만 기다리고 있었습니다. 그 괴롭고 힘든 시간은 금방 다가왔습니다. 아무것도 모르는 아버지는 그녀에게 "저 밭 끝에 가서 물을 잠궈라." 하고 말했습니다.

에피는 재빨리 그곳으로 갔습니다. 보는 사람은 아무도 없었습니다. 그녀 주위에는 아무도 없었고, 아버지는 멀리 있었습니다. 그녀는 떨리는 손을 주머니에 넣었습니다. 그 순간 어디선가 발자국 소리가 들렸습니다. 그리고 갑자기 그녀 앞에 처음 보는 신부님이 나타나서, 그녀에게 이렇게 말을 걸었습니다.

"에피야, 천국이 얼마나 아름다운지 아니? 그곳은 빛과 기쁨 그리고 감사한 마음만 존재하는 곳이란다. 그리스도는 완벽한 빛이시고 모든 이에게 기쁨과 환희를 선사해주시지. 그분은 이 소중한 선물을 주시려고 천국에서 우리를 기다리고 계신단다. 하지만 천국만이 아니라 지옥도 분명히 존재한단다. 그곳은 완전한 어둠과 슬픔과 절망과 불안 그리고 우울이 있는 곳이란다. 만일 네 주머니에 있는 것을 마신다면 너는 지옥으로 가게 될 거야. 제발 아름다운 천국을 잃지 않도록 당장 그걸 버려라."

에피는 처음에는 어리둥절해 하다가 자신도 언제 버렸는지 모르게 농약병을 버렸습니다. 에피는 신부님에게 말했습니다.

"기다려주세요. 아버지를 물러 신부님께 인사드리겠어요."

그러고 나서 밭으로 뛰어갔습니다. 아버지를 찾으려고 달려간 그녀는 이내 옥수수 밭을 지나 아버지를 발견했습니다.

"아버지, 빨리 이리로 오셔서 신부님을 보세요. 우리 밭 저쪽에 계세요."

하지만 그들이 도착했을 때 그곳에는 아무도 없었습니다. 에피는 오랫동안 그날 밤에 일어난 일을 어떻게 설명해야 할지 도통 알 수가 없었습니다. 신부님이 어떻게 그곳에 있었는지 도무지 설명할 수가 없었습니다. 그녀는 그 신부님을 다시 보고 싶었습니다. 그 신부님은 그녀의 생명을 구해주셨습니다.

겨울마다 에피의 가족은 모두 아테네로 가서 지냈습니다. 에피는 자주 대모님 댁을 찾아갔습니다. 대모님은 신앙이 깊은 분이셨습니다. 그리고 한동안 대모님 곁에서 지냈습니다. 대모님은 신학자와 신부님 그리고 수도사들을 집에 모셔오기를 좋아하셨습니다.

어느 날 에피가 대모님 댁에 갔을 때, 응접실에 누군가 손님이 와 계셨습니다. 에피는 그 손님이 누군지 몰랐습니다. 대모님은 부엌에 와서 에피에게 말했습니다.

"에피야, 응접실에 있는 손님에게 과일과 커피를 가져다 대접해 드리거라."

에피는 커피를 준비해서 가져가려고 했는데 대모님이 다시 말했습니다.

"귀한 손님이시니 이 쟁반 말고 은쟁반을 사용하거라."

에피는 부엌으로 다시 돌아와서 쟁반을 바꾸어 응접실로 나왔습니다. 그런데 그곳에 누가 있었을까요! 에피는 놀라서 쟁반을 떨어뜨릴 뻔 했습니다. 자살하려던 순간에 나타났던 신부님이 그녀 앞에 있었기 때문이었습니다.

"나는 뽀르피리오스 신부입니다."

나는 그녀에게 미소 지으면서 말했습니다. 그때부터 에피와 나는 마음을 터놓고 지내는 가까운 사이가 되었습니다. 에피는 결혼했고 자녀를 많이 낳아 대가족을 이루었습니다. 이 모든 것이 하느님의 은총이었습니다. 사람을 구원하시기 원하시는 하느님께서 어떤 방법으로 일하시는지 잘 아시겠지요?

깔리시온의 성 니콜라스 성당(1955-1979)

해결되지 않는 고민이나
가슴이 미어지는 큰 아픔을 안고 있던 이들은
흙먼지 풀풀 날리는 길을 걸어서
성 니콜라스 성당까지 왔습니다.

깔리시온의 성 니콜라스 성당에서 성 뽀르피리오스

광야에서의 20년

주님께서는 내 소원대로 내가 복지기관에서 일하게 해주셨습니다. 그래서 병원에서 삼십삼 년 동안 일하며 살 수 있었습니다. 하지만 나는 또 다른 간절한 소원을 품고 있었습니다. 적당한 곳을 찾아 수도원을 짓는 일이었습니다. 노력한 끝에 드디어 펜델리 산 위에 있는 깔리시온의 성 니콜라스 성당을 찾았습니다. 펜델리 수도원에 속한 부속 성당이었습니다.

어느 날 주님의 은총으로 그곳에 가게 되었습니다. 작은 성당은 멀리서도 잘 보였습니다. 성당에 도착해서 안으로 들어갔습니다. 성당은 경건함을 느낄 만한 훌륭한 장소였지만 낡았고 그 안에 남은 거라고는 몇 개의 이콘들이 고작이었습니다. 성당 밖 마당 한쪽에는 불길에 그을린 몇 개의 작은 수도사 방들이 있었습니다. 주변을 둘러보고 나니 어느새 밤이 깊었습니다. 나 혼자였습니다. 아테네로 다시 돌아갈 수는 없었습니다. 교회 안에서 잠을 청했습니다. 얼마 후 특별한 소리가 들렸습니다. 소리는 내 머리맡에 있는 벽에서 들려왔습니다. 그리고 그 벽에는 니콜라스 성인의 이콘이 걸려 있었습니다. 소리는 이콘에서 들려왔던 것입니다. 마치 성인이 내가 그곳에 머물기를 원하는 것처럼 생각되었습니다.

나는 나중에 다시 부모님과 여동생과 조카를 데려왔습니다. 수도사였던 나는 세상에서 홀로 살아가는 수도사는 결국 길을 잃게 되고 만다는 것을 깨닫게 되었던 것입니다. 깔리시온은 조용한 곳이었습니다. 매우 열악한 환경이었지만, 우리는 그곳에서 옛날 방식대로 그렇게 아름답게 살았습니다. 광야처럼 인적이 없는 그곳에서 이십 년 동안을 살았습니다. 그 당시 그곳은 정말 한적한 곳이었습니다. 성 니콜라스 성당 주위에는 풀과 나무가 울창하게 심어져 있었습니다. 오래된 소나무와 어린 소나무들 그리고 플라타너스와 떨기나무들이 곳곳에 자라고 있었고 백리향이 향기를 흩뿌렸습니다. 바위 빈틈에서 시클라멘꽃과 바람꽃 등 계절마다 피는 야생화들이 모습을 드러냈습니다. 천국이 따로 없을 만큼 아름다웠습니다. 나는 거기에 수도원을 짓고 싶었습니다. 하지만 주님께서 허락하지 않으셨습니다.

성 니콜라스 성당은 펜델리 산과 그 근처에 세워진 복지시설로부터 그리 멀지 않은 곳에 있었지만 그 당시에는 길이 없었습니다. 그래서 그렇게 먼 거리는 아니지만 오르기 힘든 길을 거의 한 시간 정도 힘들게 걷거나 아니면 당나귀를 타야 했습니다. 그러고도 바위 언덕 위에 세워진 성 니콜라스 성당에 도착하려면 또 이십 분 정도를 좁은 길로 걸어 들어와야 했습니다. 그래서 텃밭에서는 재배할 수 없는 꼭 필요한 채소나 생필품들을 나르기 위해서라도 조금씩 길을 내고 넓혀야 했습니다.

나는 정원에서 일하는 것을 매우 좋아했습니다. 밭일을 보다 완벽하게 하려고 수동식 농기구도 하나 장만했습니다. 정원에는 온갖 야채를 키웠습니다. 토마토, 호박, 가지, 양파, 마늘 등등. 특히 내가 가장 좋아했던 것은 나무였습니다. 나무는 보고만 있어도 좋았습니다. 그래서 나무를 사백 그루나 새로 심었습니다. 호두, 자두, 배, 사과, 복숭아, 아몬드, 땅콩, 모과, 석류. 나는 엄청나게 일을 많이 했습니다. 그래서 항상 이렇게 말하곤 했고, 또 지금 다시 한번 강조해서 말합니다. "결코 죽지 않을 사람처럼 일하고, 또 죽음이 임박한 사람처럼 살아라." 다시 말하자면 나이가 아흔 살이라도 호두, 무화과 열매, 올리브 등을 심어 키우라는 말입니다. 누가 지나가면서 힘들어하는 당신을 보고 '불쌍한 사람, 비참한 영혼이군. 늙어서 고생을 하다니 …' 하고 말해도 나는 나무를 심는 시간에는 청년처럼 가슴이 벅차오르기만 했습니다.

나무가 병에 걸리지 않도록 적절하게 약도 쳐주었습니다. 펜델리에서부터 묘목을 마대에 넣어 어깨에 메고 왔습니다. 온 신경을 다 써서 가꾸었습니다. 병원에서 봉직하던 때라서 여가 시간이 별로 없었기 때문에 간혹 일꾼들을 불러 일하기도 했습니다. 나는 아침 일찍부터 성 예라시모스 성당에 있어야 했기 때문에 나는 그 전날 저녁에 깔리시온을 떠나야 했습니다. 하지만 간혹 사람들이 깔리시온을 방문하여 대화하다가 너무 늦어지면, 나는 한밤중에라도 깔리시온에서 병원 성당인 성 예라시모스 성당으로 가야만 했습니다.

성 니콜라스 성당에는 정원에서 쓸 물이 충분했습니다. 계곡 아래쪽 플라타너스 나무들이 울창한 곳에 샘이 있었습니다. 그래서 그곳에 물펌프를 설치해서 고무파이프로 언덕까지 물을 끌어올려서 큰 물통에 모아놓았습니다. 더구나 이 물은 식수로도 적합했습니다. 여름에 시원한 물을 마시고 싶었지만 냉장고가 없었습니다. 그래서 에기나섬에서 윗부분이 긴 항아리를 가져와 그곳에 물을 보관해두었고, 그렇게 해서 시원한 물을 마실 수 있었습니다.

그리고 닭도 팔았습니다. 천문대 앞 쪽에 있는 뻰델리 수도원 땅을 빌려 천 마리의 닭을 키웠습니다. 땅이 그렇게 넓지 않아서 더 많은 닭을 기를 수는 없었습니다. 나는 수도원을 세우고 싶어서 돈을 모으려고 온갖 방법을 다 찾아보았습니다.

깔리시온에서 우리는 세상과 동떨어진 생활을 했습니다. 우리가 그곳에서 아테네 라디오 방송 수신 장치를 설치하려 했던 것도 이를 통해 성찬예배나 여러 예식들을 듣고 싶었기 때문이었습니다. 또한 라디오를 통해서 전해지는 날씨, 뉴스, 세상일들을 듣고 필요한 기도를 드리려 했습니다. 그래서 나는 라디오를 들을 수 있게 해줄 시설을 설치하려 했습니다. 십오 미터 정도 높이의 소나무 위에 안테나를 걸어놓고 전선을 성당 벽에 고정시킨 뒤 그것을 배나무에 꼭 묶었습니다. 이 원시적인 라디오는 스위치가 없어서 계속 켜져 있었지만, 크게 방해가 되지 않도록 소리를 아주 작게 조정해 놓았습니다. 성 예라시모스 성당을 비워도 되는 때는 성 니콜라스 성당에 가서 성찬예배를 집전했습니다. 그때 소문을 들은 몇몇 사람들이 찾아와 고백성사를 하고 성찬예배에 함께 참여했습니다. 이 사람들과 우리는 영적인 대가족이 되었습니다. 깔리시온의 가족이라고나 할까요?

기적을 베풀어 주신 주님께 영광

가끔씩 심각한 병을 앓고 있는 사람들도 이곳을 찾아왔습니다. 큰 아픔과 고민거리를 가진 사람들이 비포장도로인 흙길도 마다하지 않고 성 니콜라스 성당을 찾아 왔던 것입니다.

어느 날 한 부인이 남편과 네 명의 아이들을 데리고 왔습니다. 신혼 초에는 아이들을 가지지 않으려 했던 젊은 부부였습니다. 그러다가 마침내 이들은 아이를 갖기로 결정했습니다. 처음에는 쌍둥이를 낳았고 나중에 두 명을 더 낳아 네 명의 자녀를 두게 되었습니다. 어느 날 이들 가족이 성당으로 나를 찾아왔는데, 그때 그녀의 나이는 서른 살이었습니다.

"신부님, 정말 고통스럽습니다. 건강이 좋지 않아요."

이야기하고 있는 동안 그녀를 주의 깊게 살펴본 나는 손으로 그녀의 목을 짚어 보며 말했습니다.

"여기인가요? 뭔가 조이는 느낌이 들지 않나요?"

"네."

"당신은 어떤 슬픔에 사로잡혀 있고, 이런 심성 상태가 그런 증상으로 나타나는 것 같군요. 다시 말해 처음에는 목이 아주 죄는 느낌이 들고 그런 다음 슬픔이 닥쳐 오면, 그 다음에 아예 목을 가누지 못하게 되는 것이죠. 당신은 움직이기도 하고, 평상시 웃기도 하겠지만, 마음 깊은 곳에는 이 감정의 상태가 도사리고 있는 것입니다."

"네." 그녀는 확실하게 대답해주었습니다.

나는 그녀의 상태를 그림으로 그려 보여주었습니다. 그녀는 내게 감사했습니다. 그리고 다시 목에 손을 갖다 대었습니다.

"이제 그것이 마음속에 있다고 생각하지 마십시오. 그러면 지금부터 이 모든 것이 다 없어져 버릴 것입니다."

나는 그녀의 목에 손을 대고 있다가 갑자기 그녀에게 말했습니다.

"자! 모든 것이 다 사라졌어요."

그녀의 목을 고통스럽게 했던 모든 것이 사라졌다는 것을 나는 주님의 은총으로 확실히 보았습니다.

이번에는 그녀가 내게 말했습니다.

"모든 것이 다 사라졌어요. 제 마음속에서 기쁨을 느낄 수 있어요."

나는 그녀에게 말했습니다.

"무릎을 꿇으세요."

그녀가 무릎을 꿇자, 한 손으로는 그녀의 목을 잡고 또 한 손은 그녀의 머리에 얹은 다음 나는 이렇게 기도했습니다.

"주 예수 그리스도시여, 죄인인 저를 용서하소서."

그리고 조금 침묵을 지켰다.

무릎을 꿇고 있던 그 여인은 "휴" 하고 안도의 한숨을 쉬었습니다.

"자, 이제 가셔도 됩니다. 일어나 가십시오. 다른 사람들이 기다리고 있군요."

그녀는 내 손에 입을 맞추고 떠났습니다. 이 사건은 모든 사람들을 놀라게 했습니다. 그녀의 남편도 너무나 기뻐했습니다. 그들 가족은 기적을 베풀어 주신 하느님께 영광을 돌렸습니다.

큰 아픔

어느 날 한번은 크실로까스트로 지방에서 살고 있던 코스타의 부모가 나를 만나러 왔습니다. 어떤 사람들에게는 참으로 큰 시련이 따르기도 한다는 것을 그들을 통하여 알 수 있었습니다. 이 부부는 착한 사람들이었지만 그의 두 자녀, 코스타와 마리아는 인도의 구루 '사이 밤바'(Sai Bamba)의 광신도가 되었습니다. 의대생이었던 코스타는 여동생과 함께 부활절 전날 집을 나갔습니다. 집을 나서는 딸에게 아버지는 말했습니다.

"부활절 잘 지내라! 마리아!"

"아버지, 부활은 왔지만 세상은 그걸 인정하지 않았어요."

딸이 아버지에게 대답했습니다.

부모는 계속해서 자식들에게 돈을 대주었습니다. 하지만 자녀들이 그들의 거짓 신을 선전하는 데 이 돈을 다 써버린다는 것을 알고 난 다음부터 그들은 더 이상 자녀들에게 생활비를 주지 않았습니다. 코스타는 자기가 믿는 신을 알리기 위해 테살로니끼로 갔고, 그곳에서 사람들에게 심한 폭행을 당하기도 했습니다. 코스타가 어떤 아이들을 끌어들이려고 하자 그의 부모들이 코스타를 붙잡아서 실컷 패주었던 것입니다.

코스타의 부모는 내게 잡지를 하나 가지고 왔었고 그후로도 계속 그 잡지를 꾸준하게 보내왔습니다. 잡지의 겉표지에는 사이 밤바의 사진이 있었습니다. 이 새로운 종교는 새로운 그리스도라 자처하는 사이 밤바가 세상을 구원하고 사람들을 신리로 인도하려고 세상에 왔다고 선전했습니다. 사이 밤바는 이들이 주장하는 "새로운 신"이었습니다. 사이 밤바는 지금 생존해있는 남자이고, 결혼해서 두 명의 자녀를 둔 사람입니다. 그 사진의 아래쪽에는 사이 밤바를 추종하는 학력이 높은 많은 젊은이들의 모습도 게재되어 있었습니다. 그렇게 배운 게 많은 아이들이 어떻게 그런 새로운 종교에 빠지는 일이 가능한지? 그저 의아할 따름이었습니다. 그 다음 쪽을 펼치니 사람들이 사이 밤바의 발에 입을 맞추는 사진도 실려 있었습니다.

"그리스도교의 그리스도는 지금은 사라지고 없습니다." 그는 신도들에게 이렇게 말합니다. 다른 시대가 왔다, 만물은 변화한다고 주장합니다. 정말 황당한 이야기였습니다. 아마도 사이 밤바는 미치광이일지도 모르겠습니다. 혹자는 그가 그런 방식으로 엄청난 돈을 끌어모았다고 말하기도 합니다.

이와 비슷한 이야기를 하나 더 하겠습니다.

어느 날 해군장교 한 명이 '오로포' 해변가로 나를 데려갔습니다. 부두 가까운 곳을 걷고 있는데, 한 명이 낚시를 하고 있었습니다. 나는 장교에게 말했습니다.

"저 사람이 낚은 물고기를 한 마리 가져다 주시오."

그러나 낚시꾼은 이렇게 대답했습니다.

"통은 비어있어요. 아침부터 앉아있었지만 성과가 없었지요. 나를 조용히 내버려두시고 가시지요."

나는 그에게 "바다에 그물을 던져요."라고 말했지만 낚시꾼은 "그냥 가세요."라고 말하면서 슬픈 표정만 지었습니다.

우리가 그 자리를 막 떠나려 할 무렵, 그 낚시꾼은 큰 기대 없이 그냥 바다에 그물을 던졌는데 뭔가 잡힌 것을 느꼈습니다. 그리고 팔딱팔딱 뛰는 큰 물고기를 그물에서 건지며 우리에게 소리쳤습니다.

"가지 마세요. 이리 한번 와보세요. 제가 물고기를 잡았어요!"

장교는 내게 말했습니다.

"신부님, 저는 이런 일이 왜 일어나게 되었는지 압니다. 신부님이 하느님께 속한 분이라는 것을 저와 저 어부가 믿게 하려는 주님께서 행하신 일임을 말입니다. 지금까지 저는 자칭 새로운 그리스도, 인도인들의 신(神), 사이 밤바를 믿었지요. 그러나 이제 참되신 그리스도만을 믿습니다."

주님으로부터 오는 빛 속에서 …

깔리시온의 성 니콜라스 성당에서 나는 더 많은 시간을 고백성사를 하는 데 할애했습니다. 물론 기도하기 위한 시간도 충분했습니다. 특별히 어느 날 한밤중에 일어났었던 이야기를 하나 할까 합니다.

어느 날 저녁이었습니다. 내 여동생과 둘이서 기도하러 성 니콜라스 성당에 가기로 약속했습니다. 일찍 저녁식사를 마치고 모두가 조용히 잠들었을 때 우리는 일어나서 몰래 성당으로 갔습니다. 성당 문을 안에서 잠궈 놓고 "예수 기도"를 시작했습니다. 조금 후에 한 줄기 빛, 거룩한 빛이 우리를 감쌌습니다. 우리는 계속해서 "주 예수 그리스도시여, 저희를 불쌍히 여기소서."라고 기도했고, 이루 말할 수 없는 기쁨을 느꼈습니다.

주님의 그 거룩한 빛은 우리에게 오랫동안 머물다 천천히 사라졌습니다. 우리는 "주 예수 그리스도시여, 죄인인 저를 용서하소서." 하면서 계속 기도를 드린 후 숙소로 돌아왔습니다. 그런데 어머니는 주무시지 않고 깨어 일어나서 우리를 기다리고 있었습니다. 문을 열자마자 어머니가 말했습니다.

"어디 갔었니? 너희들은 내가 잠들기만을 기다렸구나. 내가 너희를 보지 못한 줄 아니? 창문으로 너희들을 보았단다. 전부 다 보았지. 그 빛도 보았어. 그 빛은 하늘에서 내려와 교회 안으로 들어가더구나. 나는 그것을 보고 눈물을 흘렸단다. 이것 봐라. 지금도 내 눈에는 눈물이 흠뻑 고여 있잖니!"

나이 느신 어머니는 성격이 보통이 아니어서 잘 토라시는 분이셨지만 신심 또한 아주 강하신 분이었습니다. 비록 성당 문이 닫혀 있었지만 그녀는 그 빛을 보았습니다. 빛은 성당을 가득 채우고 흘러 넘쳤기 때문입니다.

펜델리에 살던 어느 날이었습니다. 성탄절인지 부활절인지 잘 기억은 나지 않지만 아무튼 큰 축일이었던 게 분명합니다. 어머니가 일어나셔서 말했습니다.

"성 니콜라스 성당에 갈 거다. 등잔이 꺼져 있는 것 같으니 켜 놓고 와야겠다."

왕복 세 시간이 걸리는 먼 거리였습니다. 결국은 혼자서 가셨는데 그때도 성당은 빛으로 환했고 등잔은 모두 켜져 있었습니다.

깔리시온에서 성 뽀르피리오스(1971년)

밀레시에 있는 구세주 변모 수도원(1979-1991)

> 나는 수도원이
> 고통 받는 사람들과 아픈 사람들이
> 쉴 수 있는 피난처가 되길 원했습니다.
> 위로와 용기를 얻고
> 치유 받는 곳이 되길 원했습니다.

수도원을 세우고 싶었던 나의 소원

전에도 이야기했듯이 오래 전부터 내게는 한 가지 꿈이 있었습니다. 그것은 수도원을 세우는 것이었습니다. 나는 그 수도원을 영적인 작업장으로 만들고 싶었습니다. 많은 영혼들이 이곳에서 성화되고 훈련되어 끊임없이 하느님의 이름에 영광 돌릴 수 있게 되길 바랐습니다. 또한 고통 받는 사람과 아픈 사람들이 위안과 용기와 치유를 얻는 그런 피난처, 센터가 되길 원했습니다.

'투르코부니아'에서 살던 몇 년 동안 나는 내 여동생과 조카와 함께 옷감 짜는 일을 했고, 이 일을 통해서 수도원을 지을 자금을 모았습니다. 음식과 옷 등 모든 것을 아꼈습니다. 이렇게 모은 돈으로 첫 번째 땅을 샀습니다. 그 이후에도 수도원 짓는 일에 뜻이 있는 교인들의 헌금과 내 개인의 수입을 전부 다 모았습니다.

알맞은 장소를 꽤 오랫동안 물색했습니다. 땅을 매입하기 위해 부동산에 위탁하는 일은 결코 하고 싶지 않았습니다. 여러 곳을 직접 찾아 다녔습니다. 바람을 피할 수 있고 전망이 좋은 장소를 원했습니다. 나는 늘 그랬듯이 하느님께서 나를 인도해주시길 바라며 기도했습니다. 이 일과 관련해서 하느님의 은총이 확신을 주시길 원했습니다. 나는 쉬지 않고 계속해서 '예수 기도'를 드렸습니다. "주 예수 그리스도여 …" 마침내 주님께서는 여러분이 알고 있듯이 밀레시의 언덕 위에 수도원 지을 곳을 보여주셨습니다. 그 장소는 원래 "아기아 소티리아(거룩한 구원)"라는 지명으로 불렸다고 그 지역의 한 목동이 우리에게 알려주었습니다. 그래서 그 땅을 매입할 수 있는지를 물었습니다. 그러자 그가 내게 이렇게 말해주었습니다.

"네, 밀레시의 발로까라는 사람 땅인데, 그의 딸들 엘레니와 스피리둘라의 소유이니 그들에게 가서 물어보시오."

곧 수도원이 세워질 땅 근처로 가서 기도했습니다. 그곳에 물이 있는지 알고 싶었습니다. 물이 보였고 아주 좋은 물이었습니다. 비록 땅속 깊은 곳에 있는 물이었지만 나는 볼 수 있었습니다. 이로 인해 나는 참으로 기뻤습니다.

'어떻게 이 물을 뽑아낼 수 있을까?'

다른 장소에도 물이 있는 것을 보았습니다. 같은 물이었습니다. 언덕 위에서 1.5킬로미터 정도 낮은 곳에 있었고 그렇게 깊은 곳은 아니었습니다. 그래서 거기에도 땅을 사서 우물을 하나 파고, 수도원 지을 땅에 물을 끌어올릴 생각이었습니다. 하느님께서 보여주시어 물 걱정은 없게 되었습니다.

그 다음으로는 길을 낼 수 있는지, 전기와 전화선이 들어올 수 있는지, 주의 깊게 살펴보았습니다. 남향인지, 바람을 막을 수 있는지도 주의 깊게 살펴보았습니다. 북풍이 부는지, 습기는 있는지, 겨울에는 해가 방 반대편으로 지지 않는지, 해가 뜨고 지는 방향을 보고 싶었습니다. 해가 뜰 때와 정오와 해가 질 때, 해의 동선과 위치를 몇 달 동안 관찰했습니다. 그리고 해가 뜨고 지는 방향을 잘 적용해서 햇살이 오래도록 수도원 건물에 머물 수 있게 건물 위치를 잡았습니다. 모든 것이 내가 원하던 대로였습니다. 곧바로 부지를 매입했습니다. 그리고 수도원을 짓기 시작했습니다.

영적 통찰을 통해, 미리 물맛을 알아보았습니다.

우선 물줄기를 찾지 않고 땅을 파고 수도원을 짓기 시작했습니다. 지하수를 파기가 쉽지 않았기 때문입니다. 그래서 당분간은 빗물을 받을 수 있도록 아주 큰 물탱크를 설치했습니다. 하지만 이 정도로는 물이 충분하지 않아 5, 6년 동안은 키피시아에서 오는 물을 사서 사용했습니다. 해마다 물 때문에 많은 돈이 들어갔습니다. 돈을 주고 산 물을 나무에도 주었습니다. 하는 수 없이 땅속에서 내가 찾은 물을 땅위로 끌어올려야만 했습니다. 그러나 이를 위해서는 많은 돈이 필요했고, 또 이 일을 할 수 있을 만한 기술자도 물색해야 했습니다. 이 문제를 해결하는 데 신경을 많이 썼습니다. 그런데 주님께서 해결책을 찾아주셨습니다. 어떻게 된 일인지 들어보십시오.

어느 날 한 중년 신사가 자신의 고민을 상담하러 내게 왔습니다. 주님께서 계시해주시는 대로 나는 그의 가족문제들에 대해 언급했습니다. 그러자 그는 크게 놀라며 내게 말했습니다.

"지금 제게 말씀하신 것은 제 아내밖에는 아무도 모릅니다. 일급 비밀이지요."

그는 흥분해서 내게 말했습니다.

"신부님, 원하시는 게 있으시다면 말씀해 주십시오. 무엇을 해드릴까요?"

"아무것도요."

"수도원에 물은 있습니까?"

그는 내게 물었습니다.

"아니요. 없어요."

"그럼 지하수를 끌어올립시다. 저한테 지하수를 퍼 올리는 기계가 있어요."

"경비는 얼마나 듭니까?" 나는 그에게 물어보았습니다.

"돈은 걱정 마십시오. 제가 필요한 모든 경비를 부담하겠습니다. 제가 기계를 가져오겠습니다." 그는 내게 이렇게 대답했습니다.

그래서 나는 그에게 이렇게 말했습니다.

"알았어요. 그럼, 경비는 그리스도께 말씀하십시오."

그리고 그는 돌아갔습니다. 며칠 후에 그는 기계를 하나 가지고 왔습니다. 기계를 이용해 지하 삼십팔 미터 깊이까지 들어갔지만 아주 단단한 바위가 발견되어서 더 이상 일을 진행할 수 없었습니다. 그래도 나는 작업을 계속해 달라고 간청했습니다. 그러자 그는 이번에는 더 성능이 좋은 기계를 가져와서 다시 팔십 미터 깊이까지 파내려갔습니다. 하지만 물을 발견하지는 못했습니다. 또다시 아주 단단한 바위가 발견되어 더 이상 계속 뚫고 내려갈 수가 없었습니다. 그는 실망해서 내게 말했습니다.

"신부님, 물을 발견할 수 없습니다. 그만 가봐야겠어요."

"아니오, 떠나면 안돼요!"라고 말했습니다.

"더 이상 할 수 있는 일이 없으니, 저는 가봐야겠습니다." 그렇게 되풀이해서 대답했습니다.

그 당시에 나는 거의 눈이 먼 상태였는데, 한 수녀님에게 요청해서 지하수를 파던 장소로 데려다 달라고 부탁했습니다. 지하수를 뚫고 있던 그 장소 뒤쪽으로 이십오 미터 정도 떨어진 소나무 숲에서 보이지 않게 숨어서 기도했고 그때 내 머릿속에 물줄기가 있는 곳이 어딘지 떠올랐습니다. 십자성호를 긋고 계속 기도했습니다. 나는 머릿속에 떠오른 그 물줄기가 얼마나 깊은 곳에 있는지 측정해 보았습니다. 내가 더 젊었을 때, 한번은, 물을 찾던 사람들에게 물줄기를 찾아준 적이 있었고, 심지어 머릿속으로 좋은 물인지, 맛은 어떤지, 짠 맛인지 단 맛인지 알아보기도 했었습니다. 그래서 나는 이번에도 일 미터씩 아래로 세어 내려갔습니다. 물줄기는 아주 깊은 곳에 있었습니다. 정말로 깊었지만 물을 찾게 되어서 큰 기쁨을 느꼈습니다. 형용할 수 없을 정도로 큰 기쁨을 느꼈습니다. 곧바로 나는 물맛도 알아보고 싶었습니다. 몸을 숙여서 정신으로 미리 물맛을 보았습니다. 아주 맛있는 물이었습니다. 흥분한 나는 주님께 감사하면서 내 방으로 돌아왔습니다. 조금 후에 니콜라스 마타스(기계를 소유한 사람)를 불러서 말했습니다.

"아주 깊은 곳에 있어요."

"신부님, 바위가 있을 뿐입니다. 물은 없을 겁니다. 더 이상 파이프도 없어요. 전 그냥 가겠습니다."

"아니! 떠나지 마세요! 파이프를 더 가지고 오세요, 제발. 그렇지 않으면 절대 못 가게 할 거예요!"

다음 날 그는 더 긴 파이프를 가지고 왔고 내가 말한 장소에 더 깊게 그 파이프를 박았습니다. 마침내 그곳에서 수량이 넉넉한 물, 맛좋고 소화도 잘되는 아주 훌륭한 물을 발견했습니다. 마타스도 몹시 기뻐했습니다. 물론 우리 모두가 다 기뻐했습니다. 주님의 은총이었습니다. 그 물은 분명 거룩한 물이었습니다. 구세주 변모 성당에서 이 큰 기적을 베푸신 주님께 감사드리는 기도를 드렸습니다. 변모하신 주님의 기적이었습니다.

교회라는 학교에서

수녀들을 위한 수도원을 세우고자 했던 그 때 내게는 수많은 생각들이 떠올랐습니다. 그러나 가장 중요했던 생각은 몇 명의 수녀들을 모아 내 곁에서 오직 주님 안에서 서로 사랑하며 살게 하는 것이었습니다. 나는 수녀들 모두가 참된 수도사가 되길, 질투심과 같이 여자들에게서 자주 발견되는 단점들을 극복하고 참된 수도 정신으로 무장한 수도사들이 되길 원했습니다. 그들 모두가 사랑과 질서의 정신 안에 있기를 원했습니다. 또 하루에 아침 두세 시간 정도는 몇 가지 손노동을 하면 좋겠다고 생각했습니다.

이 모든 것의 중심에는 "학교로서의 교회"가 있어야 된다고 생각했습니다. 성가, 카논, 심야과, 시과들, 시편, 기원예식, 월별 예식서, 시편들, 뜨리오디온, 테오토카리온(성모찬양집), 오순절예식서 등 모든 예식들을 배우는 영적인 학교로서의 교회가 중심이 되어야 한다는 것입니다. 가능하면 예식 순서대로 모든 내용을 다 읽어 나가길 원했습니다. 그리고 시편은 수녀들의 처지를 감안하여 밤이 아니라 점심 전에 읽게 하는 것이 좋겠다고 생각했습니다. 밤에 한꺼번에 너무 많은 시편을 읽게 되면 수녀들이 너무 피곤하게 되지 않을까 염려되었기 때문입니다. 성가와 봉독에 특별히 관심을 가지고 의미를 두는 이유는 이런 영적 활동들을 통하여 자기도 모르게 거룩하게 되기 때문입니다. 이것을 통해서 사랑과 겸손, 모든 것을 얻을 수 있기 때문입니다. 성인전에 있는 성인들의 말씀과 다양한 예식서들을 읽고 듣는 일에 주의를 기울이길 원했습니다. 이런 일들은 수도사라면 당연히 매일 성당 안에서 열심히 해야 할 일인 것입니다. 그리고 매일 점심식사 한 시간 전이나 혹은 저녁 때 한 시간이나 한 시간 반 정도 다 함께 모여서 교부들의 말씀을 읽는 것도 계획했습니다. 저녁은 모두 함께 공부하는 시간으로 삼고 싶었습니다. 그런 다음 각자 방으로 돌아가서 하루를 정리하며 일과를 마치는 것입니다. 이런 규칙에 따라 수도 생활을 해나가길 원했습니다.

사람들은 제각각 습관이나 삶의 리듬이 있습니다. 그래서 정해진 시간에 종을 세 번 울려 신호를 보내면, 다만 십 분이라도 어디에 있든지 다같이 그 자리에서 무릎꿇고 "주 예수 그리스도시여, 저를 불쌍히 여기소서."라고 예수 기도를 드리는 규칙은 아마 실천에 옮기기 어려울 수도 있습니다. 하지만 종소리를 듣고 정원에 물을 주던 일을 잠시 멈춘 후 기도드리는 모습, 이 얼마나 아름답습니까? 혹은 모두가 밖으로 나와서 한 자리에 모여 마치 한 사람이 된 것처럼 함께 예수 기도를 드린다면 또 얼마나 아름답겠습니까? 이렇게 십 분 가량 함께 예수 기도를 드린 다음, 다시 맡은 바 소임들을 시작하는 것입니다. 이런 식으로 수도원은 '학교'가 되지 않으면 안됩니다. 다른 방법은 없습니다. 여러분들은 '학교'가 무엇을 하는 곳인지 잘 알지 않습니까? 수도원도 그와 같아야 한다고 생각했습니다.

흥미를 가지고 깨어 있어야 합니다. 잠들어 있어서는 안 됩니다. 글을 읽지 못해도, 그 어떤 상태라도, 봉독대 앞에 와서, 한 번, 두 번, 계속 반복하며 노력한다면, 마침내 눈이 뜨일 것입니다. 모든 것을 깨닫게 될 것입니다. 천천히 "주의 기도" "신앙의 신조"를 암송하고 깨닫게 될 것입니다. 다른 수녀님들의 도움을 받아가며 노력하면 누구나 삼 년 정도 지나서는 거의 모든 것을 배우게 될 것입니다. 이렇게 해서 성당에서 예배드릴 때 모두가 시편이나 기도문을 아름답게 마음을 다하여 봉독할 수 있기를 원했습니다.

주님께서는 우리를 사랑하시기 때문에

모범이 될 만한 수도원을 세우고 싶었습니다. 예배와 고백성사가 24시간 계속 이루어지기를 꿈꾸었습니다. 많은 신부님들이 수도원에서 고백성사를 거행하길 원했습니다. 슬픔과 고통을 겪고 있는 이들, 생각과 행동으로 죄를 지어 상처받은 이들이 밤낮을 가리지 않고 수도원으로 오기를 바랐고, 병원의 당직 근무처럼, 성직자들이 순번을 정해서라도 그 모든 이들의 고통을 들어주고 위로해 주길 원했습니다. 또한 수녀들과의 전화 상담 방식도 도입해서, 상처와 실망 속에서 살아가는 이들을 밤낮없이 위로해주고, 위대한 위로자이신 그리스도께 인도하여 구원받도록 도움을 주고자 했습니다. 하늘의 빛으로 충만한 은총이 수도원을 찾는 모든 영혼들에게 내려지기를 원했습니다. 나는 수도원에 오는 사람들에게 고백성사를 베풀어 주길 원했습니다. 아픈 사람이 오면 먼저 고백성사를 하게 하고 그 다음에는 수녀님들이 경건하게 성모 소기원 의식 성가를 부르는 것입니다. 아픈 사람을 무릎 꿇게 한 다음 나는 영대를 목에 걸고 의자에 앉아서 기도문을 읽습니다. 그때 수녀들은 경건하게 입을 모아 다같이 소기원의식 성가를 부릅니다. 우리를 사랑하시는 주님께서는 우리가 이와같이 정성 다해 기도한다면 분명 많은 기적을 베풀어 주실 것 같았습니다. 주님의 은총으로 병자들이 낫게 될 것이라고 믿었습니다.

어떤 아버지가 몹시 상심하여 수도원으로 와서 "내 아이가 어지러움증으로 인해 갑자기 기절하곤 합니다."고 말했다고 가정해 봅시다. 그러면 그들은 수녀원에서 몇 시간 같이 지냅니다. 영적 아버지와 한 영혼 한 마음을 이루고 있는 모든 수녀들이 함께 무릎을 꿇고 기도하면 그들의 기도는 분명 그 아이의 영혼의 상태에 영향을 미칩니다. 함께 힘을 모아 간절하게 드린 수녀들의 기도는 분명 힘이 있어서 기적을 만들어 냅니다. 나는 이런 일들이 일어나길 가슴이 설레도록 원했습니다. 이런 일을 위해 수도원을 세우고 싶었던 것입니다.

그리고 또 한 가지 내가 간절히 열망했던 것은 바로 수도원 안에 아주 아름답고 웅장한 성당을 짓는 것이었습니다. 그러면 언제가 많은 사람들이 수도원에 와서 고백성사를 하고, 성체성혈을 받고, "예수 기도"를 배울 수 있을 것이라고 생각했습니다. 그리고 또 성당 아래의 지하에는 '신비의 신학'을 깊이 있게 이해하고 실천하시는 아토스 성산의 수도사들을 모셔 와서 예수 기도를 배우는 기회도 가져보고 싶었습니다. 단 하루만이라도 모셔올 수 있다면 좋겠다고 생각했습니다. 물론 아토스의 많은 수도사들은 이 예수 기도의 신비를 잘 드러내려 하지 않고 설명하려고도 하지 않습니다. 그렇다 해도 잘 설득하여 단 하루만이라도 모셔올 수만 있다면 그것은 분명 살아가면서 여러 욕망 때문에 고통 받는 수많은 영혼들에게 정말 큰 위로와 도움이 될 것이라고 생각했습니다!

　수도원은 하느님을 두려워하는 마음으로 영혼들을 받아들여야 하고 그들에게 영감을 주어야 하는데, 그 방법은 가르침이나 설교가 아니라 기도입니다. 또 하느님에 대한 두려움을 가지고 수도사들이 모범을 보이는 것입니다. 이것은 정말 아주 민감한 문제입니다. 예를 들어 어떤 사람이 수도원을 방문한다면 어떻게 해야 할까요? 그 방문자를 정성스럽게 맞이하고 접대해야겠지만, 그렇다고 말을 많이 할 필요는 없습니다. 방문자는 수도원의 일과를 중심으로 해서 접대해야 합니다. 손님은 만과, 석후소과 등 정해진 시간에 올리는 예배로 안내합니다. 낭독할 때는 또박또박 읽고, 얌전하게 성가를 부르고, 수도원 안에서는 규율과 침묵이 지배하게 합니다. 비록 침묵이 지배하는 곳이지만, 수도사들의 모범이 모든 것을 이야기해 줄 것입니다. 우리의 태노가 그들을 가르칠 것입니다. 그러므로 우리의 일과에서 벗어날 필요가 없습니다. 방문자와 대화를 나누는 것보다는 수도원의 일정에 따라 생활하는 것이 더 많은 유익을 가지고 올 것입니다. 훌륭한 일정과 규율이 있고 수도사들이 참으로 그리스도께 헌신한다면 수도원은 거룩한 곳이 됩니다. 수녀들이 무슨 일이든 억지로 하지 않고 단순하면서도 자연스럽게 할 수 있도록 노력해야 합니다. 이것이야말로 가장 훌륭한 선교의 방법입니다.

새들도 곧 수도원으로 몰려들 것입니다. 종소리를 듣고 모이를 먹기 위해 몰려들 것입니다. 수도원 마당 어느 한 곳에 살포시 앉아 대만과 때 부르는 성가를 들을 것입니다. 새들은 우리와 함께 기도하기 위해 숲 속에서 찾아오는 우리의 동반자들이 될 것입니다.

"그리스도께서 부활하셨습니다."

오늘(1989년 4월 30일 부활절에 있었던 일) 내 거처를 방문한 몇 명의 영적 자녀들과 함께 '부활 찬양송'을 세 번 불렀습니다. 그리고 나는 이들에게 이렇게 기원해 주었습니다. "우리 주 예수 그리스도께서 부활하셨으니 우리 영혼 안에도 고귀하고 아름다움 감정이 부활하길 기원합니다. 주님의 부활이 우리를 성화로 이끌어주고, '정욕과 욕망과 함께' 우리 자신의 옛 사람에 대해 승리할 수 있게 해주시길 기원합니다. 주님께서는 바로 이것을 요구하십니다. 그러므로 우리는 주님의 부활이 우리 자신의 옛 사람을 죽여 교회에 합당한 사람들이 될 수 있도록 도와주시길 다함께 기도해야 합니다. 주님의 도움을 얻기 위해 우리 모두 기도해야 합니다. 그리스도께서 행하신 가장 큰 기적은 부활입니다. 이 사실을 절대로 잊어서는 안 됩니다. 부활 축일을 축하합니다."

부활절에는 땅과 하늘과 빛과 향기 나는 꽃 그리고 모든 만물이 기도한다고 누군가가 말했습니다. 졸졸졸 흐르는 시냇물, 지저귀는 종달새들, 꽃을 찾아 날아다니는 나비들, 이 모든 자연이 함께 "그리스도께서 부활하셨습니다!"라고 부활을 찬양합니다. 뜨거운 감동을 받은 만물은 기쁨으로 크게 소리칩니다. "그리스도께서 부활하셨습니다!"

아토스 성산에서 일어난 일입니다. 부활절이었습니다. 나는 홀로 아토스 성산의 한 봉우리를 오르고 있었습니다. 대충 높이가 팔백 미터 쯤 되는 봉우리였습니다. 나는 구약성경을 가져갔습니다. 나는 푸르디푸른 하늘과 반대편으로 끝없이 펼쳐진 바다를 바라보았고 나무들과 새들 그리고 나비들의 아름다움에 취해서 큰 소리로 "그리스도께서 부활하셨습니다!"라고 외쳤습니다. 나도 모르게 이렇게 외치면서 너무 흥분하여 내 두 팔을 활짝 펼쳤습니다. 그 자세로 몸이 굳어져 버렸습니다. 황홀경에 빠져 버린 것입니다! 잠시 후 나는 구약성경을 펼쳤습니다. 솔로몬의 지혜서에 다음과 같은 내용이 펼쳐졌습니다.

> 우리 조상들의 하느님이시며 자비로우신 주님,
> 당신은 말씀으로 만물을 만드셨고,
> 당신의 지혜로 인간을 내시어
> 당신 손에서 생명을 받은 모든 피조물을 지배하게 하셨습니다.
> 또 인간으로 하여금 세상을 거룩하고 의롭게 다스리게 하시고
> 정직한 마음으로 통치하게 하셨습니다.
> 나에게, 당신 왕좌에 자리를 같이한 지혜를 주시고
> 나를 당신의 자녀들 축에서 빼놓지 마소서.
> 나는 당신의 종이며 당신 여종의 자식입니다.
> 여생이 얼마 남지 않은 연약한 인간이며
> 정의와 율법을 제대로 알지 못하는 하찮은 인간입니다.
>
> (지혜서 9:1-5)

내 영혼은 신성한 하느님의 말씀에 심취해버렸습니다. 시간이 어떻게 흘

렀는지도 몰랐습니다. 내 자신을 잠시 잃었습니다.

> 지혜는 당신과 함께 있으며 당신께서 하시는 일을 알고 있습니다.
> 지혜는 당신께서 세상을 만드셨을 때부터 있었습니다.
> 지혜는 당신께서 보시고 기뻐하실 일이 무엇인가를 알고 있으며
> 당신의 율법에 맞는 것이 무엇인가를 알고 있습니다.
> 당신의 거룩한 하늘에서 지혜를 빨리 내려주시고
> 영광스러운 당신 왕좌로부터 보내주소서.
> 그리하여 내 곁에서 나와 함께 일하게 하시고
> 당신을 기쁘게 해드리는 일이 무엇인가를 깨닫게 해주소서.
> 지혜는 모든 것을 깨닫고 모든 것을 알고 있습니다.
> 그러므로 지혜는 내가 하는 일을 현명하게 이끌어줄 것이며
> 그의 영광으로 나를 보호할 것입니다.
>
> (지혜서 9:9-11)

이 내용이 내게 얼마나 큰 의미가 있었는지 아십니까?

"그리하여 내 곁에서 나와 함께 일하게 하시고 당신을 기쁘게 해드리는 일이 무엇인가를 깨닫게 해주소서." 여러분들도 이 내용을 마음속에 새겨두길 바랍니다. 여러분이 찾아야 하고 배워야 하고 뜨겁게 갈망해야 할 것이 바로 이것입니다. 그러면 여러분도 모르는 사이에 그리스도를 열렬하게 사랑하게 될 것입니다.

깝소칼리비아(1991)

내가 여러분들을 속상하게 한 것이 있다면,
그 모든 것에 대해
나를 용서해 주기를
여러분 모두에게 간청합니다.

깝소칼리비아의 성 요르기오스 칼리비의 켈리(수도자의 방). 이 켈리에서 임종하심.

내 사랑하는 영적 자녀들에게

지금 의식이 있을 때 여러분에게 몇 가지 충고를 해주고 싶습니다. 난 어렸을 때부터 온통 죄만 짓고 살았습니다. 어머니가 가축들을 돌보라고 나를 산으로 보냈을 때(우리는 가난했기 때문에 우리 아버지는 미국에 가서 노동일을 하고 있었습니다.) 나는 그곳에서 칼리비티스 성 요한 성인전을 더듬더듬 읽고는 성인을 참으로 사랑하게 되었습니다. 정확히 기억나지는 않지만 고작 열두 살 혹은 열세 살이었던 나는 요한 성인을 닮고자 부모 몰래 어렵게 아토스 성산의 깝소칼리비아로 오게 되었습니다. 그곳에서 서로 친형제 사이였던 판델레이몬과 요아니키오스 두 분 영적 아버지들을 모시고 철저하게 순종하면서 아토스 성산에서의 생활을 시작했습니다. 경건하고 덕이 많으신 이 두 분 영적 아버지를 만난 것은 내게 참으로 큰 복이었습니다. 나는 그분들을 참으로 사랑했습니다. 그분들의 축복을 받으며 완벽한 순종의 삶을 살았습니다. 이 순종은 참으로 내게 큰 유익을 가져다주었습니다. 하느님을 향한 크나큰 사랑을 느끼게 되었고 아토스 성산에서 참으로 평화롭고 기쁜 나날들을 보낼 수 있었습니다. 그러나 내가 지은 죄로 인해서 하느님께서는 내게 큰 병을 주셨고 그 때문에 영적 아버지들은 나를 고향인 에비아섬의 '아기오스 요아니스'로 돌아가게 하셨습니다.

어렸을 때부터 수많은 죄들을 지으면서 살았는데 아토스 성산을 떠나 세상으로 다시 돌아와서도 계속 죄를 지으면서 살아서 오늘날까지 쌓아 놓은 죄가 산더미처럼 되었습니다. 그러나 사람들은 나를 잘 보아주어서 나를 성인이라고 부르기도 합니다. 하지만 나는 내가 이 세상에서 가장 큰 죄인이라고 느낍니다. 내가 지은 죄가 모두 생각납니다. 물론 지은 죄에 대해서는 모두 고백성사를 했고 또 하느님께서는 이렇게 고백성사한 모든 죄를 용서해주셨다는 것을 잘 알고 있습니다. 하지만 나는 지금도 '내가 참으로 많은 죄를 지었구나.'라는 생각이 듭니다. 그러니 나를 알고 있는 여러분 모두에게 간청합니다. 나를 위해서 기도해주십시오. 나도 여러분을 위해서 겸손하게 기도를 드립니다. 그러나 이제 하늘나라로 가야할 시간이 가까운 지금 하느님께서는 내게 이렇게 말씀하실 것만 같습니다. "여기에는 무얼 하러 왔느냐?" 그러면 나는 이렇게 대답할 것입니다. "주님, 저는 이곳에 오기에 합당한 사람이 아닙니다. 다만 당신의 사랑이 당신께서 원하시는 대로 내게 행하시길 바랄 뿐입니다." 그 후에는 내가 어떻게 될지 모르겠습니다. 그러나 다만 하느님의 사랑이 행하시는 대로 내게 이루어지길 바랄 뿐입니다.

그리고 내 영적 자녀들 모두가 우리 인생의 전부인 하느님을 뜨겁게 사랑하여 하늘나라에 들어가기에 합당한 사람들이 될 수 있기를 나는 항상 기도합니다.

나는 항상 기도하려고 노력했고 교회의 성가들과 성경 그리고 성인전을 읽으려고 노력했습니다. 내가 했던 것처럼 여러분도 이렇게 하길 바랍니다.

내가 여러분들을 속상하게 한 것이 있다면, 그 모든 것에 대해 나를 용서해 주기를 여러분 모두에게 간청합니다.

뽀르피리오스 수도사제

1991년 6월 4일과 7일
깝소칼리비아에서

제 2 부

성 뽀르피리오스 수도사제의 말씀

교회에 대하여

> 그리스도의 창조되지 않은 교회에 들어감으로써,
> 우리는 그리스도께로 가고,
> 창조되지 않은 것 안으로 들어갑니다.

"우리 신앙의 신비는 참으로 놀랍습니다."

교회는 시작도 끝도 없이 영원합니다. 교회를 세우신 성 삼위일체 하느님께서 시작이 없고 끝이 없이 영원하신 것처럼 말입니다. 교회는 시간이 존재하기 전부터 있었고, 천사들보다 더 전에 있었고, 세상이 창조되기 전에 있었습니다. 그래서 사도 바울로는 "천지 창조 이전에"라고 말했던 것입니다. 교회는 신성한 제도이고 그곳에 "하느님의 완전한 신성이 깃들어 있습니다." 교회는 하느님의 무한한 지혜의 표현입니다. 교회는 신비 중의 신비입니다. 보이지 않게 존재했지만 "이 마지막 때에" 이렇게 교회를 보여주셨습니다. 교회의 근본은 하느님의 사랑과 섭리 위에 뿌리를 내렸기 때문에 튼튼합니다.

영원한 교회는 성 삼위일체인 세 위격으로 구성됩니다. 시초부터 성 삼위일체인 하느님의 생각과 사랑 속에는 천사와 사람이 있었습니다. 우리들 사람은 지금 태어난 것이 아닙니다. 세상 이전부터 전지(全知)하신 하느님의 지혜 속에 우리는 이미 있었던 것입니다.

하느님께서는 사랑으로 자신의 형상과 모양에 따라 우리를 창조하셨습니다. 그리고 하느님께서는 우리의 불신앙을 아시면서도 우리를 교회의 일원이 되도록 하셨습니다. 하느님께서는 우리를 신으로 만드시려고 우리에게 모든 은사들과 순수한 은총을 무상으로 주셨습니다. 그렇지만 우리는 자유를 잘못 사용하여 태초의 아름다움을 잃어 버렸고 교회와 단절되었습니다. 성 삼위일체로부터 멀어졌기 때문에 우리의 전부인 천국을 잃었습니다. 교회 밖에는 구원도 생명도 존재하지 않습니다. 이렇기 때문에 우리 아버지이시고 자애로우신 주님께서는 그의 사랑 밖에 우리를 내버려 두시지 않았습니다. 성자이신 주 예수 그리스도께서 마지막 때에 육신을 취하시어 사람이 되셨고 우리에게 천국의 문을 다시 열어 주셨습니다.

하느님의 독생 성자의 거룩한 육화를 통해서 인간 구원에 관한 하느님의 영원하신 계획이 다시 한번 사람들에게 드러났습니다. 사도 바울로는 디모테오에게 이렇게 말합니다. "우리가 믿는 종교의 진리는 참으로 심오합니다. 그분은 사람으로 이 세상에 오셨고 성령이 그분의 본성을 입증하셨으며 천사들이 그분을 보았습니다. 그분은 만방에 전해져서 온 세상이 그분을 믿게 되었으며 영광 가운데 승천하셨습니다."(디모테오 I 3:16) 사도 바울로의 말씀들은 심오한 의미들이 숨겨져 있는 하늘에서 내려온 거룩한 말씀입니다!

사랑이 무한하신 하느님께서는 그리스도의 위격 안에서 우리를 다시 한번 하느님의 교회와 결합시키셨습니다. '창조되지 않은' 교회에 들어감으로써 우리는 그리스도께 가게 되고 '창조되지 않은 것' 안으로 들어가게 됩니다. 우리는 초대 받았습니다. 다시 말하사면 우리 모든 신사들은 주님의 은총을 통하여 '창조되지 않은 자'가 되도록, 하느님의 신성한 에너지에 참여하도록, 신성의 신비 안에 들어가도록, 세상에 속한 생각들을 넘어서도록, 우리의 "옛 사람"을 죽이도록, 그리하여 하느님 안에 거하도록 부름 받았습니다. 우리가 교회 안에서 살아갈 때, 우리는 그리스도와 함께 삽니다. 이것은 우리가 이해하기 힘든 참 오묘한 주제입니다. 오직 성령만이 우리에게 그것을 가르쳐 주실 수 있습니다.

그리스도는 머리이시고, 교회 안에서 우리는 하나입니다.

그리스도께서는 교회의 머리이시며 그리스도인들은 교회의 지체들입니다. 사도 바울로는 "그리스도는 또한 당신의 몸인 교회의 머리이십니다. 그분은 모든 것의 시작이시고 죽은 자들 가운데서 살아나신 최초의 분이시며 만물의 으뜸이 되셨습니다."(골로사이 1:18)라고 하셨습니다. 교회와 그리스도는 하나입니다. 교회의 몸은 그리스도를 통해 양식을 공급받고 거룩해지며, 그리스도 안에서 살아갑니다. 그리스도는 전지전능하신 주님이시고, 어디에나 계시며 그 현존으로 만물을 채우십니다. 그분은 우리가 기댈 지주이시고, 우리의 친구이시고 우리의 형제이십니다. 교회의 기둥이시고 디딤돌이십니다. 그리스도께서는 알파요 오메가이시며 시작이시고 끝이시고 근본이시며 모든 것입니다. 그리스도가 없다면 교회도 존재하지 않습니다. 그리스도는 신랑이시며 우리 각자의 영혼은 그분의 신부입니다.

그리스도께서는 교회의 몸을 하늘과 땅과 결합시키셨습니다. 천사들과 사람들 그리고 주님께서 창조하신 만물인 동물과 식물과 각종 야생화와 곤충 그리고 벌레들까지도 조화롭게 하나로 이루어 주셨습니다. 교회는 "만물을 충만케 하시는 분의 충만"(에페소 1:23) 즉 그리스도의 충만입니다. 바로 여기에 교회의 신비가 있습니다. 이것이 바로 교회의 신비입니다.

그리스도께서는 우리 모두의 일치됨 안에, 그의 사랑 안에 즉 교회 안에서 드러나십니다. 나 혼자는 교회가 아닙니다. 여러분과 내가 다 함께 교회입니다. 우리 모두가 바로 교회입니다. 우리 모두는 교회의 몸에 통합됩니다. 우리는 하나이며 그리스도는 우리의 머리이십니다. "여러분은 다 함께 그리스도의 몸을 이루고 있으며 한 사람 한 사람은 그 지체가 되어 있습니다."(고린토Ⅰ 12:27) 우리 모두는 하나입니다. 왜냐하면 하느님이 바로 우리의 아버지이시고, 그분은 어디나 계시기 때문입니다. 우리가 바로 이 하나됨을 살아갈 때, 비로소 우리는 교회 안에 있는 것입니다. 일치된 기쁨과 사랑의 기쁨으로 사는 것, 우리 모두가 하나가 되는 것, 이것보다 더 아름다운 것은 없습니다! 이것이 바로 교회의 모든 구성원들을 위해 대사제이신 주님께서 하느님께 드리신 마지막 기도의 내용입니다. 주님께서는 이렇게 기도하셨습니다. "이 사람들도 하나가 되게 하여주십시오. 그것은 아버지와 내가 하나인 것처럼 이 사람들도 하나가 되게 하려는 것입니다."(요한 17:11-22)

가장 중요한 것은 우리가 교회 안으로 들어가는 것입니다. 우리 모두가 기쁨과 슬픔을 함께 나누고 일치되는 것입니다. 서로를 형제, 자매처럼 느끼는 것입니다. 모두를 위해 기도를 드리는 것입니다. 이웃의 구원을 위해 아파하며 우리 자신은 잊는 것입니다. 그리스도께서 우리를 위해 그렇게 하셨듯이, 우리도 이웃을 위해 할 수 있는 모든 것을 다 하는 것입니다. 교회 안에서 우리는 불행한 사람, 상처받은 사람, 죄인들과 하나가 됩니다.

다른 사람의 구원에는 아랑곳하지 않고 나만 구원받으면 된다고 생각해서는 안 됩니다. 자기 자신만을 위해, 자신의 구원만을 위해 기도하는 것은 옳지 않습니다. 우리는 다른 사람들을 사랑해야 합니다. 그들이 하늘나라를 잃지 잃도록, 모든 사람이 교회에 들어갈 수 있도록 우리는 기도해야 합니다. 수도원이나 광야로 가기 위해 세상을 떠나고자 한다면, 우리는 이런 열망을 가지고 그렇게 해야합니다.

우리 자신을 다른 사람들로부터 떼어낸다면 우리는 그리스도이이 아닙니다. 지속적인 사랑의 관계 안에서 우리 모두가 그리스도의 신비로운 몸의 지체들임을 깊이 느낄 때, 그리스도 안에서 일치되어 살아갈 때, 다시 말해 '하나'라는 느낌으로 주님의 교회 안에서 하나됨을 살아갈 때, 비로소 우리는 진정한 그리스도인이 됩니다. 그래서 그리스도께서도 아버지이신 하느님께 "이들이 하나가 되게 해 주소서."라고 기도하셨고, 반복하여 강조하셨으며, 사도들도 언제나 계속해서 이것을 강조하셨습니다. 교회는 이렇게 깊고 큰 의미들을 가지고 있습니다. 신비는 바로 여기에 있습니다. 하느님 안에서 모두는 한 사람처럼 일치됩니다. 이 같은 종교는 어디에도 없습니다. 어떤 종교도 이런 것을 말하지 않습니다. 모든 종교들이 뭔가를 이야기하지만 이 신비를 말하지는 않습니다. 그리스도께서 우리에게 말씀하신 대로, 온전히 그분의 것이 되고 또 되어가는 이 오묘한 신비는 그 어디에서도 발견할 수 없습니다.

더 나아가서 교회를 가까이 하지 않는 사람들과도 하나가 되어야 합니다. 그들은 알지 못해서 교회에서 멀어진 것입니다. 하느님께서 이들에게 깨우침을 주시도록, 또 이들이 변하여 그리스도에게로 오도록 기도해야 합니다. 겉모습만 보고 판단하기 일쑤이고 또 그리스도께서 원하시는 것과는 전혀 다른 방법으로 행동하면서도 우리는 그리스도를 사랑한다고 말합니다. 그러나 "정의로운 사람에게도 정의롭지 못한 사람에게도 비를 내리시는" 그리스도께서는 우리에게 "원수도 사랑하라."고 말씀하셨습니다. 우리 모두가 하나되고 또 하느님과 함께하기 위해 하느님께 기도해야 합니다. 만약 우리가 이렇게 살 수만 있다면, 그때 우리는 서로간의 사랑과 일치 안에서 살아가게 될 것입니다.

하느님께 속한 사람들은 천 킬로미터의 먼 거리에 떨어져 있어도 그 거리를 초월합니다. 어느 곳에 있든지 우리는 같이 있습니다. 아무리 먼 곳에 있어도 함께 있습니다. 더반(Durban)이라는 해변가에 위치한 마을에서 내게 전화를 하는 신자들이 있습니다. 남아프리카의 요하네스부르크에서 2

시간 정도 걸리는 거리입니다. 내가 그 도시의 위치를 제대로 말하고 있는지도 모르겠습니다. 이렇게 남아프리카 먼 곳에 사는 신자들은 최근 환자 한 명을 데리고 영국으로 가는 중에 기도를 부탁하기 위해 이곳 그리스까지 찾아왔습니다. 나는 큰 감동을 받았습니다.

그리스도께서 우리와 동행하신다면, 아무리 멀리 떨어져 있어도 조금도 거리감이 존재하지 않습니다. 내가 이 세상을 떠나면 그것은 아주 좋은 일이 될 것입니다. 왜냐하면 내가 여러분과 더욱 가까이 있게 될 것이기 때문입니다.

교회 안에서 우리는 불멸을 향해 나아갑니다.

교회는 그리스도 안에 있는 새 생명입니다. 교회 안에서 죽음이 존재하지 않습니다. 지옥도 없습니다. 성 사도 요한이 기록한 복음경에서 주님은 "내 말을 잘 지키는 사람은 영원히 죽지 않을 것이다."라고 말씀하셨습니다. 그리스도께서는 죽음을 멸하셨습니다. 교회에 들어오는 사람은 누구나 구원을 받습니다. 영원한 사람이 됩니다. 생명은 끝없이 지속되고, 끝도 없고, 죽음도 없습니다. 그리스도의 계명을 따르는 사람은 결코 죽지 않습니다. 그는 육신에 대해, 욕정에 대해 죽습니다. 그는 이 지상의 삶에서부터, 천국 즉 교회 안에서 살기에 합당한 사람이 되고, 이어서 영원을 누리기에 합당한 사람이 됩니다. 그리스도와 함께 죽음은, 지지 않는 빛 속에서 영원토록 살기 위해 잠시 지나가야 하는 다리가 됩니다.

나는 수도사가 된 후로 죽음은 존재하지 않는다고 믿어 왔습니다. 나는 영원하고 불멸한다는 것을 느꼈고 지금도 느끼고 있습니다. 이 얼마나 아름다운 일입니까!

교회 안에는 우리를 구원해 주는 신비의 성사들이 있으니 우리에게는 절망이 없습니다. 우리는 큰 죄인일 수도 있습니다. 그러나 우리는 고백성사를 합니다. 신부님은 우리에게 사죄의 기도문을 읽어주고 이렇게 해서 우리는 용서 받습니다. 그러면 더 이상 아무 근심도 두려움도 없이 불멸을 향해 전진합니다.

우리는 그리스도를 사랑하게 되면서부터 그리스도의 생명을 누립니다. 하느님의 은총으로 이 사랑과 생명을 얻는 데 성공한다면, 우리는 이제 전혀 다른 상태에 있게 됩니다. 우리는 열망할 만한 가치가 있는 전혀 다른 이 상태 안에서 살게 됩니다. 우리는 아무것도 두려워하지 않게 됩니다. 죽음도, 악마도, 지옥도 두려워하지 않게 됩니다. 이러한 두려움은 그리스도인이 아닌, 그리스도로부터 멀리 있는 사람들의 것입니다. 모든 면에서 주님의 뜻대로 사는 그리스도인에게는 주님께서 말씀하신 것처럼 이 모든 것이 존재하지 않습니다.

분명 그런 것들은 존재하지만, '옛 사람'을 "그 정욕과 욕망과 함께 십자가에 못박은"(갈라디아 5:24) 그리스도 예수에게 속한 사람들은 악마나 악에 영향 받지 않습니다. 그것에 조금도 신경 쓰지 않습니다. 그는 다만 그리스도와 우리 이웃에 대한 사랑과 헌신에 관심을 쏟습니다. 그러므로 기쁨과 사랑을 느끼고 두려움 없이 하느님을 경배하는 경지에 도달할 때, 우리는 "이제는 내가 사는 것이 아니라 그리스도가 내 안에서 사시는 것입니다."(갈라디아 2:20)라고 말할 수 있게 됩니다. 그 누구도 우리가 신비 속으로 들어가는 것을 더 이상 방해하지 못하게 됩니다.

교회는 지상의 낙원입니다.

하느님을 경배할 때, 우리는 낙원에 삽니다. 그리스도를 알고 사랑할 때, 우리는 낙원에 삽니다. 그리스도는 낙원입니다. 낙원은 이 지상에서부터 시작됩니다. 교회는 지상의 낙원이며, 지상에 있는 낙원은 천상의 낙원과 동일한 것입니다. 삼위일체 하느님이 연합되어 하나를 이루시는 세 위격으로 존재하시듯이, 교회에서 모든 영혼은 하나가 됩니다.

우리의 주된 과업은 우리 자신을 그리스도께 봉헌하는 것, 우리를 교회와 연합시키는 일입니다. 만약 우리가 하느님의 사랑 안에 들어간다면, 우리는 교회에 들어가게 됩니다. 교회로 들어가지 않는다면, 이곳에서부터 지상의 교회와 일치하지 않는다면, 두렵게도 우리는 하늘의 교회도 잃고 말 것입니다. 하늘의 교회라고 말할 때, 우리가 다음 생에서 꽃이 만발한 정원과 산들과 냇물과 새들이 어우러진 광경을 보게 될 것이라고 믿지 마십시오. 하늘 나라는 지상의 아름다움을 덧입지 않습니다. 그것은 전혀 다른 어떤 것, 정말 높은 경지의 어떤 것입니다. 하지만 이와 같은 다른 어떤 것으로 넘어가기 위해서는 이 지상의 것들, 지상의 형상들과 아름다움을 지나가야 합니다.

그리스도와 사는 사람은 누구든지 그분과 하나가 되며 그의 교회와 하나가 됩니다. 그는 어떤 의미에서는 미친 사람처럼 보입니다! 이런 삶은 다른 사람들의 삶과는 전혀 다른 삶입니다. 그것은 기쁨, 빛, 환희, 고양입니다. 교회의 삶, 복음의 삶, 하느님 나라의 삶이 그러합니다. "하느님 나라는 바로 여러분 가운데 있습니다."(루가 17:21) 그리스도께서는 우리 안으로 오시고 우리는 그 안에 있습니다. 쇠붙이가 불 속에 들어가면 그 쇠붙이는 불에 달아올라 마치 불 그 자체처럼 보입니다. 하지만 불에서 꺼내면, 다시 식어 버려 어두운 색깔의 쇠붙이가 됩니다.

교회에서는 하느님과의 공존이 실현됩니다. 우리가 그리스도와 함께 있을 때, 우리는 하느님으로 충만합니다. 만약 우리가 빛 안에 있으면 어둠은 존재하지 않습니다. 하지만 이 빛이 항상 드러나는 것은 아닙니다. 그것은 우리 자신에 달려있습니다. 불에서 꺼낸 쇠붙이처럼 우리가 빛 밖에 있으면 우리는 어둠이 됩니다. 어둠과 빛은 함께 하지 못합니다. 어둠과 빛은 동시에 존재할 수 없습니다. 빛 아니면 어둠입니다. 빛을 밝히면, 어둠은 사라집니다.

교회를 더욱더 사랑합시다.

우리가 언제나 일치 안에 있으려면, 교회에 그리고 교회의 주교들에게 순종해야 합니다. 교회에 순종하면 그리스도께 직접 순종하는 것입니다. "나에게는 이 우리 안에 들어 있지 않은 다른 양들도 있다. 나는 그 양들도 데려와야 한다. 그러면 그들도 내 음성을 알아듣고 마침내 한 떼가 되어 한 목자 아래 있게 될 것이다."(요한 10:16)라고 말씀하셨듯이 그리스도께서는 우리가 한 목자 아래 있는 하나의 양떼이기를 원하십니다.

교회를 위해 분투합시다. 교회를 더욱더 사랑합시다. 우리의 대표자들을 비난하는 것을 용납하지 맙시다. 아토스 성산에서 내가 배운 정신은 정교회의 정신입니다. 그것은 심오하고 거룩하고 고요하며, 다투거나 논쟁하거나 비난하지 않는 정신입니다. 성직자들을 비난하는 말들을 믿지 맙시다. 설사 사제직분을 가진 성직자가 죄를 짓거나 어떤 부당한 행동을 하는 것을 직접 우리 눈으로 보았더라고 그것을 믿거나 생각하거나 판단해서는 안 됩니다. 이것은 또한 교회의 모든 구성원, 일반 신자들에 대해서도 마찬가지입니다. 교회의 대표자들의 잘못을 들어 교회를 비난하는 사람들은 잘못을 바로잡기 위해 그렇게 하는 것이라고 강변하지만 그것은 결코 올바른 방식이 아닙니다. 이들은 교회를 사랑하는 사람들이 아니며, 그래서 또한 그리스도를 사랑하는 사람도 아닙니다. 우리의 기도 안에서 교회의 모든 지체들을 끌어안고, 또한 그리스도께서 하신 것처럼 우리도 그분을 따라 행동할 때, 그때야말로 우리는 교회를 사랑하는 사람이 됩니다. 그리스도 께서 "그분은 모욕을 당하시면서도 모욕으로 갚지 않으셨으며 고통을 당하시면서도 위협하지 않으시고 정의대로 심판하시는 분에게 모든 것을 다 맡기신"(베드로Ⅰ 2:23) 것처럼, 우리도 모든 일에 있어서 희생하고 깨어있어야 합니다.

교회의 여러 전례나 규칙에도 주의를 기울여야 합니다. 신비의 성사들에 참여해야 합니다. 특별한 신비의 성사인 성체성혈성사에 참여해야 합니다. 이러한 성사들 안에 정교회가 있습니다. 그리스도께서는 성사들을 통해 자신의 몸과 피를 교회에 내주셨습니다. 즉 성체성혈을 통해서 자신을 바치셨습니다. 성사들의 은총이 어떤 것인지 보여주기 위해, 어떻게 해서 하느님께서는 보잘것없는 나에게도 찾아와 주셨는지 경험담을 하나 들려드리겠습니다.

내 등에 작은 부위가 곪아서 아주 아팠던 적이 있었습니다. 그 부위는 못머리처럼 작았습니다. 이렇게 곪았기 때문에 내 왼쪽 등 전체에 통증이 있었습니다. 참을 수 없는 고통이었습니다. 그래서 밀레시의 내 방에서 성유성사를 거행했고 이 성유성사에 사용된 기름을 곪은 부위에 발랐더니 감쪽같이 아픔이 사라져 버렸습니다. 하느님께서 이렇게 성유성사를 통해서, 축성된 기름을 통해서, 나를 방문해 주셨고, 나는 하느님께 감사를 드렸습니다. 그래서 나는 나를 방문하러 오는 이들에게 이 기름을 주면서 이렇게 말하곤 했습니다.

"이 기름을 가져 가세요. 통증이 있으면 이 기름을 바르십시오."

개인적인 영적 체험을 말해서 송구스럽지만, 이 모든 것이 하느님의 영광을 위한 고백입니다.

'… 모두가 성령으로 충만해졌습니다.'

오순절에 임한 하느님의 은총이 사도들에게만 임했던 것은 아닙니다. 그들 주위에 있던 모든 이들에게도 그 은총이 미쳤습니다. 신자들과 비신자들에게도 그 은총이 역사했습니다. 사도행전에는 이렇게 기록되어 있습니다.

> 마침내 오순절이 되어 신도들이 모두 한 곳에 모여 있었는데 갑자기 하늘에서 세찬 바람이 부는 듯한 소리가 들려오더니 그들이 앉아 있던 온 집안을 가득 채웠다. 그러자 혀 같은 것들이 나타나 불길처럼 갈라지며 각 사람 위에 내렸습니다. 그들의 마음은 성령으로 가득 차서 성령이 시키시는 대로 여러 가지 외국어로 말을 하기 시작하였습니다.
>
> (사도행전 2:1-6)

베드로 사도는 모국어로 말했지만 사람들에게는 각각 자신의 모국어로 들렸습니다. 비록 성령은 보이지 않으셨지만, 신비롭게도 그들이 사도의 말을 그들 각자의 언어로 이해할 수 있도록 해주셨던 것입니다. 예를 들어 '스삐띠'('집'을 뜻하는 그리스어 단어)라고 말했는데, 프랑스 사람은 이 단어를 '라 메종'('집'을 뜻하는 프랑스어 단어)으로 알아들었다는 것입니다. 그것은 일종의 통찰력입니다. 모든 말이 어떤 신비로운 능력에 의해 자기들의 언어로 번역되어 들렸다는 것입니다. 교부들은 오순절의 이 신비로운 기적에 대해 분명한 해석을 내놓지 않았습니다. 그것은 신비로운 사건을 함부로 해설하다가는 오류를 범할 수도 있다는 우려 때문입니다. 그것은 요한의 묵시록도 마찬가지입니다. 그리스도교 신앙에 입문하지 못한 사람은 하느님 신비의 의미를 올바르게 이해할 수 없습니다.

성경은 "사도들이 계속해서 놀라운 일과 기적을 많이 나타내 보이자 사람들은 모두 하느님을 두려워하게 되었습니다."(사도행전 2:43)라고 말합니다. 다시 말하자면 두려움이 모든 영혼들을 사로잡았다는 것입니다. 이 '두려움'은 우리가 알고 있는 일반적인 두려움이 아닙니다. 그것은 어떤 다른 것, 낯선 것, 이해할 수 없는 것, 형언할 수 없는 것이었습니다. 경외심이었고 충만함이었고 은총이었습니다. 그것은 은총의 충만이었습니다. 이 오순절에 사람들은 갑자기 신화의 상태에 있게 되었고, 그들의 감각은 모두 마비되고 말았습니다. 이렇게 하느님의 은총이 이들을 덮쳤고 모든 사람이 좋은 의미에서 넋을 잃었고 어떤 신비경에 젖게 되었습니다. 이 사건은 내게 큰 인상을 주었습니다. 그것은 내가 가끔 '영적인 상태'라고 불렀던 바로 그 경지입니다. 그것은 황홀함이고, 영적인 열광의 상태입니다.

성경은 또 이렇게 증언합니다.

> 그리고 한마음이 되어 날마다 열심히 성전에 모였으며 집집마다 돌아가며 같이 빵을 나누고 순수한 마음으로 기쁘게 음식을 함께 먹으며 하느님을 찬양하였다. 이것을 보고 모든 사람이 그들을 우러러보게 되었다. 주께서는 구원받을 사람을 날마다 늘려주셔서 신도의 모임이 커갔다.
>
> (사도행전 2:46-47)

여기서 빵을 나누었다는 말은 곧 성체성혈 성사를 의미합니다. 구원받은 사람들의 숫자가 계속해서 증가했습니다. 왜냐하면 사람들은 모든 그리스도인들이 "큰 기쁨과 순수한 마음을 가지고 하느님을 찬양하는" 모습을 보았기 때문입니다.

"큰 기쁨과 순수한 마음"은 "하느님을 두려워하게 되었다."는 말과 상통합니다. 그것은 영적인 열광이며 또한 '영적인 미침' 입니다. 나는 이런 상태를 경험하고 느끼고 그래서 눈물 흘립니다. 나는 이 사건을 향해 나아가고, 또 이 사건을 살며, 이 사건에 감격하고 열광하며 눈물 흘립니다. 이것이야말로 하느님의 은총입니다. 이것이 바로 그리스도를 향한 사랑입니다.

사도들과 그곳에 모인 사람들이 체험하고 크게 기뻐했던 이 상태, 이 사건은 이어서 밖에 있던 모든 사람들에게도 일어났습니다. 그들은 서로를 사랑하게 되었고, 서로가 서로에게 기쁨이 되었으며, 이렇게 이들은 일치를 누렸습니다. 이렇게 경험된 이 상태, 이 사건은 또한 다른 이들도 그것을 경험하게 해줍니다.

"그 많은 신도들이 다 한마음 한 뜻이 되어 아무도 자기 소유를 자기 것이라고 하지 않고 모든 것을 공동으로 사용하였다."(사도행전 4:32) 사도행전은 공동 생활에 대해 말해줍니다. 바로 여기에 그리스도의 신비가 있습니다. 그리고 그 신비는 바로 교회입니다. 이것이야말로 초대 교회에 대한 가장 탁월한 묘사입니다.

그리스도교는 사람을 변화시키고 치유합니다.

우리 종교는 종교 중의 종교, 계시로부터 온 종교, 실제적이고 참된 종교입니다. 다른 수많은 종교들은 다 인간적인 것이고, 그래서 내용이 없습니다. 위대하신 성 삼위일체 하느님을 알지 못합니다. 우리의 목적과 종착점은 주님의 은총으로 신이 되는 것이고, 성 삼위일체인 하느님을 닮아가는 것이며, 그리하여 그분과 또 우리들이 서로 하나가 되는 것임을, 다른 종교들은 알지 못합니다. 다른 종교들은 이런 것들을 알지 못합니다. 그리스도교의 최고의 목표는 "하나가 되는 것입니다." 바로 이것이 그리스도의 사역의 완성입니다. 그리스도교는 사랑, 열광적인 사랑입니다. 그리스도교는 거룩한 것에 미치는 것이고 정열을 쏟는 것입니다. 이 모든 것이 우리 안에 있습니다. 이것들을 얻는 것이야말로 우리 영혼의 절실한 요구입니다.

그러나 대부분의 사람들에게 종교는 그저 고행과 불안과 계율일 뿐입니다. 그래서 그들은 이렇게 비참하게 살아가는 종교인들을 보고 불행한 사람들이라고 생각하고 맙니다. 이것이 현실입니다. 종교의 깊은 뜻을 이해 못하고, 종교를 참되게 살아내지 못한다면, 종교는 그저 하나의 병, 그것도 끔찍한 병이 될 뿐이기 때문입니다. 그 병은 너무도 끔찍해서 사람들로 하여금 자신의 행동을 조절하지 못하게 만들어 버립니다. 그래서 삶의 동기를 잃게 하고, 무기력해지게 하고, 조바심과 근심에 시달리다 결국에는 악령에게 자신을 바치게 만들어 버립니다. 절을 하고, 눈물 흘리고, 부르짖고, 겸손한 척하지만, 이러한 겸손은 악마적인 행위일 뿐입니다. 그래서 어떤 사람들은 종교 생활을 한다고 하지만, 사실은 지옥에서 사는 것과 마찬가지입니다. 그런 사람들은 비록 성당 안에서는 절하고, 기도하고, 열심히 십자성호를 그으면서 "우리는 부당한 죄인입니다."라고 말할지 모르지만, 성당 밖에만 나가면 자기에게 조금이라도 해를 끼치는 사람에게 하느님을 모독하는 욕설과 저주를 퍼붓습니다. 이런 것을 보면 확실히 악마가 중간에 개입하여 농간을 부리고 있다는 것을 분명히 알 수 있습니다.

실제로 그리스도교는 사람을 변화시키고 치유합니다. 하지만 사람이 진리를 알고 진리를 생각할 수 있게 해주는 첫째가는 조건이 있다면, 그것은 바로 겸손입니다. 이기주의는 사람의 생각을 어둡게 하고 혼란하게 만들어 거짓으로 이단으로 인도합니다. 사람이 진리를 이해하는 것은 참으로 중요합니다.

　옛날 선사시대 사람들은 집도 없었고 아무것도 없었습니다. 그들은 창문도 없는 동굴에 들어가서, 바람이 들어가지 못하도록 큰 돌이나 나뭇가지로 동굴 입구를 막았습니다. 그들은 생명은 밖에, 공기가 있는 바깥에 있다는 것을 알지 못했습니다. 동굴에서 사람은 허약해져서 병들고 결국 파멸에 이릅니다. 하지만 바깥으로 나가면 다시 생명을 얻습니다. 여러분은 진리를 이해할 수 있습니까? 여러분이 밝은 해 아래, 빛 속에 있다면, 경탄스러운 것들을 보게 됩니다. 하지만 그렇지 않으면, 여러분은 어둠의 동굴 안에 있게 됩니다. 빛과 어둠 중에, 어느 것이 더 좋습니까? 친절하고 겸손하고 조용한 것, 우리 안에 사랑을 소유하는 것이 좋습니까 아니면 분노하고 슬퍼하고 모든 사람들과 다투는 것이 좋습니까? 물론 가장 위대한 것은 사랑입니다. 우리 종교는 이 모든 선한 것을 가지고 있습니다. 비록 그중 어떤 사람들은 잘못된 방향으로 나가기도 하지만 말입니다.

　이 진리를 부정하는 사람들은 영혼이 병든 사람들입니다. 그것은 마치 부모의 사랑을 받지 못해서, 혹은 부모가 이혼한 불안정한 가정에서 가정폭력을 당해서 일종의 사회적 부적응을 경험하는 병든 아이들과 같습니다. 그래서 사이비 종파에 빠진 사람들은 대부분 이런 정신적 혼란을 겪은 사람들입니다. 그것은 말하자면 정신적 혼란을 겪는 부모에게서 정신적인 어려움을 겪는 아이들이 나오는 것과 마찬가지입니다. 그런데, 혼란스러운 사상에 빠져 현실에 적응하지 못하는 사람들이 때때로 대단한 힘을 소유하고 큰 성공을 이루기도 합니다. 이들은 자신들과 비슷한 사람에게 영향을 주어서 신도수를 늘리고 엄청난 교파를 만들어서 세상에 영향을 주기도 합니다. 이밖에도 진리를 부정하는 것은 아니지만 여전히 혼란 속에 있고, 영혼이 병든 상태에 있는 이들도 있습니다.

죄는 사람을 영적으로 참 혼란스럽게 합니다. 이 혼란은 어떤 조치를 취해도 떠나지 않습니다. 오직 그리스도의 빛만이 이 혼란을 해결해줍니다. 먼저 행동으로 나서시는 분은 그리스도이십니다. "고생하며 무거운 짐을 지고 허덕이는 사람은 다 나에게로 오너라. 내가 편히 쉬게 하리라."(마태오 11:28) 이어서 우리가 선한 마음으로 이 빛을 받아들이고 주님의 말씀을 실천하고자 해야 합니다. 그리스도를 향한 우리의 사랑으로, 기도로, 교회의 삶에 참여함으로, 성사들로 표현되는 우리의 아름답고 선한 생활을 통해서 우리는 이 빛을 받습니다.

많은 경우, 은총을 끌어오는 것은 고행도, 참회의 절기도도, 십자성호도 아닐때가 있습니다. 여기에는 비밀이 숨겨져 있습니다. 가장 근본이 되는 것은 형식적인 것을 떠나 본질로 가는 것입니다. 그것은 바로 모든 것을 사랑으로 하는 것입니다.

사랑은 언제나 희생하는 것을 포함합니다. 무엇을 하든 억지로 한다면, 영혼은 질질 끌려가며 반항하게 될 것입니다. 하지만 사랑은 하느님의 은총을 끌어옵니다. 은총이 오면 성령의 열매가 옵니다. "성령께서 맺어주시는 열매는 사랑, 기쁨, 평화, 인내, 친절, 선행, 진실, 온유, 그리고 절제입니다. 이것을 금하는 법은 없습니다."(갈라디아 5:22) 그리스도 안에서 건강한 영혼이 가져야 할 것은 바로 이 성령의 열매들입니다.

그리스도와 함께 하는 사람은 은총을 받아서, 악을 멀리하며 살아갑니다. 그런 사람에게는 악이 존재하지 않습니다. 오로지 선이신 하느님만 존재합니다. 어떤 악도 존재할 수 없습니다. 다시 말해 빛을 소유했기 때문에 어둠 속에 있을 수 없습니다. 어둠도 그런 사람을 넘볼 수 없고, 사로잡을 수 없습니다. 그는 빛을 가진 자이기 때문입니다.

하느님을 향한 열렬한 사랑에 관하여

> 누구든지 조금 사랑하면 조금만 줍니다.
> 더 많이 사랑하면 그 만큼 더 많이 줍니다.
> 무한한 사랑,
> 무엇을 주어야 그런 사랑에 합당할까요?
> 그런 사람은 자기 자신을 내어줍니다.

그리스도는 사랑, 우리의 열렬한 사랑이십니다.

그리스도는 기쁨이시며 빛이시며 진리이시며 행복이십니다. 그리스도께서는 우리의 희망이십니다. 그리스도와 우리의 관계는 사랑입니다. 그것은 미친 사랑입니다. 그것은 열정입니다. 그것은 하느님에 대한 뜨거운 열망입니다. 그리스도는 모든 것입니다. 그분은 우리의 사랑이시고, 열정적 사랑이십니다. 애인이십니다. 그리스도를 사랑한다는 것은 영원하고도 열렬한 사랑을 의미합니다. 그곳에서 기쁨이 나옵니다.

이 기쁨은 그리스도 그분 자신입니다. 이 기쁨은 당신을 완전하게 변화시킵니다. '영적인 미침' 이란 그리스도 안에서 누리는 영적인 기쁨을 뜻합니다. 순수한 포도주를 마시면 취하는 것처럼 이 영적인 포도주도 당신을 취하게 합니다. 다윗은 "원수들 보라는 듯 상을 차려주시고, 기름 부어 내 머리에 발라주시니, 내 잔이 넘치옵니다."(시편 23:5)라고 읊었습니다. 물이나 다른 물질을 섞지 않은 순수한 영적인 포도주는 매우 강합니다. 그래서 마시면 취합니다. 신성한 취함은 하느님의 선물로서 '마음이 깨끗한 사람'에게 주어집니다.

　할 수 있는 한 금식하십시오. 할 수 있는 만큼 참회의 절기도를 올리십시오. 될 수 있으면 자주 철야예배에 참여하십시오. 하지만 언제나 기뻐하십시오. 항상 그리스도의 기쁨을 간직하십시오. 이 기쁨은 영원히 이어집니다. 영원한 기쁨을 포함합니다. 그것은 우리에게 완벽한 평화를 주는 주님의 기쁨입니다. 굉장한 힘을 발휘하는 이 기쁨은 어떠한 기쁨보다도 더한 기쁨입니다. 그리스도께서는 이와 같은 기쁨이 널리 퍼지기를 바라십니다. 주님의 신자들이 이 기쁨으로 인해서 풍요롭게 되길 원하십니다. 나는 "우리는 충만한 기쁨을 맛보기 위해서 이 글을 써 보냅니다."(요한I 1:4)라는 말씀이 이루어지기를 간구합니다.

　이것이 우리의 종교입니다. 우리가 가야 할 길입니다. 그리스도는 천국이십니다. 천국이란 무엇입니까? 그것은 그리스도입니다. 천국은 지금 이곳에서부터 시작됩니다. 그것은 정확하게 같은 것입니다. 지상 이곳에서부터 하느님과 함께 살면 천국에서 사는 것입니다. 내가 말하는 것은 분명한 진실입니다. 그러니 내 말을 믿으십시오. 나는 올바르고 진실한 것을 말합니다. 우리가 해야 할 일은 그리스도의 빛 속으로 들어갈 방법을 찾기 위해 노력하는 것입니다. 형식적으로 하라는 말이 아닙니다. 본질은 그리스도와 함께 하는 것입니다. 그리스도를 사랑하려면 영혼이 깨어나야 합니다. 이렇게 해서 거룩해져야 합니다. 하느님의 사랑에 우리 영혼을 온전히 내어주어야 합니다. 이렇게 하면 그분께서도 우리를 사랑해 주실 것이고, 말로 표현할 수 없는 기쁨이 찾아올 것입니다. 그리스도께서는 기쁨으로 우리를 가득 채우시기를 우리보다 더 원하십니다. 그리스도는 기쁨의 원천이시기 때문에 이 기쁨은 그분의 선물입니다. 이 기쁨 안에서 우리는 그리스도를 알게 됩니다. 그분께서 우리를 인정하지 않으신다면 우리도 그분을 알아볼 수 없습니다. 다윗은 "주께서 집을 세우지 아니하시면 집 짓는 자들의 수고가 헛되며 주께서 성을 지키지 아니하시면 파수꾼의 깨어 있음이 헛일이다."(시편 127:1)라고 말했습니다.

그리스도께서는 우리 영혼이 이 기쁨을 얻기를 원하십니다. 우리가 합당한 준비를 한다면 주님의 은총은 우리에게 이 기쁨을 가져다 줄 것입니다. 그것은 결코 어려운 일이 아닙니다. 우리가 주님의 은총을 얻는다면, 모든 것이 쉬워지고, 기쁨이 되고, 하느님이 주시는 복이 됩니다. 하느님의 은총은 우리 영혼의 문을 계속해서 두드리고 있습니다. 우리의 갈증을 풀어주시기 위해, 주님의 은총은 우리의 마음 문 밖에 오셔서 우리가 영혼의 문을 열기만을 기다리고 있습니다. 우리가 문을 열기만 한다면 우리 마음은 그리스도와 성모님 그리고 성 삼위 하느님으로 가득 채워집니다. 정말로 아름다운 일입니다.

주님을 사랑한다면 번화한 도시에 살아도 도시의 복잡함에 영향을 받지 않습니다. 편리한 자동차, 값나가는 빌라, 등등 그 어떤 물질적인 것에도 관심이 없어져 버립니다. 다만 그대는 그대 안에서 그대가 사랑하는 분과 함께 있게 됩니다. 그대는 충만함을 경험하고, 그분은 또 그대에게 영감을 불어넣어줍니다. 실제로 그렇지 않습니까? 그대가 사랑하는 분은 그리스도라는 사실을 생각하십시오. 그리스도께서는 그대의 영 안에 계시고 그대의 전 존재 안에 계시고 또한 어디에나 현존하십니다.

그리스도는 생명이시고 생명의 원천이시고 기쁨의 원천이시고 참된 빛의 근원이시며 모든 것입니다. 그리스도를 사랑하고 이웃을 사랑한다면 그런 사람은 참된 삶을 사는 사람입니다. 그리스도가 없는 삶은 죽음이고 지옥이지 결코 삶이 아닙니다. 그것이 지옥입니다. 사랑의 부재가 바로 지옥입니다. 그리스도는 생명이십니다. 사랑은 그리스도의 생명입니다. 당신이 생명 안에 있을 것인지 아니면 죽음 안에 있을 것인지, 그것은 당신의 선택에 달려있습니다.

　우리의 목적은 그리스도와 교회 그리고 이웃을 사랑하는 일, 오직 이 한 가지여야 합니다. 사랑, 하느님에 대한 경배, 하느님에 대한 열망, 그리스도와 연합, 교회와의 연합, 이것이 바로 지상의 천국입니다. 그리스도를 향한 사랑은 이웃 사랑, 만인에 대한 사랑, 심지어 원수까지도 사랑하는 사랑입니다. 우리 그리스도인은 모든 사람들을 위해 아파합니다. 모든 사람들이 구원받기를 원하고 천국을 맛보길 원합니다. 이것이 그리스도교입니다. 우리는 형제를 얼마나 사랑하느냐에 따라 하느님에 대한 우리의 사랑이 가늠됩니다. 우리가 주님의 은총을 원하고 갈망하고 또 그에 합당하게 되는 만큼, 주님의 은총이 우리 형제 자매를 통해서 우리에게 임합니다. 교회를 사랑하는 것은 곧 그리스도를 사랑하는 것입니다. 또한 교회를 사랑하는 것이야말로 우리 자신을 참으로 사랑하는 것입니다.

**　내가 원하고 추구하는 오직 한 가지, 그것은 나의 사랑 예수님과 함께 하는 것입니다.**

　우리는 그리스도를 사랑해야 합니다. 우리를 보호해 주실 분, 우리가 희망을 걸 분은 오직 그분뿐입니다. 우리는 오직 그리스도만을 위해 그리스도를 사랑해야 합니다. 우리 자신을 위해서가 아니라 오직 그분만을 위해서 말입니다. 오직 그리스도께서 원하시는 그곳에 우리를 네려나 놓으시길 바랍시다. 그분께서 원하시는 것을 바칩시다. 주님께서 주시는 선물 때문에 주님을 사랑해서는 안됩니다. "그리스도는 그분이 세워놓으신 아름다운 거처에 내가 머물게 해주실 거야."라는 생각은 이기적인 것입니다. 성경에 기록된 말씀처럼 물론 그분은 우리를 위해 그곳을 준비하셨습니다.

> 내 아버지 집에는 있을 곳이 많다. 그리고 나는 너희가 있을 곳을 마련하러 간다. … 가서 너희가 있을 곳을 마련하면 다시 와서 너희를 데려다가 내가 있는 곳에 같이 있게 하겠다.
>
> (요한 14:2-3)

하지만 우리는 이렇게 말해야 옳습니다. "나의 사랑 그리스도시여, 당신의 사랑이 원하는 대로 내게 이루어지길 원합니다. 저는 오로지 당신의 사랑 안에 사는 것으로 충분합니다."

불쌍하고 가련한 내가 무슨 말을 더 하겠습니까! 나는 연약한 사람입니다. 나는 정말 그토록 강렬하게 그리스도를 사랑하는 경지에는 아직 이르지 못했습니다. 내 영혼이 그분을 불타오르듯 열망하는 경지에 이르지 못했습니다. 나는 한참 뒤처져 있는 것만 같습니다. 내가 원하는 그곳에 도달하려면 아직 멀었다고 느낍니다. 나는 아직 이런 사랑을 살아내고 있지 못합니다. 그러나 용기를 잃지는 않습니다. 나는 하느님의 사랑을 굳게 신뢰합니다. 그래서 그리스도께 이렇게 고백하곤 합니다. "네, 제가 아직 합당치 못한 사람임을 잘 알고 있습니다. 그러니 당신의 사랑이 원하는 곳이라면 어디든지 보내주십시오. 내가 원하는 것은 바로 그것입니다. 그것이 바로 내 소망입니다. 내 평생, 내가 찬양하고 예배할 분은 언제나 당신 뿐입니다."

병들어 거의 죽게 되었을 때, 나는 내가 지은 죄들을 생각하고 싶지 않았습니다. 나는 오직 나의 주님이신 그리스도의 사랑과 영원한 삶만 생각하고 싶었습니다. 두려움을 경험하고 싶지 않았습니다. 주님께 가기만을 원했고 주님의 선하심과 주님의 사랑만 생각하고 싶었습니다. 내 인생의 마지막에 가까워진 지금, 나는 아무런 불안도 근심도 없습니다. 만약 최후의 심판 때 그리스도께서 내게 "예복도 입지 않고 어떻게 여기 들어왔느냐?"

라고 말씀하신다면, 나는 고개를 숙이고 이렇게 말할 것입니다. "나의 주님, 당신이 원하는 것은 무엇이든지요. 당신의 사랑이 원하는 것은 무엇이든지요. 네, 제가 합당하지 못함을 압니다. 당신의 사랑이 원하는 곳이라면 어디든 그곳으로 저를 보내주십시오. 제가 갈 곳이 지옥이라면 그곳으로 보내 주십시오. 제가 원하는 것은 다만 당신과 함께 있는 것입니다. 오직 한 가지 희망, 한 가지 간청이 있다면, 그것은 당신이 원하시는 곳에서, 당신이 원하시는 방법으로, 당신과 함께 있는 것입니다."

내 자신을 온전히 바쳐, 오직 하느님만 사랑하고 찬양하길 바랍니다. 나는 죄인입니다. 하지만 나는 희망 속에서 삽니다. 절망처럼 우리에게 해로운 것은 없습니다. 절망하면 마음이 심한 고통을 느끼고, 그래서 의지와 힘을 잃게 됩니다. 그러나 희망을 갖는 사람은 앞으로 전진합니다. 스스로 가난함을 알기 때문에, 그는 풍요를 얻기 위해 노력합니다. 가난한 사람은 어떻게 합니까? 만약 현명한 사람이라면, 부자가 될 방법을 열심히 찾아볼 것입니다.

나는 나약한 사람이라서 내가 간절히 바랐던 것을 이루는 데 성공하지는 못했지만 나는 결코 절망하지 않습니다. 여러분에게 말했듯이 나는 멈추지 않고 계속 노력하는 것을 통해 위로를 받습니다. 하지만 나는 내가 원하는 대로 하지는 않습니다. 나를 위해서 기도해 주길 바랍니다. 중요한 것은 주님의 은총 없이는 나는 절대 완벽하게 그리스도를 사랑할 수 없다는 것입니다. 내 영혼이 뭔가 그것을 끌어당길 만한 것을 소유하고 있지 않는 한, 그리스도께서도 그분의 사랑을 표현하지 않으십니다.

그런 점에서 보면 분명 내게는 뭔가 부족합니다. 그래서 하느님께 이렇게 간청합니다. "주님 나의 그리스도시여, 저는 나약한 사람입니다. 그러므로 오직 당신만이 나로 하여금, 당신의 은총을 통하여, 사도 바울로와 함께 '이제는 내가 사는 것이 아니라 그리스도가 내 안에서 사시는 것입니다.' 라고 기뻐하며 자랑스럽게 말할 수 있게 해주십니다."

보십시오. 이것이 내게 가장 중요한 것입니다. 나는 그리스도를 사랑할 방법을 찾기 위해 언제나 노력합니다. 나는 이 사랑에 결코 배불러 본 적이 없습니다. 그리스도를 사랑하면 사랑할수록, 그분을 사랑하고 있지 못함을 더욱 뼈저리게 느끼고, 그래서 그분을 사랑하려는 마음 더욱 간절해집니다. 그렇지만 이런 과정을 통해서, 자기도 모르는 사이에, 더욱 높은 곳에, 언제나 더 높은 곳으로 올라가게 됩니다.

그리스도가 우리 마음에 오시면 우리의 삶이 바뀝니다.

그대가 그리스도를 발견했다면, 그것으로 충분합니다. 그대는 다른 것을 원하지 않게 됩니다. 마음에 평안을 얻어, 전혀 다른 사람이 됩니다. 어디서 살든 늘 그리스도가 계십니다. 별에서, 무한한 우주에서, 또 하늘에서 천사와 성인들과 함께, 땅에서 사람들과 식물과 동물과 함께, 모든 것과 함께 살게 됩니다. 그리스도의 사랑이 있는 곳에는 외로움이 사라집니다. 평화와 기쁨으로 충만해집니다. 우울증, 질병, 스트레스, 불안, 어둔 감정들이 존재할 수 없고, 지옥도 없습니다.

그리스도는 그대의 모든 생각 안에, 그대의 모든 행동 안에 계십니다. 주님의 은총을 소유하면, 그대는 그리스도를 위해서 모든 일을 인내하고 견디어 낼 수 있습니다. 비난도 기꺼이 받아들이고 감당합니다. 그리스도를 위해서 정당하지 못한 것도 인내하고 기쁨으로 이겨냅니다. 그분이 그렇게 고난을 당한 것처럼 그대도 부당한 것을 인내할 수 있게 됩니다. 고난당하지 않으려고 그리스도를 선택하십니까? 사도 바울로가 뭐라고 하셨습니까? "나는 여러분을 위하여 기꺼이 고통을 겪고 있습니다."(골로사이 1:24)

라고 말합니다. 이것이 우리 종교입니다. 그리스도를 사랑하고 거룩한 사람 즉, 성인이 되려면, 우리 영혼이 깨어나야 합니다. 우리 영혼이 오직 하느님 사랑에 전념해야 합니다. 이렇게 하면 그분도 우리를 사랑해 주십니다.

그리스도가 우리 마음에 오시면 삶이 바뀝니다. 그리스도는 모든 것입니다. 우리 가슴 안에 그리스도가 사신다면 말로 형용할 수 없는 삶을 살게 됩니다. 거룩함과 신성함과 기쁨 안에서 살게 됩니다. 이것은 분명한 사실입니다. 아토스 성산에서 영적 수행을 한 사람들은 가슴 뜨겁게 계속해서 "주 예수 그리스도시여, 죄인인 저를 불쌍히 여기소서."라는 '예수 기도'를 바치면서 삽니다.

그리스도가 우리 마음속으로 들어오시면 욕망은 사라져 버립니다. 욕도 할 수 없게 되고 증오심과 복수심도 사라져 버립니다. 어떻게 증오, 비난, 조바심, 완악함, 우울증이 있을 수 있겠습니까? 다만 그리스도가 통치하십니다. 지지않는 빛에 대한 강렬한 열망만이 자리 잡습니다. 이렇게 강렬한 열망은 죽음조차도 그리스도의 생명을 누리기 위해 잠시 통과해야할 '다리'로 느끼게 해줍니다. 여기 이 세상에는 한 가지 장애물이 있습니다. 그 때문에 믿음이 필요합니다. 이 장애물은 바로 육체입니다. 하지만 죽은 뒤에는 믿음이 똑같은 역할을 하지 않습니다. 그때 우리는 그리스도를 직접 뵙게 될 것입니다. 해를 직접 보는 것처럼 말입니다. 영원 안에서 우리는 모든 것을 가장 강렬한 방식으로 경험하고 누릴 것입니다.

그러나 그리스도와 함께 살지 않으면 슬픔과 우울증과 조바심과 고뇌와 우울증과 적대감에 사로잡혀서 살게 됩니다. 의로운 방식으로 살지 못합니다. 그러면 수많은 문제들이 우리 신체를 통해서도 드러납니다. 몸은 그 영향을 받습니다. 위, 간, 담에 문제가 생깁니다. 그러면 사람들은 "건강을 위해 아침에 꼭 우유 한 잔, 계란 하나, 버터 바른 과자 두세 개를 섭취하라."

고 말합니다. 그러나 그리스도를 사랑하면 오렌지 하나, 사과 하나로도 건강을 유지할 수 있습니다. 자신을 다 바쳐 그리스도를 찬양하는 것이야말로 만병 통치약입니다. 그것이야말로 모든 것을 치료하고 만사를 순조롭게 해줍니다. 하느님의 사랑은 모든 것을 변모시키고, 모든 것을 거룩하게 하고, 모든 것을 고쳐주고, 모든 것을 그 본질로부터 변하게 해줍니다.

우리 영혼이 그리스도에 대한 강렬한 열망을 느낄 때, 우리의 가녀린 영혼은 엄청난 위로를 받게 될 것입니다. 그렇게 되면 일상적이고 하잘 것 없는 일들에 주의를 빼앗기지 않게 됩니다. 영적이고 탁월한 것들에 집중하게 됩니다. 영의 세상에서 살게 됩니다. 영적인 세상에서 살 때, 우리는 이 세상 안에서 우리 영혼을 기쁘게 해주고 뜨거운 열망을 품게 해주는 또 다른 세상의 삶을 살게 됩니다. 그렇다고 해서 이웃에 대해 무관심해지는 것은 아닙니다. 오히려 우리 이웃도 구원과 빛과 거룩함을 찾기를 더욱더 바라게 되고, 모두가 교회 안으로 들어가길 염원하게 됩니다.

그리스도를 향한 사랑에는 한계가 없습니다.

그리스도는 가장 높은 곳에 계시며 그분보다 더 높은 것은 없습니다. 모든 감각적인 것은 어느 순간 한계에 봉착하지만 하느님에게는 한계가 없습니다. 그분은 모든 것입니다. 하느님은 최고의 희망이십니다. 그 어떤 기쁨도, 그 어떤 아름다움도 주님과 경쟁하지는 못합니다. 그분보다 더 높은 것이 없는데, 어찌 다른 어떤 것을 추구하겠습니까?

그리스도를 향한 사랑은 완전히 다른 어떤 것입니다. 그것은 끝도 없고, 결코 만족될 수도 없습니다. 그 사랑은 생명과 활력과 건강을 줍니다. 모든 것을 줍니다. 사랑을 주면 줄수록, 더욱 열정적인 사랑을 갈구하게 합니다.

인간적인 사랑은 사람을 파괴할 수도 있고, 미치게 할 수도 있습니다. 하지만 그리스도를 사랑하는 순간, 다른 모든 사랑은 비켜섭니다. 다른 종류의 사랑은 싫증을 겪습니다. 그러나 그리스도의 사랑은 결코 싫증나지 않습니다. 육체의 욕구만을 만족시키려는 남녀 간의 사랑은 금방 싫증납니다. 이런 사랑은 질투, 불평 심지어 살인을 낳기도 합니다. 사랑이 증오로 바뀌기도 합니다. 하지만 그리스도 안에 있는 사랑은 변하지 않습니다. 세상적인 사랑은 얼마 안 가 시들어버리지만 하느님 사랑은 계속해서 자라고 깊어집니다. 어떤 종류의 사랑은 사람에게 절망을 가져다 주지만, 하느님 사랑은 하느님이 계신 하늘로 우리를 들어 올려주고 우리에게 기쁨과 충만이라는 선물을 줍니다. 육체적인 욕망만을 채우는 사랑의 감정은 우리를 금방 피곤하게 만들지만, 하느님 사랑은 영원토록 결코 만족될 수 없는 무한입니다. 그것은 결코 충족될 수 없는 욕구이고, 또 만족이 있을 수 없습니다. 그것은 최고선입니다.

　만족은 오직 한 가지 사실로부터 나오는데, 그것은 바로 사람이 그리스도와 연합되는 것입니다. 그런 사람은 사랑하고 또 사랑합니다. 사랑하면 할수록 더욱 사랑하길 원합니다. 그는 아직도 하느님과의 연합에 이르지 못했다고, 아직도 하느님의 사랑에 완전히 자신을 내주지 못했다고 믿습니다. 지극히 높으신 그리스도에게 더욱 가까이 다가서고자 하는 강한 끌림, 열망, 기쁨을 날마다 느낍니다. 그는 끊임없이 금식합니다. 끊임없이 참회의 절을 올립니다. 그럼에도 불구하고 끊임없이 충족되지 못함을 느낍니다. 이 사랑에 도달했다는 느낌을 갖지 않습니다. 원하는 그것, 그것의 충만함, 그것의 소유, 그것의 느낌, 그것의 생생한 경험을 알게 되었다는 느낌을 갖지 않습니다. 그것은 하느님에 대한 미친 사랑입니다. 모든 금욕가들이 뜨겁게 열망하며 추구하는 것은 바로 이 거룩한 사랑입니다. 그들은 하느님에 완전히 취합니다. 이 거룩한 취함으로 인해 몸은 비록 늙고 지나

가지만 영은 언제나 젊음을 간직하고 꽃처럼 피어납니다.

우리 교회의 성가들은 하느님에 대한 이 미친 사랑으로 넘쳐납니다. 사도 디모테오의 카논에서 교회가 노래하는 것을 들어보십시오.

> 디모테오 사도여, 궁극 목적이신 분에 대한 타오르는 열망 안에
> 당신은 사랑을 통하여 자신을 녹이셨나니,
> 하느님이 거하시는 사람이시여, 당신은
> 당신에 대한 사랑을 영원히 관상하면서
> 맹세하신 삶에, 그분의 충만한 생명에 이르셨나이다.

주님의 사랑은 결코 충족될 수 없는 무한한 감정이기 때문에 주님을 참으로 사랑한 성인들은 마치 미친 사람처럼 보일 수도 있습니다. 주님을 사랑하면 사랑할수록 그 사랑이 한없이 부족한 것임을 느끼게 되고, 그래서 더욱더 그분을 열망하고 더욱 사랑하게 됩니다. 하지만 동시에 그대의 영혼은 주님의 현존, 주님의 충만한 사랑, 그리스도 안에서의 기쁨, 그 무엇에게도 빼앗기지 않는 기쁨으로 충만해집니다. 그러면 우리는 더 이상 원할 게 없게 됩니다. 시리아인 이삭 성인도 똑같은 고백을 하고 있습니다.

하느님으로부터 오는 기쁨은 삶에서 누리는 그 어떤 기쁨보다도 더 큰 기쁨이며 이 기쁨을 맛본 사람은 세상이 주는 그 어떠한 세속적인 향락도 추구하지 않습니다. 사라져 버릴 세상에 있는 그 어떤 것보다도 세상의 어떠한 꿀보다도 하느님의 사랑은 더욱 달고 참으로 달콤합니다. 이 하느님의 사랑을 느낀 사람은 주님과 이웃을 위해 목숨을 내놓는 희생을 한다 해도 슬퍼하지 않습니다. 하느님을 깨닫고 알게 된 사람은 그 달콤함을 그 어떤 세상적인 것과도 비교하지 않습니다. 세상의 달콤한

삶은 허상임을 깨닫습니다.

아우구스티누스 성인도 이렇게 말합니다.

   주님 나의 하느님이시여,
   당신을 사랑합니다.
   언제나 더욱 많이 당신을 사랑하길 원하나이다.
   당신은
   최고의 꿀보다도 더욱 달콤하시고,
   가장 영양 높은 우유보다 더욱 우리를 살찌우시나니,
   그러므로 당신은 내게 어떤 금은 보화나 값진 보석보다도
   더욱더 값지시나이다.

   오! 나의 사랑이시여,
   당신은 항상 따뜻하시어 결코 식지 않나이다. 나를 따뜻하게 해 주소서.
   주님이시여,
   당신이 먼저 저를 사랑해 주셨기에 저는 당신을 사랑하나이다.
   주님이시여,
   저에게 표현해 주신 그 크나큰 사랑을 어떤 말로 표현할 수 있겠나이까!
   빛나는 당신 얼굴 빛을 받아서 제가 빛나나이다.
   당신이 주신 이 빛은 내 심장에 비문처럼 새겨졌나이다.

신성한 사랑으로 모든 것이 그리스도가 됩니다. 모든 것이 천국이 됩니다.

성가 작가인 성 테오파니스는 자신이 지은 성 파코미오스 카논에서 신성한 사랑을 참으로 아름답게 묘사했습니다.

> 성인이시여, 당신은 무념무욕을 향한 불타는 사랑으로
> 물질적 욕망의 공격들을 시들게 하셨나이다.
> 파코미오스 복되신 이시여,
> 당신은 사랑의 날개로 높이 날아올라
> 신성의 빛으로 빛나는 처음의 아름다움을 되찾으셨나이다.
> 하느님을 향한 사랑으로 당신은 성령의 가르침을 얻으셨고,
> 당신 영혼을 정념들의 지배에서 해방하시어
> 이 빛으로 지극히 높은 덕에 이르셨나니
> 주님을 찾는, 창에 찔리는 고통의 길에서
> 절제를 통하여 육체의 연약함을 잠재우셨나니
> 파코미오스시여 당신은 일생을 거룩하게 하시어
> 지극히 향기로운 주님께 바치셨나이다.

성가 작가 테오파니스 성인은 참 훌륭합니다. 그는 이 카논을 통해서 우리에게 메시지를 정확하게 전달합니다. 최상의 미덕은 바로 하느님에 대한 완벽하고도 절대적인 사랑입니다. 우리 영혼이 창에 찔릴 때, 하느님에 대한 갈망으로 상처 입을 때, 모든 정념들은 시들고 맙니다. 하느님에 대한 열망은 모든 욕구들을 정복합니다. 그래서 모든 고통은 변화되어 그리스도의 사랑이 됩니다. 그리스도를 사랑하십시오. 그러면 그분도 당신을 사랑

할 것입니다. 모든 아픔은 지나갈 것이고 극복될 것이고 변화될 것입니다. 바로 그때 모든 것은 그리스도가 되고 천국이 될 것입니다. 그러나 천국에서 살기 위해서는 먼저 우리가 죽어야 합니다. 모든 것에 대해 죽어야 합니다. 죽은 자처럼 되어야 합니다. 만약 우리가 '옛 사람'에 속한 것들에 대해 죽지 않는다면, 아무것도 될 수 없습니다.

'그리스도와 동행하며'라는 베리티스의 시를 나는 매우 좋아합니다.

> 그리스도와 함께 살기를
> 나는 뜨겁게 열망한다오
> 그분의 따뜻한 사랑을
> 내 가슴에 품으면
> 좁디좁은 내 가슴은 열리고 부풀어 오른다오.
> 이 사랑이 넘치면 넘칠수록
> 내 가슴은 그 사랑에 더욱 허기진다오.

이 사랑은 너무도 크고 위대해서, 그 사랑 모두를 품을 수 없습니다. 그래서 포도주를 마시면 또 마시고 싶은 열망이 일어나듯이, 그리스도를 향한 사랑에 우리를 내어주면 줄수록, 우리는 더욱더 우리 자신을 다 내어주길 원합니다. 온 영혼을 다해서, 온 마음과 온 힘을 다해서, 모든 능력과 모든 생각을 다해서 우리가 사랑해야 할 분은 바로 그분이십니다. 하느님과 일치되기 위해서, 우리는 마음의 플러그를 하느님 사랑에 꽂아야 합니다. 주님께서 원하시는 것은 바로 이것입니다. 그것은 주님 자신을 위한 이기적인 것이 아니라, 바로 우리를 위한 것입니다. 모든 것을, 기쁨과 행복을 우리에게 선물로 주시기 위한 것입니다.

베리티스 시인은 주님과 하나가 되는 것에 성공했습니다. 그리스도를 사랑했고 그리스도에게 사랑 받았습니다. 신성한 사랑의 신비를 발견했습니다. 그것은 결코 어렵지 않습니다. 발견하기 너무 쉽습니다. 다만 그것은 우리의 준비 정도와 우리의 방법에 달려있습니다. 이를 위해서는 올바른 정신이 필요합니다.

이 사랑, 이 미친 사랑, 이 열정은 심지어 우리를 순교로 인도할 수도 있습니다. 당신 자신을 희생하게 하고, 아무 계산도 하지 않게 하고, 아무것도 두려워하지 않게 합니다. 우리는 떠납니다. 동굴과 땅굴 속에 살기 위해 떠납니다. 내게 큰 영감을 주신 칼리비티스 성 요한도 이와 같이 하느님에 미친 사람이었다고 말할 수 있습니다. 하느님에 대한 이 미침 때문에, 성인들과 순교자들은 그 어떤 것 앞에서도 망설이지 않았습니다. 그들은 오히려 기쁨으로 자진하여 순교를 향해 달려갔습니다. 누구든 조금만 사랑하면 조금만 줍니다. 더 많이 사랑하면 더욱더 많이 줍니다. 그렇다면 진정 엄청나게 사랑한다고 할 때, 무엇을 주어야 이런 사랑에 합당할까요? 그런 사랑은 자기 자신을 다 내줍니다.

그리스도를 향한 이 사랑으로 인해 성인들은 아무리 잔인한 고문을 당하고 순교를 당해도 고통을 느끼지 않았습니다. 불가마 속의 세 청년 이야기를 생각해 보십시오. 불이 활활 타오르는 불가마 속에서도 그들은 하느님을 찬양하고 경배했으며 도리어 시원함을 느꼈습니다. 디미트리오스 성인, 요르기오스 성인, 카테리나 성녀, 바르바라 성녀, 파라스케비 성녀, 얼어붙은 호수에 수장되어 순교당한 40인 순교자들을 생각해 보십시오. 그래서 사도 바울로도 "이렇게 많은 증인들이 구름처럼 우리를 둘러싸고 있다."(히브리 12:1)고 말했던 것입니다.

이 모든 성인들과 순교자들은 지상에 있을 때처럼, 아니 그보다 더 지금 하늘에서 주님께 찬양과 영광을 드리고 있습니다. 이들은 천국에서 하느님의 얼굴을 보고 있습니다. "그 때에 가서는 얼굴을 맞대고 볼 것입니다."(고린토I 13:12) 이것이 전부입니다. 성체성혈을 영하고 난 다음에 드리는 첫 번째 감사 기도문에 무엇이라고 되어있나요?

> 이루 말할 수 없이 아름다운 당신의 얼굴을 바라보는 자들의 기쁨이 무한한 그곳에서 영원한 안식을 누릴 수 있게 하소서.

보십시오. 이것이 천국입니다. 천국이란 영원토록 하느님의 얼굴을 보는 것입니다. 천국은 꽃들보다, 이국적인 새들보다, 깨끗한 생수보다, 장미보다, 땅에 있는 제 아무리 아름다운 것보다, 모든 사랑스러운 것들보다 한없이 뛰어납니다.

그리스도를 사랑하면, 우리의 나약함과 그에 대한 자각에도 불구하고, 결국 죽음의 한계를 벗어나리라는 확신을 가지게 됩니다. 왜냐하면 그리스도의 사랑 안에서 그분과 교제하고 있기 때문입니다. 나는 주님을 사랑하고자 평생을 영적으로 투쟁해 왔습니다. 언제나 주님께서 내게 자비를 베푸시길 바라면서 간청하면서 말입니다. 내가 밤낮으로 추구하고 헌신했던 것이 바로 이것이었습니다. 이렇게 그리스도를 사랑하게 되면, 그리스도를 위해서라면 고통도 마다하지 않게 됩니다.

우리 모두가 이 땅에서부터 주님의 얼굴을 뵙기에 합당한 자 되게 해 주시기를 주님께 기도드립시다.

그리스도는 우리의 친구입니다.

우리는 그리스도를 친구처럼 느껴야 합니다. 그리스도는 우리의 벗입니다. 주님은 "내가 명하는 것을 지키면 너희는 나의 벗이 된다."(요한 15:14)

고 친히 확인시켜주셨습니다. 우리는 그분을 친구처럼 여기고 그분께 다가가야 합니다. 자주 넘어지고 좌절하십니까? 죄를 짓습니까? 그렇다면 그분의 사랑의 친밀함 안에서 그분에 대한 신뢰를 가지고 그분께로 달려가 피신합시다. 우리가 가져야 할 감정은, 벌을 주실 것이라는 두려움이 아니라 친구에게 털어놓을 때와 같은 솔직하고 용기있는 마음입니다. 그러므로 그분께 이렇게 말합시다. "주님, 죄를 저지르고 말았습니다. 죄에 굴복하고 말았습니다. 그런 저를 용서해 주십시오." 하지만 동시에 주님은 우리를 사랑하시고 사랑과 자애로 우리를 받아주시고 우리를 용서해주시는 분이심을 느껴야 합니다. 다만 죄가 우리와 그리스도를 갈라놓지 못하도록 해야 합니다. 주님이 우리를 사랑하고 또 우리가 주님을 사랑한다고 굳게 믿게 되면, 우리는 비록 죄를 짓는다 해도 그리스도께 낯선 존재가 되었다거나 그분과 떨어지게 되었다는 감정을 갖지 않습니다. 우리는 그분의 사랑을 얻었습니다. 그러므로 우리의 행동이 어떠하든지 간에 우리는 그분이 우리를 사랑하신다는 것을 분명히 알 수 있습니다.

 우리가 진심으로 그리스도를 사랑한다면, 그분께 마땅히 드려야 할 경배를 우리가 소홀히 하면 어떻게 하지라는 두려움은 존재하지 않습니다. 여기에서는 사도 바울로가 하신 말씀이 적합합니다.

> 누가 감히 우리를 그리스도의 사랑에서 떼어놓을 수 있겠습니까? 환난입니까? 역경입니까? 박해입니까? 굶주림입니까? 헐벗음입니까? 혹 위험이나 칼입니까? … 나는 확신합니다. 죽음도 생명도 천사들도 권세의 천신들도 현재의 것도 미래의 것도 능력의 천신들도 높음도 깊음도 그 밖의 어떤 피조물도 우리 주 그리스도 예수를 통하여 나타날 하느님의 사랑에서 우리를 떼어놓을 수 없습니다.
>
> (로마 8:35-39)

이것은 고도의 경지, 유일한 경지의 관계입니다. 바로 영혼과 하느님의 관계입니다. 그 어떤 것도 이 관계를 흔들 수 없고 끊을 수 없습니다.

물론 성경은 정의롭지 못한 자에 대해서도 상징적인 말들을 통해 이렇게 이야기합니다. "이 나라의 백성들은 바깥 어두운 곳에 쫓겨나 땅을 치며 통곡할 것입니다."(마태오 8:12) "불구덩이에 처넣을 것입니다. 그러면 거기에서 그들은 가슴을 치며 통곡할 것입니다."(마태오 13:42) 정의롭지 못한 자는 하느님과 멀어졌기에 바깥 어두운 곳이나 불구덩이에서 살게 될 것입니다. 교회의 교부들도 죽음과 지옥의 두려움에 대해 이야기합니다. "항상 죽음을 생각하라."고 교부들은 충고합니다. 이런 생각은 사람으로 하여금 지옥을 두려워하게 합니다. 죄를 피하려고 노력하는 가운데 계속해서 이렇게 죽음을 기억하면, 영혼은 죽음과 지옥과 악마에 대한 공포에 지배됩니다.

모든 것은 고유한 의미, 그에 맞는 시간과 상황들을 가지고 있습니다. 두려움의 의미는 첫 단계에 있는 이들, 다시 말해 아직 '옛 사람'이 죽지 않은 이들에게는 좋은 것입니다. 아직 고도의 영성을 맛보지 못한 초보자들은 두려움을 통해 악에 맞서 자신을 억제합니다. 우리가 여전히 물질적 존재들이고 땅에 묶여있는 존재들이라는 점에서 두려움의 감정은 꼭 필요한 것입니다. 그러나 이것은 하느님과의 관계에서 아주 낮은 수준의 단계입니다. 천국을 얻기 위해서 혹은 지옥에서 벗어나기 위해서 협상하는 그런 단계입니다. 이러한 태도는 자세히 살펴보면 결국 자기 자신에게 돌아올 어떤 유익이나 이익에 관심을 두는 것입니다. 나는 이런 방식이나 태도를 달갑게 여기지 않습니다. 하느님의 사랑을 향해 전진하고 또 그 안에 들어가면, 두려움이 무슨 소용이 있겠습니까? 무슨 일을 하든지 사랑으로 한다면 그것은 더욱 값진 것입니다. 하느님에 대한 사랑으로 하지 않고 두려움 때문에 하는 일은 값어치가 떨어집니다.

그리스도는 기쁨이요 진리요 천국임을 이해할 수 있도록 성경이 우리를 도와줍니다. 복음사도 요한은 이렇게 말합니다.

> 사랑에는 두려움이 없습니다. 완전한 사랑은 두려움을 몰아냅니다. 두려움은 징벌을 생각할 때 생기는 것입니다. 그러므로 두려움을 품는 사람은 아직 사랑을 완성하지 못한 사람입니다.
>
> (요한I 4:18)

두려움에 기반하여 많은 노력을 통해서 천천히 하느님 사랑 안으로 들어갑니다. 그런 후에는 지옥이나 두려움이나 죽음이 우리 안에서 사라져 버립니다. 오로지 하느님 사랑에만 관심을 두게 됩니다. 신랑이 신부를 위해서 모든 것을 바치듯이, 우리도 이 사랑을 위해서 모든 일을 하게 됩니다. 우리가 그분만을 따르고자 한다면, 제 아무리 어려운 상황 속에서도 이생의 삶은 기쁘고, 언제나 그리스도와 함께 합니다. "그래서 나는 여러분을 위하여 기꺼이 고통을 겪고 있습니다. 그리고 나는 그리스도의 몸인 교회를 위하여 그리스도의 남은 고난을 내 몸으로 채우고 있습니다."(골로사이 1:24)라고 사도 바울로가 고백한 것처럼 말입니다. 이것이 우리의 종교이고, 우리가 전진해 나가야 할 방향과 목표도 바로 이것입니다. 형식적인 것은 진정 그리스도와 함께 사는 것에 비해 같은 가치를 가지지 못합니다. 만약 우리가 이것에 성공한다면, 더 바랄 것이 무엇이겠습니까? 그것은 모든 것을 얻는 것입니다. 우리는 그리스도를 누리며 살고, 또 그리스도는 우리 안에 사십니다. 그렇게만 된다면, 모든 것이 순조롭고 참으로 쉬워집니다. 순종도, 겸손도, 평화도 모든 것이 쉬워집니다.

그리스도는 영혼의 신랑입니다.

솔로몬의 「아가(雅歌)」는 그리스도에 대한 참된 경배의 소산입니다. 이 '아가' 서는 하느님에 대한 열망, 하느님에 대한 사랑, 하느님에 대한 경배, 하늘에 계신 신랑과의 관계 안에서 깨어있음을 더욱 진작시켜주고 발전시켜줍니다. 이 책은 참으로 아름다운 문장들로 가득 차 있습니다! 에로틱하고 충만한 사랑, 열정, 하느님 사랑과 열망! '아가' 서는 인간적인 사랑을 읊고 있는 듯하지만 실은 하느님과의 사랑에 대해서 말하고 있습니다. 성 에프티미아 축일 성가 중 "나는 당신 사랑에 부상당했나이다."[11]라는 내용이 있습니다. 그것은 다음과 같은 의미입니다. "나는 열정을 경험합니다. 나는 고통스럽습니다. 내 영혼은 당신을 찾고 당신을 원합니다. 빛이시고 생명이시고 하느님이신 당신은 나의 주님 나의 하느님이시나이다."

'아가' 서에 나오는 신랑에서 우리는 그리스도를 발견합니다. 그리스도는 우리 영혼의 신랑입니다. 우리 영혼은 그분의 신부입니다. 그래서 우리 영혼은 모든 점에서 그분을 따릅니다. 순교 안에서, 골고다 언덕에서, 십자가에 달리심과 부활 안에서, 그분을 따릅니다. 이러한 사랑에 도달하게 될 때, 그리스도는 우리 마음 안에 들어오시고 우리의 영혼을 가득 채워 주실 것입니다.

끊임없이 위를 쳐다보십시오. 그리스도를 쳐다보십시오. 그분과 조금씩 더 친밀해지십시오. 그리스도와 함께 일하고 그리스도와 함께 살며 그리스도와 함께 숨 쉬고 그리스도와 함께 아파하며 그리스도와 함께 기뻐하십시오. 그리스도가 당신의 모든 것이 되길 원하십시오. 우리 영혼이 그분을 찾고 "나의 신랑이시여, 제가 당신을 갈망하여 마음이 애탑니다."[12]라고 부르

---

11) 성 에프티미아 축일 조과 애니 독사스띠꼰.
12) 순교자 아뽈리띠끼온(찬양송).

짖길 원하십시오. 그리스도는 우리의 신랑이시고 아버지이시며 모든 것입니다. 그리스도를 사랑하는 것보다 더 고귀한 일은 없습니다. 우리가 바라는 모든 것이 그리스도를 위한 것입니다. 오직 그리스도만이 전부이십니다. 그분은 충만한 기쁨, 충만한 감사, 천국과 같은 삶이십니다. 우리 안에 그리스도가 계시면 모든 위대성들이 우리 안에 있게 됩니다. 영혼이 그리스도를 사랑하게 되면 그분을 위해 어떤 수고와 희생을 하더라도 항상 기쁘고 행복합니다.

우리의 빈 마음을 채워주실 수 있는 분은 그리스도뿐이라는 것을 부정할 사람은 없습니다. 이 진리를 부정하는 사람은 악령에 지배당하는 사람이고, 심리적으로 병든 사람입니다. 흔히 그런 사람들은 자랄 때 부모와 환경으로부터 뭔가 결핍을 경험했다는 것을 애써 부정하곤 합니다. 악마는 이런 사람들의 영혼에는 빈구석이 있음을 발견하고 침투해 들어갑니다. 어린 아이가 고아로 자랄 때 받는 상처도 깊지만, 그리스도와 성모 마리아를 알지 못하고 자랄 때 받는 상처는 더욱 깊고 심각합니다.

'아가' 서에서 신부는 신랑인 그리스도께 이렇게 말합니다.

> 나는 자리에 들었어도 정신은 말짱한데, 사랑하는 이가 문을 두드리며 부르는 소리 …
>
> (아가 5:2)

신부는 밤새우다 잠깐 잠이 들면 그분을 만나는 꿈을 꿉니다. 잠을 자도 영혼은 그분을 향해 있습니다. 그녀 자신과 그녀의 사랑이 온전한 마음으로 그분께 바쳐졌기 때문입니다. 그녀의 생각과 마음에는 언제나 그분이 계시고 심지어 꿈에서조차도 그분이 계십니다. 오직 그분만을 경배합니다. 이해가 되십니까? 온 마음과 온 영혼을 다해서 경배드립니다. 이것은 무슨 뜻일까요? 오직 하느님께만 관심을 집중한다는 말입니다. 그것은 삶의 그 어떤 관심사와도 비교될 수 없습니다. 그것은 그리스도께 드리는 경배의 한 형태입니다. 바로 이 관심이 우리를 매혹하고 우리에게 만족을 줍니다. 그것은 억지로 느끼는 감정이 아닙니다. 영적인 만족과 영적인 욕망을 동시에 느낍니다. 좋은 대학에 가기 위해 공부하는 데 온 신경을 집중하는 것과는 차원이 다릅니다. 사랑하는 남녀의 관계에 비유할 수도 있겠지만, 실은 그것보다도 더 높고 영적인 것입니다.

이사야 예언자는 말합니다.

> 임신한 여인이 몸풀 때가 되어 아파 몸부림치며 신음하듯이 주여, 우리도 당신 앞에서 괴로워하였습니다. 우리는 임신한 듯, 해산하듯 몸부림쳤습니다. 그러나 우리가 낳은 것은 바람에 불과하여 이 땅에 구원을 베풀어주지 못하였습니다. 세상에 인구가 하나도 불어나지 않았습니다.
>
> (이사야 26:17-18)

하느님을 애타게 찾을 때 경험하는 고통 때문에 우리 영혼은 이렇게 부르짖습니다. 영혼은 하느님께 이르기 위해 온갖 수고와 노력을 다하기 때문입니다. 여자가 해산할 때 느끼는 그 산고와 울음이란 무슨 뜻일까요? 그리스도가 우리 안에 오실 때까지 겪어야하는 아픔과 산고가 아니겠습니까? 이 산고는 더욱더 큰 것입니다. 체험한 사람들은 그것을 압니다. 그것은 견디기 힘든 순교와 같습니다. …

그리스도인이 되려면 먼저 시인이 되십시오.

그리스도인의 영혼은 예민해야 하고, 감성이 풍부해야 하며, 감정이 살아있어야 합니다. 하늘을 날 듯 항상 날아올라야 하고, 꿈에 부풀어 살아야 합니다. 상상의 세계, 별들의 세계, 하느님의 존귀하신 세계와 침묵 속에서 날아다녀야 합니다.

그리스도인이 되려면 먼저 시인이 되어야 합니다. 바로 이것입니다. 아파해야 합니다. 사랑하고 아파해야 합니다. 사랑하는 그분을 위해서 아파해야 합니다. 사랑은 사랑하는 사람을 위하여 수고하게 합니다. 사랑하는 사람을 만나기 위해서 발에 피가 맺히도록 밤새 뛰어다니게 합니다. 사랑하는 사람을 위해 희생하게 하고, 아무것도 계산하지 않게 하고, 어떤 무례한 협박이나 어려움도 참아내게 합니다. 그리스도를 향한 사랑은 일반적인 사랑과는 다릅니다. 이 사랑은 무한하며 더 높은 것입니다.

우리가 사랑에 대해서 말할 때, 그것은 우리가 획득할 수 있는 어떤 덕들에 관한 것이 아닙니다. 그것은 오히려 그리스도와 다른 사람들에 대한 사랑을 경험하는 우리의 마음과 관련된 것입니다. 우리는 모든 것을 이것을 향해 정향시켜야 합니다. 아이를 품에 안고 입을 맞출 때 어머니는 그 작은 영혼으로 인해 감격스러워하지 않습니까! 작은 천사를 안고 있는 그녀의 얼굴은 빛이 납니다! 하느님께 속한 사람은 이 모든 것을 봅니다. 그리고 깊은 인상을 받으며 더욱 뜨거운 마음으로 이렇게 말합니다. "나도 우리 하느님께, 우리 그리스도께, 우리 성모 마리아님께 우리 성인들께 이러한 마음 설렘이 있다면 얼마나 좋을까!" 우리도 이처럼 우리의 하느님 그리스도를 사랑해야 합니다. 우리가 원할 것, 우리가 갈망할 것은 바로 이것입니다. 그리고 하느님의 은총으로 우리는 이것을 얻을 수 있습니다.

그러나 과연 우리에게 그리스도를 향한 이 불꽃이 있습니까? 너무 지쳐 있을 때 영적인 쉼을 얻기 위해 사랑하는 그분께 달려가서 기도합니까? 혹시 억지로 기도하면서 "피곤해서 죽겠는데 지금 개인 기도와 참회의 절 기도를 해야 하다니 …"라고 불평하지는 않습니까? 후자에 속한다면 왜 그런 감정을 느끼는 것일까요? 하느님에 대한 사랑과 열망이 부족하기 때문입니다. 이런 기도는 아무 가치도 없습니다. 오히려 해악을 끼칠지도 모릅니다.

일그러진 영혼은 그리스도의 사랑에 합당치 못합니다. 그리스도는 그런 영혼과는 관계를 끊습니다. 천박한 영혼이 그 곁에 있는 것을 원치 않으시기 때문입니다. 그리스도에게 합당하게 되려면, 영혼은 먼저 자기 자신에게로 돌아와야 합니다. "일곱 번씩 일흔 번이라도"(마태오 18:22) 회개해야 합니다. 참된 회개는 우리를 거룩함으로 인도합니다. "허송세월만 보냈어. 나는 쓸모없는 인간이야." 이렇게 낙담하지 맙시다. 오히려 "하느님, 나는 수많은 날들을 헛되이 보냈고, 당신 가까이에 있지 않았습니다."라고 솔직하게 고백합시다. 나도 허송세월을 보낸 적이 있었습니다. 나는 12살 때 아토스 성산으로 떠났습니다. 아토스 성산에 들어가기 이전의 삶은 허송세월한 것이 아닐까요? 비록 어린 나이이긴 했지만 나는 하느님과 멀리 떨어져서 12년 동안 세속의 삶을 살았습니다. 내 기준으로 볼 때 그것은 결코 짧지 않은 세월입니다!

이그나티오스 브리안챠니노프의 책 『내 아들아, 너의 마음을 다오』의 한 부분을 들어봅시다.

수도사에게 육적이건 영적이건 모든 일은 수고를 겪지 않고는 아무런 열매를 맺을 수 없습니다. 왜냐하면 분투하는 자만이 하늘나라를 차지하기 때문입니다. 여기서 분투의 의미는 육체와 영혼의 수고와 아픔을 동반하는 영적 단련을 의미합니다.

그리스도를 사랑하면, 수고하게 됩니다. 하지만 그 수고는 복된 수고입니다. 기쁨 안에서 고통받습니다. 참회의 절기도를 드립니다. 기도합니다. 그것은 욕구, 거룩한 욕구이기 때문입니다. 그리스도를 사랑한다는 것은 아픔과 열정, 열렬한 흠모와 가슴 설렘, 감사와 기쁨 그리고 사랑입니다. 참회의 절기도를 하고 철야예배를 드리고 금식하는 이 모든 수고는 사랑하는 분을 위해서 하는 행위입니다. 그리스도와 함께 살기 위한 수고입니다. 그러므로 이 수고를 억지로 하거나 한숨을 쉬면서 하면 안 됩니다. 억지로 한다면 당신과 그 수고 자체에도 악영향을 끼칠 것입니다. 억지로 하면 반항심만 커집니다. 그리스도를 위한 수고와 참된 열망, 그것이 바로 그리스도에 대한 사랑입니다. 그것은 희생, 자기 자신을 온전히 선물로 내어주는 희생입니다. 초처럼 자신을 다 태워 없애는 희생입니다. "주의 성전 뜰 안을 그리워하여 내 영혼이 애타다가 지치옵니다."(시편 84:2)라고 고백할 때 다윗이 느꼈던 감정이 바로 이것입니다. 영혼은 가슴 설레면서 아파하고 하느님을 향한 사랑으로 녹아버립니다. 다윗의 시편과도 어울리는 베리티스의 이 시를 나는 참 좋아합니다.

이 땅에서
내 영혼을 내놓을 마지막 순간까지
나는 그리스도와 동행하며 살고픈
뜨거운 열망을 가지고 있다네.

공부한 것을 이해하고 내 마음속에 새겨놓으려면, 많은 주의와 노력이 필요합니다. 거기에는 반드시 수고가 따릅니다. 그런 후에는 큰 수고를 하지 않고도 묵상과 뜨거움과 눈물 안으로 들어갈 수 있게 됩니다. 그것들은 우리를 구원으로 이끄는 하느님의 은총입니다. 열정적인 사랑은 반드시 노고를 동반합니다. 성가와 성경과 카논들을 이해함으로써 기쁨으로 인도됩니다. 다윗이 "이 마음에 심어주신 당신의 기쁨"(시편 4:7)이라고 노래한 것처럼 말입니다. 이렇게 해서 피흘리지 않고도 깊은 묵상에 저절로 들어갈 수 있게 됩니다. 이해하시겠습니까?

　미천한 나는 교부들의 말씀과 은수도사의 말씀과 구약과 신약의 말씀을 듣기를 갈망합니다. 이 말씀들을 다 이해해서 내 마음속에 잘 새기고 싶습니다. 그것은 하느님에 대한 뜨거운 사랑을 가꾸어 나가는 좋은 방법 중의 하나입니다. 이것을 간절히 바라고 노력했지만 아직 완벽하게 성공하지는 못했습니다. 지금 나는 병이 들어서 "마음은 간절하나 몸이 말을 듣지 않는구나!"(마태오 26:41)라는 심정으로 삽니다. 참회의 절 기도도 할 수 없습니다. 할 수 있는 것이 아무것도 없지만 희망의 끈만은 놓지 않습니다. 나는 지금 다시 아토스 성산에 들어가서 참회 기도하고 성찬예배를 집전하며 은수도사 한 명과 함께 수도 생활을 할 수 있다면 얼마나 좋을까 하는 간절한 열망을 가지고 있습니다. 두 명이 함께 영적 단련을 하면 좋은 점이 많습니다. 그리스도께서도 이렇게 말씀하셨습니다.

> 단 두세 사람이라도 내 이름으로 모인 곳에는 나도 함께 있겠다.
>
> (마태오 18:20)

겸손하게 보답을 바라지 않고 하느님을 경배합시다.

　그리스도께서는 우리 영혼의 문 밖에 서서 문이 열릴 때까지 문을 두드리고 계십니다. 강제로 그 안에 들어오시지는 않습니다. 우리에게 주신 자유를 침해하길 원치 않으시기 때문입니다. 요한묵시록에서도 말씀하셨습니다.

> 들어라. 내가 문 밖에 서서 문을 두드리고 있다. 누구든지 내 음성을 듣고 문을 열면 나는 그 집에 들어가서 그와 함께 먹고, 그도 나와 함께 먹게 될 것이다.
>
> (요한묵시록 3:20-21)

그리스도는 친절하십니다. 우리 영혼의 문 밖에 서서 겸손하게 문을 두드리십니다. 우리가 문을 열면 우리 안에 들어오시어 신비롭게 그리고 소리 없이 조용하게 자신의 모든 것을 내어주십니다.

그분께서 먼저 우리를 알아주시지 않는다면 우리는 결코 그리스도를 알 수 없습니다. 이것은 너무 신비로운 영역의 일이기에 말로 정확하게 설명하지는 못하겠습니다. 사도 바울로 말씀을 들어봅시다.

> 이제는 여러분이 하느님을 알고 있을 뿐만 아니라 하느님께서 여러분을 알고 계신데 왜 또다시 그 무력하고 천한 자연 숭배로 되돌아가서 그것들의 종 노릇을 하려고 합니까?
>
> (갈라디아 4:9)

그리스도가 우리를 먼저 사랑하지 않으신다면 우리도 그분을 사랑할 수 없습니다. 그분이 우리를 사랑하시려면, 우리 안에 뭔가 특별한 것이 있어야 합니다. 당신은 원하고 추구하고 기도하지만 아무것도 얻지 못합니다. 하느님의 은총이 당신 안에 임하게 하기 위해, 그리스도께서 원하시는 이것들을 얻으려고 준비합니다. 하지만 사람이 반드시 가지고 있어야 할 것을 발견할 수 없기 때문에 그 은총은 안으로 들어가지 못합니다. 그것이 무엇일까요? 은총을 얻기 위해, 그리스도의 사랑을 얻기 위해 반드시 갖추어야 할 그것은 도대체 무엇일까요? 그것은 바로 겸손입니다. 겸손이 없다면 그리스도를 사랑할 수 없습니다. 겸손이 필요합니다. 대가를 바라지 않고 하느님께 경배를 드리는 것이 필요합니다. 그것은 "자선을 베풀 때에는 오른손이 하는 일을 왼손이 모르게 하라."(마태오 6:3)는 말씀과도 일맥상통합니다.

아무도 당신을 보지 못하게, 하느님을 향한 경배의 몸짓을 아무도 눈치 채지 못하게 하십시오. 은수도사처럼 모든 것을 아무도 모르게 은밀하게 하십시오. 종달새에 관해 해드렸던 이야기를 기억하고 계십니까? 새들은 숲 속 깊은 곳 고요 속에서 지저귑니다. 혹시 누군가 듣고 있었던 것은 아닐까요? 누군가 칭찬했던 것은 아닐까요? 하며 의심할지도 모르겠습니다. 하지만 그렇지 않습니다. 인적 없는 곳에서 아름답게 지저귀는 종달새의 노랫소리! 종달새가 노래할 때 목청이 얼마나 부풀어오르는지 본 적이 있습니까? 그리스도와 사랑에 빠진 사람도 이렇게 됩니다. 그는 목청이 터지도록 노래하고, 사랑에 흠뻑 젖어 끊임없이 혀를 움직여 찬양합니다. 그는 동굴 속에서, 외진 골짜기에서, "말로 다 할 수 없을 만큼 깊이 탄식하며"(로마 8:26) 신비롭게 하느님과 함께 삽니다. 이것이 바로 하느님과 함께 "그분 안에서 숨 쉬고 움직이며 살아가는"(사도행전 17:28) 증표입니다.

이러한 경지의 겸손에 도달하여, 하느님의 은총이 그대 안에 머무는 상태가 되면, 그대는 모든 것을 얻습니다. 겸손을 가질 때, 그래서 하느님의 포로가 될 때, 좋은 의미에서 포로가 될 때, 그대는 사도 바울로와 함께 이렇게 말할 수 있게 될 것입니다.

이제는 내가 사는 것이 아니라 그리스도께서 내 안에서 사는 것입니다.

(갈라디아 2:20)

이것을 실현하는 것은 매우 쉽습니다. 그것은 하느님께서 원하시는 것을 행하는 것입니다. 그저 쉬운 정도가 아니라 정말 너무 쉽습니다. 다만 우리의 마음을 열기만 하면 됩니다. 하느님을 받아들이기 위해 문을 열기만 하면, 우리는 하느님에 합당한 사람이 됩니다. 그러면 그리스도께서 우리 안에 내려오실 수 있게 되고, 그렇게 해서 우리 안에 내려오시면, 그리스도께서는 우리에게 자유라는 선물을 주십니다. 그 어떤 말로 이 오묘한 신비를 표현할 수 있을까요? 그 신비의 비밀은 바로 사랑, 그리스도를 향한 열정적인 사랑입니다. 그것은 영적인 세상에의 위탁입니다. 거기에는 외로움과 같은 것이 없습니다. 그것은 전적으로 다른 세상입니다. 그곳에서 영혼은 기뻐하고, 환희에 찹니다. 그곳에는 만족이 존재할 수 없습니다. 그 사랑과 기쁨과 환희는 무한하기 때문입니다.

성경과 교부들의 책들은 하느님 사랑을 키워줍니다.

모든 것은 성경에서 나옵니다. 영적 투쟁의 비밀을 알려면 계속해서 성경을 읽어야 합니다. 다음은 내가 사랑하는 솔로몬의 지혜서 9장 1절에서부터 5절에 나오는 이야기입니다.

우리 조상들의 하느님이시며 자비로우신 주님, 당신은 말씀으로 만물을 만드셨고, 당신의 지혜로 인간을 내시어 당신 손에서 생명을 받은 모든 피조물을 지배하게 하셨습니다. 또 인간으로 하여금 세상을 거룩하고 의롭게 다스리게 하시고 정직한 마음으로 통치하게 하셨습니다. 나에게, 당신 왕좌에 자리를 같이한 지혜를 주시고 나를 당신의 자녀들 축에서 빼놓지 마소서. 나는 당신의 종이며 당신 여종의 자식입니다. 여생이 얼마 남지 않은 연약한 인간이며 정의와 율법을 제대로 알지 못하는 하찮은 인간입니다.

솔로몬은 지극히 겸손한 자세로 하느님께 하느님의 지혜를 간청했습니다. 그래서 하느님께서는 솔로몬에게 훌륭한 지혜를 주셨습니다. 솔로몬의 지혜는 자신의 것이 아닙니다. 성가 작가들은 그의 지혜서로부터 영감을 얻어 훌륭한 성가들을 작사했습니다. 그래서 나도 솔로몬의 지혜서를 참 좋아합니다. 성경과 성가들을 읽고 마음에 새기십시오. 이렇게 하면 하느님을 향한 열렬한 사랑을 얻게 될 것입니다. 삼위일체 카논을 들어봅시다.

> 단 하나의 동일한 본질, 변하지 않는 상태,
> 선하신 하느님, 사람의 친구, 우리 죄의 용서를 베푸시는 분,
> 거룩한 원리들이신 세 위격을 우리 모두 찬양하나이다.[13]

말해보십시오, 내가 이걸 어떻게 알고 있을지. 나는 이 성가들을 미칠 만큼 사랑합니다. 나는 이 성가들에서 거룩한 취함을 경험합니다. 아무리 불러도 만족할 수 없습니다. 성 요한 크리소스토모스의 영성체 감사 기도에서도 이렇게 말하지 않습니까!

> 마침내 내가 영원한 생명을 얻을 희망 속에서 이 세상을 떠나게 될 때, 축제를 지내는 자들의 노랫소리가 끊이시 않으며 이루 말할 수 없이 아름다운 당신의 얼굴을 바라보는 자들의 기쁨이 무한한 그곳에서 영원한 안식을 누릴 수 있게 하소서. 우리 하느님 그리스도시여, 당신은 모든 사람들이 찾는 분이시며 당신을 사랑하는 자들의 형용할 수 없는 기

---

13) 삼위일체 카논 6조, 1오디 첫 번째 쁘로빠리온.

쁨이오니 이 세상 만물이 모두 당신을 찬양하나이다. 아멘.

하느님을 사랑하는 일은 축제이며 그 모든 기쁨의 중심은 그리스도의 얼굴입니다. 이것은 정확히 무엇을 의미하는 것일까요? 하느님은 무한하신 분이시기에 우리는 하느님을 결코 이해할 수 없습니다. 그분은 신비이시고 침묵이십니다. 하느님은 정말로 은밀한 분이시지만 또한 모든 곳에 현존하십니다. 우리는 하느님으로 인해 살아가고 하느님을 호흡하지만, 그분의 엄위하심을 느낄 수 있는 능력이 없습니다. 하느님은 그 섭리의 행위들을 숨기십니다. 하지만 우리가 거룩한 겸손을 얻는다면, 그때 우리는 모든 것을 볼 수 있고, 모든 것을 경험합니다. 분명하게 하느님과 살고, 그분의 신비를 느낄 수 있습니다. 그러면 그때부터 우리는 하느님을 사랑하기 시작합니다. 그리고 이것이 바로 주님이 바라는 것입니다. 주님은 말씀하십니다.

네 마음을 다하고 목숨을 다하고 뜻을 다하여 주님이신 너희 하느님을 사랑하여라. 이것이 가장 크고 첫째가는 계명이니라.

(마태오 22:37-38)

주님이 우리에게 이렇게 요구하시는 것은 바로 우리의 행복을 위해서입니다.

성인들이 경험했던 사랑도 바로 이와 같은 사랑이었습니다. 가자의 주교였던 성 뽀르피리오스도 이런 사랑을 가진 분이셨습니다.

진실로 당신은 최종적인 목표에 이르렀나이다.
절제로 정념들을 굴복시키시고
당신은 우리가 간절하게 원하는 분 안에 거하시나이다.

오, 뽀르피리오스 성인이시여,

주교들과 목자들의 지극히 정확한 표준이시여.

"진실로 당신은 최종적인 목표에 이르렀나이다." 이처럼 성인은 기쁨으로 하느님을 향해 떠났습니다. 우리가 추구하는 최종적인 목표는 바로 성부와 성자와 성령 하느님이십니다. 세 위격은 서로 하나이십니다. 마찬가지로 세 위격이신 하느님은 교회와 하나이십니다.

나의 그리스도시여, 당신은 내 사랑이시나이다!

나는 죽음에 대해 생각하지 않습니다. 다만 주님의 뜻대로 되길 바랄 뿐입니다. 그리스도만 생각하고 싶습니다. 그대들도 두 팔을 펼치고 그리스도의 품 안으로 달려가 안기십시오. 그러면 그분이 그대들 안에서 살게 될 것입니다. 그러면 왜 그분을 더 많이 사랑하지 못했을까 하는 안타까움에, 주님께 더욱더 다가가고 싶고 주님과 하나가 되길 더욱 간절하게 열망하게 됩니다. 정념들을 무시해 버리십시오. 악마에게는 조금도 관심을 두지 마십시오. 다만 그리스도를 향해 돌아서십시오. 하지만 이 모든 것이 실현되기 위해서는 은총이 먼저 와야 합니다. "약한 자를 고쳐주시고 부족한 자를 채워주시는 은총"[14]이 먼저 와야 합니다.

---

14) 신품 성사 기도문 중에서.

기도에 대하여[15]

> "하느님을 사랑하는 마음으로
> 열렬히 기도하십시오.
> 평온한 가운데 선한 마음으로
> 자신에게 강요하지 말고 자연스럽게 기도하십시오."

기도하는 방법을 주님께서 직접 가르쳐주실 것입니다.

사람은 하늘에서의 기쁨과 행복을 추구합니다. 모든 것에 앞서 영원한 것을 추구합니다. 하느님 안에서 기쁨을 발견하길 갈구합니다. 하느님은 신비입니다. 그분은 침묵이시고 무한이시며 그분만이 모든 것이십니다. 모든 사람이 하늘을 추구하는 영혼의 이 성향을 소유합니다. 비록 의식하지는 못할지라도 모든 존재들은 바로 그분을 향합니다.

당신의 영이 항상 주님을 향하게 하십시오. 하느님과의 대화인 기도를 사랑하십시오. 모든 것이 주님의 사랑 안에 있습니다. 신랑이신 주님을 열렬히 사랑하는 것이 우리 삶의 전부입니다. 어둠 속에 살지 않기 위해서 기

---

15) 역자주 : 기도를 의미하는 그리스어는 여러 가지가 있지만 특별히 εὐχή(에프키), προσευχή(프로세프키) 라는 두 단어가 있습니다. 그 중 εὐχή는 일반적인 의미에서는 모든 형태의 기도를 총칭할 수도 있지만, 특히 수도 영성 안에서는 보통 '예수 기도'를 지칭합니다. 왜냐하면 정교회의 영성에서 특별히 개인적인 기도 실천, 관상 기도 실천은 '예수 기도'의 실천이기 때문입니다. 여기서도 특정한 기도를 지칭하는 것이 아닐 경우 모두 '예수 기도'로 이해해야 합니다. '예수 기도'에 관해서는 정교회출판사에서 출판된 다음의 책들을 참고하시길 바랍니다. 『예수 이름의 능력』, 칼리스토스 웨어 대주교, 2012년(개정판1쇄) ;『예수 기도』, 이에로테오스 대주교, 그레고리오스 박노양 번역, 2010.

도의 스위치를 올리십시오. 그리하여 그대들의 영혼 안에 하느님의 빛이 오게 하십시오. 그러면 여러분 마음 깊은 곳에 그리스도께서 나타나실 것입니다. 바로 그 깊은 마음속에 하느님의 나라가 있습니다. "하느님 나라는 바로 너희 가운데 있다."(루가 17:21)

기도는 성령과 함께 이루어집니다. 성령이 영혼에게 어떻게 기도해야 하는지 가르쳐 줍니다.

> 성령께서도 연약한 우리를 도와주십니다. 어떻게 기도해야 할지도 모르는 우리를 대신해서 말로 다 할 수 없을 만큼 깊이 탄식하시며 하느님께 간구해 주십니다.
>
> (로마 8:26)

우리는 어떠한 노력도 필요 없습니다. 겸손한 종의 모습으로 하느님께 간청하면서 다가가기만 하면 됩니다. 그때야말로 하느님께서 우리의 기도를 좋아하십니다. 경건한 자세로 십자가에 달리신 예수님 앞에 절하며 이렇게 말합시다. "주 예수 그리스도 하느님의 아들이시여, 죄인인 저를 불쌍히 여기소서." 이 기도 안에 모든 것이 표현됩니다. 사람의 영이 기도를 향해 움직이면, 눈 깜짝할 사이에 하느님의 은총이 옵니다. 그러면 사람은 은총에 사로잡히고, 이제 전혀 다른 시각으로 모든 것을 보게 됩니다. 그리스도를 사랑하고 기도와 묵상을 사랑하는 이것이 우리의 전부입니다. 기도할 때 사람의 노력이 차지하는 몫은 백만 분의 일 정도에 불과합니다.

기도하기에 앞서, 영혼은 먼저 그것을 위해 준비해야 합니다. 성찬예배에서 복음경을 봉독할 때 사제는 마음속으로 다음과 같은 기도를 드립니다.

> 자애로우신 주님이시여, 지혜의 빛이 우리 마음에 빛나게 하시며, 우

리 마음의 눈을 뜨게 하시어, 주의 복음을 깨닫게 하소서. 또한 우리로 하여금 주의 말씀을 지키고 따르게 하시어, 모든 욕망을 이기고, 만사를 주님 뜻대로 생각하고 행함으로써, 영적인 삶을 살게 하소서. 그리스도 하느님이시여, 당신은 우리의 몸과 마음을 비추는 빛이시니, 당신과 영원하신 성부와 지극히 선하시며 생명을 주시는 성령께, 이제와 항상 또 영원히 영광을 바치나이다. 아멘.[16]

우리는 특별한 고려 없이 기도에 들어갑니다. 우선 적당한 환경이 필요합니다. 예수님을 향한 마음, 성경공부, 시편, 등잔, 분향 등이 적당한 분위기를 만들어줍니다. 이렇게 하면 모든 것이 단순해집니다. "마음의 단순성" 안에 있게 됩니다. 사랑을 가지고 시편과 예식서를 읽다 보면 우리는 어느새 거룩해집니다. 하느님의 말씀은 우리를 기쁨으로 가득 채워줍니다. 우리 자신의 노력을 요구하고 이 기쁨과 희열은 기도의 분위기에 쉽게 들어갈 수 있게 해줍니다. 이것이 바로 흔히 말하는 "마음을 따뜻하게 하는 것"입니다. 그것은 마치 전에 보았던 아름다운 풍경들을 정신 안에 다시 불러오는 것과 같습니다. 이 노력은 달콤합니다. 그것은 피땀 흘려야 얻을 수 있는 것이 아닙니다. 하지만 주님께서 하신 이 말씀을 결코 잊어서는 안 됩니다.

> 나 없이는 아무것도 할 수 없다. 나를 떠나서는 너희가 아무것도 할 수 없다.
>
> (요한 15:5)

우리에게 기도를 가르쳐 주실 분은 바로 주님이십니다. 우리 혼자서는

---

16) 성 요한 크리소스토모스 성찬예배서, 복음경 봉독 전 기도.

결코 기도를 배울 수 없습니다. 다른 사람이 우리에게 기도를 가르쳐 줄 수 있을 거라 생각하지 마십시오. 이미 수없이 많은 참회기도를 했으니 주님의 은총을 받은 것은 확실하다고 말하지 마십시오. 다만 우리 안에 하느님 지혜의 순수한 빛이 비추기를 간구합시다. 그리고 우리의 영적인 눈이 열려 주님의 거룩한 말씀을 이해할 수 있게 해달라고 간구합시다.

이러한 방법으로 우리는 우리 자신도 모르게, 어떤 강제나 수고나 싸움 없이도 하느님을 사랑하게 됩니다. 사람에게는 그것이 어려운 일일지 모르지만 하느님께는 참으로 쉬운 일입니다. 주님의 은총이 우리를 감싸 안기만 한다면, 단번에 우리는 하느님을 사랑하게 됩니다. 우리가 그리스도를 많이 사랑하면, 기도는 저절로 이루어집니다. 이렇게 해서 그리스도는 단절됨 없이 우리 영 안에 우리 마음 안에 계실 것입니다.

이러한 상태를 잃지 않고 계속 그 안에 머물려면, 하느님 사랑을 가져야 합니다. 하느님을 향한 사랑, 그리스도를 향한 불타는 사랑이 필요합니다. 이 열렬한 사랑은 더 탁월한 어떤 존재에게 향한 것입니다. 사랑하는 존재이신 하느님은 사랑받는 존재를 찾습니다. 마찬가지로 사랑받는 존재는 자신을 사랑하는 존재 곁에 이르기를 갈망합니다. 사랑하는 존재이신 하느님은 완벽한 사랑으로 사랑받는 자를 사랑하십니다. 사람에 대한 그분의 사랑에 있어서, 하느님은 어떤 보상도 바라지 않으십니다.

하느님을 향한 사랑이 하나의 감사로 표현될 때 그것은 더욱 높은 차원의 사랑입니다. 사랑하는 것, 그것은 우리에게 필수적인 것입니다. 그것은 어떤 의무가 아닙니다. 그것은 마치 우리가 먹어야 살 수 있듯이, 우리에게 반드시 필요한 것입니다. 자주 우리는 어떤 의지처가 필요해서 하느님께 다가가곤 합니다. 사실 우리 주변에 있는 것들은 우리에게 진정한 휴식처를 주지 못하고, 곧 실망만 안겨줍니다.

그리스도가 우리 안에 오시려면 우리의 마음이 깨끗해야 합니다.

주님의 은총은 우리가 해야 할 의무를 일깨워줍니다. 은총을 끌어오려면, 사랑과 열정이 필요합니다. 하느님의 은총은 하느님에 대한 사랑을 요구합니다. 우리를 기도의 상태로 만들어 주는 데는 사랑 하나면 족합니다. 주님이신 그분이 직접 우리에게 오실 것입니다. 그분이 좋아하실 만한 몇 가지만 우리 안에 있으면 그분은 곧 우리 영혼 안에 있게 될 것입니다. 그것은 선한 의지, 겸손 그리고 사랑입니다. 이것들이 없다면 우리는 "주 예수 그리스도시여, 저를 불쌍히 여기소서."라고 기도할 수 없습니다.

라디오 채널의 예를 들어보겠습니다. 구형 라디오에는 안테나가 있습니다. 그 안테나의 방향을 정확하게 맞추어야만 방송이 잘 들립니다. 안테나 방향이 정확해서 수신율이 최고인 것을 1번이라고 하고, 안테나 방향이 조금 틀어져서 수신율이 좋지 않은 방송을 2번이라고 합시다. 그리고 안테나 방향이 엉뚱한 곳으로 가서 방송이 전혀 들리지 않는 것을 3번이라고 합시다. 주님과의 거룩한 대화도 이와 같습니다. 영혼이 1번에 맞추어져 있다면 대화는 참으로 잘 될 것입니다. 물론 이것은 두 가지 기본적인 조건이 충족되어야 하는데 그것은 바로 겸손과 사랑입니다. 이러한 덕을 바탕에 간직한 영혼은 하느님과 대화하고 하느님 음성을 듣고 그 말씀을 받아들이고 하느님의 능력과 은총을 받아 변화합니다. 부드럽고 사려 깊은 마음으로 하느님께 돌아섭니다. 2번은 하느님에 대한 사랑과 겸손이 1번보다는 적으므로 주님과의 거룩한 대화가 잘 안 됩니다. 만약 영혼이 3번의 상태에 있다면, 대화는 전혀 통하지 않게 됩니다. 그 이유는 온통 욕망과 미움과 적대감으로 가득 차서 주님과의 거룩한 대화가 끼어들 틈이 없기 때문입니다.

우리가 '주 예수 그리스도시여' 라고 부를 때 그리스도께서 우리 안에 오실 수 있기 위해서는, 마음이 깨끗해야 하고 어떤 방해물도 없어야 합니다.

미움과 이기주의 그리고 악에서 완전히 해방되어야 합니다. 주님이 우리를 사랑해 주시도록 하려면 우리도 주님을 사랑해야 합니다. 그러나 우리 마음을 짓누르는 그 어떤 것이 존재한다 해도, 거기에는 하나의 비법이 있습니다. 그 비법은 바로 우리가 잘못한 일에 대해서 용서를 구하거나 고백신부님에게 고백성사를 받는 것입니다. 그러나 전에도 말했듯이 여기에는 겸손이 필요합니다. 하느님 뜻대로 변화되고, 하느님 말씀대로 살고, 또 평화를 유지하고, 우리 양심에 따라 선행을 한다면, 자신도 모르게 부드럽게 기도 안에 들어갈 수 있게 될 것입니다. 그런 다음에는 주님의 은총이 오기만을 단순하게 그리고 천천히 기다리면 됩니다.

어떤 일이 닥쳐도 그 책임을 당신 자신에게 물어야 합니다. 겸손하게 기도하고 변명하지 맙시다. 질투심에 사로잡혔습니까? 사랑하는 마음으로 기도하여 그 사랑으로 질투심을 뒤덮어 버리십시오. 모함을 당하고 있습니까? 기도하십시오. 말과 행동을 조심하십시오. "주님의 귀는 예민하셔서 모든 것을 다 들으시므로 불평을 속삭이기만 해도 그 귀에 다 들린다."(지혜서 1:10)고 합니다. 이웃에 대한 아주 작은 불평이라도 분명 당신의 영혼에 영향을 줍니다. 그것 때문에 기도를 드리지 못할 수도 있습니다. 영혼의 상태가 이러하다면, 성령도 우리에게 가까이 오길 원하지 않으십니다.

우리의 삶 안에서 오직 그분의 뜻이 이루어지길 하느님께 간청합시나.

우리의 기도가 응답되지 않는 것은 바로 우리가 그에 합당치 않기 때문입니다. 기도를 하려면 먼저 그에 합당한 사람이 되어야 합니다. 우리가 합당하지 않은 것은 또한 우리가 이웃을 내 몸처럼 사랑하지 않기 때문입니다. 그리스도께서 직접 말씀하셨습니다.

> 그러므로 제단에 예물을 드리려 할 때에 너에게 원한을 품고 있는 형제가 생각나거든 그 예물을 제단 앞에 두고 먼저 그를 찾아가 화해하고 나서 돌아와 예물을 드려라.
>
> (마태오 5:23-24)

합당하게 되려면, 먼저 가서 당신의 형제와 화해하고, 용서를 청하십시오. 이렇게 하지 않으면 당신은 기도드릴 자격이 없습니다. 합당하지 못한 사람은 그 무엇도 할 수 없습니다. 누구와 다툼이 있다면 먼저 그것을 해결하고 마음을 정리한 후에 하느님께 봉헌하십시오.

그리스도에게 속하기를 간절히 원하는 사람, 하느님의 뜻에 자신을 맡기는 사람은 누구나 합당한 사람이 됩니다. 자신의 뜻을 전혀 내세우지 않는 것, 이것은 매우 가치 있는 것이고 그것이야말로 전부입니다. 좋은 자신의 뜻을 내세우지 않습니다. 자신의 뜻을 내세우지 않는 것, 이것은 아주 부드러운 방법으로 실천할 수 있습니다. 그것은 바로 그리스도를 사랑하고 그의 계명들을 지키는 것입니다.

주님은 말씀하십니다.

> 내 계명을 받아들이고 지키는 사람이 바로 나를 사랑하는 사람이다. 나를 사랑하는 사람은 내 아버지에게 사랑을 받을 것이다. 나도 또한 그를 사랑하고 그에게 나를 나타내 보이겠다.
>
> (요한 14:21)

이를 위해 우리는 영적 투쟁을 해야 합니다.

우리가 대항하여 싸워야 할 원수들은 인간이 아니라 권세와 세력의 악신들과 암흑 세계의 지배자들과 하늘의 악령들입니다.

(에페소 6:12)

정신을 바짝 차리고 깨어 있으십시오. 여러분의 원수인 악마가 으르렁대는 사자처럼 먹이를 찾아 돌아다닙니다.

(베드로Ⅰ 5:8)

성경에서 언급한 것처럼 우리는 "으르렁대는 사자"에 맞서 싸워야 합니다. 이 싸움에서 교활한 사탄이 승리자가 되게 해서는 안 됩니다.

이와 같은 싸움은 몇 가지 전제 조건을 포함합니다. 그것은 바로 눈물과 회개와 기도와 사랑입니다. 그것은 또한 그리스도에 대한 신뢰입니다. 믿음 없이 간구해서는 안 됩니다. 오직 그리스도만이 고독한 옥죄임에서 우리를 벗어나게 해 주실 수 있습니다. 기도와 회개 그리고 자선. 돈이 없다면 물 한 잔이라도 대접하십시오. 우리가 거룩해질수록 우리의 기도가 잘 응답될 것임을 다시 한번 명심하십시오.

하느님께 기도를 드릴 때, 절대로 하느님을 강요하거나 억지를 부려서는 안 됩니다. 우리를 질병과 같은 불행에서 벗어나게 해달라고, 혹은 어떤 문제들을 해결해 달라고 기도드려서는 안 됩니다. 다만 그 모든 어려움들을 잘 견디어 낼 수 있게 힘을 주시고 위로해 주시길 하느님께 기도합시다. 하느님께서 정중하게 우리 영혼의 문을 두드리시는 것처럼, 우리도 예의를 갖추어서 우리가 원하는 바를 간구합시다. 하지만 주님께서 들어주시지 않는다면 그 간구의 기도를 멈추어야 합니다. 우리가 끈질기게 요청해도 하느님께서 들어주시지 않을 때는 다 이유가 있기 때문입니다. 언제나 하느님이 옳습니다. 하느님께는 우리가 알지 못하는 비밀이 있습니다. 주님의 선하신 섭리를 믿는다면, 또 하느님이 우리 인생의 모든 것을 알고 계시다는 것을 믿는다면, 또 하느님이 우리에게 좋은 것을 주시기를 우리 자신보다 더 원하신다는 것을 믿는다면, 하느님을 전적으로 신뢰하고 모든 것을 그분께 맡기지 못할 이유가 무엇입니까? 그러므로 주님께 억지 부리지 말고 내 욕심만 채우려 하지 말고, 다만 순수하면서도 온유하게 기도드립시다. 하느님은 과거와 현재 그리고 미래를 다 아시고, 그분의 눈에는 모든 것이 명명백백하게 드러나며, 그분의 뜻은 한 치의 오차도 없이 성취된다는 것을 우리는 알고 있습니다. 사도 바울로는 이렇게 말합니다.

> 피조물치고 하느님 앞에 드러나지 않는 것은 없습니다. 하느님의 눈 앞에는 모든 것이 다 벌거숭이로 드러나게 마련입니다. 언젠가는 우리도 그분 앞에서 심판을 받아야 합니다.
>
> (히브리 4:13)

우리는 너무 고집 부리지 말아야 합니다. 이렇게 계속 고집 부리는 것은 득보다는 오히려 해가 될 수 있습니다. 마치 원하는 것을 얻기 위해 사냥하는 사람처럼 집요하게 물고 늘어지는 것은 올바른 자세가 아닙니다. 그보다는 오히려 모든 것을 하느님의 뜻에 맡깁시다. 우리가 뭔가를 추구하면 할수록 그것은 더 우리에게서 멀어질 것입니다. 그러므로 우리가 갖추어야 할 자세는 인내와 믿음 그리고 평정심입니다. 우리가 미처 간구하지 못한 것이 있어도 우리에게 필요하고 유익한 것이라면, 주님은 절대 잊지 않으십니다. 필요할 때 반드시 그것을 우리에게 주십니다.

그러므로 기도에서 우리가 간구해야 할 것은 바로 우리 영혼의 구원입니다. 주님께서 이렇게 말씀하시지 않으셨습니까?

> 너희는 먼저 하느님의 나라와 하느님께서 의롭게 여기시는 것을 구하여라. 그러면 이 모든 것도 곁들여 받게 될 것이다.
>
> (마태오 6:33)

    그리스도는 우리가 원하는 것을 너무도 쉽게 주십니다. 그 비법이 무엇인지 알려드릴까요? 그것은 특별히 구체적인 어떤 것을 간구할 때 고집 부리지 않는 것입니다. 끊임없이 "이것을 주십시오. 이렇게 해주십시오."라고 졸라대지 말고, 아무 보상을 바라지 않으면서 무엇보다 먼저 그리스도와의 연합을 간구하는 것입니다. "주 예수 그리스도시여, 저를 불쌍히 여기소서."라는 말 한마디로 충분합니다. 주님께 우리에게 필요한 것들을 낱낱이 보고 드리는 일도 필요 없습니다. 하느님은 우리에게 필요한 것이 무엇인지 우리보다 더 잘 알고 계십니다. 주님은 우리를 사랑으로 감싸주고 계십니다. 우리가 할 일은 기도하고 주님의 계명을 지키면서 그 사랑에 호응하는 일입니다. 하느님의 뜻대로 해 달라고 기도합시다. 이 기도야말로 그 무엇보다 우리에게 가장 유익하고 안전합니다. 그리스도는 우리에게 모든 것을 풍족하게 주십니다. 만약 아주 작게라도 이기주의가 작동하고 있다면, 모든 것이 헛수고에 불과하고 아무것도 이루어지지 않을 것입니다.

순진하고 단순한 마음으로 홀로 하느님을 향해 걸어가야 합니다.

    그리스도와 절대적 신뢰 관계를 맺고 있을 때, 우리는 행복하고 기쁨을 간직할 수 있습니다. 천국의 기쁨 말입니다. 이것은 놀라운 신비입니다. 그때 우리는 사도 바울로와 함께 이렇게 외칩니다.

나에게는 그리스도가 생의 전부입니다. 그리고 죽는 것도 나에게는 이득이 됩니다.

(필립비 1:21)

이제는 내가 사는 것이 아니라 그리스도가 내 안에서 사시는 것입니다. 지금 내가 살고 있는 것은 나를 사랑하시고 또 나를 위해서 당신의 몸을 내어주신 하느님의 아들을 믿는 믿음으로 사는 것입니다.

(갈라디아 2:20)

아, 이것은 도대체 무엇일까요? 참으로 미침 그 자체가 아니라면 무엇일까요? 모든 것이 단순해지고 부드러워집니다.
순진하고 단순한 마음으로 홀로 하느님을 향해 걸어가야 합니다. 지혜로운 솔로몬 왕은 뭐라고 말했습니까? 순진함이 필요하다고 했습니다.

지상의 통치자들이여, 정의를 사랑하여라. 정직한 마음으로 주님을 생각하고 순진한 마음으로 주님을 찾아라. 주님을 떠보지 않는 사람들이 주님을 찾게 되고 주님은 당신을 불신하지 않는 사람들에게 나타내 보이신다.

(지혜서 1:1-2)

단순함은 하나의 거룩한 겸손, 다시 말해 그리스도에 대한 절대적 신뢰입니다. 우리의 일생을 온전히 그리스도께 바쳐야 합니다. 그래서 성찬예배와 또 다른 예식에서도 우리는 이렇게 기도합니다.

우리의 온 생명을 주 하느님이신 그리스도께 맡깁시다.[17]
자애로우신 주여, 주께 우리의 온 생명과 희망을 맡기나이다.[18]

얼마 전에 어떤 주교님이 나를 찾아와 함께 대화를 나누었습니다. 대화의 주제는 기도였습니다. 나는 주교님에게 물었습니다.

"순전하고 단순한 마음으로 기도한다는 말이 무슨 뜻인가요?"

"단순하게 기도합니다. …"

"주교님은 이 말을 이해하십니까?"

"이해합니다."

"그렇군요. 하지만 저는 이해하지 못합니다. 그것은 신비입니다. 다만 주님의 은총에 의해서만 가능한 일이라고 생각됩니다."

"그럼, 나도 이해를 못하겠군요. 주님의 은총을 통해서만 순수하고도 단순한 마음으로 기도할 수 있다는 말씀을 해주셔서 너무 감사합니다."

이런 방법으로 영적 삶의 투쟁을 해나가야 합니다. 억지가 아니라 단순하고 부드러운 방법으로 말입니다. 단순함과 온유함이야말로 영적 삶의 가장 거룩한 형태입니다. 하지만 그 과정을 배워서 통달하는 것은 가능하지 않습니다. 그것은 은밀하게 우리 안에 들어와야 합니다. 그래서 우리 영혼이 하느님의 은총을 통해서 이 방법에 익숙해질 수 있도록 해야 합니다. 하지만 우리가 이러한 태도에 도달하고자 할 때마다, 사탄은 그것을 알아차리고 온갖 방해공작을 폅니다. 그러므로 "자선을 베풀 때에는 오른손이 하는 일을 왼손이 모르게 하라."(마태오 6:3)는 원리를 실천하십시오. 뭔가 원하는 것을 얻기 위해 하느님을 동원할 수 있다고 생각하면, 그것은 절대 오지 않습니다. 오히려 그것은 "생각지도 않은 날, 짐작도 못한 시간에 주인이 돌아와서 그 모습을 보게 될 것입니다."(마태오 24:50) 주님의 은총은 이렇게 우리를 찾아옵니다. 그것은 신비입니다. 여러분에게 분명하게 설명할 수는 없지만, 내가 팟모 섬에서 겪었던 일이 바로 그런 것입니다.

---

17) 대연도와 소연도의 마지막 기도문.
18) 성 요한 크리소스토모스 성찬예배에서 "하늘에 계신 우리 아버지 …"(주님의 기도) 전에 드리는 기도문.

하느님의 은총을 잃었을 때는, 아무것도 하지 마십시오. 계속 평소처럼 살면서 조급해 하지 말고 단순하면서도 자연스럽게 영적 투쟁을 계속해 나가십시오. 그러면 어떤 근심도 없이 사랑과 열정 그리고 예수님을 향한 열망이 다시 돌아오게 될 것입니다. 그렇게 되면 모든 일이 잘 풀릴 것입니다. 은총은 우리를 다시 충만하게 채워줄 것이고, 우리는 기쁨을 누릴 것입니다. 이와 같은 결과에 이르는 또 하나의 비법은 바로 예배 의식들 안에 있습니다. 예배 의식들에 헌신해야 합니다. 그러면 하느님의 은총이 신비로운 방법으로 우리에게 다가올 것입니다.

영적 생활의 열쇠는 기도입니다.

손을 펴들고 하느님께 기도하십시오. 그것은 성인들이 사용한 비밀스런 방법입니다. 그들이 양손을 펼쳐 들고 기도하면 하느님의 은총이 그들을 찾아왔습니다. 교회의 거룩한 교부들은 "주 예수 그리스도시여, 저를 불쌍히 여기소서."라는 단문 기도를 가장 효과가 큰 기도로 여기고 즐겨 사용했습니다. 영적 생활의 열쇠는 바로 이 기도입니다. 이 예수 기도는 누가 가르쳐 줄 수 있는 것이 아닙니다. 책도 영적 스승도 그 무엇도 이것을 가르쳐줄 수 없습니다. 유일한 교사는 바로 하느님의 은총입니다. 꿀이 너무 달아 입 안에서 살살 녹는다고 아무리 잘 설명해 보아도, 결국 꿀을 먹어보지 않고는 그 꿀맛을 알 수 없는 것처럼, 기도도 이와 같습니다. "기도는 이렇고, 이렇게 느꼈고" 등등을 아무리 설명해도 이해할 수 없습니다. "성령의 인도가 없으면" 우리는 더 이상 기도할 수 없습니다. 성경의 말씀을 봅시다.

하느님의 성령을 받아 말하는 사람은 아무도 '예수는 저주받아라' 하고 욕할 수 없고 또 성령의 인도를 받지 않고서는 아무도 '예수는 주님 이시다' 하고 고백할 수 없습니다.

(고린토Ⅰ 12:3)

오직 주님의 은총과 성령만이 우리에게 예수 기도의 영감을 불어넣어줍니다. 예수 기도를 드리는 것은 어렵지 않지만 올바르게 드리는 것은 결코 쉽지 않습니다. 낡은 '우리 자신'이 발길질을 해대기 때문입니다. 은총의 공기 안에 들어가지 않으면, 기도를 드릴 수 없습니다. 나를 업신여기는 말을 들었다고 해서 슬퍼진다거나 혹은 칭찬을 들었다고 해서 기뻐하며 얼굴이 환해집니까? 그렇다면 당신은 아직 기도할 준비가 되어 있지 않은 것입니다. 주님의 은총이 임하려면 먼저 사랑과 겸손이 준비되어 있어야 합니다. 그러니 먼저 그것들을 얻으십시오. 그렇지 않다면 반발만 일어날 것입니다. 사랑과 겸손 안에 들어가려면 먼저 순종에서부터 시작해야 합니다. 먼저 순종에 자신을 다 바쳐야 겸손이 옵니다. 그러면 그 겸손을 보시고 주님은 은총을 보내주실 것이며, 은총을 얻으면 기도는 저절로 쉽게 됩니다. 순종의 행위가 없다면, 또 겸손을 갖지 못했다면, 기도가 오지 않습니다. 더 나아가 오류에 빠질 위험조차 있습니다. 온유하고 부드럽게 준비하십시오. 영 안에서 기도하십시오. 영에 속하는 기도는 또한 마음 안에서 드리는 기도입니다.

은총이 임할 때 "그리스도"의 이름을 부르십시오. 그러면 영과 마음이 그리스도로 충만해질 것입니다.

오로지 주님의 은총을 통해서만 우리는 기도를 드릴 수 있습니다. 어떤 기도를 드리더라도 하느님의 은총 없이는 안 됩니다. 시락의 집회서에 나오는 말씀을 기억하십시오.

> 지혜의 찬미는 지혜로운 입에서 나오는 것으로서 주님은 그에게 지혜를 불어 넣어 주신다.
>
> (집회서 15:10)

다시 말해 하느님의 지혜를 소유한 사람만이 합당하게 하느님께 영광드리는 상태에 있게 된다는 말입니다. 그리고 주님만이 이에 필요한 은총을 주십니다. 은총이 오고, 사랑이 올 때, 이 이름 "그리스도"를 부르십시오. 그러면 영과 정신과 마음이 충만해집니다. 이 사랑과 열정도 여러 단계가 있습니다. 이 사랑으로 살 때 우리는 적어도 깨어있는 동안만큼은 성령의 선물들을 얻기를 갈망합니다. 하지만 우리는 그것들을 꿈속에서도 볼 수 있게 됩니다. 우리는 모든 것을 사랑 안에서 해야 합니다. 사랑 안에서 살아가십시오. 어떤 일을 하더라도 하느님에 대한 사랑으로 수고하십시오. 하느님을 향해서 사랑과 감사의 마음을 품으십시오. 머릿속에 무엇인가를 얻어야 한다는 생각일랑은 품지 마십시오. 정말 값진 것은 영혼의 온유함과 사랑과 열정을 가지고 기도드리는 것입니다. 그러면 기도를 하면서도 결코 피곤을 느끼지 않게 될 것입니다. 우리가 "엄마, 아빠"라고 정답게 말할 때, 완벽한 평온을 느낄 수 있는 것처럼 말입니다.

예수 기도의 은사를 얻고자 한다면, 절대로 억지로 하지 마십시오. "예수 기도의 은사를 얻기 위해, 낙원에 들어가기 위해, 나는 투쟁할 거야."라고 말하지 마십시오. "하늘나라에서 백배의 상을 받게 될 거야."라고 말하지도 마십시오. 무언가를 얻으려는 생각 말고, 이해타산이나 속셈 없이 기도하십시오. 낙원에 들어가기 위해 참회의 절 기도를 천 번 드렸다 해도,

그것은 아무 가치가 없습니다. 하느님에 대한 사랑으로 참회의 절 기도를 하십시오. 그리고 하느님께서 당신을 천국이 아닌 지옥으로 보내길 원하신다 해도, 오직 "당신의 뜻이 이루어지길 바라나이다." 이렇게 말할 수 있기를 바랍니다. 이것이 바로 사심이 없는, 대가를 바라지 않는 태도입니다. 백 번이나 참회의 절 기도를 해도 아무것도 느낄 수 없다면 그것은 아무런 소용이 없습니다. 스무 번 아니 열다섯 번이라도 참회의 절 기도를 올릴 때는 주님을 향한 열망과 사랑 그리고 주님의 계명에 합당한 마음가짐으로 하십시오. 이렇게 하면 천천히 정념들과 죄들은 사라져 버리고, 억지가 아니라 자연스럽게 기도 안에 들어갈 수 있게 됩니다. 텅 비어 있다면, 다시 말해 마음에 사랑이 없다면, 참회의 절 기도와 예수 기도를 아무리 해도, 하나마나 한 것이 됩니다. 하지만 반대로 마음이 집중되고 차분해질 때는, 그 기회를 놓치지 말고 기도하십시오. 그렇게 하다 보면 천천히 이 기도가 삶 속에 스며들게 될 것입니다. 이렇게 조금씩 진보해 나가면, 이제 당신의 영에 감각되는 것은 기도에 대한 생각이 아니라 다른 어떤 것이 됩니다. 그리고 당신은 아무런 노력을 하지 않아도 당신 안에서 그 어떤 것을 느끼게 됩니다. 이 "어떤 것"은 바로 하느님의 은총입니다. 그리고 이 선물을 당신에게 주시는 분은 바로 그리스도입니다.

회한($\kappa\alpha\tau\acute{\alpha}\nu\upsilon\xi\eta$ 까따닉시)은 거룩한 감정입니다. 당신은 그 어떤 강제도 없이 그 감정을 경험합니다. 나는 모든 것을 성경을 통하여 설명합니다. "군인 하나가 창으로 그 옆구리를 찔렀습니다. 그러자 곧 거기에서 피와 물이 흘러 나왔습니다."(요한 19:34) 다시 말해 "상처를 내다."라는 $\nu\acute{\upsilon}\tau\tau\omega$(니또), $\kappa\alpha\tau\alpha\nu\acute{\upsilon}\tau\tau\omega$(까따니또)라는 동사 어원에서 나오는 단어가 $\kappa\alpha\tau\acute{\alpha}\nu\upsilon\xi\eta$(까따닉시, 회한)입니다. 잘 들어보십시오. $\kappa\alpha\tau\alpha\nu\acute{\upsilon}\tau\tau\omega$(까따니또)라는 단어는 칼과 관련해서는 여러 번 '상처를 내다.'라는 동사입니다. 하지만 영혼에 대해서 사용할 때는 하느님의 사랑으로 "관통되다."라는 뜻입니다. $\kappa\alpha\tau\alpha\nu\acute{\upsilon}\tau\tau\omicron\mu\alpha\iota$

(까따니또메)는 또 무슨 뜻일까요? 그것은 "사랑에 찔리다, 사랑으로 인해 병들다."라는 뜻입니다.

내가 당신 사랑에 찔려 관통되었나이다.[19]

예루살렘의 아가씨들아, 내 님을 만나거든 제발 내가 사랑으로 병들었다고 전해 다오.

(아가 5:8)

다시 말해 신랑이신 그리스도를 찾는 신부가 "나는 그분에 대한 사랑으로 병들었습니다. 내가 어찌 그를 잊을 수 있단 말입니까? 그분이 내게서 멀리 떨어져 있을 때, 그 아픔은 헤아릴 길 없습니다."라고 말하는 것입니다. 이렇게 회한은 깊은 고통을 의미합니다. 그것은 거룩한 감정입니다.

세상사에서 예를 들어보겠습니다. 사랑하는 사람은 그가 사랑하는 사람과 멀리 떨어져 살 수가 없습니다. 사랑하는 사람을 머리에서 가슴으로 옮기기 위해 애써 노력하지 않습니다. 정반대로 사랑하는 사람을 보기만 해도, 단번에 그 마음은 기뻐 뜁니다. 또 사랑하는 사람과 멀리 떨어져 있을 때도 마찬가지입니다. 사랑하는 님을 생각만 해도, 이미 그의 가슴이 벅찹니다. 아무런 노력도 필요치 않습니다. 그리스도에 대해서도 마찬가지입니다. 물론 여기서는 모든 것이 거룩하고 신성합니다. 하느님에 대한 사랑은 육체적인 사랑이 아니라 거룩한 감정, 하느님에 대한 열정입니다. 고요하지만 더욱 강렬하고 깊은 사랑입니다. 사랑은 본성적으로, 사랑하는 님을 보지 못하면 고통스러운 것처럼, 하느님에 대한 사랑에서도 마찬가지입니다. 심지어 사랑하는 님 곁에 있을 때도, 그 사랑으로 인해 고통받고 눈물

---

19) 성 에피미아 축일 조과 애니 성가의 독사스띠꼰.

을 흘리듯이, 하느님 사랑의 경우에는 더욱 그러합니다. 주님에 대한 사랑 때문에 고통스러워하고, 자기도 모르게 눈물바다가 됩니다. 이 눈물은 사랑의 눈물, 회한의 눈물, 기쁨의 눈물입니다. 이것이 바로 회한입니다. 하지만 눈물이 항상 사랑의 증거인 것은 아닙니다. 눈물은 종종 여인의 나약함의 표현일 뿐입니다.

예수 기도를 드리면서 부드럽게 그리스도를 우리 영 안에 모십시다.

'영적인 기도'는 오로지 주님의 은총이 임했을 때에만 가능합니다. "이 기도를 배울거야, 이 기도에 성공하고 말거야, 이 기도에 이르고야 말거야."라는 생각으로 이 기도를 드려서는 안 됩니다. 그런 생각은 결국 오만과 자기 자랑에 빠지게 할 것이기 때문입니다. 이 기도가 순수하고 하느님이 기뻐하시는 기도가 되기 위해서는 경험과 열정 그리고 신중함이 필요합니다. "내가 이만큼 진보했군." 하는 생각들은 모든 것을 잃게 만들 수 있습니다. 그것에 대해 교만해 할 이유가 무엇이 있겠습니까? 우리의 것이라고는 아무것도 없으니 말입니다. 이런 주제들은 참으로 미묘합니다.

기도할 때 어떤 형상도 머릿속에 그리지 마십시오. 그리스도의 형상을 떠올리지 마십시오. 교부들은 기도를 할 때 어떤 형상도 머릿속에 떠올려서는 안 된다는 것을 매우 강조합니다. 형상은 미끄러운 땅을 만들어내기 때문입니다. 그래서 하나의 형상을 떠올리면 또 다른 형상들이 그것을 타고 슬그머니 미끄러져 들어옵니다. 이런 방식으로 악마는 우리를 방해하고 간섭하여, 은총을 잃어버리게 합니다.

정신이 여기저기 방황하게 하는 산만함을 피하기 위해서, 기도는 입술이 아니라 우리 안에서, 우리의 정신 안에서 이루어져야 합니다. 우리는 그저 아주 부드럽게 그리스도를 우리의 정신 안에 모시고, 아주 부드럽게, 아주 자연스럽게 "주 예수 그리스도시여, 저를 불쌍히 여기소서."라고 말하면 됩니다. "주 예수 그리스도시여, 저를 불쌍히 여기소서."라는 기도문에만 생각을 집중하고 다른 것은 아무것도 생각하지 말아야 합니다. 정말 다른 어떤 것도 생각해서는 안 됩니다. 모든 상상과 거짓의 산물로부터 안전하게 피신하기 위해서, 고요한 마음으로 눈을 뜨고 온 정성을 다해 그리스도께 향하십시오. 부드럽게 이 기도를 반복하십시오. 억지로 계속 기도를 이어가려 하지 말고, 마음가짐이 잘 되어 있을 때, 그리고 하느님 은총의 선물인 참된 회한과 묵상의 분위기 안에 있을 때 자연스럽게 이 기도를 드리십시오. 정말로 은총 없이는 거짓된 망상에 빠지거나 헛것을 보게 되거나 오류와 잘못에 떨어질 위험이 있습니다.

    기도가 하기 싫은 고역이어서는 안 됩니다. 만약 억지로 기도를 하게 되면 우리 마음 안에 반발심이 일어나 나쁜 결과를 가져올 수도 있습니다. 너무 억지로 기도 실천을 강행하다가 병이 든 사람들도 많습니다. 물론 이렇게 고역스럽게 기도를 할 경우에도 큰 경험을 하게 되지만, 그것은 결코 건강한 것이 못됩니다. 또한 뭔가 인위적인 방법에 의지해서도 안 됩니다. 흔히 사람들이 말하듯 반드시 낮은 의자에 앉아야 하는 것도 아니고, 몸을 구부리고 고개를 숙인 채 기도해야 하는 것도 아니며, 두 눈을 반드시 감아야 하는 것도 아닙니다. 많은 사람들이 말합니다. "낮은 의자에 앉아서 고개를 숙이고 정신을 집중하라." 하지만 그래도 별 다를 것이 없습니다. 한번 그렇게 해보십시오. 어떻게 되는지 말입니다. 이 기도를 드리기 위한 특별한 정신 집중의 방법 같은 것은 없습니다. 다만 주님에 대한 열렬한 사랑만 필요합니다. 높은 의자든 낮은 의자든, 자동차 안에 있든 길을 걷든, 학교, 사무실, 일터 그 어느 곳에서도 "주 예수 그리스도시여, 저를 불쌍히 여기소서."라는 이 기도를 드릴 수 있습니다. 억지로 하지도 말고, 강제적으로 하지도 말며, 장소에 얽매이지도 마십시오. 오직 필요한 것은 그리스도를 열렬하게 사랑하는 마음입니다. 영혼 안에 경배의 감정과 열망을 가지고 몇 단어로 된 이 기도 "주 예수 그리스도시여 저를 불쌍히 여기소서."를 반복한다면, 그 영혼은 충만함과 동시에 더욱 간절한 결핍을 느끼게 될 것입니다. 그래서 기도하면 할수록 더욱 그 기도를 향하게 되고, 기도에 목말라 할 것입니다. 그래서 일생동안 이 단어들을 계속해서 반복하고 싶을 것입니다. 일생 동안 이 기도를 드리십시오. 이 기도문의 몇 단어 안에 온갖 진액이 다 들어있습니다.

정신을 하느님께로 향하기만 하면 마음은 저절로 기쁨에 충만해집니다.

며칠 전에 내게 일어난 일을 말씀드릴 테니 들어보십시오. 영적 기도(예수 기도)에 전념하시는 아토스 성산의 한 수도사가 이곳에 와서 내게 말했습니다.

"예수 기도를 어떻게 하십니까? 낮은 의자에 앉아 머리를 숙이고 정신을 집중하십니까?"

나는 이렇게 대답했습니다.

"아니요. 나는 '주 예수 그리스도시여, 저를 불쌍히 여기소서.'라고 기도를 반복해서 드릴 때 정신 안에서 '주 예수 그리스도시여'라고 분명히 말하면서 각각의 단어들을 주의 깊게 생각합니다. 이렇게 나는 정신 안에서 이 기도를 반복하여 드립니다. 오직 그 단어들에 집중하면서 말입니다."

"신부님은 기도를 바르게 드리고 있지 않군요. 완전히 기도를 헛되게 드리고 계십니다. 정신이 마음 안에 있어야 합니다. 그래서 이 기도를 '마음으로 드리는 기도'라고 하지 않습니까?"

나는 다시 말했습니다.

"그럼 다른 것을 말씀드려 볼까요. 나는 몇 번 잡념으로 인해 기도를 방해 받은 적이 있었습니다. 그때 나는 십자가에 달리신 이콘을 머릿속에 그려보았습니다. 못 박혀 피가 뚝뚝 떨어지는 그분의 손과 발, 머리를 찌르고 있는 가시관을 머릿속에 상상해 보았습니다. 그리고 그분께 말씀드렸습니다. '주 예수 그리스도시여, 저를 불쌍히 여기소서.'라고 말입니다."

"그래서 정신을 마음속에 두지 않았다는 말입니까?"

"네, 넣지 않았습니다."

"그렇다면 이 기도를 잘못 배우셨습니다. 정신을 마음 안에 두어야만 합니다. 그래서 '마음으로 하는 기도'라고 하는 것이구요. 그러니 그 기도는 잘못된 것입니다."

이렇게 말하고는 자리에서 일어나 떠나려 했습니다.

그때 나는 다시 이렇게 말했습니다.

"수도사님, 제 이야기를 한번 들어 보십시오. 내가 정신 안에서 이 기도를 드릴 때 종종 내 기쁨은 아주 커집니다. '주 예수 그리스도시여, …'라고 기도하면서 기쁨으로 충만해질 때, 내 정신이 마음과 함께 뛰는 것을 느낍니다. 다시 말하자면 내 정신이 마음으로 내려가서 그곳에서 모든 기쁨을 느낍니다. 예수 기도를 드리면서요. 머리에서 시작하고 곧이어 기쁨이 오는 순간 내 정신은 자기 길을 따라 내려갑니다."

수도사는 그제야 이렇게 대답했습니다.

"아, 그렇군요. 바로 그겁니다! 잘못된 기도를 드린다고 말씀드린 것을 용서해 주십시오."

생각은 정신에 속합니다. 하지만 마음은 생각하지 않습니다. 정신이 하느님을 향해 돌아서면, 마음은 저절로 기쁨으로 벅찹니다. 고요해집니다.

그리스도가 우리 마음에 오시게 하려면, 그분을 사랑해야 합니다. 그리스도를 사랑할 수 있으려면 먼저 그리스도가 우리를 사랑해야 합니다. 먼저 하느님이 우리를 아시는 것이고, 그 다음이 우리의 차례입니다. 먼저 우리가 주님께 먼저 간청 드리면 주님은 우리의 마음 안에 들어오실 것입니다. 주님께서 우리를 사랑하시기 위해서는, 우리가 그에 합당한 자가 되어야 합니다. 우리가 그렇게 되려면 몇 가지 준비가 필요합니다.

무엇보다도 먼저 자기 이익을 멀리해야 합니다. 어떤 보상을 기대하지 않는 기도여야 합니다. 모든 것이 은밀하게 그리고 어떤 보상을 기대하지 않고 일어나야 합니다. 다시 말해서, 정신을 집중하면 은총이 마음속에 임하고 그 기쁨으로 벅차게 될 것이라는 생각도 하지 말아야 합니다. 이런 계획 혹은 계산을 떨쳐버리고 오로지 단순함과 겸손함을 가지고 기도해야 합니다. 오직 하느님의 영광만을 염두에 두십시오. 종달새 이야기를 기억하십니까? 종달새는 아무도 보지 않지만 지저귑니다. 우리도 아무런 보상도 기대하지 않는 종달새처럼 은밀하게 온 정성을 다해 하느님을 경배합시다.

그러나 주의하십시오! 말씀드린 대로 "오른손이 하는 일을 왼손이 모르게 해야 합니다." "바로 내가"라고 말하는 우리의 악한 자아가 알지 못하게, 또 질투하지 못하게 천국의 삶을 은밀하게 사십시오. 또한 적대자 사탄도 질투한다는 사실을 결코 잊지 마십시오.

기도를 위한 준비에는 하느님의 계명들을 지키는 일이 또한 포함됩니다. 부드럽게 정념들, 악독한 말들, 분노 등을 쫓아내십시오. 악에 정면으로 맞서지 말고, 오히려 정념들을 무시하고, 사랑으로 하느님을 향해 놀아서십시오. 성가들, 성인들의 찬양송들을 배워서 부르고, 다윗의 시편을 읽으십시오. 성경과 교부들의 저서를 공부하십시오. 이렇게 하면 우리의 영혼은 부드러워지고, 성화되고, 신화될 것입니다. 그리고 언제라도 하느님의 말씀을 듣고 순종할 자세를 갖추게 될 것입니다.

은총은 조금씩 서서히 우리를 찾아올 것입니다. 기쁨 안에 들어가게 될 것입니다. 그리고 평화를 누리며 살게 될 것입니다. 결코 화를 내지 않게 될 것입니다. 이러한 상태 안에서 하느님의 은총으로 더욱더 강해질 것입니다. 화도 내지 않게 되고, 신경질을 부리지도 않을 것이며, 기분 상하지도 않을 것입니다. 다른 이들에게 악담을 하지도 않게 될 것이고, 모든 것을 사랑으로 수용할 것입니다. 그래서 사도 바울로가 말한 것처럼 될 것입니다.

사랑은 오래 참습니다. 사랑은 친절합니다. 사랑은 시기하지 않습니다. 사랑은 자랑하지 않습니다. 사랑은 교만하지 않습니다. 사랑은 무례하지 않습니다. 사랑은 사욕을 품지 않습니다. 사랑은 성을 내지 않습니다. 사랑은 앙심을 품지 않습니다. 사랑은 불의를 보고 기뻐하지 아니하고 진리를 보고 기뻐합니다. 사랑은 모든 것을 덮어주고 모든 것을 믿고 모든 것을 바라고 모든 것을 견디어냅니다. 사랑은 가실 줄을 모릅니다. 말씀을 받아 전하는 특권도 사라지고 이상한 언어를 말하는 능력도 끊어지고 지식도 사라질 것입니다.

(고린토Ⅰ 13:4-8)

기도는 영혼을 정화해주고 정신을 붙잡아 줍니다. 사람의 영혼 안에서, 말로 표현할 수 없을 만큼 깊은 그곳에서 가장 완벽한 일이 이루어집니다. 영혼의 이 깊은 곳은 아무도 알 수 없도록 숨겨져 있습니다. 오직 하느님만이 그것을 헤아리십니다. 스스로 자신을 파괴하여 죄악의 심연에 빠져 있던 사람들이 하느님의 자녀들로 변모되는 놀라운 일들을 만나게 됩니다.

비참하고 쓸모없는 나도 이렇게 노력했습니다. 나는 남들이 보게 드러내 놓고 기도하지 않습니다. 늘 은밀하게 기도합니다. 이해하시겠습니까? 하느님의 은총이 다가옵니다. 은총이 우리를 덮어줍니다. 그 그늘로 덮어주십니다. 은총은 신선함을 가져옵니다. 우리에게 주어진 은총으로 우리는 함께 머물고 함께 먹고, 함께 기도하고, 함께 순박한 관계를 맺으며 살아갑니다. 사려 없고 추잡한 사람, 기도가 감동을 주지 못하는 사람은 은총을 접하지 못하는 낯선 사람으로 남아있게 됩니다. 하느님께서 드러나지 않은 것을 드러내주시도록 기도하십시오. 우리가 알지 못하는 것이 정말 많습니다. 그러므로 그리스도께 늘 이렇게 말합시다. "주님이시여, 당신이 원하는 것은 무엇이든지 이루어지기를 바라나이다. 당신의 사랑이 원하는 것은 무엇이든지요." 그분께서 당신을 인도하실 것입니다. 그러니 항상 그분만 바라보아야 합니다.

영적 지도 없이는 정신 기도가 불가능합니다.

만약 배타적으로 영적 기도에 전념해야 한다면, 영적 아버지의 지도가 꼭 필요합니다. 영적 안내자 없이는 정신기도가 이루어질 수 없습니다. 영혼이 오류에 빠질 위험이 있습니다. 그래서 주의가 필요합니다. 어떻게 해야 이 기도를 위한 준비과정 안에 들어갈 수 있는지를 가르쳐 주실 분은 바로 이 영적 안내자입니다. 이렇게 바른 과정을 통해 기도로 들어가지 않으면 거짓된 빛을 볼 수도 있고, 오류에 빠져 살 수도 있으며 결국에는 어둠 속에 갇혀버릴 위험과 두려움이 있기 때문입니다. 그렇게 되면 누구든지 사나워지고 얼굴표정도 변합니다. 인격에 분열이 생깁니다. 오류가 어떻게 해서 생겨나는지 보았습니까? 그러나 영적 아버지의 충고와 지도를 받으며 기도 안에서 진보해 나가면, 참된 빛을 보게 될 것입니다.

영적 지도자는 '정신기도'에 경험이 있는 분이어야 합니다. 그냥 기도하는 사람, 기계적으로 기도하는 사람, 하느님의 은총으로 드리는 기도를 경험하지 못한 사람, 그런 사람은 다른 이들에게 어떻게 기도해야 하는지에 대해 말할 수 없습니다. 물론 책에서 읽은 대로, 또 교부들이 말한 대로 조언을 해 줄 수도 있습니다. 많은 사람들이 기도에 관한 책을 썼습니다. 그리고 많은 사람들이 그 책들을 읽지만 정작 어떻게 기도해야 하는지 모릅니다. 혹자는 이렇게 말할지도 모릅니다. "우리는 많은 책을 읽습니다. 그 책들을 통해 기도하는 방법을 배웁니다. 이렇게 우리는 준비하고 하느님은 우리에게 복을 주십니다. 그리고 은총을 보내주십니다. 우리는 이 책들을 이렇게 이해하고 있습니다." 물론 그럴 수 있습니다. 하지만 그것은 여전히 하나의 신비입니다. 예수 기도는 정말로 하나의 신비이고, 그것은 무엇보다도 정신 기도입니다.

정신기도와 관련하여 한 가지 끔찍한 오류가 생길 수 있습니다. 다른 기도들은 대부분 우리 생각으로 하는 기도입니다. 우리는 간단하게 그 기도를 말하고 우리 귀는 그 기도를 듣습니다. 전혀 다른 방법의 기도입니다. 그러나 정신기도는 또 다른 차원의 기도입니다. 만약 당신의 선한 자아가 아니라 다른 자아, 이기적이고 욕망으로 불타는 자아에서 기도가 비롯되었다 해도, 어쨌든 당신은 빛을 보게 될 것입니다. 그러나 그 빛은 그리스도의 빛이 아닙니다. 어떤 기쁨을 느끼게 되겠지만, 그것은 거짓된 기쁨입니다. 그래서 밖에 나가면 삶 속에서, 다른 사람들과의 관계 안에서, 여전히 분노하고 난폭하고 불안해 할 것입니다. 이것이 바로 오류에 빠진 사람들을 알아볼 수 있는 증표들입니다. 오류에 빠진 사람은 자신의 잘못을 인정하려 하지 않습니다. 광신주의에 빠지고 악을 행합니다. 이런 부류의 사람은 열정만 앞서서 요란하지 참된 인식에 바탕을 두지 않습니다. 예를 들어 보겠습니다.

성 마카리오스가 그의 제자 수도사와 축일 예배에 가게 되었습니다. 제자 수도사는 앞서 갔습니다. 그 제자는 수도생활을 막 시작해서 열정 또한 대단했습니다. 길을 가다가 이교도 사제를 만났습니다. 수도사는 비아냥거리면서 나쁘게 말했습니다.

"거짓 세계에서 살고 있는 불쌍한 이여, 어디 가시오?"

이교도 사제는 화가 나서 수도사를 마구 때려 거의 죽을 지경으로 만들어 놓았습니다.

그 이교 사제는 몇 시간 후에 성 마카리오스를 만나게 되었습니다. 하느님을 아는 훌륭한 영적 아버지이신 마카리오스 성인은 몹시 흥분한 이교 사제를 보고는 이렇게 말했습니다.

'하느님의 사람이여, 어디 가십니까?'

이교 사제는 이 말을 듣고는 마음이 부드러워져서 그분 가까이 가서 이렇게 말했습니다.

"당신이 따뜻하게 말을 건네시니 저는 온순한 양이 된 기분입니다."

"급히 어디를 가기는 하지만 목적지는 모르시는군요."

마카리오스 성인은 말했습니다. 이렇게 그는 겸손이 새겨진 아버지의 심정으로 그에게 말했던 것입니다.

"당신께서 말씀하시니 제 마음이 열렸지만 조금 전에 이곳을 지나갔던 수도사는 내 속만 뒤집어놔서 죽을 만큼 패주었습니다."

이교도 사제는 이렇게 대답했습니다.

성 마카리오스는 아름답고도 부드럽게 이야기를 했고, 이교도는 그것에 감동하여 친친히 그의 믿음을 바꾸고 수도사가 되어 결국에는 구원 받았습니다. 예의 바르게 선한 방법으로 선한 생각을 전했기 때문에, 이교도의 영혼에도 이 선한 생각이 파고 들어갔습니다. 반면 그의 제자 수도사는 자기 마음속에 있는 분노와 동요의 정신을 전했던 것입니다.

오류가 무엇을 의미하는지 아시겠습니까? 하지만 영적 아버지가 곁에 있다면 오류에 빠질 위험을 피할 수 있습니다. 하느님 말씀을 전하는 훌륭한 영적 아버지가 있다면 예수 기도의 비밀을 배울 수 있을 것입니다. 영적 아버지와 함께 예수 기도를 하면서 천천히 영적 삶에 들어갑니다. 영적 아버지가 어떻게 기도하는지 그 모범을 보고 배우게 됩니다. 영적 아버지는 "이렇게, 저렇게 하시오."라고 세심한 부분까지 설명하지 않습니다. 다만 영적 아버지가 하는 것처럼 당신도 그렇게 따라 하십시오. 물론 영적 아버지에게서 '예수 기도'의 방법에 대한 가르침을 들을 수도 있습니다. 그러나 자신이 직접 그 기도를 체험하지 않은 사람은 결코 참된 도움을 줄 수 없다는 것을 먼저 알아야 합니다. 그러나 정신으로 하는 '예수 기도'를 직접 체험하고 계속해서 그러한 그 기도 안에서 살아가는 스승은 신비로운 방법으로 이 예수 기도를 가르쳐 줄 수 있습니다. 배우는 사람이 그분의 가르침을 듣기만 하는 것이 아니라 신비스럽게도 그 실천을 보게 되고 그래서 스승의 마음이 어떻게 열리고 어떻게 하느님과 정신으로 대화를 하는지 알게 됩니다. 제자는 스승의 영혼을 보게 됩니다. 뿐만 아니라 스승의 영혼과 제자의 영혼이 서로 대화하고 느낍니다. 배우는 사람은 어떻게 해서 이 "형식"이 만들어지는지, 하느님의 은총 안에서 그러한 상태가 어떻게 창조되는지를 느끼게 됩니다.

이것은 결코 간단한 일이 아닙니다. 이 가르침은 원래 그렇습니다. 처음에 우리는 예수 기도는 배울 수 있는 것이 아니라고 말했지만 방금 전에 말한 것에 따르면 예수 기도의 가르침을 받을 수도 있다고 해야 할 것입니다. 참으로 예수 기도를 실천하는 사람 옆에서 살면 그것이 가능합니다. 예수 기도에 대한 서적을 아무리 읽어도 그것을 이해할 수 없을지도 모릅니다. 그러나 예수 기도를 철저하게 실천하는 영적 아버지 곁에 있다면 예수 기도를 이해할 수 있게 되고, 영적 아버지의 말씀을 가슴에 새겨 예수 기도에 푹 잠길 수 있습니다. 그러면 뭐라고 정확히 이해하지 못해도 예수 기도를 하게 됩니다. 주님과 대화를 하게 됩니다. 그것은 책에서 터득할 수 있는 것도 아니고, 어떤 체계적인 지식도 아닙니다. 그것은 생생한 경험이고 방법이며 열린 마음이며 기쁨입니다.

내가 지금 내 체험을 그대들에게 들려주는 것도 실상은 하나의 기도가 아니면 무엇이겠습니까? 내 마음 깊은 곳에서부터 이 이야기들을 하는 것이기 때문입니다. 그리고 우리 모두가 이 설레임, 이 뜨거움을 함께 느끼기 때문입니다. 그게 아니라면, 우리가 함께 공유하고 있는 이 뜨거운 열망을 어떻게 설명할 수 있겠습니까?

넘치는 하느님 사랑은 영혼을 기쁨과 환희로 가득 채웁니다.

그리스도를 사랑합시다. 그러면 우리 마음 깊은 곳에서, 마음의 외침 안에서, 하느님을 향한 사랑의 열정과 간절함 안에서 그리스도의 이름이 솟아날 것입니다. 우리는 소리 없이 신비로운 방법으로 그분의 이름을 외칠 것입니다. 하느님을 경배하는 자세와 겸손한 마음으로 그리스도의 발자취를 따르며 하느님 앞에 섭시다. 그리스도께서는 우리가 지녔던 낡은 옛 모습의 흔적에서 우리를 해방시켜주실 것입니다. 기도 전에 눈물을 흘릴 수 있도록 간구합시다. 그러나 명심하십시오. "오른손이 하는 일이 왼손이 모르게 해야 합니다." 뜨거운 회한의 감정으로 기도하십시오. "그리스도시여, 제게 이런 은총을 수시다니요, 제가 그런 자격이 있는 자입니까?" 그때야말로 이 눈물은 감사의 눈물이 됩니다. 감동이 나를 사로잡습니다. 하느님의 뜻을 행하지 않았지만, 다만 주님의 자비를 간청합니다.

하느님께 열망과 사랑과 고요함과 선함 그리고 부드러움으로 기도하십시오. 조금이라도 하느님을 강요하거나 협박할 생각은 마십시오. "주 예수 그리스도시여, 저를 불쌍히 여기소서."라고 기도할 때는 언제나 천천히 그리고 겸손하면서도 부드럽게 그리고 하느님에 대한 사랑으로 이 기도를 드리십시오. 다정다감하게 그리스도의 이름을 부르십시오. "주… 예수… 그리스도시여, 저를… 불쌍히… 여기소서."라고 기도말 하나하나를, 간절한 마음으로, 사랑으로, 부드럽게, 침묵하며, 은밀하게, 정신으로, 벅참과 간절함으로, 뜨겁게 말하십시오. 그러나 강제나 자만이나 과시나 조바심이나 서두름없이 하십시오. 아기에 대한 사랑을 엄마는 어떻게 표현합니까? "오 사랑스런 내 아들! … 내 사랑하는 딸! … 오 나의 사랑스런 빠나요띠스! … 오 나의 사랑하는 크리스토스!" 이렇게 말하지 않습니까? 가슴 벅차게 뜨겁게 부릅니다. 그것은 정말 신비입니다. 여기서 이름 부르는 것이 바로 가슴입니다. "내 영혼같은 내 사랑하는 자식!" "나의 주님, 나의 예수님, 나의 예수님, …" 당신의 마음 안에, 당신의 영 안에 가지고 있는 이것, 바로 이것을 당신은 "마음을 다하고 목숨을 다하고 생각을 다하고 힘을 다하여 …"(마르코 12:30) 표현하는 것입니다.

얼마간은 "주 예수 그리스도시여, 저를 불쌍히 여기소서."라고 큰 소리 내어 기도하는 것도 좋습니다. 모든 감각이 듣고 귀가 들도록 말입니다. 우리는 영혼과 몸을 가진 존재이기에 서로가 영향을 주고받기 때문입니다.

그러나 그리스도의 사랑에 사로잡히면, 침묵과 정신기도를 더 좋아하게 됩니다. 그 경지에 가면 말은 멈춥니다. 내적인 침묵과 고요함이 오고 그 다음에 하느님이 찾아오시고 하느님과 연합되며 영혼과 하느님이 온전한 일치를 이루게 됩니다. 이러한 상태에서는 말이 필요 없습니다. 이것은 직접 체험하지 않고는 설명할 수 없는 것입니다. 말로는 표현할 수 없는 것입니다. 이 상태를 사는 사람만이 이 상태를 이해할 수 있습니다. 사랑의 감정은 가득 차서 넘쳐 흐르고 그리스도와 일치하게 해 줍니다. 기쁨으로 충만해지고 환희에 찹니다. 이것이 바로 하느님에 대한 거룩하고도 완벽한 사랑이 여러분 안에 있다는 증거입니다. 하느님 사랑은 이익을 따지지 않는 순수하고도 참된 것입니다.

완벽한 기도의 방법은 침묵기도입니다. 침묵. "모든 사멸할 육체는 침묵할지어다."[20] 바로 거기서 신화(神化, 떼오시스)가 일어납니다. 침묵과 고요와 신비 안에서 말입니다. 그리고 최고로 참된 흠숭이 바로 거기서 이루어집니다. 그러나 이러한 상태에서 살려면, 그만한 영적 역량에 도달해야 합니다. 그때 말은 뒤로 물러섭니다. "모든 사멸할 육체는 침묵할지어다."라는 문구를 기억하십시오. '고요'의 세계야말로 최고입니다. 그곳에서 바로 신화된 우리 자신을 발견합니다. 하느님의 신비 안에 들어갑니다. 그러므로 너무 많은 말을 하지 않도록 주의합시다. 은총이 말하게 합시다.

나는 "주 예수 그리스도시여, 저를 불쌍히 여기소서."라고 줄곧 기도해 왔습니다. 그랬더니 새로운 지평이 열렸습니다. 기쁨과 환희의 눈물이 내 눈에서 흘러내렸습니다. 그것은 그리스도에 대한 사랑 때문이었고, 그분의 십자가 희생 때문이었습니다. 열정! 바로 여기에 위대한 천국의 비밀이 숨겨져 있습니다. 몇 단어로 된 이 예수 기도를 열정을 다해, 온 마음을 다해 드리는 것은 바로 그리스도를 사랑하기 때문입니다. 이렇게 천천히 말은 사라지게 됩니다. 마음은 점점 충만해지고, 급기야 "나의 예수님!"이라고만 말해도 충분한 상태가 되고, 결국에는 아무 말이 필요 없는 상태에 도달합니다. 말로 표현할 수 없는 사랑이야말로 더욱 훌륭한 것입니다. 영혼이 정말로 주님을 사랑하게 되면 침묵과 정신기도를 더욱 선호하게 됩니다. 영혼을 기쁨과 환희로 가득 채우는 것은 바로 흘러넘치는 하느님 사랑입니다.

그러한 영혼은 시편과 기원예식이나 매일매일의 찬양송들을 읽고 부를 때도 구별이 됩니다. 이제 말들은 그칩니다. 이 영혼은 깊은 곳에서 하느님

---

20) 성 대 토요일 성만찬 예배 헤루빔 성가.

의 겸손을 경험합니다. 그리스도는 그 영혼 안으로 고개를 숙이시고 들어오십니다. 영혼은 하느님의 음성을 듣습니다. 그 영혼은 세상 안에 있지만 세상을 초월합니다. 바로 천국에 있게 되고, 교회 다시 말해 창조되지 않은 낙원 안에 있게 됩니다. 이그나티오스 브리안챠니노프는 이렇게 말합니다.

마음의 기도야말로, 마음의 침묵이야말로 가장 열망할 만한 것입니다. 그래서 또한 외딴 곳 광야에서 홀로 사는 것이야말로 진정 열망할 가치가 있는 것입니다. 왜냐하면 이러한 환경이야말로 마음의 기도와 마음의 침묵에 가장 좋기 때문입니다.

마음의 침묵은 그 어떤 것에도 끌려 다니지 않는 것입니다. 오직 하느님 한 분 앞에서 홀로 살아가는 것입니다.

하느님은 항상 어느 곳에나 계시며 모든 것을 채워주시는 분이십니다. 나는 무한의 세계, 별들의 세계로 날아가려 해봅니다. 몇 백만 년의 빛의 거리를 골몰히 생각할 때, 내 영은 하느님의 전지전능하시고 위대하심 안에서 길을 잃어버립니다. 그리고 불현듯 전지전능하신 하느님께서 내 앞에 현존하심을 느낍니다. 나는 그분께 내 영혼을 열어드립니다. 그분과 연합되길 간절히 원합니다. 그 신성 안에 참여하길 간절히 원합니다.

기도에서 중요한 것은 간절함입니다.

기도에서 중요한 것은 얼마나 오랫동안 하느냐가 아니라 그 간절함입니다. 5분이라도 기도하십시오. 하지만 그 5분이 사랑과 열정으로 하느님께 드리는 봉헌이 되게 하십시오. 한 사람은 밤새도록 기도를 드리고, 또 한 사람은 5분 동안 기도한다고 해도, 5분 기도한 사람이 더욱 높은 경지의 기도를 드린 것일 수도 있습니다. 이것 또한 신비이고 사실입니다. 한 예를 들어볼 테니 들어보십시오.

한 수도사가 한적한 곳에서 은둔하는 수도사를 만났습니다. 이들은 서로 인사를 나누었습니다.

은둔 수도사가 다른 수도사에게 물었습니다.

"어디서 오십니까?"

"시골에서 옵니다."

"그곳은 어떻습니까?"

"극심한 가뭄 때문에 고통받고 있습니다. 매우 큰 어려움을 겪고 있지요."

"그렇군요. 그래서 어떻게 하셨습니까? 기도는 해 보셨습니까?"

"네."

"그래서 비가 왔습니까?"

"아니오. 오지 않았어요."

"정성을 다해 간절히 기도하지 않은 것 같군요. 그럼 지금 여기서 하느님께 도와달라고 짧게라도 함께 기도드립시다."

두 수도사는 그곳에서 곧바로 함께 기도하기 시작했습니다. 그랬더니 갑자기 작은 구름들이 몰려왔고 구름이 이내 엄청나게 불어나서 하늘이 시커멓게 되었습니다. 그리고 그 시커먼 구름들이 아래로 점점 내려오더니 와! 비가 엄청나게 쏟아 붓기 시작했습니다. 도대체 무슨 일이 일어난 걸까요? 열성적인 기도 덕분입니다. 짧게 기도를 드렸지만 비가 왔습니다. 중요한 것은 집중해서 간절하게 기도했다는 점입니다.

기도란 "수고와 집중"이라고 성 마카리오스는 말했습니다. 성 마카리오스는 온 영혼을 다해서, 온 마음을 다해서, 온 정신을 집중해서, 강렬하게 기도를 올렸습니다. 몸과 영혼을 온전히 바쳐서 주님을 경배했습니다. 이렇게 하늘을 향해 손을 들고 기도할 때, 기도에 너무 집중한 나머지 성인의 몸이 나무처럼 꼼짝하지 않았습니다. 저주할 때도 기도할 때처럼 두 손을 들어 올리고 집중하여 저주를 하면 그 사람에게 악이 전해질 수도 있다고 합니다.

어떤 사람이 내게 물었습니다.

"기도를 부탁드립니다."

"내 온 마음을 다해서 겸손하게 하느님께 기도하겠습니다. '지성(知性)으로' 기도하겠습니다."

"지성(知性)의 기도가 무슨 뜻입니까?"

"그것은 진심으로 드리는 기도, 정신을 집중하는 기도입니다. 들어보십시오! 한번은 수많은 사람들이 광장에 모였습니다. 사람들은 예언자 다윗에게 광장에 나와 한 말씀 해달라고 요청했습니다. 사실 놀라운 일이 일어났고 모든 사람들이 혼비백산 놀랐기 때문입니다. 그때 다윗이 나타나 그들에게 이렇게 말했습니다. '찬미하여라 하느님을, 거룩한 시로 찬미하여라. 찬양하여라 우리 왕을, 거룩한 시로 찬양하여라. 하느님은 온 땅의 임금이시니, 멋진 가락에 맞추어 찬양하여라.' (시편 47:6-7)"

그는 만족해하면서 내게 물었습니다.

"성경의 어디에 나오는 구절입니까?"

"이렇게 시작되는 걸로 알고 있습니다. '너희 만백성아, 손뼉을 쳐라, 기쁜 소리 드높이 하느님께 환호하여라.' (시편 47:1)"

그리스도의 사람은 모든 것으로 기도합니다.

우리의 모든 문제들 즉 물질적, 육체적인 것을 포함한 모든 것을 하느님께 맡깁시다. 성찬예배에서 연도의 마지막 기도에서 "우리 모든 삶을 우리 주 예수 그리스도께 맡깁시다."라고 기도하듯이 말입니다. 주님 당신께 우리 온 삶을 맡기니, 주님께서 원하시는 대로 이루어지길 바랄 뿐입니다. 오직 "당신의 뜻이 하늘에서와 같이 땅에서도 이루어지게 하소서."

그리스도인은 모든 일에 대해서 기도합니다. 어려움과 슬픈 일에 대해서도 기도합니다. 무슨 일이 일어나든지 곧바로 "주 예수 그리스도시여, …" 이렇게 시작합니다. 기도는 가장 간단한 문제에서부터 모든 것에 이르기까지 이롭습니다. 예로 불면에 시달린다면 잠에 대해 생각하지 마십시오. 대신 일어나서 잠시 밖에 나갔다가 들어온 후 처음으로 잠자리에 드는 것처럼 자리에 누우십시오. 그리고 잠을 이룰 수 있을지 걱정하지 말고 모든 생각을 집중해서 영광송을 외우고 세 번 "주 예수 그리스도시여, 저를 불쌍히 여기소서."라고 예수 기도를 드리면 분명 잠이 올 것입니다.

모든 일은 기도로 해결됩니다. 하지만 조건이 있습니다. 기도 안에 뜨거운 사랑과 불같은 열정이 있어야 합니다. 조바심을 내지 말고 하느님의 사랑과 섭리를 신뢰해야 합니다. 모든 것이 영적 삶 안에 있습니다. 모든 것이 거룩하게 됩니다. 좋은 일과 어려운 일, 물질적인 것과 영적인 것 모두가 거룩하게 됩니다. 그리고 무엇을 하더라도 하느님의 영광을 위해서 행하십시오. 사도 바울로가 뭐라고 말했습니까?

> 여러분은 먹든지 마시든지 그리고 무슨 일을 하든지 모든 일을 오직 하느님의 영광을 위해서 하십시오.
>
> (고린토Ⅰ 10:31)

당신이 기도 안에 있다면 모든 것이 순리대로 됩니다. 예를 들어 설거지를 해도 아무것도 깨뜨리지 않고 할 수 있습니다. 하느님의 은총이 당신 안에 오면, 모든 일이 기쁨 안에서 힘들지 않게 성사됩니다.

끊임없이 기도드리면, 매번, 특별히 어려운 상황 속에서, 우리가 해야할 것이 무엇인지 깨닫게 해주십니다. 하느님께서 우리 안에서 그것을 말씀해 주십니다. 하느님께서 방법을 찾으실 것입니다. 물론 우리는 금식하면서 기도를 할 수도 있습니다. 다시 말해 꼭 해결해야 할 중대한 문제가 있다면 우리는 많이 기도하고 금식한 후에 이 문제에 맞설 수 있습니다. 나도 여러 번 그렇게 했습니다.

세상을 위해 간구해야 할 것이 있다면, 은밀하게 기도해야 합니다.(마태오 6:6) 드러나지 않게 은밀하게 기도해야 합니다. 근심과 걱정으로 주의가 산만해지면, 기도에 전혀 도움이 되지 않습니다. 전화하고 받는 일, 사람들과 대화하고 수다 떠는 일들은 내려놓으십시오. 주님께서 도와주시지 않는다면, 우리의 노력으로 무슨 일을 할 수 있겠습니까? 그러므로 기도해야 합니다! 사랑으로 기도해야 합니다. 비록 멀리 떨어져 있어도 우리는 기도를 통해서 다른 이들을 더 잘 도울 수 있습니다. 이렇게 해서 우리는 가장 탁월한 방법으로 그들을 도울 수 있게 되는 것입니다.

다른 사람을 위해 기도를 할 때도 "주 예수 그리스도시여, 저를 불쌍히 여기소서."라고 기도합시다.

교회를 위해서, 세상을 위해서, 모든 사람들을 위해서 기도하십시오. 예수 기도 안에 그리스도교의 모든 사상이 들어있습니다. 오로지 우리 자신만을 위해서 기도한다면 그것은 유익을 가려버립니다. 반면 교회를 위해서 기도한다면 그 기도는 자연스럽게 당신 자신을 위한 기도도 포함합니다. 교회 안에 그리스도가 계십니다. 그리스도는 교회와 연합되어 있을 뿐만 아니라 아버지와 성령과도 연합되어 계십니다. 성 삼위일체와 교회는 하나입니다. 당신은 세상이 거룩하게 되어, 모두가 그리스도께 속하기를 갈망해야 합니다. 그때야말로 당신은 교회에 들어가게 되고, 낙원의 기쁨 속에서 살게 되고, 하느님 안에서 살게 됩니다. 신성의 충만함이 교회 안에 완벽하게 거하고 있기 때문입니다.

우리 모두는 단 하나의 몸이고, 그 몸의 머리는 그리스도이십니다. 이것이 우리가 믿는 종교의 위대함입니다. 우리 종교는 영 안에서 세상을 일치시킵니다. 기도의 능력은 참으로 위대합니다. 특별히 많은 형제들이 모여 같이 기도할 때, 기도의 힘은 엄청납니다. 공동으로 하는 기도 안에서 모두는 하나가 됩니다. 우리는 이웃을 우리 자신처럼 느껴야 합니다. 거기에 우리의 삶이 있고, 우리의 기쁨이 있고, 우리의 보물이 있습니다. 그리스도 안에서는 모든 것이 쉽습니다.

그리스도는 중심입니다. 모든 것이 중심을 향해서 달려가서 한 영혼, 한 마음으로 연합됩니다. 오순절에 일어난 일이 바로 이런 것이었습니다. 같은 시간과 같은 장소에서 시편과 복음경을 낭독하고 또 들으면서, 하느님의 은총으로 봉독자와 모든 청중은 하나로 일치됩니다. 왜냐하면 낭독되는 내용을 듣고 모두는 그 내용에 참여하기 때문입니다. 이렇게 많은 사람들이 함께 있을 때 기도의 힘은 몇 배로 불어납니다. 그것은 아름다운 자연을 힘께 보면 더욱 가슴 실레는 것과 같습니다. 아름다운 광경에 모아진 그늘의 시선이 그들을 일치시키기 때문입니다. 감옥에서 풀려난 사도 베드로의 예를 들어봅시다.

이렇게 되어 베드로는 감옥에 갇혀 있었고 교회는 그를 위하여 하느님께 줄곧 기도를 드렸습니다.

(사도행전 12:5)

이 기도로 인해서 사도 베드로는 감옥의 쇠사슬에서 풀려날 수 있었습니다.

하느님 사랑과 경배, 열정, 하느님과의 연합, 교회와의 연합, 이것은 바로 지상에 있는 낙원입니다. 주님의 은총에 입 맞추면, 모든 것이 쉬워지고, 모든 것이 기쁨이 되고, 하느님이 주시는 복이 됩니다. 사람을 완전하고 행복하게 해주는 종교가 있다면 내게 보여주십시오. 이 위대함을 우리가 이해하지 못한다면, 얼마나 안타까운 일입니까!

우리 자신에 관한 것이든 다른 사람에 관한 것이든, 우리에게 문제가 생긴다면, 우리는 다른 사람들에게도 기도를 요청해야 합니다. 그리고 다함께 믿음과 사랑으로 하느님께 간청해야 합니다. 하느님은 이런 기도를 좋게 보시고 기적을 행하시어 우리를 도와주실 것임을 확신합시다. 우리는 이것을 잘 이해하지 못하고 있습니다. 그러면서도 우리는 "나를 위해 기도해 주십시오."라고 아무 생각 없이 기도를 부탁하곤 합니다.

여러분 자신보다는 다른 사람들을 위해서 더 많이 기도하십시오. "주 예수 그리스도시여, 저를 불쌍히 여기소서." 그러면 여러분 안에는 항상 다른 사람들이 같이 머물 것입니다. 우리 모두는 같은 아버지의 자녀들이며, 우리는 모두 하나입니다. 그렇기 때문에 다른 사람들을 위해 기도를 할 때도 "그들을 불쌍히 여기소서."라고 하지 않고 "주 예수 그리스도시여, 저를 불쌍히 여기소서."라고 하면 그들 자신과 내가 하나가 되게 합니다.

다른 사람들을 위해서 이익을 따지지 않고 단순하면서도 깊은 사랑으로 드리는 기도는 영적으로 큰 유익을 가져다 줍니다. 이 기도를 받는 사람도 은총을 받지만 기도를 하는 사람에게도 하느님의 은총이 임합니다. 여러분이 큰 사랑으로 기도한다면, 여러분의 그 사랑은 기도 안에서 살아 움직입니다. 그 사랑의 물결은 기도를 받는 사람에게 도달하여 영향을 끼치게 되고, 그를 보호하는 방패가 되며, 그를 선으로 인도합니다. 하느님은 여러분의 노력을 보시고 여러분뿐만 아니라 중보 기도의 대상이 된 그 사람들에게도 풍부한 은총을 주십니다. 그러나 여기에는 우리의 희생정신이 필요합니다. 이해하시겠습니까?

하느님의 은총으로 선한 일이 일어나도록 하기 위해 기도에 집중해야 하는데, 그 상대방은 오히려 선하지 않고 악에 빠져있다면 우리는 분명 근심과 슬픔에 빠지게 될 것입니다. 우리는 우리 자신의 지혜를 믿지만 그 지혜가 항상 옳지는 않습니다. 비밀은 다른 데 있습니다. 그것은 우리의 말이나 제안이나 해결책에 있지 않습니다. 그것은 온 정성을 다해 온전히 우리 자신을 기도에 바치는 것입니다. 하느님의 은총으로 우리 형제에게 꼭 필요한 것이 주어지도록 하느님께 간절히 기도드리는 것입니다. 비밀은 바로 이것입니다. 우리는 할 수 없지만 하느님의 은총은 할 수 있습니다.

내 삶에서 기도는 언제나 가장 중요한 자리를 차지했습니다. 나는 지옥을 두려워하지 않습니다. 나는 또한 천국을 생각하지 않습니다. 오직 하느님께 세상과 내게 자비를 베풀어 달라고 간구할 뿐입니다. 내가 집중해서 "주 예수 그리스도시여, 저를 불쌍히 여기소서."라고 기도드리면, 많은 사람들 속에 있어도 기도를 떠나지 않을 수 있습니다. 혼자 있으나 군중 속에 있으나 상황은 같습니다.

나는 그리스도의 영 안에서 기도하고, 모든 사람들을 받아들입니다. 나는 세상을 위해 간절히 기도합니다. 나는 언제나 그리스도를 사랑하려고 노력합니다. 그것이 바로 내 인생의 화두입니다. 나는 지금 많은 병을 앓고 있어서 많은 이야기를 할 수는 없습니다. 하지만 기도는 그 어떤 많은 말보다 더 큰 힘이 됩니다.

나는 여러분들의 여러 가지 일들을 위해 기도합니다. 그러나 이것만으로는 충분하지 않습니다. 내 기도가 여러분들에게서도 반향을 일으켜야 합니다. 하느님이 우리들에게 보내주시는 은총을 받으려면, 우리가 마음의 문을 열어야 합니다. 하느님께서 허락하시는 모든 것은 우리의 영혼에 유익이 될 것입니다. 하지만 우리는 기도하는데 당신들은 잠이나 자고 있다면, 그렇게 될 수 없습니다.

사람들은 자주 나를 비난합니다. 하지만 그럴 때마다 나는 이 말씀처럼 행동합니다.

> 나는 아예 귀머거리가 되어 듣지도 않았고, 벙어리가 되어 입을 다물었습니다.
>
> (시편 38:13)

여러분을 비난하는 사람을 위해 기도하십시오. "그를 불쌍히 여기소서."라고 기도할 것이 아니라 "주 예수 그리스도시여, 저를 불쌍히 여기소서."라고 기도하십시오. 이렇게 하면 당신을 비난하는 사람도 당신의 기도 안에 있게 됩니다. 남이 여러분을 험담해서 속상합니까? 하느님은 다 아십니다. 그러니 두 팔을 펼쳐 들고 하느님께 기도하십시오. "주 예수 그리스도시여, 저를 불쌍히 여기소서." 여러분 자신이 하느님과 하나가 되게 하십시오. 하느님은 무엇이 그 마음 깊은 곳에서 이 사람을 괴롭히는지 다 아시고, 빨리 도와주러 오십니다. 주님께서는 우리가 얼마나 간절한 마음으로 간구하는지를 살펴보십니다. 사도 바울로가 로마인들에게 뭐라고 말했습니까?

이렇게 성령께서는 하느님의 뜻을 따라 성도들을 대신해서 간구해 주

십니다. 그리고 마음속까지도 꿰뚫어 보시는 하느님께서는 그러한 성령
의 생각을 잘 아십니다.

(로마 8:27)

　모든 이들이 정화되도록 기도하십시오. 그래서 여러분의 삶 속에서 천사들의 태도를 본받아 가십시오. 그렇습니다. 천사들은 자신을 위해서 기도하지 않습니다. 그래서 나도 다른 사람들과 교회와 교회의 몸을 위해서 기도합니다. 교회를 위해 기도하는 순간, 나는 온갖 욕정으로부터 해방됩니다. 찬양을 드리는 시간에 여러분의 영혼은 무한히 넓어지고 주님의 은총 아래에 거룩하게 될 것입니다. 내가 여러분에게 가르쳐 주고 싶은 것이 바로 이것입니다.
　하느님께서는 우리가 천사와 같은 존재들이 되기를 원하십니다. 천사는 오로지 하느님을 찬양합니다. 이것이 천사들의 기도입니다. 그들의 기도는 하느님께 영광 돌리는 것입니다. 영광 돌리는 것은 참으로 오묘한 주제입니다. 그것은 인간적인 것을 벗어납니다. 우리는 너무도 물질적이고 세속적인 것에 얽매여 뭔가를 기대하고 바라면서 기도합니다. 우리의 문제를 해결해 달라고, 사업이 잘 되게 해달라고, 우리 일이 성공하게 해달라고, 우리가 건강하게 해달라고, 또 우리 자식들을 보살펴 달라고 기도합니다. 이렇게 순전히 인간적인 기도, 무엇인가를 요구하는 기도를 드립니다. 하지만 영광 돌리는 것은 아무것도 바라지 않는, 사심 없는 순수한 기도입니다. 천사는 무엇인가를 얻기 위해 기도하지 않습니다. 하느님은 우리에게도 이런 능력을 주셨습니다. 우리의 기도도 천사들의 기도가 될 수 있고, 끊임없는 영광송이 될 수 있다는 말입니다. 기도의 위대한 비밀은 바로 여기에 있습니다. 그러한 기두에 들어서면, "모든 것을 우리 주 예수 그리스도께 맡깁시다."라는 우리 교회의 기도처럼, 우리는 모든 것을 하느님께 맡

기고, 끊임없이 하느님께 영광 돌리게 됩니다. 이것이 바로 우리 종교의 "최고 고등 수학"입니다.

영적 투쟁에 대해서

> 사람을 거룩하게 하는 것은
> 바로 그리스도에 대한 사랑과 경배입니다.

그리스도가 우리 영혼 안에 오시면 우리 안의 모든 것을 변화시키십니다.

사람은 하나의 신비입니다. 예언자들, 성인들, 순교자들, 사도들 그리고 특별히 주 예수 그리스도께서 경험하신 이 모든 선을 우리는 우리 안에 유산으로 상속받았습니다. 하지만 우리는 또한 아담에서부터 오늘날까지 세상에 존재해온 악(惡)도 지니고 있습니다. 모든 선한 것과 악한 것이 함께 우리 안에 공존합니다. 우리의 본능적 충동들뿐만 아니라 나머지 모든 것이 만족을 구합니다. 하지만 우리는 이것들을 만족시킬 수 없기에, 이 모든 것은 언젠가 분풀이를 하고 말 것입니다. 다만 우리가 이 모든 것을 다른 곳으로, 다시 말해 더욱 탁월한 것을 향해, 하느님을 향해 이끌어 갈 때만 참된 만족을 얻을 수 있습니다.

이것이 바로 우리가 "옛 사람으로서는 죽고 새로운 사람으로 옷입어야" 하는 이유입니다. 우리는 이것을 세례성사를 통해서 고백합니다. "세례를 받아서 그리스도 안으로 들어간 여러분은 모두 그리스도를 옷 입듯이 입었습니다."(갈라디아 3:27)라고 성경에 기록되어 있듯이 우리는 세례성사를 받고 그리스도의 기쁨 안으로 들어갑니다. 고백성사는 제2의 세례성사입니다. 고백성사를 통해서 정념들의 정화, 정념들의 변화가 일어납니다. 이렇게 주님의 은총은 성사들을 통해서 우리에게 임합니다.

주님은 제자들에게 이렇게 말씀하십니다.

> 이제 아버지께서 내 이름으로 보내주실 성령 곧 그 협조자는 모든 것을 너희에게 가르쳐주실 뿐만 아니라 내가 너희에게 한 말을 모두 되새기게 하여주실 것이다.
>
> (요한 14:26)

성령이 모든 것을 우리에게 가르쳐 줄 것입니다. 성령은 우리를 거룩하게 하시고 신화시키십니다. 우리가 하느님의 성령을 소유한다면, 우리는 결코 죄를 지을 수 없게 됩니다. 우리는 죄에 어울리지 않는 존재가 됩니다. 우리 안에 성령이 계시면, 우리는 절대 악을 행할 수 없습니다. 화를 낼 수도 없고, 누군가를 미워할 수도 없으며, 악담을 할 수도, 그 어떤 악행도 할 수 없습니다.

성령으로 충만하길 바랍니다. 성령 충만으로 풍요로워지길 바랍니다. 영적 삶의 본질이 바로 여기에 있습니다. 이것은 하나의 예술입니다. 아니 예술 중의 예술입니다. 두 팔을 활짝 펴고 달려가 그리스도의 품에 안깁시다. 그리스도가 우리 마음 안에 오시면 우리는 모든 것을 얻습니다. 그리스도는 우리 안에 있는 모든 것을 변화시킵니다. 평화, 기쁨, 겸손, 사랑, 기도, 고귀함을 가져다 줍니다. 그리스도의 축복은 우리를 새롭게 해 줍니다. 열정과 열망과 헌신과 정열적인 사랑으로 그리스도를 향해 돌아섭시다. 그러면 그리스도가 우리에게 모든 것을 다 주실 것입니다.

그리스도가 없다면, 우리가 우리 자신을 치유하는 것은 불가능합니다. 욕정들을 극복할 수 없습니다. 우리 혼자서는 결코 선한 사람이 될 수 없습니다. 주님은 "나를 떠나서는 너희가 아무것도 할 수 없다."(요한 15:5)라고 말씀하셨습니다. 아무리 노력해도 성공하지 못합니다. 우리가 해야 할 일은 한가지뿐입니다. 그리스도에게 돌아서는 것뿐입니다. "마음을 다하고 목숨을 다하고 생각을 다하고 힘을 다하여"(마르코 12:30) 그분을 사랑하는 것입니다. '그리스도께 향한 사랑' 이야말로 우리들의 정념들, 욕정들에 대한 가장 탁월한 치유책입니다.

하느님은 사람의 영혼에 힘을 주셨습니다. 하지만 이 힘을 선을 위해 쏟아 부을지 아니면 악을 위해 쏟아 부을지는 사람에게 달려있습니다. 하나의 비유를 들어봅시다. 선은 꽃들과 나무들 그리고 온갖 식물들이 넘쳐나는 아름다운 정원이라 하고, 반면 악은 가시덤불이 가득한 가시밭이라고 하고, 그리고 영혼의 힘은 물이라고 가정해 봅시다. 과연 어떤 일이 일어날까요? 물이 아름다운 정원으로 뿌려지면 그때 모든 식물들과 꽃들은 잘 자라고 더욱더 싱그러운 녹색을 띠고 온갖 꽃이 만발하게 될 것입니다. 반면 가시밭에는 물이 공급되지 않아 가시덤불들은 시들어버리고 다 말라 죽어버릴 것입니다. 하지만 이와는 정반대의 상황이 될 수도 있습니다.

가시덤불에는 신경을 쓰지 않아도 됩니다. 구태여 악을 쫓아내기 위해 힘을 소진할 필요는 없습니다. 그리스도는 우리가 정념들과 적대자 악령들에게 신경쓰는 것을 원하지 않으십니다. 물로 비유된 영혼의 힘을 어디에 쏟아부을 것인지 그 방향을 올바르게 잡는 것이 중요합니다. 다시 말해 영혼의 힘을 꽃들이 자라고 있는 정원에 쏟아 부어 그 아름다움과 향기와 신선함을 보고 기뻐하라는 것입니다.

우리는 악을 쫓아냄으로써 거룩하게 되는 것이 아닙니다. 악은 그냥 관심을 주지 말고 내버려 두십시오. 다만 그리스도만 바라보십시오. 그러면 그분께서 여러분을 구해주실 것입니다. 적들을 쫓기 위해 문밖에 서있지 말고 그들을 그냥 무시해 버리십시오. 악이 이쪽으로 다가옵니까? 그러면 부드럽게 여러분 자신을 다른 쪽으로 돌리십시오. 다시 말해, 악이 여러분을 공격하러 옵니까? 그러면 여러분은 그냥, 여러분의 내적인 힘을 선에게, 그리스도에게 향하도록 하십시오. 그리고 다만 "주 예수 그리스도시여, 죄인인 저를 불쌍히 여기소서."라고 간구하십시오. 그분은 여러분에게 어떻게 자비를 베푸실 것인지 잘 알고 계십니다. 선한 것이 채워지면 더 이상 악으로 향하지 않게 됩니다. 그리고 오직 하느님의 은총과 함께할 때만 선한 사람이 됩니다. 그렇게 된다면, 악이 도대체 어디서 자신의 자리를 찾을 수 있겠습니까? 그가 있을 수 있는 곳은 하나도 없게 되어버립니다!

그리스도와 함께라면 모든 것이 가능합니다. 선한 사람이 되기 위해서, 수고하고 노력할 필요가 어디 있겠습니까? 모든 일은 간단합니다. 하느님께 그것을 호소하면, 그분께서 모든 것을 선한 방향으로 바꿔주실 것입니다. 하느님께 마음을 주면 그분 외에 다른 어떤 것이 들어설 틈이 없습니다. 그리스도를 옷으로 입기만 하면, 덕을 실천하기 위해 노력할 필요가 없어집니다. 그리스도가 그분의 은사를 당신에게 주실 것입니다. 두려움과 절망에 사로잡힐 때가 있습니까? 그리스도를 향해 돌아서십시오. 그리스도를 순수하게, 겸손하게, 조건 없이 사랑하십시오. 그러면 그리스도가 직접 우리의 두려움과 절망을 제거해 주십니다. 사도 바울로가 "나는 과연 비참한 인간입니다. 누가 이 죽음의 육체에서 나를 구해 줄 것입니까?"(로마 7:24)라고 말했듯이 여러분도 그리스도께로 시선을 돌리고 겸손과 희망으로 사도 바울로처럼 말하십시오. 그리스도로 향해서 걸어가면 그분은 곧바로 여러분에게 오실 것입니다. 그리고 그분의 은총이 즉각적으로 활동하실 것입니다.

영적 싸움에서 단순하고 부드럽게, 과격하지 않게 투쟁하십시오.

우리의 종교는 완벽합니다. 그 철학의 깊이는 심오합니다. 단순한 것은 가장 값진 것이기도 합니다. 이처럼 영적 투쟁에 있어서도 억지로 하지 않고 단순하고도 부드럽게 투쟁하십시오. 그러면 영혼은 거룩하게 됩니다. 교부들의 말씀을 공부하고, 시편을 외우고, 성가를 부르고, 성인전을 읽고, 예수 기도를 하면 영혼은 깨끗해집니다.

이와같은 영적 활동에 매진하고 나머지 다른 것은 내버려두십시오. 그렇게 하면 피를 흘리는 희생 없이도, 우리는 쉽게 하느님에 대한 경배에 이를 수 있습니다. 우리를 하느님께로 인도하는 두 가지 길이 있습니다. 하나는 악에 대항하여 맹렬하게 공격하는 험난하고 시련 가득한 길이고, 다른 하나는 사랑을 통한 쉬운 길입니다. 험난한 길을 선택하여, 덕의 위대한 단계에 이르기까지 "성령을 얻기 위해 피를 흘렸던" 분들도 많았습니다. 하지만 나는 사랑을 포함하는 또 다른 이 길이야말로 더욱 빠르고 확실한 길임을 알게 되었습니다. 여러분들도 이 길을 따라가십시오.

다시 말해 여러분은 좀 다른 노력들을 할 수 있습니다. 하느님과 교회에 대한 사랑 안에서 전진해 나가겠다는 목표를 세우고, 공부하고 기도할 수 있습니다. 여러분의 영혼의 방에서 어둠을 쫓아내려고 투쟁하지 마십시오. 다만 아주 작은 구멍하나만 뚫어놓으십시오. 그러면 그곳으로 빛이 들어올 것이고, 어둠은 사라지고 말 것입니다. 우리의 욕정들과 연약함에 대해서도 같은 방법을 적용하는 것이 좋습니다. 그것늘과 싸우지 마십시오. 오히려 악을 무시함으로써 그것들을 힘으로 바꾸십시오. 시가들과 까논 성가들과 하느님에 대한 경배와 하느님을 향한 사랑에 관심을 쏟아 부으십시오. 우리 교회의 모든 거룩한 영적 저서들, 기원 의식들, 매일 예식서, 시편서, 월별예식서들은 거룩한 말씀들을 포함하고 있습니다. 우리 그리스도를 향한 사랑의 속삭임들을 포함하고 있습니다. 열정을 가지고 이러한 노력에 매진한다면, 여러분의 영혼은 알지 못하는 사이에 부드럽고 은밀한 방법으로 거룩하게 될 것입니다.

성인전의 내용들, 특별히 깔리비티스 성 요한의 생애는 참으로 내게 깊은 인상을 주었습니다. 성인들은 하느님의 친구들입니다. 영적 투쟁에서 승리한 성인들의 생애를 읽고 마음속에 그 내용을 새겨서 그들의 삶을 닮도록 하십시오. 성인들은 자기 자신을 그리스도께 온전히 바친 사람들입니다.

이러한 공부를 통해서, 서서히 온유함, 겸손, 사랑을 얻게 될 것입니다. 그렇게 해서 여러분의 영혼은 더욱 훌륭하게 되어 갈 것입니다. 여러분 자신을 고치기 위해, 부정적인 방법들을 선택하지 마십시오. 악마도 지옥도 그 어떠한 것도 두려워할 필요가 없습니다. 이런 것은 반발을 불러일으킵니다. 내게는 이와 관련된 작은 경험도 있습니다. 아무것도 하지 않는 것, 지루해 하는 것, 뭔가 속박을 느끼는 것 등은 훌륭하게 되기 위한 확실한 방법이 아닙니다. 훌륭하게 되는 가장 확실한 방법은 오히려 열심히 살고 공부하고 기도하는 것, 그리고 사랑 안에서, 그리스도를 향한 사랑 안에서, 교회에 대한 사랑 안에서 조금씩 계속해서 전진하는 것입니다.

이것이야말로 거룩하고 아름다운 일이고, 영혼을 기쁘게 하고, 모든 악으로부터 영혼을 해방시키는 일입니다. 우리가 이런 노력을 하는 것은 바로 그리스도와 연합되기 위해서입니다. 그리스도를 사랑하려는 노력, 그리스도를 향해 뜨거운 열정을 품으려는 노력, 그리스도 안에서 살려는 노력을 경주하십시오. 그래서 사도 바울로처럼 "이제는 내가 사는 것이 아니라 그리스도가 내 안에서 사시는 것입니다. 지금 내가 살고 있는 것은 나를 사랑하시고 또 나를 위해서 당신의 몸을 내어주신 하느님의 아들을 믿는 믿음으로 사는 것입니다."(갈라디아 2:20)라고 말할 수 있도록 합시다. 이것이 우리들의 목적이 되어야 합니다. 여러분의 다른 노력들은 은밀하게 해야 합니다. 그리스도를 향한 사랑이 모든 것을 지배하고 결정하게 해야 합니다. 우리 머릿속에, 생각 속에, 가슴 속에, 그리고 의지 속에 바로 이 그리스도를 향한 사랑이 있어야 합니다. 이 노력을 좀 더 철저하게 해야 합니다. 그리스도를 어떻게 만날 것이며 어떻게 그분과 하나가 될 것이며, 어떻게 그분을 우리 마음 안에서 모실 것인지 말입니다.

모든 나약함을 내버려두십시오. 적대적인 영이 그것을 간파하고 여러분을 덮쳐서 그 자리에서 꼼짝 못하게 하지 못하도록, 여러분을 어떤 절망의 상황에 몰아넣지 못하도록 해야 합니다. 나약함을 애써 벗어던지려고 안간힘을 쓰지 마십시오. 다만 아주 부드럽게, 아주 단순하게, 긴장하거나 초조해하지 말고 싸우십시오. "이제 나는 나 자신을 족쳐댈 거야. 나는 사랑을 얻기 위해, 선하게 되기 위해 기도할 거야."라고 말하지 마십시오. 선하게 되려고 너무 강압하거나 조급해하는 것은 결코 좋지 않습니다. 이렇게 하면 그에 대한 반작용은 더욱 끔찍할 것입니다. 모든 것은 단순한 방법으로 서두르지 않고 자유 속에 이루어져야 합니다. "주님, 이것으로부터, 예를 들어 분노 혹은 슬픔으로부터 저를 자유롭게 해주십시오." 이렇게 말하지도 마십시오. 특정한 정념에 관하여 기도하는 것도, 그것에 대해 생각하는 것조차도 좋지 않습니다. 그렇지 않으면 우리 영혼을 더욱 혼란스럽게 만드는 일들이 일어나고야 맙니다. 이 정념의 공격에 힘껏 맞서보십시오. 그러면 그 정념은 그 팔로 당신을 껴안고 더욱 세게 조일 것이고, 당신은 아무것도 할 수 없게 된다는 것을 알게 될 것입니다.

직접적으로 유혹과 싸우시 마십시오. 유혹이 사라지게 해달라고 간청하지도 마십시오. "주님, 제발 유혹을 거두어 주십시오."라고 말하지 마십시오. 그렇게 말하는 것은 오히려 당신이 그것을 중요한 문제로 여기고 있다는 것을 보여줄 따름이고, 그래서 유혹은 곧 당신을 사로잡고 말 것입니다. "제발 좀 유혹을 거두어주십시오."라고 말할 때, 실상 당신은 내심 그 유혹에 대해 생각하게 되고 더욱 그것에 이끌리게 되기 때문입니다. 물론 유혹에서 벗어나는 방법은 분명 존재합니다. 그러나 그 방법은 참으로 매우 은밀하고 정말 오묘하며, 그래서 잘 드러나지 않습니다. 그것은 정말 은밀하게 작동합니다. "자선을 베풀 때에는 오른손이 하는 일을 왼손이 모르게 하라."(마태오 6:3)는 성경의 말씀을 기억하십시오. 여러분의 모든 힘을 하느님 사랑으로, 하느님 경배로, 하느님과의 결합으로 향하게 하십시오. 이렇게 하면 고통스러운 노력 없이도 우리 자신도 모르는 사이에 우리는 악으로부터 우리의 나약함으로부터 신비스럽게 해방됩니다.

나 자신도 이와 같은 노력을 합니다. 나는 이것이야말로 피를 흘리지 않고 거룩하게 되는 가장 좋은 방법임을 알게 되었습니다. 다시 말해 까논 성가들, 찬양송들, 시편들을 공부함으로써 사랑에 나 자신 전체를 봉헌하는 것이야말로 내게는 가장 좋은 것임을 알게 되었습니다. 이러한 공부, 이러한 심화의 과정이 우리 자신도 모르게 우리를 하느님에 대한 사랑으로 향하게 하고, 우리 마음을 그윽함으로 충만하게 해줍니다. 나는 열정과 사랑과 기쁨으로 두 팔을 벌리고 기도합니다. 그러면 주님은 그의 사랑으로 나를 드높여줍니다. 그 사랑에 이르는 것이 바로 우리의 목적입니다. 어떻게 생각하십니까? 이 길이야말로 피를 흘리지 않는 길이 아니겠습니까?

물론 다른 방법들도 많습니다. 예를 들면 죽음, 지옥, 악마를 생각하는 것입니다. 이렇게 하면 두려움 때문에 그것들을 피하고자 하는 생각으로 악에서 벗어날 수 있습니다. 그러나 다른 누구보다도 보잘 것 없는 나는 평생 이런 방법을 적용하지 않았습니다. 이 방법은 사람을 피곤하게 하고 반항심을 일으켜서 종종 정반대의 결과를 초래하기도 합니다. 오히려 영혼은, 특별히 그 영혼이 아주 감수성이 강할 때, 사랑 안에서 기뻐합니다. 사랑 안에서 더욱 열정이 고조되고 또 힘을 얻습니다. 이렇게 하여 사랑은 영혼으로 하여금 부정적이고 추악한 모든 것을 그 내용과 구성과 본질에 있어서 전혀 다른 것으로 바꿀 수 있게 해줍니다.

그러므로 나는 '쉬운 길'을 더 좋아합니다. 다시 말해 그것은 성인들에 관한 까논 성가들을 공부함으로써 성공에 이르는 것입니다. 성가들을 통해서 우리는 성인들과 수도사들과 은둔자들과 순교자들이 삶을 훌륭하게 변화시킨 그 방법을 알게 됩니다. 여기서 그들의 방법들을 '훔쳐오는' 것이 더 좋은 방법입니다. 그분들이 했던 것처럼 우리도 그렇게 합시다. 성인들은 그리스도의 사랑에 자신을 다 바친 분들입니다. 그들의 마음 전체를 내주었습니다. 우리도 그들의 방법들을 훔쳐옵시다.

여러분의 영혼 깊은 곳에서 일어나는 영적인 일이 밖으로 드러나지 않아야 합니다.

여러분의 영혼 깊숙한 곳에서 일어나는 영적인 일은 은밀하게 행해져야 합니다. 다른 사람뿐만 아니라 우리 자신도 그것을 알아채지 못해야 합니다. 선한 '우리'가 행한 것을 악이 알게 해서는 안 됩니다. "오른손이 하는 일이 왼손이 모르게 하라."고 주님은 말씀하십니다. 악한 '우리'가 바로 그 왼손입니다. 그러므로 선한 '우리'가 행한 것을 왼손 즉 악한 '우리'가 알게 되는 순간부터 모든 것은 망쳐버립니다. 적대자 원수는 바로 이 악한 '우리'입니다. 우리는 이렇게 악을 좀 더 부드럽게 부릅니다. 그리스도 안에 있는 우리의 '자아'는 젊고 새롭습니다. 반면 또 다른 자아는 늙은 옛 사람입니다. 그러므로 옛 사람이 우리의 선한 행위들을 눈치 채지 못하게 하는 기술이 필요합니다. 여기에는 기술이 필요합니다. 그리고 무엇보다도 주님의 은총이 필요합니다.

몇 가지 비법이 있습니다. 복음서를 통해 그리스도는 영적 투쟁에서 우리를 파멸시킬 몇 가지를 피하라고 권고하십니다. 그리스도는 우리에게 "오른손이 하는 일을 왼손이 모르게 하라."라고 말씀하십니다. 예를 들어 봅시다. 당신은 하느님으로부터 오는 기쁨을 맛보고 싶어합니다. 여기에서 비밀은 무엇일까요? 이 기쁨을 믿고 하느님께 그것을 간청합니다. "하느님은 분명 내게 기쁨을 주실 거야."라고 확실히 믿습니다. 그런데 하느님은 그것을 주시지 않습니다. 그 기쁨을 얻지 못한 원인은 여러분 자신에게 있습니다. 하느님은 이 기쁨을 주시고 싶어 하십니다. 그러므로 비밀은 우리의 순수함과 우리 마음에 달려있습니다. 단순함이 없을 때, 또 "내가 이렇게 하면 하느님은 내 요청을 들어주실 것이야. 그러면 나는 이것도 하고 저것도 하고 …"라고 말할 때, 그것은 이루어지지 않습니다. 분명한 것은 무엇을 하든, 정말로 은밀하게, 정말로 순수하게, 정말로 부드럽게, 심지어 간구하는 나 자신도 알아채지 못할 만큼 은밀하게 해야 합니다.

무슨 일이든지 순수하면서도 부드럽게 행하십시오. 다른 목적을 가지고 하지 마십시오. "어떤 결과를 얻기 위해 나는 이렇게 하겠다."라고 말하지도 마십시오. 그저 순수하게 내 자신도 알아채지 못하게 간구하십시오. 다시 말해 순수한 마음으로 기도드릴 뿐, 하느님이 우리 영혼에 어떤 은총을 베푸실지는 생각하지 마십시오. 여러분은 아무 계산도 하지 마십시오. 물론 하느님과 맞닿은 사람이라면 하느님의 선물을 알 것입니다. 하지만 모든 것은 여러분들이 알아채지 못하는 사이에 이루어집니다. 이렇게 예수기도를 드릴 때, 아주 세심하게 또 단순함을 가지고 이 기도 외에 그 어떤 것도 생각하지 말고, "주 예수 그리스도시여, 죄인인 저를 불쌍히 여기소서."라고 기도하십시오. 이것은 정말로 미묘한 문제입니다. 그래서 반드시 주님의 은총이 있어야 합니다.

순수한 마음을 지니십시오. 이중적이고 솔직하지 못한 마음을 품지 마십시오. 마음을 선하게 하고, 교활하고 이기적이지 않도록 하십시오. 우리는 순수하고 선한 영혼을 추구합니다. 그리고 두려움과 의심 없이 다가감으로써 그 안에서 평안을 발견합니다. 그러면 영혼은 내적 평화 안에서 살게 되고, 모든 사람과 또 모든 피조세계와 선한 관계를 맺게 됩니다.

  선한 사람, 선만을 생각하는 사람, 교활한 생각들을 품지 않는 사람은 하느님의 은총을 끌어당깁니다. 선함과 단순함은 하느님의 은총을 끌어오는 주된 요인이며 하느님 임재의 전제조건입니다. 그곳이 바로 하느님께서 머무실 곳입니다.

> 나는 문이다. 누구든지 나를 거쳐서 들어오면 안전할뿐더러 마음대로 드나들며 좋은 풀을 먹을 수 있게 될 것이다.
> (요한 10:9),

> 아버지와 나는 그를 찾아가 그와 함께 살 것이다.
> (요한 14:23)

  그러나 중요한 것은 선한 사람이 되려면 악마와 사람들의 교활함도 알아야 한다는 것입니다. 그렇지 않으면 정말로 큰 낭패를 보게 될 것입니다.
  성경에서 하느님의 말씀이신 그리스도는 우리에게 단순함과 부드러움에 대해 확실하게 말씀하십니다.

> 지상의 통치자들이여, 정의를 사랑하여라. 정직한 마음으로 주님을 생각하고 순진한 마음으로 주님을 찾아라. 주님을 떠보지 않는 사람들이 주님을 찾게 되고 주님은 당신을 불신하지 않는 사람들에게 나타내 보이신다. 사악한 생각을 가진 자들은 하느님께로부터 멀어지고 전능하신 분을 시험하려는 어리석은 자들은 부끄러움을 당합니다. 지혜는 간악한

마음속에 들지 않으며 죄로 물든 몸 안에 머무르지 않는다.

(지혜서 1:1-4)

단순함과 선함. 하느님의 은총을 얻고자 한다면, 이것이면 됩니다. 이것이야말로 성경에 숨겨진 모든 비밀입니다. '간악한 마음'이란 악한 영혼, 잘못 형성된 영혼입니다. 악을 행하는 영혼입니다. 하느님의 지혜는 그런 영혼 안에 들어갈 수 없습니다. 그 안에 머무는 것은 더욱 불가능합니다. 부패와 타락과 속임수가 있는 마음에는 하느님의 은총이 들어가지 않습니다.

"어둠 속에 앉은 백성이 큰 빛을 보겠고 …"

성경과 시편 그리고 교부들의 말씀을 열심히 읽으라고 여러분에게 여러 번 말했습니다.

하느님에 대한 사랑으로 이 공부에 전념하십시오. 단어 하나하나를 꼼꼼하게 사전에서 찾아가며 공부하십시오. 그리고 분명하고 정확하게, 또 의미를 잘 헤아리며 세심하게 읽도록 훈련하십시오. 예를 들면 '단순함'이라는 단어가 성경에서 몇 번이나 쓰였는지 조사해가며 공부해야 합니다. 다른 단어들도 마찬가지입니다. 그러면 그리스도의 빛이 당신의 영혼을 덮을 것입니다. 이렇게 하면 복음사도 마태오의 말씀이 그대 안에서 이루어질 것입니다.

어둠 속에 앉은 백성이 큰 빛을 보겠고 죽음의 그늘진 땅에 사는 사람들에게 빛이 비치리라.

(마태오 4:16)

이 빛은 그리스도의 창조되지 않은 빛입니다. 이 빛을 얻으면 우리는 진리를 알게 됩니다. 진리는 바로 하느님이십니다. 하느님은 모든 것을 알고 계십니다. 그분께서 모든 것이 알려져 있고 분명합니다. 세상은 하느님께서 만드신 작품입니다. 하느님께서는 세상을 그분의 창조되지 않은 빛으로 밝혀주십니다. 하느님 자신이 빛이십니다. 하느님께서 빛이신 이유는 자신을 아시기 때문입니다. 우리는 우리 자신을 잘 모릅니다. 그래서 우리는 어둠 안에 있습니다. 그 빛이 우리를 관통하게 할 때, 우리는 하느님과의 교제 안에 있게 됩니다. 그렇지 않다면, 우리가 아무리 많은 빛을 가졌다 해도, 우리에게는 빛이 없습니다. 우리가 하느님과 연합하면, 그리스도는 우리를 빛나게 해주십니다. 큰 빛을 우리 각자에게 선사해 주십니다. 그 빛을 받아들이는 우리는 행복합니다. 그때야말로 더욱 깊은 믿음을 얻게 됩니다. 그때 또한 솔로몬의 지혜서가 말하고 있는 일이 일어납니다.

> … 주님을 떠보지 않는 사람들이 주님을 찾게 되고 주님은 당신을 불신하지 않는 사람들에게 나타내 보이신다. 사악한 생각을 가진 자들은 하느님께로부터 멀어지고 전능하신 분을 시험하려는 어리석은 자들은 부끄러움을 당합니다. 지혜는 간악한 마음속에 들지 않으며 죄로 물든 몸 안에 머무르지 않는다.
>
> (지혜서 1:1-4)

믿음이 적은 사람, 의심하는 사람, 거부하는 사람, 올바른 이성에 따라 생각하지 않는 사람, 하느님께 마음을 열지 않는 사람들에게는, 하느님이 나타나지 않으십니다. 마음의 문이 잠긴 영혼들에게는 하느님께서 오지 않으신다는 말입니다. 하느님은 강요하지 않으십니다. 강제로 문을 열려 하지 않으십니다. 반대로 단순하고 확고한 믿음을 가진 사람들에게 하느님은 나타나시어 창조되지 않은 빛을 선사해주십니다. 이 지상의 삶에서부터 그 빛을 주시고 다음 세상에서는 더욱 풍부하고 충만하게 주십니다.

하지만 모든 사람이 이 지상의 삶에서부터 진리의 빛을 그와같이 분명하게 볼 것이라고 믿지는 마십시오. 각자는 자신의 영혼, 자신의 정신, 자신의 배움, 자신의 영혼의 상태에 따라 그 빛을 봅니다. 예를 들어 똑같은 그림을 보더라도 사람마다 느끼는 것은 같지 않습니다. 하느님의 빛도 이와 마찬가지입니다. 참 빛이 모두에게 동일한 방식으로 빛나지는 않습니다. 다시 말해 아침 해는 동일한 강도로 빛날지라도, 만약 집의 창문이 시꺼멓다면 그 빛의 광채는 조금밖에 지나가지 못합니다. 창조되지 않은 빛의 현상도 이와 마찬가지입니다. 우리 마음의 창은 시커멓고 우리의 마음은 깨끗하지 않습니다. 그 불투명함이 창조되지 않은 빛의 투과를 허용하지 않는 것입니다.

이런 현상은 우리 성인들과 우리 예언자들에게서도 일어났습니다. 성인들도 마음이 깨끗한 정도에 따라 하느님의 창조되지 않은 빛을 느낍니다. 이 모든 것은 우리의 신학과 정확히 맞아떨어지지 않습니까?

깨어있음의 상태가 곧 하느님을 향한 사랑입니다.

하느님이 항상 당신의 기억 속에 있게 하십시오. 영의 축복은 바로 이 깨어있음으로부터 옵니다. '깨어있음'이란 하느님에 대한 사랑과 다르지 않습니다. 그것은 무슨 일을 하더라도 항상 그리스도가 당신 마음속에 현존하시도록 하는 것입니다. 그렇게 되려면 그리스도에 대한 사랑과 열망이 필수적입니다. 하느님 기억, 여러분은 "주 예수 그리스도시여, 죄인인 저를 불쌍히 여기소서."라고 드리는 예수 기도를 통해서, 또 교회의 기도와 찬양을 통해서, 그리고 성경과 교부들의 영적인 책들을 읽음으로써 이 하느님 기억을 얻을 수 있습니다. 물론 이를 위해서는 선한 의지가 필요합니다. 그것은 의무적으로 할 수 있는 일이 아닙니다. 하느님의 은총이 특별히 필요합니다. 하지만 은총은 언제나 선행되어야 할 조건을 요구합니다. 그것은 바로 사랑과 겸손입니다.

주님의 은총 안에서 산다면 악이 여러분을 해치지 못합니다. 그러나 신성한 것 속에서 살지 않으면 악이 여러분을 둘러쌀 것이고, 무력감이 엄습할 것이며, 여러분은 고통을 받게 될 것입니다. 여러분이 무력감을 확인한다면, 그것은 그 사람이 좋은 상태가 아니기 때문입니다. 우리는 고요하고 과묵하고 조심스러운 사람을 보면, "정말로 좋은 사람, 성인 같은 사람이다."라고 말합니다. 그러나 그것은 무기력함일 수도 있습니다. 무기력하고 나태한 사람들은 하느님 앞에서 인정받지 못합니다. 게으름은 아주 나쁜 습성이고 병이며 죄입니다. 하느님은 게으름을 원하지 않으십니다. 귀한 시간을 낭비하며 게으르게 살 작정입니까? 예를 들어 사람들은 흔히 "이 일을 해야 되는데 깜빡 했네요." 혹은 "문 열고 들어가서는 깜박 잊고 문을 닫지 않았어요."라고 말합니다. "깜박 잊었다."는 게 무슨 말입니까? 기억하십시오! 그리고 주의하십시오! 반대로 열심히 노력하는 것, 움직이고 수고하고 활동하는 것, 이런 것은 덕입니다. 육체적인 수고는 하나의 싸움, 영적 투쟁입니다. 생각 없이 경솔하게 행동하는 만큼 고통을 당할 것이고, 반대로 신실하고 주의 깊을수록 행복을 누릴 것입니다.

아토스 성산에서 시낼 때, 수노원의 내 방에는 아주 낡은 문고리가 있었습니다. 힘을 주어 문고리를 돌려야만 문이 열리는데 소리가 아주 요란했습니다. 손님이 그 문고리를 돌릴 때마다 '삐거덕' 하고 소리를 냈습니다. 그 소리는 100미터 밖에서도 들렸습니다. 그래서 방문객들에게 조용하게 문을 열고 닫는 쉬운 방법을 직접 보여주었지만, 방문객이 문을 열면 다시 소리가 나곤 했습니다.

사소한 예이지만 우리 삶과 깊은 관계가 있습니다. 하느님께 다가가면 다가갈수록, 일부러 노력하지 않아도 모든 것에 그리고 특별히 영적인 것에 더욱 주의를 기울일 수 있게 됩니다. 영혼의 유익에 더욱 집중함으로써, 여러분은 하느님의 은총의 작용으로 더욱 영리해질 것입니다. 여러분은 평생 동안 아무 사심 없이 일해 왔습니까? 그렇다면 여러분은 잘못한 것이 없을 것입니다. 하느님의 은총이 여러분을 덮어주시기 때문입니다.

그리스도인은 절대 게을러서도 안 되고, 잠에 빠져있어도 안 됩니다. 어디를 가든, 기도와 상상의 날개로 날아야 합니다. 참으로 하느님을 사랑하는 그리스도인은 상상의 힘으로 날아야 합니다. 별들의 세계로, 무한의 세계로, 신비와 영원과 하느님의 품 안에서 날아야 합니다. 비상하는 새가 되어야 합니다. 은총으로 신이 되기를 기도하고 느껴야 합니다. 상상의 힘으로 나는 깃털이 되어야 합니다. 우리가 사용한 '날다' 라는 낱말은 그저 상상의 말만은 아닙니다. 그것은 실제입니다. 결코 우스꽝스런 상상이 아닙니다. 우리가 흔히 말하는 것처럼, 그리스도인들이 구름 위에 살지는 않습니다. 그리스도인은 현실을 인식하고 그 안에서 삽니다. 성경과 교부들의 글에서 읽은 것을 자신 안에 통합시켜서 그렇게 살아냅니다. 읽은 것을 더 구체적으로 더 깊게 삶의 경험으로 만들어냅니다. 그렇게 함으로써 그리스도인은 하느님의 메시지를 받는 아주 민감한 안테나가 됩니다.

선의 포로가 되면 죄는 죽고 그리스도가 삽니다.

우리 안에는 선과 악이라는 두 개의 세계가 있습니다. 이 세계들은 모두 하나의 근원에서 힘을 얻습니다. 이 힘은 건전지 같은 역할을 합니다. 만약 악에 건전지를 채워 넣으면 우리는 파괴로 인도됩니다. 그러나 선에 건전지를 채워 넣으면 그때 우리 삶의 모든 것은 아름답고 평화롭고 거룩한 것이 됩니다. 그러나 선한 '자아'든 혹은 악한 '자아'든 그것을 키우는 힘은 한 가지입니다. 우리는 매 순간 선과 악 중 하나의 포로가 됩니다. 그러므로 악의 손아귀에 있기보다는 선의 손 안에 있어야겠다는 바람을 가져야 합니다.

한 예를 들어봅시다. 세계의 모든 곳에 라디오 전파가 흐르고 있지만 그 전파를 모두가 인식하지는 못합니다. 라디오 주파수를 맞추어야만 라디오 전파를 포착해서 들을 수 있고, 느낄 수 있습니다.

영적인 세상으로 들어가도 똑같은 현상이 일어납니다. 우리는 그리스도와 함께 삽니다. 그분을 원합니다! 그때 우리는 아주 큰 기쁨을 느끼고 영적으로 아름다운 삶을 살게 됩니다. 그리고 우리는 천천히 선의 포로, 그리스도의 포로가 됩니다. 선의 포로가 되면 이제 우리는 욕할 수도 미워할 수도 거짓말을 할 수도 없게 됩니다. 그렇게 하길 원해도 그럴 수 없게 됩니다. 악마가 와서 우리 영혼에 절망, 낙담, 게으름과 같은 것을 집어넣으려 안간힘을 쓰겠지만 주님의 은총이 우리 영혼을 가득 채우기 때문에 이런 것들은 들어갈 힘이 없습니다. 그 영혼의 방이 영적인 친구들로, 즉 천사들과 성인들과 순교자들, 그리고 특별히 그리스도로 충만해 있기 때문에, 그런 악덕들이 들어갈 틈이 없습니다. 하지만 옛 사람의 포로가 된다면 정반대의 현상이 일어납니다. 그런 사람은 악한 영에 사로잡혀, 악의와 비방과 분노 등으로 가득 차게 됩니다.

악이 여러분을 공격하면, 유연하게 움직여 선을 향해 돌아서십시오. 악한 것은 모두 변화시키십시오. 그것을 전환시키십시오. 그것들을 선으로 바꿔버리십시오. 그러한 변화는 오직 하느님의 은총을 통해서만 가능합니다. 예를 들어 가나의 혼인잔치에서 물이 포도주로 바뀌었습니다. 보십시오. 이 놀라운 변화를 … 그것은 자연을 초월하시는 분에게 큰 기쁨이 되는 일입니다. 이것은 초자연적인 현상입니다. 물론 어떤 화학약품을 넣어서 물을 포도주나 버터처럼 만들 수도 있을 것입니다. 하지만 겉은 같아 보이지만, 실상은 가짜 포도주이고 가짜 버터입니다. 참된 변화는 오직 하느님의 은총을 통해서만 일어납니다. 그러므로 이러한 변화를 이루려면, "마음을 다하고 목숨을 다하고 생각을 다하고 힘을 다하여"(마르코 12:30) 그리스도께 집중하고 헌신해야 합니다.

첫 순교자 스테파노스 성인을 생각해 보십시오. 성인 안에는 하느님이 머무셨습니다. 그랬기 때문에 사람들이 그에게 돌을 던질 때, 그는 박해자들을 위해 이렇게 말할 수 있었던 것입니다. "주님, 이 죄를 저 사람들에게 지우지 말아주십시오. …"(사도행전 7:60) 스테파노스 성인이 이렇게 말씀하신 이유는 무엇일까요? 대답은 아주 간단합니다. 다른 것은 전혀 할 수 없는 분이었기 때문입니다. 선의 포로였기 때문입니다. 수많은 돌을 맞으면서 이렇게 행동하는 것이 혹시 쉽다고 생각하십니까? 여러분이 돌 하나를 맞았다고 생각해 보십시오! 제 아무리 성인군자 같은 사람이라도 돌 하나가 날아오면 "아!"라는 비명과 함께 "저런 미치고 못된 놈!" 하고 욕부터 나올 것입니다. 이것은 다 악령에게 마음을 빼앗겼기에 나오는 행동입니다. 이런 상태라면 그리스도가 오신다 한들 어디에 머무실 수 있겠습니까? 모든 것이 악에 점령된 상태이니 말입니다. 그러나 우리가 영적인 삶에 들어서면 모든 것이 바뀝니다. 그리스도가 들어오시자마자 모든 것은 변합니다. 도둑은 더 이상 도둑질을 할 수 없고, 살인마도 더 이상 살인할 수 없게 되고, 싸움꾼, 나쁜 사람, 난봉꾼 등 모두가 이전의 악행을 그만두게 됩니다. 죄가 멈추고 이제 그리스도가 삽니다. 그래서 사도 바울로와 함께 이렇게 말할 수 있게 됩니다.

이제는 내가 사는 것이 아니라 그리스도가 내 안에서 사시는 것입니다. 지금 내가 살고 있는 것은 나를 사랑하시고 또 나를 위해서 당신의 몸을 내어주신 하느님의 아들을 믿는 믿음으로 사는 것입니다.

(갈라디아 2:20)

내면을 온갖 욕정들과 혼돈으로부터 해방시키지 못한다면 우리는 자유를 얻을 수 없습니다. 물론 이것도 오직 하느님이 함께 하실 때만 가능합니다. 그리스도는 기쁨이십니다. 그리스도는 모든 정념들을 기쁨으로 바꾸어 주십니다.

우리 교회가 바로 그러합니다. 우리의 기쁨이 바로 그와 같습니다. 우리에게 모든 것은 바로 거기에 있습니다. 사람들이 마약과 온갖 해로운 환각제들에 취하는 것은 기쁨의 세상에 들어가기 위한 것입니다. 하지만 그것들이 가져다 주는 기쁨은 거짓된 기쁨입니다. 기쁨은 그 순간에 그치고, 그 다음 날에는 파괴된 자신을 발견하게 됩니다. 이런 방법으로는 결국 자신을 쓰러뜨리고 탕진시키고 파멸시키고 고통스럽게 할 뿐입니다. 그러나 다른 방법이 있습니다. 그리스도께 자신을 내어주는 것입니다. 그렇게 하면 그리스도가 우리에게 활기를 불어넣어주시고 기쁨을 주십니다. 기쁨의 삶을 주시고, 힘과 위대함을 느끼게 해주십니다.

이것이 바로 우리 종교입니다. 그 안에 높음, 위대함, 축복, 기쁨, 감사함이 있습니다! 이 모든 것을 경험했던 다윗은 이렇게 외쳤습니다. 이 얼마나 아름다운 시입니까!

주의 성전 뜰 안을 그리워하여 내 영혼이 애타다가 지치옵니다. 나의 마음, 나의 이 몸이 살아 계신 하느님께 기쁜 소리 지르옵니다.

(시편 84:2)

어디서나 거룩하게 될 수 있습니다.

우리 영혼을 거룩하게 만드는 것은 위대한 예술입니다. 어디서나 누구든지 거룩하게 될 수 있습니다. 시장바닥에서도 원하기만 한다면 거룩하게 될 수 있습니다. 어떤 직업이라도 여러분의 직장에서 성인이 될 수 있습니다. 선함과 인내 그리고 사랑으로 말입니다. 매일 새롭게 시작하자고 굳게 다짐하십시오. 불안해하고 가슴 졸이는 대신, 새롭게 각오하고 다짐하며, 열정과 사랑과 기도와 침묵으로 다시 시작하십시오.

예를 들면 사람들이 여러분에게 도가 넘는 많은 업무를 맡길 때가 있을 것입니다. 이때 이에 반발하거나, 화를 내거나, 불평하고 항의하는 것은 옳지 못합니다. 그러한 감정들은 사람에게 해롭습니다. 다만 이 모든 것을 성화의 기회로 삼으십시오. 또 다른 측면도 존재합니다. 그것은 유익을 줄 수도 있다는 것입니다. 많은 일을 과중하게 시킬 때, 여러분은 그 모든 일의 방법을 배우게 될 것이고, 더욱더 많은 분야에서 활동할 수 있게 될 것이며, 더욱 책임이 큰 직책들을 얻게 될 것입니다. 그래서 결국은 여러분에게는 이익이 될 것입니다. 그 모든 지식을 습득하면, 언젠가 꼭 필요한 날이 올 것입니다. 물론 여러분의 능력을 벗어나는 일을 시킨다면 친절하게 이렇게 말하면 됩니다. "제가 이 일은 맡을 수 없음을 용서해 주십시오." 그러나 이렇게 말하지 않고 인내하면서 수고하면 더 좋은 결과를 가져올 것입니다.

앞에서 말했듯이 내가 어렸을 때 나의 아버지는 파마나 운하 공사장에서 일했습니다. 나는 어렸고 우리 집은 가난했습니다. 그래서 어머니는 나를 할키다의 가게로 보냈습니다. 그 가게에는 일하는 아이가 두 명 더 있었습니다. 그런데 모두 내게만 일을 시켰습니다. 하지만 나는 시키는 대로 뭐든지 했습니다. 무슨 일을 시키더라도 핑계를 대지 않고 열심히 했습니다. 이것이 좋은 결과를 가져왔습니다. 하루는 상점 바닥을 쓸고 있었는데 커피콩들이 쏟아져 있었습니다. 나는 그것을 손으로 주워서 자루에 다시 넣었습니다. 그때 사무실에 있던 주인은 내가 커피콩을 주워 담는 모습을 보고, 가게 돌아가는 상황을 알게 되었습니다. 그는 나와 다른 아이들을 불러서 한참 설교를 했습니다. 가게에서 낭비가 심했기 때문이었습니다. 하지만 나는 모범을 보여 낭비를 줄이려 했습니다. 그 후로는 우리 모두가 하루 일을 분담해서 하게 되었고 상점에는 질서가 잡혔습니다. 이렇게 나는 불만을 품지 않고 매사에 열심히 일했습니다. 이렇게 해서 내게 해가 된 것이 있습니까?

깨어 일하십시오. 단순하게, 세심하게, 조바심내지 말고, 기쁨과 감사로, 잘 하겠다는 의지로 그렇게 하십시오. 그럴 때라야, 하느님의 은총이 올 수 있습니다.

사랑과 선과 온유와 인내와 겸손으로 모든 것을 대하십시오.

세상의 모습으로 인해 우리는 극도의 불안과 우울을 경험하게 되기도 합니다. 사람들과 우리 자신을 통해서 하느님의 뜻이 성취되지 않는 것을 보고 고통스러워합니다. 다른 사람들의 고통으로 인해, 그들이 겪는 육체와 영혼의 고통으로 인해 마음 아파합니다. 물론 이러한 감정은 하느님의 선물입니다. 특별히 이런 감정들은 사주 여인들에게서 나타납니다. 이런 섬세함을 지닌 영혼은 하느님의 말씀과 하느님의 뜻을 잘 받아들입니다. 이런 예민한 영혼들은 그리스도의 생명 안에서 멀리까지 전진해 나갈 수 있는 가능성을 가지고 있습니다. 왜냐하면 하느님을 사랑하며 또 그분을 슬프게 하길 원치 않기 때문입니다. 그러나 이런 영혼들에게는 한 가지 위험이 있습니다. 그리스도를 온전히 신뢰하며 그분께 삶 전체를 맡기지 않는다면, 악령은 그를 슬픔과 절망으로 인도하기 위해 영악하게도 그의 예민한 마음을 이용할 수도 있다는 것입니다.

이 감수성은 고칠 수가 없습니다. 다만 그것은 다른 방향을 취하고, 다시 주조되고, 변하고, 변모되고, 전환될 수 있을 뿐입니다. 다시 말해 사랑과 기쁨과 하느님에 대한 경배가 되게 하는 것입니다. 어떻게 그렇게 할 수 있을까요? 영혼을 위로 향하게 하는 것을 통해 그렇게 할 수 있습니다. 모든 슬픔을 그리스도의 지혜와 사랑으로 향하게, 그분에 대한 경배로 향하게 하십시오. 그리스도는 어떻게 하면 우리를 도와줄 수 있을까 하며 간절하게 기다리십니다. 그분은 은총을 주고 싶어 하십니다. 힘을 주고 싶어 하십니다. 슬픔을 기쁨으로 바꿔주시고, 또 우리가 형제들을 사랑하도록, 그리고 그분에게 경배 드리도록 변화시켜 주실 것입니다. 이렇게 어둠은 사라져 버립니다. 사도 바울로를 생각해 보십시오. 뭐라고 말씀하셨습니까?

> 그래서 나는 여러분을 위하여 기꺼이 고통을 겪고 있습니다. 그리고 나는 그리스도의 몸인 교회를 위하여 그리스도의 남은 고난을 내 몸으로 채우고 있습니다.
>
> (골로사이 1:24)

여러분의 영혼을 온전히 예수 기도에 바치십시오. "주 예수 그리스도시여, 저를 불쌍히 여기소서." 모든 일에서, 모든 것을 위해서, 모든 사람들을 위해서 말입니다. 여러분에게 일어나는 일들을 보지 마십시오. 무슨 일이 일어나면 엄마를 쳐다보는 어린아이처럼 다만 빛이신 그리스도만 쳐다보십시오. 무슨 일을 하든지, 조바심 내지 말고, 슬퍼하지 말고, 강제로 하지 말며, 억지로 하려 하지 마십시오. 오직 그분만을 보십시오. 너무 억지를 부리며 노력할 필요는 없습니다. 빛을 바라보는 일에, 그 빛을 얻는 일에 여러분의 모든 노력을 들이십시오. 이렇게 하여 하느님의 성령에게서 나온 것이 아니라면 그 어떤 슬픔에도 자신을 내주지 마십시오. 오직 하느님께 영광 돌리는 일에만 헌신하십시오.

여러분의 영혼 안에 머물며 근심거리가 되고 있는 모든 좋지 않은 일들은 또한 하느님께 경배드릴 기회가 될 수 있습니다. 그러므로 하느님을 절대 신뢰하십시오. 그러면 여러분의 영은 자유를 얻게 될 것이고, 또한 여러분 자신도 하느님의 도구가 될 것입니다. 낙담하는 것은 자신의 삶을 그리스도께 맡기길 거부하고 있음을 보여줄 뿐입니다. 사도 바울로도 이렇게 고백하지 않았습니까?

> 우리는 아무리 짓눌려도 찌부러지지 않고 절망 속에서도 실망하지 않습니다.
>
> (고린토Ⅱ 4:8)

사랑과 친절과 선함 그리고 인내와 겸손으로 모든 일을 대하십시오. 바위처럼 굳세어 지십시오. 모든 것이 파도처럼 밀려와 여러분에게 부딪혀도, 결국 다 깨지고 흩어져 다시 물러나게 만드십시오. 여러분은 조금도 흔들리지 말고 변함없도록 하십시오. "그게 어떻게 가능합니까?"라고 반문할 수도 있을 것입니다. 그것은 분명 가능합니다. 주님의 은총을 얻으면 언제나 가능합니다. 하지만 인간적인 방식으로는 절대 가능하지 않습니다. 이렇듯 모든 것은 여러분에게 안 좋은 영향을 끼치기는커녕 오히려 여러분에게 선이 될 수 있고, 또 여러분을 인내와 믿음 안에서 더욱 굳세게 해줄 수 있습니다. 주변 사람들의 모든 작용과 우리를 둘러싸고 있는 모든 난관들은 우리에게 일종의 훈련장으로 기능합니다. 이렇게 우리는 인내심과 참을 성을 훈련합니다. 예를 한번 들어보겠습니다.

어느 날 한 남자가 나를 보러 왔습니다. 그는 내게 아내에 대한 불평을 늘어놓았습니다. 그래서 나는 이렇게 대답했습니다.

"당신은 어떻게 이렇게 어리석은 사람일 수 있습니까?"

"그렇다면 제가 말씀 드린 모든 것이 정말로 바보 같은 이야기인가요?"

"물론입니다. 정말 어리석기 짝이 없군요. 아내는 당신을 끔찍하게 사랑합니다."

"저도 그건 압니다. 그런데 보십시오. 그녀가 나를 어떻게 대하는지 …"

"아내가 그렇게 행동하는 건 당신을 거룩하게 만들기 위해서입니다. 하지만 당신은 그것을 받아들이지 않고 있습니다. 그래서 당신은 화를 내고 있는 것입니다. 그러니 당신은 거룩해지기는커녕, 오히려 당신 자신을 지옥에 쳐넣고 있는 것입니다."

만약 그가 겸손과 인내의 덕을 보여주었다면, 아마도 그는 거룩하게 될 기회를 놓치지 않았을 것입니다.

인내는 참으로 위대한 것, 위대한 덕입니다. 그리스도는 이렇게 말씀하십니다.

참고 견디면 생명을 얻을 것이다.

(루가 21:19)

인내는 사랑입니다. 사랑이 없다면 인내하지 못합니다. 그리고 인내는 믿음의 문제이기도 합니다. 사실 우리는 믿음이 없는 사람들입니다. 왜냐하면 우리는 하느님이 우리를 그 모든 난관과 낙담에서 건져주시기 위해 이 모든 것들을 어떻게 어떤 방법으로 전개시켜 나갈지 모르기 때문입니다. 지극히 거룩하신 성모님께 간청하십시오.

> 하느님을 낳으신 가장 은총 받으신 성모 마리아시여,
> 지금 저의 슬픔을 기쁨으로 바꿔주소서.
> 저의 애도와 슬픔을 기쁨으로 바꿔주소서.
> 저의 비탄과 고통을 환희와 축제의 기쁨으로 바꿔주소서.[21]

하느님을 사랑하는 마음가짐은 그 안에 어떤 고통을 포함합니다. 만사를 영적으로 살고자 할 때, 우리는 고통을 경험합니다. 왜냐하면 우리를 물질과 결부시키는 모든 끈들을 잘라내야 하기 때문입니다.

반면 하느님 뜻에 따른 슬픔은 그 안에 기쁨을 포함합니다. 이러한 슬픔을 통해 우리는 전진합니다. 그런 사람은 영혼을 지치게 하는 낙담이 자기 안에 자리잡게 하지 않습니다. 겸손이 있는 곳에는 낙담이 있을 수 없습니다. 이기적인 사람은 만사에 다 낙담하지만, 겸손한 사람은 모든 것에서 자유롭고 그 어떤 것에도 좌우되지 않습니다. 하지만 오직 그리스도와의 연합을 통해서만 이루어집니다. 그러므로 그 누구에 대해서든 자신을 다 내려놓으십시오. 그것이 바로 자유입니다. 사랑이 있는 곳에 자유가 있습니다. 하느님 사랑 안에서 살 때 여러분은 자유 안에서 살게 됩니다.

그리스도를 향한 열망은 영혼을 원수의 덫에서 벗어나게 해줍니다.

많은 사람들, 심지어 그리스도인들조차 악마의 존재를 인정하지 않습니다. 그러나 악마의 존재를 부정할 수는 없습니다. 나는 악마가 존재한다고 믿습니다. 만약 악마의 존재에 관한 내용들을 복음에서 빼버린다면 어떻게

---
21) 지극히 거룩한 성모님 까논, 성 니코디모스의 『떼오또까리온』 5조 화요일 만과.

되겠습니까? 그러면 더 이상 복음도 존재하지 않습니다. 왜냐하면 "언제나 죄를 짓는 자는 악마에게 속해 있고, 사실 죄는 처음부터 악마의 짓이며, 악마가 저질러놓은 일을 파멸시키려고 하느님의 아들이 나타나셨기"(요한 I 3:8) 때문입니다. 성경에는 또 이런 말이 있습니다.

당신은 한 분이신 하느님을 믿고 있습니까? 그것은 좋은 일입니다. 그러나 마귀들도 그렇게 믿고 무서워 떱니다.

(야고보 2:19)

다른 곳에는 또 이런 말씀도 있습니다.

자녀들은 다같이 피와 살을 가지고 있으므로 예수께서도 그들과 같은 피와 살을 가지고 오셨다가 죽으심으로써 죽음의 세력을 잡은 자 곧 악마를 멸망시키시고 한평생 죽음의 공포에 싸여 살던 사람들을 해방시켜 주셨습니다.

(히브리 2:14)

이 말씀은 무슨 뜻입니까? 그리스도께서 직접 악마를 없애버렸다는 뜻입니다. 그리스도께서 악마의 일을 없애려고 오셨으니 우리는 악마의 존재를 부정할 수 없습니다.

악마들과 악마의 교활함에 신경을 쓰지 마십시오. 욕정에 사로잡히지 말고 그리스도의 사랑을 향해 고개를 돌리십시오. 성가작사가 오니시모스 성인을 위해 쓴 카논의 내용을 살펴봅시다.

오니시모스 성인이시여, 당신은 강력한 믿음의 힘으로

오류의 음모들을 짓밟으셨나니,

오 하느님의 지혜 안에 계신 이시여,

당신은 경건의 도구로 그 모든 계략을 쳐부수었나이다.

이 카논을 지은 시인의 사상에 감탄합니다. 교활한 악마는 올가미와 덫을 놓았지만 성 오니시모스는 믿음의 힘으로 없애버렸습니다. 강력한 믿음으로 모든 것을 이겨냈습니다.

사탄은 계략의 대가입니다. 교활한 악마는 우리도 모르게 덫을 놓습니다. 하지만 우리의 영혼이 그리스도를 향한 열정으로 충만하기만 하다면, 그 열정의 힘을 통해 우리는 덫을 피하여 그리스도에게 갈 수 있습니다. 물론 또 다른 방법도 있습니다. 그것은 적과 처절한 싸움을 벌이는 것입니다. 그러나 그리스도의 사랑이라는 무기가 있다면 그런 치열한 투쟁을 벌이지 않고도, 또 큰 노력을 들이지 않고도 영혼의 힘이 변화됩니다. 적과 똑같은 방식으로 대응해서는 안됩니다. 그러므로 그냥 무시해 버리십시오! 적을 무시해버리는 것은 참으로 대단한 기술입니다. 그것은 기술 중의 기술입니다. 그런데 적을 무시해 버리는 일도 사실은 주님의 은총으로만 가능합니다. 하느님의 은총을 받아 악에 맞선다면 힘들지 않은, 피를 흘리지 않아도 되는 싸움을 하게 됩니다.

악마의 계략은 참으로 교활합니다. 그것은 참으로 두렵고 떨립니다! 그러니 그런 악마의 덫을 파괴하려면, 우리는 그리스도인에게 걸맞은, 교활함이 없는 방어 자세를 취해야 합니다. 사도 바울로도 에페소인들에게 보낸 편지에서 이와 비슷한 이야기를 하지 않았습니까?

우리가 대항하여 싸워야 할 원수들은 인간이 아니라 권세와 세력의 악신들과 암흑 세계의 지배자들과 하늘의 악령들입니다. 그러므로 지금 하느님의 무기로 완전 무장을 하시오. 그래야 악한 무리가 공격해 올 때에 그들을 대항하여 원수를 완전히 무찌르고 승리를 거둘 수 있을 것입니다.

(에페소 6:12-13)

하느님의 무기로 완전 무장을 하면 모든 것에서 성공할 수 있습니다. 물론 아주 쉽게 말입니다. 주님의 은총이 임하기만 하면, 만사가 용이해집니다. 그때야말로 우리는 더욱더 자유를 얻고 더욱더 강하게 됩니다. 주님의 은총이 우리를 보호해 줍니다. 만약 우리가 열심히 투쟁하고, 또 그리스도를 진정으로 사랑할 때, 우리는 주님의 은총을 얻습니다. 주님의 은총으로 완전무장을 하면 어떤 위험도 없습니다. 악마는 우리를 보자마자 도망치고 맙니다.

불쌍하고 보잘것없는 나는 어렸을 때부터 겸손하게 이것을 실천했고 그래서 작은 체험들을 얻었습니다. 나는 악마의 덫에 신경 쓰지 않으려 했습니다. 그냥 무시해 버리려 했습니다. 하지만 처음에는 좀 다른 방법으로 시작했습니다. 나는 죽은 사람처럼 바닥에 드러눕곤 했습니다. 나는 바닥에 반듯이 누워서 '나는 죽은 사람이다.' 라고 말하곤 했습니다. 죽음이라는 폭력으로 나를 몰아세웠습니다. 악마들이 내게 몰려 왔고 나는 두려워하며 "죽음과 지옥을 생각해 봐라!"라고 내 자신에게 말하곤 했습니다. 하지만 나는 곧 이 방법을 포기했습니다. 이것이 바로 나의 경험입니다. 물론 초보자에게는 이 방법도 좋습니다. 하지만 성경 말씀처럼, "두려움을 품는 사람은 아직 사랑을 완성하지 못한 사람입니다."(요한 I 4:18)

성 아우구스티누스는 이렇게 썼습니다. "악한 생각들이 나를 사로잡습니다. 나는 온갖 논쟁에 휘말립니다."[22] 보십시오. '옛 사람' 이 '새 사람'

---

22) *Κεκραγάριον*, 1장 p. 17.

즉 그리스도의 사람과 대화한다는 것입니다. 그는 또 다른 자기 자신과 대화를 했다는 것입니다. 하지만 나는 옛 사람과 대화하기를 좋아하지 않습니다. 다시 말해 옛 사람은 자꾸 내 수도복을 부여잡고 나를 뒤로 잡아당깁니다. 그러나 이러한 일이 발생하면 나는 곧바로 그리스도를 향해 두 팔을 벌립니다. 이렇게 해서 하느님의 은총을 통해 나는 이 옛 사람을 무시해버리고 더는 생각하지 않습니다. 아기가 두 팔을 벌리고 엄마 품에 안기듯이, 나도 그렇게 합니다. 이것은 정말로 신비입니다. 이 오묘한 신비를 잘 이해했는지 모르겠습니다. 옛 사람에게서 아무리 도망치려 해도 주님의 은총이 없다면 결국 옛 사람으로 살게 됩니다. 그러나 주님의 은총이 함께 한다면 옛 사람은 더 이상 여러분을 괴롭히지 못합니다. 하지만 그것은 깊숙한 곳에 머물러 있습니다. 이 추한 것은 여러분 안에 그대로 어딘가에 남아있습니다. 결코 사라지지 않습니다. 그러나 주님의 은총은 이 모든 것을 본질적으로 완벽하게 변화시킵니다. 우리가 매일 드리는 제9시과에 있는 기도문의 한 구절처럼 말입니다.

> 우리에게서 낡은 생각과 그릇된 관습을 뽑아 버리시고 보호자이신 당신 속에서 살게 하소서.[23]

그리스도는 우리가 그리스도와 하나가 되길 원하시며 우리 영혼의 문 밖에서 기다리십니다. 주님의 은총을 받는 것은 우리에게 달려 있습니다. 오직 주님의 은총만이 우리를 변화시킬 수 있습니다. 우리 혼자서는 아무것도 할 수 없습니다. 주님의 은총이 우리에게 모든 것을 줍니다. 우리는 다만 우리 자신의 교만과 이기심과 자기애를 줄이기 위해 노력해야 합니다. 겸손한 사람이 되어야 합니다 우리 자신을 온전히 그리스도께 맡깁시다.

---

23) 제9시과, 성 대 바실리오스 기도

그러면 육체에서 온 것이든, 영혼에서 온 것이든, 반대로 치닫는 모든 경향들이 사라져버릴 것입니다.

나는 과연 비참한 인간입니다. 누가 이 죽음의 육체에서 나를 구해 줄 것인가?

(로마 7:24)

사도 바울로의 이 고백을 기억하십시오. 사도 바울로가 이렇게 탄식한 것은 그도 처음에는 그의 영혼이 선한 일을 할 능력이 없음을 느꼈기 때문이었습니다. 그는 자신이 원하지 않은 악을 행하곤 했기에 이렇게 고백했던 것입니다.

나는 내가 하는 일을 도무지 알 수가 없습니다. 내가 해야겠다고 생각하는 일은 하지 않고 도리어 해서는 안 되겠다고 생각하는 일을 하고 있으니 말입니다.

(로마 7:15)

악령은 사도의 모든 노력을 헛수고로 만들기 위해 그에게 다가왔습니다. 악령이 그에게 다가가 "너는 이제 죽게 될 것이다."라고 속삭임으로써 그에게 두려움을 심어줍니다. 하지만 하느님의 은총이 그 영혼 안에 자리 잡게 되었을 때, 모든 난관은 사라졌습니다. 그리고 그는 흥분하여 이렇게 외칩니다.

이제는 내가 사는 것이 아니라 그리스도가 내 안에서 사시는 것입니다. 지금 내가 살고 있는 것은 나를 사랑하시고 또 나를 위해서 당신의 몸을 내어주신 하느님의 아들을 믿는 믿음으로 사는 것입니다.

(갈라디아 2:20)

나에게는 그리스도가 생의 전부입니다. 그리고 죽는 것도 나에게는 이득이 됩니다.

(필립비 1:21)

잘 보십시오. 이제 죽음도 지옥도 악마도 없습니다! 사도 바울로는 처음에는 선한 일을 할 수 없는 사람이었지만, 나중에는 반대로 나쁜 일을 할 수 없는 사람이 되었습니다. 악한 일을 할 수도 없었고 원하지도 않았습니다. 그의 영혼이 하느님의 거처가 되었습니다. 그 영혼은 그리스도로 가득차게 되었습니다. 그러므로 이제 그는 다른 어떤 것도 생각할 수 없게 되었고, 그 안에 다른 것을 간직할 수도 없게 된 것입니다.

하느님의 은총만 있으면 모든 것이 실현 가능해집니다. 그리스도의 순교자들은 바로 하느님의 이 은총으로 말미암아 수많은 고문에도 불구하고 고통을 느끼지 않았습니다. 하느님의 은총으로 모든 고통이 사라진 것입니다. 여러분들이 사용해야 할 방법은 바로 이와같은 부드러운 방법입니다. 어둠과 악을 쫓아내려고 애쓰지 마십시오. 어둠을 공격해 보십시오. 아무리 공격해도 그 어둠을 이길 수 없습니다. 지금 어둠에 갇혀있습니까? 그곳에서 벗어나고 싶습니까? 그러면 어떻게 해야 할까요? 힘껏 그 어둠을 쫓아내려 발버둥치고 그것을 후려쳐 보지만 그 어둠은 떠나지 않습니다. 하지만 반대로 빛을 원하십니까? 작은 구멍 하나만 내십시오. 그러면 그 구멍을 통해 빛이 스며들어 옵니다. 어둠이나 적을 쫓아내려고 발버둥 치는 대신, 두 팔을 벌리고 달려가 그리스도의 품에 안기십시오. 이것이야말로 가장 완벽한 방법입니다. 다시 말하지만, 악과 정면으로 대결하려 하지 마십시오. 오히려 그리스도를 사랑하십시오. 그리스도의 빛을 사랑하십시오. 그러면 악은 저절로 도망가게 됩니다.

악마의 모든 공격에는 오직 무시와 경멸로 대응하십시오.

악마에 맞서는 가장 힘 있는 무기는 고귀한 십자가입니다. 악마는 십자가 앞에서 벌벌 떱니다. 그러니 십자가 성호를 할 때는, 정확하게 성호를 그으십시오. 오른손의 세 손가락을 모아, 이마, 배, 오른쪽 어깨 그리고 왼쪽 어깨를 순서대로 짚으면서 십자가 모양으로 성호를 그으십시오. 십자가 성호를 그으면서 동시에 참회의 절 기도를 드릴 수도 있습니다.

단순하고 부드럽고 강제 없이 그리스도와의 교제가 일어나면, 악마는 곧장 도망쳐 버립니다. 사탄은 아무리 억압해도 떠나가지 않습니다. 오직 온유함과 기도를 통해서 사탄을 물리칠 수 있습니다. 영혼이 악마를 무시하고 대신 그리스도의 사랑으로 돌아설 때, 악마는 저절로 뒤로 물러섭니다. 사탄은 교만하기 때문에 무시당하는 것을 제일 싫어합니다. 그러나 만약 사탄 때문에 마음을 졸이고, 또 어떤 억압을 느끼고 있다면, 사탄은 쾌재를 부르며 달려들어 그 영혼을 공격할 것입니다. 그러니 악마에게 아무 관심도 두지 마십시오. 제발 떠나 달라고 빌지도 마십시오. 빌면 빌수록 악마는 그 팔로 더욱 강하게 옭아맬 것입니다. 그냥 악마를 무시해 버리십시오. 정면으로 대항하지 마십시오. 오기로 악마에게 대항한다면 악마는 사자처럼, 표독스런 고양이처럼 더욱 거칠게 공격할 것입니다. 우리가 총알을 쏘면 악마는 엄청난 대포알을 날릴 것입니다. 폭탄을 던지면 악마는 핵폭탄을 던질 것입니다. 그러니 악은 쳐다보지도 마십시오. 오직 하느님의 품만 바라보십시오. 그리고 그의 품 안에 안겨서 계속 전진하십시오. 그분에게 완전히 자신을 내어 주십시오. 그분을 사랑하십시오. 오직 그분에게 집중하며 살아가십시오. 하느님을 사랑하고 하느님께 집중하는 일이야말로 사람에게 가장 중요한 일입니다.

영적인 삶 안에서는, 그리스도 안에서의 삶 안에서는, 만사가 단순하고 쉽습니다. 다만 분별력을 가지고 행동할 줄만 알면 됩니다. 생각이든 유혹이든 공격이든 그 무엇이라도 여러분에게 괴롭히는 것이 있다면, 이 모든 것을 무시해 버리고, 다만 여러분의 관심과 눈길을 그리스도께 돌리십시오. 그러면 그리스도가 책임지고 여러분을 높여 주실 것입니다. 주님은 친히 여러분의 손을 잡아 주실 것이고, 그분의 은총을 충만하게 주실 것입니다. 여러분이 해야 할 것은 작은 노력입니다. 우리가 100만 원을 받았다면 그중 100만 분의 1인 1원이 사람이 하는 노력이라 할 수 있습니다. 다시 말해 마음으로 아주 적은 노력만 기울이면 된다는 것입니다. 그러니 마음을 하느님께 가져가십시오. 그러면 매순간 주님의 은총이 옵니다. 성령을 생각하십시오. 그러면 성령은 곧 오십니다. 그 밖에 다른 노력은 필요가 없습니다. 성령께로 마음을 가져가면, 곧바로 주님의 은총이 옵니다. 주님의 은총을 바라보면 그 은총이 우리에게 와서 임합니다. 사도 바울로는 뭐라고 하셨습니까?

> 성령께서도 연약한 우리를 도와주십니다. 어떻게 기도해야 할지도 모르는 우리를 대신해서 말로 다 할 수 없을 만큼 깊이 탄식하시며 하느님께 간구해 주십니다.
>
> (로마 8:26)

이것은 참으로 놀라운 지혜입니다! 이것은 단순한 말이나 인간의 언어가 아니라 살아있는 하느님의 말씀입니다.

원수 악령이 여러분을 사로잡으러 오는 것을 보게 되거든, 공포에 떨지 말고, 그 두려움을 뽑아 버리려 하지도 마십시오. 그렇다면 무얼 해야 할까요? 최선의 방법은 바로 무시해 버리는 것입니다. 다시 말하자면 그리스도를 향해 여러분의 가슴을 열고 두 팔을 벌리십시오. 자신을 안고 있는 듬직한 아빠를 믿고 아이가 사나운 짐승을 보고도 놀라지 않는 것처럼 말입니다. 만약 무서움을 느낀다면, 아이는 곧바로 아빠의 품에 안길 것이고, 더 이상 무서워하지 않을 것입니다. 악마의 유혹과 온갖 잡념의 공격에 이 방법을 사용하여 대처하십시오. 다시 말하지만, 그것들을 무시해 버리십시오.

여러분의 영혼이 어떤 필요를 느낄 때, 혹은 싸움을 하게 될 때, 이렇게 외치십시오. "주 예수 그리스도시여, 죄인인 저를 불쌍히 여기소서." 모든 것을 이 기도를 통하여 대처해 나가십시오. 이것은 아주 큰 신비입니다. 유혹의 시간에, 악마를 무시하려고 할 바로 그때, 악마는 여러분을 사로잡아서 땅바닥에 매어치고 짓누를 것이고, 이렇게 해서 여러분의 뜻이 아닌 자신의 의지를 관철시키려 할 것입니다. 그러므로 여러분은 먼저 선수를 쳐서, 하느님께 손을 내밀어야 합니다. 그런데, 이렇게 하는 데 성공하려면, 하느님 은총의 조명을 먼저 받아야 합니다. 즉각 이렇게 하지 않으면, 악마가 여러분을 사로잡고 말 것입니다. 그러면 여러분이 아무리 악마를 쫓아 내려고 해도, 이미 악마가 먼저 여러분을 차지하고 난 뒤입니다. 잘 들어 보십시오. 하나의 예를 들어 보겠습니다.

나는 어떤 사람에게 한 가지 일을 부탁한 적이 있습니다. 하지만 그는 과학적 상식과 맞지 않는 일이라고 말하면서, 내 부탁을 거절했습니다. 나는 끈질기게 요청했지만 그 사람이 받아들이지 않았고, 그래서 나는 흥분하기 시작했습니다. 그때 나는 그를 원망하며 화를 낼 뻔했습니다. 하지만 나는 이것을 깨달았고, 그 순간 곧바로 그리스도께로 향했습니다. 이렇게 해서 악을 미연에 방지할 수 있었습니다.

이것이 우리의 방법입니다. 우리는 두 팔을 그리스도를 향해 높이 쳐듭니다. 그러면 그분이 우리에게 은총을 주십니다. 또 한 예를 들어보겠습니다.

어느 날 나는 내가 살던 투르코부니아의 어떤 길 위에 있었습니다. 이 길은 아주 가파른 오르막길이었습니다. 200m는 족히 되는 오르막길이었습니다. 그 오르막길의 정상에는 평지가 있었습니다. 그 위에서 니코 어머니는 다른 두 명의 여인과 대화를 하고 있었습니다. 이웃들과 대화를 나누고 있었던 것입니다. 그런데 길 아래 저 멀리 그녀의 아들 니코가 있었습니다. 니코는 다른 아이들과 놀고 있었습니다. 그때 나는 니코가 갑자기 언덕길을 뛰어 올라와 엄마의 발아래 엎드려 울기 시작하는 모습을 보았습니다.

놀란 엄마는 이렇게 물었습니다.

"애야, 왜 우니?"

엄마에게 도움을 요청하러 온 니코는 "저 아이가 나를 때렸어요!"라고 말하고는 엄마 곁에서 겨우 울음을 그쳤습니다.

이 이야기를 통해서 하고 싶은 말은 이것입니다. 유혹을 당할 때 그것에 쉽게 대처하려면, 사랑하는 분에게, 즉 하느님께 돌아서서 그분께로 달려가야 한다는 것입니다. 활기와 열정을 가지고 간절히 그분을 바라보십시오. 그러면 곧바로 다시 힘을 얻게 될 것이고, 선한 것이 여러분에게 올 것입니다. 다시 말하자면 악이 저 멀리서 여러분을 사로잡으러 오는 것을 보게 된다 해도, 여러분은 그것에 더 이상 관심을 두지 말고, 곧바로 하느님의 품으로 피신하기 위해 달려가야 한다는 것입니다. 다만 이 과정의 첫 단계에서 하느님께 몸을 돌려야 할 가장 적절한 순간을 놓치지 않아야 합니다. 이렇게 해서 선에 가까이 있으면, 더 이상 악이 여러분을 넘보지 못할 것입니다. 악을 무시해 버리는 것, 이것은 정말 대단한 비법입니다. 그러나 그리스도에게로 향하지 않으면 결코 그렇게 할 수 없습니다. 우리는 이렇게 말하곤 합니다. "나쁜 것을 무시하십시오!" 하지만 말처럼 행동하는 것이 쉽지 않습니다. 이 무시는 대단한 기술이 있어야 가능합니다.

악령을 무시하는 것은 오직 하느님의 은총에 의해서만 이루어질 수 있습니다. 그리스도를 향해 몸을 돌리십시오. 그리스도에게 뛰어가십시오. 그리스도를 향해 두 팔을 벌리십시오. 그리스도를 알려고 노력하십시오. 그리스도를 사랑하고 느끼십시오. 이 모든 노력에 있어서, 여러분의 동기가 순수하고 깨끗하고 솔직하다면, 은총이 여러분의 영혼의 문을 열고 이렇게 말하는 것을 듣게 될 것입니다.

잠에서 깨어나라. 죽음에서 일어나라. 그리스도께서 너에게 빛을 비추어주시리라.

(에페소 5:14)

하느님을 사랑하고 뜨겁게 그분을 열망하게 되는 순간, 우리의 영혼은 이 신적인 빛 안에서 영원토록 살게 될 것입니다. 이렇게 그리스도의 은총과 함께 할 때 만사가 쉬워질 것입니다. 그리스도의 말씀은 참으로 진리입니다. 그리스도께서 다음과 같이 말씀하신 것처럼 말입니다.

내 멍에는 편하고 내 짐은 가볍다.

(마태오 11:30)

어떤 사람들은 악마가 여러 모양으로 변신하여서 나타나는 것을 보기도 하고, 악마의 고함소리를 듣기도 하며, 악마에게 얻어맞는 체험을 하기도 합니다. 이런 현상은 특히 정서가 불안정한 사람들에게 자주 일어납니다.

성 요한 크리소스토모스와 성 대 바실리오스 그리고 다른 위대한 교부들은 악마에 대해서, 또 악마가 어떻게 나타나는지에 대해서 우리에게 별 말씀을 안 해주십니다. 그들이 걸어간 길은 우리가 지금까지 말한 방식의 길이었습니다. 다시 말해 그리스도를 향한 사랑의 길이었습니다. 그러므로 사탄이 나타나는 것은 여러분이 어떤 사람인가에 달려있습니다. 정상적으로 영적인 삶을 시작하지 않았거나 어떤 무거운 짐을 물려받았다면, 사탄이 앞에 나타나는 것을 보게 될 것입니다. 이때 사탄은 단지 소리 지르고 소란을 피울 뿐이지만, 그것을 경험하는 사람은 이 소란만으로도 심각한 정신분열을 겪기도 합니다. 정신분열은 오래전 조상들이 경험한 것들에 의해서도 영향을 받습니다.

또 한 가지 말씀드릴 것은 이것입니다. 악마에게 명분을 주지 말아야 합니다. 다시 말하자면 사탄이 넘어 들어올 수 있는 창문을 내주지 않기 위해서, 오만한 생각, 원한의 감정을 한 순간이라도 단 일 초라도 내 마음속에 남아있게 해서는 안 됩니다. 이 창문이 사탄에게 기회를 줄 것이기 때문입니다. 하느님으로부터 멀어지면 위험해집니다. 왜냐하면 '혼자 있는' 당신을 발견하면, 사탄은 곧바로 우리를 지배하려 들 것이기 때문입니다. 이 내용과 관련된 경험이 있으니 한번 들어 보십시오.

거룩한 겸손과 하느님에 대한 완전한 신뢰

하느님께 드리는 완벽한 신뢰란 하느님의 손 안에 자신을 온전히 맡기는 것입니다. 이것이 바로 거룩한 겸손입니다. 하느님께 드리는 완벽한 순종이란 그것이 아무리 어렵고 이해할 수 없는 것이라 해도, 반항하거나 거역하지 않고 순종하는 것입니다. 전적으로 하느님의 손에 맡긴다는 의미입니다

다. 성찬예배 때 "주께 우리의 온 생명과 희망을 맡기나이다."라고 드리는 기도문이 모든 것을 말해줍니다. 사제는 성체 성혈을 받기 위한 준비기도에서 "자애로우신 주여, 주께 우리의 온 생명과 희망을 맡기나이다."라고 마음속으로 기도 드립니다. "주님이시여, 당신께 모든 것을 맡기나이다."라고 고백하는 것이 바로 하느님께 바치는 전적인 신뢰입니다. 이것이 바로 거룩한 겸손입니다. 이렇게 하면 사람은 변화되어 하느님을 닮아가게 됩니다.

겸손한 사람은 자신의 내적인 상태를 잘 압니다. 그 상태가 아무리 추하다 해도, 그는 자신의 인격을 잃지 않습니다. 그는 자신이 죄인임을 알고 슬퍼하지만 절망하지 않을뿐더러 무력함에 빠지지도 않습니다. 거룩한 겸손을 지닌 사람은 침묵을 지킵니다. 다시 말해 그런 사람은 결코 반응하는 법이 없습니다. 누군가 자신을 비난하면 그 비난을 받아들입니다. 다른 사람들이 자신을 비판해도 화를 내거나 변명하지 않습니다. 그는 중심을 잃지 않습니다. 하지만 이기적인 사람, 열등감이라는 콤플렉스에 빠진 사람은 정반대로 행동합니다. 처음에는 겸손한 사람처럼 보일 수도 있습니다. 하지만 누구라도 자신을 괴롭히면, 그는 금방 내적 평화를 잃어버리고 화를 내며 흥분합니다.

겸손한 사람은 모든 것이 그리스도께 달려 있음을, 그리스도가 은총을 주심을, 그리고 그 은총이 자신을 전진하게 해준다는 것을 믿습니다. 거룩한 겸손을 지닌 사람은 지금 이 지상에서부터 낙원의 삶을 삽니다. 심지어 언짢은 상황들을 포함하여, 모든 일에서 항상 그리스도의 기쁨을 누립니다. 성인의 삶에서 우리는 이러한 삶을 엿볼 수 있습니다. 사도 바울로는 어떤 사람이었습니까? 우리와 같은 사람이었습니다. 그러나 어떻게 되었습니까? 하느님의 도구로 선택 받은 사람이 되었습니다. "이제는 내가 사는 것이 아니라 그리스도가 내 안에서 사시는 것입니다. …"(갈라디아 2:20)

라는 그의 고백이 이것을 증명합니다. 그는 그리스도의 사랑으로 불타올랐습니다. 겸손은 그를 하늘 높은 곳으로 올려주었습니다. 그리스도를 위해 불타오르는 것, 그것이 전부입니다.

하느님과 이웃을 사랑하면 하느님은 여러분에게 겸손과 거룩함을 주십니다. 반대로 하느님과 이웃을 사랑하지 않고 게으름을 피우면 악마가 여러분을 괴롭힐 것이고, '옛 사람'이 여러분에게 복수를 할 것이며, 그러면 여러분 모두는 서로 불평하고 원망하게 될 것입니다. 모두가 불평불만의 포로가 될 것입니다. "왜 이것을 여기에 놓아두었어?", "왜 저기에 놓아둔 거야?" 하며 서로 원망하고 불평할 것입니다. 이 모든 상황을 과중한 임무와 피로 탓으로 돌리며, "어쩌다 이 지경이 되었지? 어떻게 해야 이 상황에서 벗어날 수 있을까? 또 내가 어떻게 행동해야 하지?"라고 자문하겠지만, 이런 상태의 원인을 알지 못하니 어쩌지 못합니다. 하지만 그것은 분명 여러분의 충동들이 복수하여 벌어진 일일 뿐입니다.

하느님 없이, 하느님에 대한 신뢰나 마음의 평화를 지니지 못한 채, 조바심과 불안과 우울증과 절망 속에서 살면, 그 사람의 육체와 영혼은 병을 얻게 됩니다. 정신적인 질병, 신경증, 이중인격 등은 악마적인 상태입니다. 겸손에 대한 강박관념 또한 악마적인 것입니다. 그것은 또한 열등감의 콤플렉스라고 불립니다. 참된 겸손은 말하지 않습니다. "저는 죄인입니다. 자격이 없는 사람입니다. 다른 누구보다 가장 큰 죄인입니다. …"라는 등, 겸손을 말로 대신하지 않습니다. 겸손에 대해 많은 말을 하다가 도리어 허영에 빠지지나 않을까 삼가 조심합니다. 하느님의 은총은 겸손한 척 하는 사람에게는 다가가지 않습니다. 반대로 하느님의 은총은 참으로 겸손한 자에게서 발견됩니다. 하느님을 완벽하게 신뢰하고 거룩한 겸손에 이른 사람에게 나타납니다. 이러한 겸손 안에서는 모든 것이 하느님에 의해 좌우됩니다.

하느님에 의해 인도되는 것, 어떤 의지도 가지지 않는 것, 이것은 위대한 가치가 있습니다. 노예는 자신의 뜻을 전혀 내세우지 않습니다. 주인이 원하는 대로 행동해야 합니다. 하느님의 충실한 종도 마찬가지입니다. 그러나 노예와 다른 것이 있다면, 하느님의 종이 되지만, 하느님 안에서 또한 자유를 얻는다는 것입니다. 이것이야말로 참된 자유입니다. 하느님을 위해 불타오르는 것, 이것이 전부입니다. 이미 말한 것처럼 여러분이 하느님에 의해 정복당하면, 여러분은 그분의 종이 되고, 하느님 자녀의 자유를 누리며 삽니다. "정복을 당한 사람은 누구든지 정복자의 종이 되는 것입니다."(베드로Ⅱ 2:19) 그것은 영적 아버지를 완벽하게 신뢰하는 수도사의 경우와 같습니다. 하느님은 그런 수도사에게 은총을 주십니다. 엘리사의 예를 기억하십시오. 그는 엘리야의 겉옷을 취하여 그것으로 강물을 내리쳤습니다. 하지만 엘리야와는 달리 그는 강물을 둘로 나눌 수 없었습니다. 왜냐하면 겸손이 아니라 자만심으로 그렇게 했기 때문입니다. 그 후 그는 혼자서는 아무것도 할 수 없음을 깨닫고 겸손해졌습니다. 그는 지극한 겸손으로 사부이신 엘리야 예언자에게 도움을 요청했고, 은총을 받았습니다. 그러자 강물은 둘로 갈라졌고, 가운데로 지나갈 수 있는 길이 열렸습니다.[24]

물론 우리의 작은 노력은 분명 필요합니다. 하지만 완전한 겸손은 우리의 노력과 투쟁만으로는 얻어지지 않습니다. 그것은 은총의 결과입니다. 나는 경험을 통해서 이렇게 말합니다. 정녕 내가 가진 모든 것은 모두 은총을 통해 얻었습니다. "주께서 집을 세우지 아니하시면 집 짓는 자들의 수고가 헛되며 주께서 성을 지키지 아니하시면 파수꾼의 깨어 있음이 헛일입니다."(시편 127:1) 모든 것을 주시는 분은 바로 그리스도이십니다.

생각과 말과 행동, 모든 일에서 항상 겸손합시다. 하느님 앞에 나서서 "나는 많은 덕을 갖추었습니다."라고 말하지 맙시다. 하느님은 우리의 덕

---

24) 참고. 열왕기 하 2:8-15.

을 필요로 하지 않습니다. 하느님 앞에 항상 죄인처럼 나서길 바랍니다. 물론 절망은 금물입니다. "하느님의 크신 자비"를 신뢰해야 합니다. 비결을 알기만 하면 됩니다.

이 비결은 바로 그리스도를 향한 사랑이며 겸손입니다. 그리스도께서 우리에게 겸손을 주실 것입니다. 나약하기 때문에 우리는 그리스도를 사랑할 수 없습니다. 그리스도, 그분이 먼저 우리를 사랑하셔야 합니다! 우리를 사랑해 주시기를 진정으로 그리스도께 간청합시다. 그러면 그리스도는 우리에게도 그리스도를 사랑하려는 열망을 심어주실 것입니다.

당신이 지혜를 사랑하는 자, 즉 참된 철학자가 되길 원한다면, 오직 당신 자신만을 질책해야 합니다. 또한 항상 겸손을 보여야 합니다. 겸손은 모든 사람이 선하다고 믿는 것에 있습니다. 누군가에 대해 부정적인 말을 듣더라도 결코 그것을 믿지 마십시오.

모든 사람을 사랑하고, 아무에게도 악한 생각을 품지 말 것이며, 모든 사람을 위해 기도하십시오. 당신에게는 이것 말고 다른 철학이 필요치 않습니다. 자만에 가득 찬 사람의 마음은 결코 겸손해질 수 없습니다. 그런 사람은 누군가 자신을 책망하고 충고하면, 격렬하게 반발합니다. 반면 자신을 칭송하거나 아첨하면 우쭐댑니다. 어떤 말을 해주어도, 그는 점점 더 교만해질 뿐입니다. 그가 신경 쓰는 것은 오직 그 자신뿐이고, 자신을 중심으로 생각할 뿐입니다. 하지만 정반대로 참회하고 고백하는 죄인은 자신에게서 탈출합니다. 한번 고백한 다음에는 결코 과거로 돌아가지 않습니다.

자만에 가득 찬 사람은 그 영혼을 영원한 생명에 낯설게 만들어 버립니다. 결국 이기심이라는 것은 완벽한 어리석음입니다! 자만심은 우리를 빈 껍질로 만듭니다. 보이기 위해 어떤 일을 할 때, 우리는 결국 영혼을 아무 내용도 없는 텅 빈 것으로 만들고 말 것입니다. 그러므로 무슨 일을 하든지, 사심과 교만과 이기심을 버리고, 모든 악한 동기들을 제거해 버리고, 오직 하느님께 영광 돌리기 위해 그 일을 합시다. 교회나 수도원의 성가대장이라면, 천사의 목소리로 하느님을 찬양하십시오. 얼마나 많은 교인들이 듣고 있는지는 상관하지 마십시오. 오직 하느님을 찬양할 뿐, 그런 것을 염두에 두지 말라는 말입니다. 그것이 가능할까요? 쉽지는 않습니다. 어렵습니다. 그래서 많은 성가대장들이 위선에 빠집니다. 뛰어난 성가대장들 대부분은 아주 큰 교만을 가지고 있습니다. 물론 모두가 그런 것은 아니지만, 대부분이 그렇습니다. 그러나 겸손을 지니고 있다면, 비록 성가를 잘 부르고 봉독을 유창하게 잘 해도, 듣는 사람들에 의해 영향을 받지 않습니다. 겸손만 있다면 그 무엇도 별 상관이 없습니다.

어떤 희생을 치르더라도 선한 사람이 되어야 합니다. 불쌍한 나도 이렇게 노력하고 있습니다. 피로와 질병이 나를 짓누르고 있어서, 나는 지금 아무것도 할 수 없습니다. 그럼에도 불구하고 나는 계속해서 투쟁합니다. 나는 좀더 나은 사람이 되어야겠다는 의지를 가지고 있습니다. 사랑과 열정으로 하느님을 경배해야겠다는 의지를 가지고 있습니다. 꿈도 꾸고, 노력도 해보지만 아무것도 되는 것은 없습니다. 하지만 이것만으로도 나는 기쁩니다. 내가 그리스도를 사랑하기 위해 노력하는 것만으로도 만족합니다. 나는 아직도 이것을 실현하지 못했지만, 그것을 언제나 강렬하게 원하고 있습니다.

하느님을 '떠보는' 사람은 하느님을 의심하는 사람입니다.

지혜로운 솔로몬은 "주님을 떠보지 않는 사람들이 주님을 찾게 되고 주님은 당신을 불신하지 않는 사람들에게 나타내 보이신다."(지혜서 1:2)고 말했습니다. '떠보는 사람' 이란 하느님을 의심하는 사람입니다. 그런 사람은 주저하고 망설일 뿐만 아니라, 심지어는 하느님의 전지전능하심에, 그분의 지극한 지혜에 저항으로 맞섭니다. 우리 영혼이 "하느님께서는 왜 이렇게 하셨을까, 왜 다른 방법으로 하지 않으셨을까, 다른 방법을 사용하실 수는 없었을까?"라고 말하면서 저항하고 반대하도록 해서는 안 됩니다. 이 모든 것은 우리 영혼에 내재되어 있는 좁은 식견과 우리의 부정적인 반응들을 드러냅니다. 우리 자신을 높이 평가하는 마음, 우리의 교만, 우리의 지나친 이기심을 드러냅니다. "왜?"라는 이 질문들은 참으로 사람을 고통스럽게 만듭니다. 소위 '콤플렉스'라고 불리는 감정을 만들어내는 것이 바로 이런 질문들입니다. 예를 들자면 "나는 왜 이렇게 키가 클까?" 혹은 "나는 왜 이렇게 키가 작지?"라는 질문처럼 말입니다. 이런 생각들은 우리 안에서 잘 사라지지 않습니다. 이것이 바로 기도를 하고 철야예배를 드려도 우리가 원하는 것과는 정반대의 결과가 나오는 이유입니다. 아무런 결실도 맺지 못한 채, 고통스러워하고 신경이 곤두섭니다. 반면 그리스도 안에서는 모든 것이 은총과 함께 시작합니다. '왜?'라는 이 의문이 마음 깊숙한 곳에 묻혀있을지라도 하느님의 은총이 그것을 덮어줍니다. 비록 '자격지심'이라는 뿌리는 남아있을지라도 그 위에서 장미나무가 자라나고, 놀랍게 아름다운 꽃이 피어납니다. 이 꽃에 믿음과 사랑과 인내와 겸손이라는 물을 주면 악은 더 이상 힘을 쓰지 못합니다. 악은 사라지고 멈춥니다. 하지만 이 장미꽃에 제대로 물을 주지 않으면 장미꽃은 곧 말라 죽고 쓸모없는 가시 넝쿨만 자랍니다.

그러나 '하느님을 떠보는 사람'의 특징에 부정적 반응과 '왜?'라는 의심만 있는 것은 아닙니다. 우리의 삶은 하느님에게서 멀리 떨어져 있으면서도, 그분께 무언가 자꾸 요구할 때, 우리는 하느님을 떠보는 것입니다. 우리의 삶은 그분의 뜻과 멀리 떨어져 있으면서도 자꾸 내 욕구만을 충족시키기 위해 하느님께 떼를 쓸 때 우리는 그분을 떠보는 것입니다. 다른 말로 하면 그것은 하느님께서 기뻐하시지 않는 상태들로서, 불안, 근심, 일방적이고 끈질긴 간구가 바로 그런 상태라 할 수 있습니다.

부른 배는 영민한 정신을 낳지 않습니다.

악을 사냥하는 데 몰두한다고 해서 거룩한 사람이 되는 것은 아닙니다. 악은 그냥 내버려 두십시오. 당신의 시선을 오직 그리스도를 향해 고정시키십시오. 그러면 당신은 구원받습니다. 사람을 거룩하게 하는 것은 사랑이며 그리스도에 대한 경배입니다. 우리는 그것을 그 어떤 것으로도 설명할 수도 표현할 수도 없습니다. 또한 우리는 하느님을 사랑하기 위해, 영적인 훈련을 하고 그 모든 고통들을 감수해야 합니다.

어떠한 금욕 수도사도 영적 훈련 없이 성인이 되지는 않았습니다. 영적 단련 없이는 누구도 영적으로 성숙한 경지에 오르지 못합니다. 그러므로 영적 수련자가 되어야 합니다. 영적 수련의 방법에는 '참회의 절기도'(메타니아), 철야예배 등이 있지만 결코 그것들을 억지로 해서는 안 됩니다. 이 모든 것은 기쁨으로 이루어져야 합니다. 중요한 것은 참회의 기도 그 자체, 기도 그 자체가 아닙니다. 중요한 것은 바로 우리 자신을 버리는 것, 그리스도를 향한, 영적인 것들에 대한 사랑입니다. 하느님을 위해서가 아니라, 운동 삼아서 신체 단련을 위해서 '참회의 절기도'를 행하는 이들이 적지 않습니다. 그러나 영적인 사람은 영혼의 이익을 위해서, 하느님을 위해서 이러한 실천을 합니다. 물론 그것은 우리 몸의 건강에도 아주 좋습니다. 병이 들지 않게 육체를 단련시키는 등 수많은 유익을 가져다줍니다.

영적 수련에서 참회의 절기도, 철야 예배 등과 함께 금식 또한 아주 중요한 훈련 중의 하나입니다. "부른 배는 영민한 정신을 낳지 않습니다." 나는 이것을 교부들에게서 배웠습니다. 교부들의 모든 저작들이 금식에 대해서 말합니다. 교부들은 소화가 힘든 음식이나 기름진 음식 그리고 과식을 삼가야 한다고 강조합니다. 그런 것들은 건강을 해치기도 하지만 영혼에도 결코 이롭지 않기 때문입니다. 땅에서 나는 풀을 먹고 자란 양은 온순합니다. "양처럼 온순하다."고 말하듯 말입니다. 그러나 개나 고양이 그리고 육식을 하는 동물들은 모두 사나운 동물입니다. 고기는 사람에게 이롭지 못합니다. 나물이나 과일이 좋습니다. 그러므로 교부들은 금식을 강조하고 과식과 탐식을 책망합니다. 우리의 식단을 가장 간단한 것으로 꾸밉시다. 음식에 너무 신경 쓰지 않도록 합시다.

좋은 음식이나 쾌적한 환경이 우리의 건강을 보장해주지 않습니다. 그리스도 안에서의 거룩한 삶이 우리의 건강을 안전하게 지켜줍니다. 은수도사들은 금식을 철저하게 지키지만 큰 병에 시달리지 않습니다. 금식으로 인해 해를 입을 위험은 없습니다. 병에 잘 걸리는 사람은 육식을 하고 계란과 우유를 섭취하는 사람이지 소식하는 사람은 병에 걸릴 확률이 더 적습니다. 이것은 입증된 사실입니다. 의학적으로도 활발하게 연구가 진행되고 있습니다. 금식하는 사람들은 건강합니다. 건강할 뿐만 아니라 있는 병도 고칩니다.

그렇지만 이런 실천을 하기 위해서는 믿음이 필요합니다. 그렇지 않으면 금방 심한 허기를 느낄 것입니다. 금식은 믿음의 문제입니다. 음식을 잘 소화하기만 한다면 금식으로는 어떤 해도 당하지 않습니다. 영적 투사들은 공기도 난백질로 변화시킵니다. 그래서 금식해도 어떤 결핍도 발견하지 못합니다. 하느님에 대한 사랑을 느끼면, 기쁘게 금식할 수 있습니다. 모든 것이 쉬워집니다. 하지만 다른 방법으로는 모든 것이 오르지 못할 거대한 산처럼 되고 맙니다. 그리스도께 마음을 준 사람이라면, 뜨거운 사랑으로 예수 기도를 드리는 사람이라면, 누구든지 탐식과 무절제를 지배하고 정복할 수 있습니다.

오늘날, 단 하루도 금식하지 않는 사람들이 엄청나게 많습니다. 그런데 그런 그들도 종교적인 이유 때문이 아니라 단순히 건강에 좋다는 확신 때문에 채식 식단을 따르며 살아갑니다. 여하튼 고기를 먹지 않는다고 해서 해로운 것은 아님을 분명히 믿어야 합니다. 물론 병자나 건강치 못한 사람이라면, 몸을 보호하기 위해 기름지게 먹는다고 해서 죄가 되는 것은 아닙니다.

사람 몸에는 소금이 꼭 필요합니다. 그러나 소금이 몸에 좋지 않다는 주장도 있습니다. 그러나 이것은 옳은 주장이 아닙니다. 소금은 우리에게 꼭 필요한 요소입니다. 또 어떤 사람에게는 반드시 필요한 것일 수도 있습니다. 어떤 사람에게는 소금이 필요하지 않지만 어떤 사람에게는 소금의 부족한 섭취가 생명에 치명적인 해를 끼칠 수도 있다는 것입니다. 그것은 몸에 반드시 필요한 미량원소들의 문제이기도 합니다. 그러므로 그것을 알기 위해서는 반드시 체질 검사가 필요합니다.

내게는 꿈이 하나 있습니다! 아토스 성산에서, 밀가루를 주문하여 전통적인 방식으로 빵을 만들어서 그곳의 수도사들에게 제공해 주는 것입니다. 밀, 쌀, 콩, 콩가루, 랜즈콩 등 다양한 곡물을 섞어서 만든 빵을 나눠주고 싶습니다. 그리고 호박, 토마토, 감자, 그리고 온갖 야채들을 심고 가꾸는 일도 꿈꾸곤 합니다. 이스키오스 신부님과 나는 함께 이런 날이 오길 꿈꾸곤 했습니다. 한적한 곳에서 은수도사가 되어 밀을 재배하고 그 밀알들을 통째로 물에 불려 먹는 상상도 했습니다. 대 바실리오스 성인도 광야에 있을 때 그렇게 살지 않았을까요? 하지만, 현대사회에 살고 있는 우리에게 그것은 너무 엄격하고 힘든 생활로 보입니다.

수도 생활에 대하여

> 수도원에서는 모든 것이 거룩합니다.
> 수많은 영혼이 이곳에서
> 기도를 드리고,
> 영적인 단련을 하며,
> 하느님 안에서 살아갑니다.

수도사의 삶은 고귀한 삶입니다.

　수도사의 삶은 위대합니다. 참으로 위대합니다! 위대한 삶, 지고(至高)한 삶, 신선한 삶, 시적인 삶입니다. 수도사의 삶은 고귀합니다. 수도사는 땅에서 살지만 별들의 세계 너머의 무한세계 안에서 여행합니다. 하느님과 함께 하늘나라에서 영적으로 살아갑니다. 그는 정말 고귀한 삶을 삽니다. 사람들은 그런 삶을 천사의 삶이라고 부릅니다. 실제로 그것은 천사의 삶입니다.

　그러한 삶을 살려면, 수도사는 무엇보다도 수도 정신으로 무장되어 있어야 합니다. 오로지 하느님을 향해, 수도사로서 가졌던 목표로 향해 나아간다면, 그러한 수도사의 정신을 얻게 될 것입니다. 그런 수도사는 침묵, 마음 기도, 금욕, 순종 가운데서 살아갑니다. 그리스도 안에서 살기 위해서 그는 모든 것에 대해 죽습니다. 새벽에 열의를 가지고 일어나서 개인 기도를 하고 예식에 참여하며 열심히 소임을 감당합니다. 늘 깨어서 오로지 한 가지 생각, 어떻게 하면 하느님을 기쁘게 해드릴지, 어떻게 하면 하느님의 이름에 영광 돌릴 것인가에 대해서만 생각합니다. 항상 수도사 서원식 때 성 삼위일체 하느님께 한 서약을 기억합니다. 이를 위해서 주의 깊게 수도사 서원 예식서를 자주 읽습니다. 수도원의 규율과 질서를 어지럽히지 않고, 매사에 모든 규율들을 준수합니다.

수도원에서 영적 발전이라는 열매를 맺으려면 그 누구의 강요나 강제없이 스스로 싸워야 합니다. 모든 일을 기쁨으로 솔선수범해야 하고, 마지못해서 하는 일이 없어야 합니다. 수도사는 어쩔 수가 없어서 누군가에게 조종당하는 로봇이 아닙니다. 무엇을 하든지 오직 하느님에 대한 사랑, 하늘에 계신 신랑에 대한 사랑으로 해야 합니다. 지옥이나 죽음을 머릿속에 두지 말아야 합니다. 수도생활이 부정적인 의미에서의 도피가 아니라 거룩한 사랑, 하느님에 대한 경배 안으로의 피신이 되어야 합니다.

수도생활의 비밀은 기도, 그리스도께 맡김, 그리스도에 대한 사랑에 있습니다. 수도생활은 기쁨이 넘쳐흐르는 삶입니다. 수도사는 기도의 달콤한 맛을 보아야 하며 신성한 사랑에 이끌려야 합니다. 기도의 달콤함을 맛보지 못한다면 수도 생활을 계속할 수 없습니다. 그런 사람은 수도원에 오래 머물지 못합니다.

기도 이외에, 수도 생활을 지속시켜 주는 것은 바로 소임, 손노동입니다. 일과 기도는 따로 분리되지 않습니다. 소임은 기도를 방해하지 않고 오히려 기도를 더욱더 강력하게 해줍니다. 문제는 사랑입니다. 마치 우리가 절을 하며 참회 기도를 하듯이, 소임 또한 일종의 기도입니다. 소임은 또한 축복이며 은총입니다. 그래서 그리스도는 그의 제자들뿐만 아니라 구약 시대의 예언자들을 부르실 때, 그들이 일하고 있을 때, 그들이 일하는 곳에서 부르셨던 것입니다. 예를 들어 어떤 사람들은 고기를 잡고 있을 때, 또 다른 이들은 양떼를 돌보고 있을 때 부르셨던 것입니다.

수도사의 기쁨은 하느님 사랑 안으로, 그리스도 안으로, 교회 안으로 그리고 성 삼위일체 안으로 들어가는 것에 있습니다. 그는 그리스도와 연합됩니다. 그 마음은 기쁨으로 설레고, 은총으로 충만해집니다. 그리스도는 수도사의 기쁨이고 열정이고 희망이며 사랑이십니다. 어떻게 말해야 좋을까요? 나는 하느님의 은총으로 아토스 성산에 가게 되었습니다. 놀라운 삶이었습니다! 놀라운 사랑, 놀라운 경건, 놀라운 열정, 놀라운 순종, 놀라운 기도의 삶이었습니다! 서로 따뜻한 미소를 나누고 사랑하면서 참으로 경건하게 살았습니다. 그것은 진정 하늘나라의 삶이었습니다.

광야로 물러난 금욕 수도사는 모든 것을 희생합니다. 자신의 안전까지도 포기합니다. 오직 하느님의 은총을 경험하기 위해, 그리스도에 대한 열망을 되찾기 위해, 그리스도의 품 안에 있기 위해, 하느님과의 연합 안에 있기 위해, 하느님이 동행하심을 느끼기 위해, 하느님과의 연합을 경험하기 위해서 말입니다. 그는 성 삼위일체 하느님처럼, 삼위일체의 세 위격이 온전히 하나인 것처럼, 다른 사람들과도 하나가 되길 바랍니다. 그러므로 수도사가 세상에서 물러나는 것은 절망 때문이 아닙니다. 그는 위대한 위로 속으로, 수많은 동료들에게로 물러납니다. 실제로 그의 동료는 온 자연입니다. 새들과 동물들입니다. 또한 성인들, 순교자들, 천사들이 그의 동료입니다. 그리고 그 무엇보다도 먼저 그와 동행하시는 분은 우리 성모님이고, 그의 아들 예수 그리스도이십니다.

수도 생활은 성경에 근거를 둡니다.

모든 것이 영원한 책, 성경에 그 바탕을 두고 있습니다. 수도 생활 또한 성경의 내용, 복음경의 내용으로부터 흘러나옵니다. 구약 성경에 뭐라고 쓰여 있습니까?

> 주께서 아브람에게 말씀하셨습니다. '네 고향과 친척과 아비의 집을 떠나 내가 장차 보여줄 땅으로 가거라.'
>
> (창세기 12:1)

그리스도는 또 뭐라고 말씀하십니까?

> 아버지나 어머니를 나보다 더 사랑하는 사람은 내 사람이 될 자격이 없고 아들이나 딸을 나보다 더 사랑하는 사람도 내 사람이 될 자격이 없다. 또 자기 십자가를 지고 나를 따라오지 않는 사람도 내 사람이 될 자격이 없다.
>
> (마태오 10:37-38)

교부들도 수도 생활에 대해 언급할 때, 언제나 성경에서 영감을 얻었습니다. 그러므로 만약 당신이 신 신학자 성 시메온을 부정한다면, 그것은 곧 사도 바울로를 부정하는 것과 다를 바 없습니다. 왜냐하면 성 시메온이 말하고 실천한 것은 바로 사도 바울로가 말하고 실천한 것이기 때문입니다.

가장 중요한 것은, 자기 자신의 소명을 깨닫는 것입니다.

수도 생활의 길로 나아가고 싶은 사람이 있다면, 모든 길과 모든 가능성들을 다 열어놓아야 합니다. 그래서 전적인 자유 안에서 결정해야 합니다. 그 어떤 관심도 다 배제한 채, 오직 하느님의 사랑이 그를 움직여야 합니다. 수도사가 되기 위해 스트레스를 받거나 조바심을 느끼는 것은 좋지 않습니다. 그러기보다는 다른 노력을 기울여야 합니다. 하느님 사랑 안에서 전진해 가겠다는 목표를 가지고 공부하고 기도하십시오. 그러면 온전한 자유 안에서 살게 될 것입니다. 사랑이 있는 곳에 자유가 있기 때문입니다. 오직 하느님의 사랑 안에서만 움직이십시오.

하느님의 눈에는 결혼한 사람이나 결혼하지 않은 사람이나 다 같습니다. 다만 하느님의 계명대로 살면, 하느님 안에서의 삶을 살면 그것으로 충분합니다. 수도사가 갖추어야 할 덕인 순결, 청빈, 가난은 사람의 마음 안에 있습니다. 몸으로는 순결한 사람도 영혼은 창녀처럼 온갖 사악함과 음란함으로 타락할 수 있습니다. 빌딩을 소유한 부자도 물욕에서 자유롭고 청빈한 삶을 살 수 있습니다. 이와는 반대로 비록 가난해도 마음은 청빈하지 못할 수도 있습니다. 사람의 청빈함은 재산의 많고 적음에 있지 않고 마음이 무엇에 사로잡혀 있느냐에 달려있습니다.

누구든지 자신의 소명을 깨닫는 일이 중요합니다. 어떤 사람들은 반항심과 고집으로 수도사가 되려 합니다. 한 가지 예를 들어 보겠습니다.

한 소녀가 갑자기 수녀원으로 들어갔습니다. 그녀의 부모는 눈물 흘리며 통곡했습니다. 하지만 소녀는 그것에 개의치 않았고 반발심으로 계속 고집을 부렸습니다. 부모가 나를 찾아왔습니다. 나는 부모에게 딸을 그런 식으로 대하지 말고 자유롭게 내버려두라고 말했습니다. 그리고 그 수녀원에 가서 성찬예배에도 참석하고, 기도도 드리고, 또 수녀원장과 모든 이들에게 친절하게 말하며, 좋은 관계를 유지하라고 일러두었습니다. 부모는 내가 시키는 대로 했습니다. 그러자 딸은 더 이상 반항하지 않게 되었습니다. 얼마 후에 그 소녀는 수녀원장에게 신학대학에서 공부하고 싶다는 의사를 밝혔습니다. 그래서 신학대학에 다니게 되었고 학교 공부를 위해 수녀원 밖에서 생활하게 되었습니다. 결국 그녀는 신학대학을 졸업하고 수녀원을 떠났습니다.

수도 생활은 타향살이입니다.

수도 생활은 타향살이입니다. 수도사가 입은 옷 안쪽 앞 부분에는 Ξ(크시)와 Ζ(지타)가 대문자로 수놓아져 있는데 이 대문자는 '크세니 조이'(Ξένη Ζωή : '타향살이' '유배 생활' 이라는 뜻)라는 단어들의 첫 글자들입니다. 이 자발적 타향살이를 나도 살았습니다. 어떻게 말을 해야 할까요? 그것은 모든 것을 버리고, 모든 사람을 떠나는 것입니다. 일하고 기도합니다. 오직 하느님만 당신을 봅니다. 광야는 내게 너무도 좋은 곳이었습니다. 지금도 나는 광야를 무척 좋아합니다. 지금도 깝소칼리비아로 갈 수만 있다면 그보다 더 좋은 일은 없습니다. 깝소칼리비아에 갈 때마다 나는 큰 기쁨을 경험합니다.

같은 마음, 같은 열망을 가진 두세 명의 동료와 함께 은둔하여 금욕 수도하는 것은 정말 아름답습니다. 한 사람이 영적으로 발전하면 다른 사람들도 그 영향을 받아 영적으로 발전합니다. 이렇게 모두 함께 금욕 수도함으로써 그리스도가 주시는 영적인 삶과 기쁨을 누립니다. 그들은 온 세상에 대해 죽습니다. 이렇게 하여 그들은 아무런 해도 입지 않고 더욱 굳세어집니다.

금욕 수도가 선택하는 길은 가장 위대하고 가장 거룩하고 가장 성스러운 일입니다. 그는 오직 그리스도만 사랑하는 데 집중하면 됩니다. 그리스도를 사랑하면, 모든 것을 그리스도께 맡길 수 있습니다. 그리고 점점 더 온전히 자기 영혼을 그리스도에게 바치기 위해서 전진해 나갑니다. 이렇게 훌륭한 삶을 살지 못한다 해도, 교회 안에는 하느님을 섬기고 사랑하는 다른 방식들이 있으니, 조금도 걱정할 것이 없습니다.

영적 아버지에 대한 순종, 나는 그 순종이 마치 낙원처럼 느껴졌습니다.

비록 체계가 잘 잡힌 수도원이라고 해도 참된 수도 생활이 부재할 수도 있습니다. 수도원은 순종과 고백성사를 가장 앞세워야 합니다. 고백성사를 할 때마다 내게는 큰 기쁨이 찾아 왔고 참으로 기도에 전념할 수 있었습니다. 그 시절뿐만 아니라 지금도 마찬가지입니다. 고백성사를 할 때마다 기쁘고 마음은 가벼워집니다. 나는 이 성사를 이런 믿음을 가지고 임했습니다. 거기서부터 모든 것이 방향을 잡아갑니다. 순종과 거룩함 안에서 모든 일이 이루어집니다.

순종은 중요하고 지적인 일입니다. 그것은 영성 생활의 비결입니다. 우리는 그것을 이해할 수 없습니다. 하지만 나는 주님의 은총으로 순종의 삶을 살 수 있었습니다. 나는 이 순종이 얼마나 많은 은총으로 새겨지는지, 또 순종의 완전과 순종이 가져다주는 평화가 무엇인지 압니다. 하느님께 순종하는 것, 하느님을 경배하는 일에 헌신하는 것, 자기의 영적 아버지에게 순종하는 것, 이 모든 순종은 정말 놀라운 일입니다. 그것은 위대한 덕입니다. 순종은 겸손입니다. 기쁨과 감사로 순종해야 합니다. 영적 아버지가 이상한 것을 요구해도 말입니다. 이 순송에는 큰 상이 있습니다. 하느님을 감동시킬 수 있는 것은 바로 이 순종입니다. "나를 사랑하면 내 사랑을 받고 애타게 찾으면 나를 만나리라."(잠언 8:17)

순종은 우리를 모든 일에 있어서 변화시켜줍니다. 우리는 모든 일을 신속하게 처리할 수 있게 되고, 더욱더 영리해지고 강해지고, 점점 더 젊어집니다. 그리스도는 나를 사랑해 주셔서 순종할 수 있는 은총을 주셨습니다. 하찮은 나는 순종을 통해 순종이 무엇인지 조금은 알 수 있게 되었습니다. 영적 아버지에 대한 순종, 나는 그 순종이 마치 낙원처럼 느껴졌습니다. 그리고 영적 아버지들이 나를 더 엄격하게 대해 주길 원했습니다. 나는 영적 아버지가 더 엄격하게 대해 주지 않아서 불만이었던 적이 많습니다. 그러나 지금 나이 들어 되돌아보니 그분들은 정말로 엄격한 분들이셨습니다. 하지만 그때는 정말로 깨닫지 못했습니다.

영적 아버지에 대한 순종은 정말로 중대한 주제가 아닐 수 없습니다. 성인과 함께 살면 여러분도 성인 같은 사람이 됩니다. 그분의 말에서, 침묵에서, 습관에서 많은 것을 배웁니다. 그의 기도는 당신에게 영향을 미칩니다. 말하지 않아도 뭔가 통합니다. 생각지도 못하게 성인의 어떤 것, 거룩한 무엇이 여러분에게 전해집니다. 그렇습니다. 프로코로스 성인과 프로클리스 성인, 그 밖의 다른 성인들도 성인이셨던 스승과 함께 살았습니다. 그들은 성인들로부터 영감을 얻었고, 그래서 그들도 성인이 될 수 있었습니다. 신 신학자 시메온 성인과 그레고리오스 팔라마스 성인도 이렇게 성인이 되었습니다.

영적 아버지는 우리의 삶에서 매우 중요한 역할을 합니다. 영적 아버지는 삶의 길잡이입니다. 영적 아버지는, 신학자라고 해서 또 교양과 학식을 갖췄다고 해서 영적 아버지가 되는, 그런 의미에서의 잘 배운 사람이 아닙니다. 우리는 영적 아버지가 무슨 말을 하려 하는지 잘 분별해야 합니다. 어떤 경우에는 영적 아버지가 교육을 전혀 받지 못한 분일 수도 있습니다. 큰 지식을 갖추지 못한 사람일 수도 있고, 말재주가 전혀 없는 사람일 수도 있습니다. 책을 많이 읽지 못한 사람일 수도 있습니다. 하지만 그런 분일지라도 순종의 삶을 삶으로써 하느님의 은총을 받으면, 배운 사람들보다 더욱 탁월한 분이 됩니다. 그런 영적 아버지는 그에게 순종하는 수도사들에게 엄청나게 위대한 유익을 줄 수 있습니다.

물론 영적 아버지가 충고하는 이야기는 책에도 다 나와 있습니다. 하지만 그것은 결코 같지 않습니다. 영적 아버지는 이 영성을 삶으로 살아냅니다. 그는 '어떤 교부는 이렇게 말했고, 어떤 책에는 이렇게 써져 있다.' 라고 말하지 않습니다. 오히려 그는 손수 그리스도의 생명을 살고 그 경험을 말해줍니다. 그는 이 모든 것을 전해주고 영혼 안에 새겨줍니다. 사람들은 그런 분 곁에서 어떻게 하면 하느님의 은총을 얻을 수 있는지 배우게 됩니다.

당신에게 영적 아버지가 있다면, 그분을 본받고 그분을 사랑하십시오. 또 영적 아버지도 당신을 사랑하면, 그때 여러분은 영적 아버지와 한 영혼이 되고, 하나가 됩니다. "단 두 세 사람이라도 내 이름으로 모인 곳에는 나도 함께 있겠다."(마태오 18:20)고 그리스도가 말씀하셨습니다. 그리스도는 그곳에 함께 계십니다. 이런 상태에서는 거리가 존재하지 않습니다. 우리가 어디에 있든지, 우리는 그리스도 안에서 연합되어 기도합니다. 이렇게 함으로써 하느님의 은총이 우리에게 임하고 우리를 끊임없이 강하게 만들어줍니다. 이렇게 해서 우리는 교회 안에서 일치를 누리며 살게 되는 것입니다. 우리는 '하나' 라는 감정을 느끼게 되고, 실제로도 하나가 됩니다. 옛날에는 영적 아버지와 그에게 순종하는 제자들이 이렇게 살았습니다.

이것은 결코 동화같은 이야기가 아닙니다. 나는 이런 일을 여러 번 보았습니다. 아토스 성산에 갔을 때 모든 것이 내게서 떠나가 버렸습니다. 세상도 친척도 그리고 세상의 모든 스승들도 내게 더 이상 존재하지 않았습니다. 모든 것이 영적 아버지에 대한 순종이 되었고, 모든 것이 기도가 되었고, 모든 것이 기쁨이 되었습니다. 아토스 성산의 깝소칼리비아를 걸을 때면, 모든 것이 하늘이 되곤 했습니다. 반대로 조금이라도 피곤한 기색이 나타나기 시작하면, 곧바로 다시 부모, 친척, 세상에 대한 생각들이 나를 짓눌렀습니다.

그러므로 영적 아버지에게 순종하는 것은 아주 큰 덕이면서 큰 유익을 가져다줍니다. 완전한 사람이 되고자 한다면, 또 사람에게 주어진 어려움들을 잘 직면할 수 있게 되려거든, 먼저 순종의 세월을 거쳐야 합니다. 겸손이 없다면 순종이 있을 수 없고 하느님의 은총을 소유할 수도 없습니다. 겸손이 없다면, 그래서 순종하지 않는다면, 큰 불행을 겪게 될 것입니다. 순종하지 못하는 것은 바로 이기심, 자기 사랑에 기인합니다. 겸손은 아주 위대한 것입니다. 이기주의와 교만은 불순종을 낳아서 결국 인간이 낙원에서 쫓겨나는 결과를 낳고 말았습니다. 이기주의자는 결코 순종할 수 없습니다. 이기주의자는 항상 자신의 잣대에 맞추어서 일을 이리 저리 재어보고는 마지못해서 행동합니다. 불평하고 불만을 늘어놓는 것이 마치 자신의 권리와 자유를 당당하게 누리는 것인 양 생각합니다. 순종하는 사람에게 오히려 진정한 자유가 있습니다. 그리고 노예적 굴종은 참된 순종을 불가능하게 하는 것과 같습니다. 즉 자발적인 순종의 여지를 없애버리는 복종입니다. 반면 순종하면 하느님의 자녀들이 누리는 자유 안에 들어가게 됩니다.

동굴에서 생활하던 이들도 이렇게 살았습니다. 그것이 바로 신화(θέωσις, divinization)의 삶이며 그 안에 모든 것이 있습니다. 그들은 하느님과 연합하여 살아갑니다. 그들은 영을 가꿉니다. 하지만 이 일은 결코 지나침이 있을 수 없습니다. 하느님은 완전한 모든 것의 성취이십니다. 그분은 지고의 선이십니다. 하느님과의 그러한 연합은 그 안에 이 모든 것을 포함하고 있습니다. 오직 그러한 연합을 통해서만 충만한 만족이 일어나고, 그 어떤 쾌락도 하느님과의 이 연합이 가져오는 지복을 넘어설 수 없습니다. 그것은 모든 영을 초월하는 환희입니다. 하느님께 자신을 다 내어맡기는 이들이 누리는 환희입니다. 이 모든 것들이 하느님의 도움을 통해 일어납니다. 은총이 작동하면 모든 것은 그 본성을 초월하고 맙니다.

작게라도 이 놀랍고 경이로운 상태를 맛보고 느낄 수 있게 해달라고 하느님께 기도하십시오.

하느님 말씀을 열심히 공부하면, 큰 노력이 없이도 성인이 될 수 있습니다.

열심히 성경을 공부하십시오. 나는 시편과 카논을 들으면 들을수록, 질리기는커녕 더욱더 듣고 싶어집니다. 그것은 너무나 실제적이고 매력적이어서 아무리 공부해도 지나치지 않습니다. 한 단어 한 단어를 곰곰이 되새기면서 읽으십시오. 큰 소리로 낭송하면서 그 내용을 들어보십시오. 이것은 참으로 큰 도움을 줍니다. 그리고 아주 중요한 의미를 지닌 구절이 나오면 더욱더 잘 이해하도록 두 번 세 번 다시 읽으십시오. 무슨 말이 더 필요할까요! 나는 그런 구절들을 목마름으로 반복하여 읽고 듣습니다. 그러면 그 말씀들은 아주 달콤하게 영혼에 스며듭니다. 이것이야말로 정말 중요한 일입니다.

이렇게 열의를 가지고, 성경을 읽고, 성당에서 미네온(월별예식서)이나 시편이나 거룩한 예식서들의 말씀을 듣고, 더 나아가 그 의미들을 잘 이해하게 된다면, 이제는 예배를 알리는 예비 종소리만 나도, 사랑과 열정을 품고 성당으로 달려가서 "선하신 하느님이여, 잠에서 깨어나 제일 먼저 당신 발 아래 엎드려 경배를 드리나이다."[25]라고 기도드리고 싶어질 것입니다. 그때야말로 영혼은 최초의 그 찬란함으로, 본래의 상태로, 옛적의 그 아름다움으로 되돌아갑니다. 하느님이 뭐라고 말씀하셨습니까?

---

25) 아침 예식 전 기도문의 삼위일체 뜨로빠리온(찬양송).

'모두 내가 이 손으로 지은 것이 아니냐? 다 나의 것이 아니냐?' 주의 말씀이시다. '그러나 내가 굽어보는 사람은 억눌려 그 마음이 찢어지고 나의 말을 송구스럽게 받는 사람이다.'

(이사야 66:2)

하느님의 말씀을 사랑하는 사람, 그런 사람에게 그리스도는 은총을 내려주십니다. 그러면 그에게는 모든 선한 일이 아주 쉬워집니다.

잘 알고 있듯이 힘겨운 영적 투쟁을 하지 않아도, 피 흘리는 순교를 하지 않고도 거룩하게 될 수 있습니다. 우리의 영혼은 기쁨에 찹니다. 우리의 귀는 성가들을 듣고 달콤함을 느낍니다. 우리 안에서 무언가가 일어납니다. 이 만족감은 다시 우리 안에 거룩한 열정을 불러일으킵니다. 이렇게 우리 영혼은 하느님 은총을 받을 합당한 준비에 이르게 되고, 그러면 하느님이 손수 우리 영혼을 성화시켜줍니다. 하느님의 은총 밖에서는 어떤 노력을 해도 거룩해질 수 없습니다. 하지만 하느님 말씀을 열심히 공부하면, 아주 힘든 노력 없이도 자연스럽게 성인이 될 수 있습니다.

나는 성 요한 크리소스토모스, 성 대 바실리오스, 신학자 성 그레고리오스, 닛사의 성 그레고리오스, 성 그레고리오스 팔라마스와 같은 거룩한 교부들의 저서를 좋아합니다. 하지만 솔직히 이분들의 저서를 다 깊이 있게 공부하지는 못했습니다. 그러나 이분들이 다 복된 분들이라는 것은 분명히 알고 있습니다.

옛날에 아토스 성산에서는 『필로칼리아』나 사막 교부들의 책들을 읽지 못하게 했습니다. 오직 성경과 성인전만 읽게 했습니다. 하지만 오해하지는 마십시오. 교부들의 이런 책들을 읽기 위해서는 그 가르침대로 살아온 영적 지도자가 필요합니다. 그렇지 않으면 혼란만 가져옵니다. 왜냐하면 그런 가르침을 이해하려면 순종의 실천이 선행되어야 하기 때문입니다. 순종 없이는 오히려 해가 될 수도 있습니다. 이러한 책들은 너무 영적으로 수준이 높기 때문에 영적 아버지에 대한 순종과 영적 아버지의 지도가 반드시 전제되어야 합니다. 그렇지 않으면 이러한 책들을 잘못 해석하기 쉽고, 또 잘못된 해석에 따라 영적 훈련을 하다보면 악령들이 이것을 이용해서 우리에게 해악을 끼칠 수도 있기 때문입니다. 하지만 그 순종은 순수한 순종을 말합니다. 그런 순종은 결코 이기적일 수 없습니다. 영적 아버지가 칭찬해주길 바라지도 않습니다. 그런 순종은 단순하고 그 어떤 대가도 바라지 않습니다.

이것이 바로 내가 여러분에게 구약과 신약 성경을 더욱더 열심히 공부하고, 더 나아가 시편과 카논 성가들을 열심히 읽어보길 권하는 이유입니다. 성경과 시편과 성가들을 읽고 공부하는 것과 똑같은 열정을 가지고, 교회의 거룩한 교부들의 책들을 또한 읽으십시오. 그러나 맨 처음에 읽어야 할 것은 바로 성경입니다. 신약성경과 구약성경을 읽으십시오. 그 안에는 정말 풍부한 내용이 들어있습니다. 사실 모든 것이 성경에 근거를 두고 있습니다. 그것은 모든 것의 원천이며 기본입니다. 아무리 읽어도 결코 충분하지 않습니다. 여러분도 분명 "당신의 약속은 말부터가 혀에 달아 내 입에는 꿀보다도 더 답니다."(시편 119:103)라는 시편 기자의 고백을 실감할 것입니다. 시편 기자는 "꿀처럼 달다."고 하지 않고 "꿀보다 더 달다."고 했습니다. 하느님의 말씀이 얼마나 달콤한지를 표현하고 싶었기 때문입니다.

교회의 모든 예배와 예식은 사랑으로 드려져야 합니다.

교회의 모든 예배 의식들은 하느님과 대화를 나누기 위해 경배와 사랑으로 올려 드리는 우리의 말들입니다. 교회 안에서 우리 모두는 신비의 성찬예배에 참여하고 성가를 부르고 또 성체성혈을 받습니다. 이 순간은 그야말로 천국에 있는 시간입니다. 거룩한 예식들에 참여하면서 듣게 되는 주님의 말씀인 복음경과 사도경, 8조 예식서(옥토이꼬스)와 사순절 예식서(뜨리오디온)와 월별예식서(미네온) 카논 성가들과 찬양송들은 모두가 우리를 그리스도와 일치하게 하는 것에 목적을 두고 있습니다.

그러나 하느님을 경배하는 사람들에게 악마가 놓는 덫들은 너무도 많습니다. 유혹은 우리가 예식에 주의를 집중하지 못하게 만듭니다. 우리는 종종 부족한 잠을 채우려는 마음으로 교회를 가기도 합니다. 하느님 말씀이나 성가들을 들으면서 우리는 눈을 감습니다. 그리고는 정신이 몽롱해져 더 이상 예배의 내용이나 성가들에 집중할 수 없게 됩니다. 이 모든 것은 사탄의 방해 공작 때문입니다. 이런 졸음의 상태 안에서 사탄의 방해가 분명히 드러납니다.

성당 안에서 아무 생각 없이 멍하게 있음으로써 정신은 딴 곳에 팔고 시간만 낭비합니다. 마음속으로 단단히 "주의 해야지. 다시는 잠들지 말아야지. 다시 정신 차려야지!" 하고 다짐하지만 성공하지 못합니다. "정신 차려야지"라고 말하는 것은 다소 신경질적인 말들이어서 내적으로는 우리를 분노의 상태로 내몹니다. 다시 말해 이런 다짐들은 내적인 반발심을 만들어 냅니다. 억지로는 아무것도 이룰 수 없습니다. 반대로 이렇게 해서 좋지 않은 내적 상태가 우리를 사로잡고 우스운 꼴로 만들어 버립니다. "어디 정신 차려봐. 집중해 보라구. 너 좋을 대로 한번 해보란 말이야. 하지만 옛사람인 나는 이미 너를 내 손아귀에 장악하고 있어. 내가 계속 짓누를 테니, 어디 할 수 있으면, 전진해 보라구!" 이렇게 우리를 조롱합니다.

당신의 영혼은 내적으로 반항하고 있는데도 계속해서 그것을 강요한다면, 정말 끔찍한 재앙을 만날 수도 있습니다. 나는 이것을 여러 번 강조해서 말했습니다. 나는 많은 수도사들과 신자들이 이 내적인 압박과 다른 사람의 압력을 견디지 못해 교회를 떠나고 하느님에게서 멀어지는 것을 보았습니다. 강요하면 교회에 반항하는 것을 넘어서 아예 교회에 대해 생각조차 하지 않게 됩니다. 그것은 조금도 긍정적인 영향을 주지 못합니다. 열매를 맺을 수 없습니다. 물론 영적 아버지나 훌륭한 신부님께서 말씀하셨으니 마지못해 그대로 따를 지도 모릅니다. 예를 들어 "이제 석후소과에 참여하러 가야지."라고 말하고 실제로 그렇게 할 수도 있습니다. 하지만 그것이 형식상으로만 그렇게 하는 것이라면, 유익함을 가져오기는커녕 오히려 해를 끼칠 것입니다.

사람들은 자주 당신에게 좋은 일을 하라고 강요합니다. 하지만 선을 행하는 것은 결코 강요에 의한 것이어서는 안 됩니다. 그런 것은 아무 유익도 가져다 주지 못합니다. 아무것도 이룰 수가 없습니다. 예를 들어 "주 예수 그리스도시여, 저를 불쌍히 여기소서."라고 예수 기도를 드릴 때, 억지로 그렇게 하려다가는 도리어 이 기도를 멀리 내던져버리게 될 수도 있습니다. 그렇다면 결과는 어떻게 될까요? 억지로 기도를 하면 결국 자신을 괴롭히다가 좋지 않은 결과를 초래할 뿐입니다. 이렇게 계속 강요하다보면, 결국에는 교회조차 가지 않게 됩니다. 억지로 혹은 떠밀려서 교회에 가는 것이 아니라, 감사하며 교회에 갈 수 있게 해주는 다른 방법이 있습니다. 그것은 바로 예식에 주의를 집중하여 참여하는 것, 예식에 온전히 젖어 기쁨으로 예식 성가들과 기도들과 시편낭독들을 듣는 것입니다. 한 마디도 놓치지 않으면서 그 뜻을 새겨듣는 것입니다. 그렇게 하면 감사가 솟아나기 시작할 것입니다.

그러나 큰 위험이 한 가지 더 있습니다. 주의를 기울이지 않으면 우리가 성가를 듣는 것, 부르는 것 모두가 형식적일 수밖에 없게 됩니다. 성가를 들어야 하고 불러야 한다는 의무감으로 할 수 없이 하는 꼴이 됩니다. 예를 들어 수도사는 제9시과 때 "만군의 주여, 계시는 곳 그 얼마나 좋으신가!

주의 성전 뜰 안을 그리워하여 내 영혼이 애타다가 지치옵니다. …"(시편 84:2)라는 시편구절을 오늘도 듣고 내일도 듣고 모레도 듣고 일 년 내내 듣습니다. 계속해서 같은 것을 듣지 않습니까? 그러니 참여하지 않고 수동적으로 듣기만 한다면 금방 피곤해집니다. 잠이 올 수밖에 없습니다. 깊은 감동을 느낄 수 없습니다. 금방 싫증이 나고 반항심이 일어납니다. 예배 후에도 아무 열매가 없고 어떤 기쁨도 없으며 절망감이 밀려옵니다. 그러면 악마는 이러한 기회를 절대로 놓치지 않고 우리를 넘어뜨리고 멸망시키려고 덤벼듭니다.

예배는 정말 중요합니다. 예배가 전부라고 할 수도 있습니다. 나는 직접 체험했습니다. 그리스도에 대한 참된 경배 자세 안에서, 사랑과 관심을 가지고 예배가 진행되면 그것으로 충분합니다. 억지로 혹은 기계적인 의무감으로 예배를 드리면 안 됩니다. 사랑과 거룩한 열정이 필요합니다. 이런 감정이 없으면 아무 소용이 없습니다. 소용없을 뿐만 아니라 더 나아가 해가 될 수도 있습니다. "그럼, 차라리 예배에 참여하지 않는 것이 더 나을까요?"라고 물을 사람도 있을 것입니다. 물론 그렇지 않습니다. 하지만 가능한 한 형식적인 것에서 벗어나 그 깊이에 도달해야 합니다. 다시 말해 기도가, 하느님과의 대화가 의지와 열망의 대상이 될 수 있게 해야 하고, 그 속에서 기쁨을 느낄 수 있어야 한다는 말입니다. 수도사에게 싫증의 상태는 재앙입니다.

나는 이런 싫증의 상태를 경험한 적이 없습니다. 언제나 예배의 기쁨을 맛보았습니다. 나는 무엇이건 강요된 것은 잘하지 못합니다. 반대로 항상 같은 내용을 반복해도, 오늘도 내일도 모레도 똑같은 것을 듣는다 해도 기쁨을 느꼈습니다. 그 자체가 하나하나 소중했기 때문입니다. 아무리 오래도록 예배를 드려도, 하루 종일 예배드려도 충분하다거나 지나치다거나 하는 생각이 들지 않았습니다. 아니 언제나 더 예배드리고 싶은 마음뿐이었습니다. 오히려 이 모든 예배가 그 어떤 것보다 더욱 큰 유익을 준다고 믿었습니다. 그것은 우리 영혼을 해갈시켜주고 살찌우는, 즙이 풍부한 과일입니다. 여러분도 이렇게 온 마음을 다해 여러분 자신을 그리스도께 바치기 바랍니다.

성 대 금요일이었던 어느 날, 나는 병원에서 이 기도문을 읽고 있었습니다.

> 주 예수 그리스도 우리 하느님이시여, 당신은 십자가에 달리시기까지 우리의 죄 때문에 고통 받으시며, 오래 참으셨고 은혜를 아는 강도를 낙원에 들게 하셨으니 아무 보잘것없는 우리 죄인들도 불쌍히 여겨 주옵소서. 우리는 죄를 지었고 악을 행했으므로 하늘을 쳐다볼 자격조차 없사옵니다. 당신의 의로운 길을 따르지 않았으며 우리 마음에 드는 일만을 따랐사옵니다. 그러하오니 선하신 이여, 우리를 가엾게 생각하시고 충만한 자비를 베푸시어 당신의 거룩한 이름으로 구원하소서. 우리는 하루하루를 무의미하게 보내고 있습니다. 악마의 손에서 우리를 구출해 주시고 파고드는 육신의 욕정을 짓밟아 주소서. 우리에게서 낡은 생각과 그릇된 관습을 뽑아 버리시고 보호자이신 당신 속에서 살게 하소서. 그러므로 당신의 법령을 따르고 충만한 행복과 영원한 안녕을 누리게 하소서. 당신은 당신을 사랑하는 모든 이들의 진정한 즐거움이시고 위안이시나니, 당신과 시초 없는 아버지와 거룩하고 선하시며 생명을 베푸시는 성령께, 이제와 항상 또 영원히 영광을 돌리나이다.[26]

나는 마치 내 삶의 고백처럼 이 기도문을 읽었습니다. 다음 날 수술실에서 한 교수가 학생들 앞에서 나를 보며 말했습니다.

"신부님, 정말로 아름다운 기도문이었습니다. 신부님은 정말로 성인 같

---

26) 제9시과, 성 대 바실리오스 기도.

은 분이십니다."

"물론 저는 성인이 아닙니다."라고 대답한 후 나는 이렇게 말했습니다. "하지만 나는 성인이 되고 싶습니다. 그래서 하느님의 자비를 구하며 내가 성인이 되기에 합당한 자가 되게 해 달라고 간구한 것입니다. 내 영혼도 이 기도에 감동한 모양입니다. 나는 큰 죄인입니다. 하지만 교수님이 느낀 것은 그리스도의 자비의 징표였을 것입니다."

이 기도문은 정말 예술적인 표현으로 가득 차 있습니다! 그래서 나는 여러분에게 이 기도문을 반복해서 읽고 또 읽으라고 권하는 것입니다.

전례 기도문들은 그 의미를 잘 새겨가며 정성스럽게 드리기만 한다면, 여러분 자신의 기도가 됩니다. 아무리 큰 죄인이라도 정성을 다해 '성체성혈을 받기 위한 기도문'을 읽는다면, 그 사람은 놀라울 만큼 성화될 것입니다.

이런 방법으로 여러분은 자신도 알지 못하는 사이에 영적으로 계속 발전하게 됩니다. 다시 말해 피흘림 없는 방법으로, 낡은 '자아'와 전쟁을 하지 않고도, 여러분은 낡은 '자아'로 하여금 아무런 해도 끼칠 수 없는 상태로 만들 수 있습니다. 해를 줄 수 없는 상태로 무력화시킨다는 말입니다. 낡은 '자아'를 화나게 하는 것이 아니라, 그저 해를 줄 수 없는 상태로 만들고, 다만 자신 안에서 새사람을 발전시켜 나가면 된다는 말입니다.

밤에 드리는 기도가 더욱 좋습니다.

노동으로 육체를 피곤하게 하십시오. 몸뿐만 아니라 영혼을 단련하기 위해서도 노동을 열심히 추구하십시오. 우리 삶은 우리 의지에 달려있습니다. 만약 우리가 뭔가 원하는 것이 있다면, 우리는 분명 그대로 살 수 있습니다. 하느님에 대한 사랑으로 더욱 많이 애쓰고 수고하는 사람은 더 많은 은총을 끌어당깁니다. 한밤중에 드리는 기도는 이러한 수고 중에 하나입니다. 기도를 위해 밤중에 일어나는 것은 참으로 유익합니다. 밤에 하는 기도가 더 좋습니다. 이사야 예언자도 이렇게 말했습니다.

> 밤새도록 당신을 그리는 이 마음, 아침이 되어 당신을 찾는 이 간절한 심정! 당신의 법이 세상에 빛나는 때 세상 주민들은 비로소 정의를 배울 것입니다.
>
> (이사야 26:9)

다윗도 이렇게 고백합니다.

> 지붕 위의 외로운 새와도 같이 잠 못 이루옵니다.
>
> (시편 102:7)

> 주여, 당신은 아침 기도를 들어주시기에 이른 아침부터 제물 차려놓고 당신의 처분만을 기다리고 있사옵니다.
>
> (시편 5:3)

> 잠자리에 들어서도 당신 생각, 밤을 새워가며 당신 생각뿐
>
> (시편 63:6)

다윗의 시편은 정말 아름답지 않습니까? 말에 그치지 않고 그는 그렇게 살았으며, 그런 삶을 기뻐했습니다. 그는 하느님의 은총을 소유했습니다. 성령을 얻었습니다.

아토스 성산의 대부분의 수도사들은 밤낮으로 기도를 드립니다. 어떻게 시간이 지나는지도 모르고 밤부터 아침까지 기도를 드립니다. 하느님의 사랑 안에서는 시간도 전혀 다르게 느껴집니다. 아토스 성산에서 밤에 어떤 일들이 일어나는지 아십니까? 향냄새, 분향, 천사들, 수많은 기도들 …. 천사들은 성인들의 기도를 하느님께 전해줍니다. 참으로 신비입니다!

아토스 성산에서 우리는 자명종 소리 없이 일어납니다. 그 전날 아무리 피곤했어도, 늦게 잠자리에 들었어도, 기도 시간만 되면 벌떡 일어납니다. 완전히 습관이 되었습니다. 눈을 뜨자마자 곧바로 일어납니다. 물론 몸을 돌려 낮까지 잠을 잘 수도 있습니다. 그것은 좋지 않은 습관입니다! 그러니 눈을 뜨자마자 곧바로 일어나야 합니다. 밤중에 적당한 시간들을 정해놓으십시오. 기도를 더욱 쉽게 시작할 수 있습니다. 우연히 한밤중에 깨어났다면 다시 잠자려고 하지 마십시오. 그것은 조용한 가운데 기도하라고 하느님이 당신에게 주신 기회입니다.

고요함 말고도 밤이 좋은 이유는 또 있습니다. 나는 한 가지 이상한 일을 알게 되었습니다. 하루 24시간 중 시간대마다 우리 인간의 몸이 작용하는 바가 다르다는 것입니다. 예를 들어 상처는 똑같아도 열은 늘 변합니다. 열은 아침에 내려갔다가 점심 때 올라가고 저녁에는 더 올라갑니다. 한밤중에도 열은 수시로 변화합니다. 그런데 이것은 지구의 움직임 때문입니다. 이렇게 인체가 시간대별로 영향을 받는 것처럼 영혼도 마찬가지로 영향을 받습니다.

기도하면서 밤을 샌 사람은 다음 날 일을 더 잘할 수 있습니다. 하느님께서 은총을 주셔서 영혼이 새롭게 되기 때문입니다. 정반대로 그리스도에 대한 사랑으로 희생할 마음이 없는 사람은 스스로 은총을 배제합니다.

몸과 마음 모두 하느님 경배에 참여합니다.

　육체적 피로는 몸으로 하여금 불평하고 저항하게 합니다. 그래도 기도 안에 있는 영혼을 무력하게 만들 수는 없습니다. 라디오의 볼륨을 조금 높이고 음악을 들으면, 마음이 풀어지고 저항은 사라집니다. 이처럼 만약 기도 안에 간절한 마음으로 집중하면 기도가 피로를 사라지게 합니다. 육체의 피로로 인해 불평이 나오려 하면, 즉각 예수 기도를 시작하십시오. 불평하게 되면 은총이 사라지고 이제 남는 것은 여러분 자신의 힘뿐이기 때문입니다. "주 예수 그리스도시여, 저를 불쌍히 여기소서."라고 세 번만 기도해도 일이 아주 잘 진행됩니다. 하느님은 그런 당신을 보시고 손을 내밀어 잡아 주실 것입니다. 그러면 그분과의 참된 교제가 시작될 것입니다.

　사랑과 열정만 있다면, 육체를 힘들게 하는 참회의 절기도, 철야예배, 여러 가지 희생과 봉사들도 몸에 아무런 해를 주지 않습니다. 자유로운 사랑의 마음으로 그리스도를 사랑하기 위해 노력을 아끼지 않을 때, 우리는 그분에 대한 참된 사랑을 보여줄 수 있습니다. 우리는 사랑하는 사람을 위해서라면 아무리 힘든 일이라도 감당해 냅니다. 예를 들어 어떤 사람이 산에 오른다고 합시다. 그는 고통스러워하고, 엄청나게 애를 쓰고, 온통 땀에 젖습니다. "왜 산에 오르십니까?"라고 그에게 물어보면 이렇게 대답합니다. "사랑하는 사람을 위해서입니다. 이것이 그를 기쁘게 해준다는 것을 알게 되었기 때문입니다." 하느님을 믿는 신자는 감각적인 것을 통해서도 그리스도를 향한 사랑과 경배를 보여줍니다. 육체적 노고와 참회의 절기도를 왜 하는지 이제 이해할 수 있겠습니까? 그것은 무엇인가를 얻기 위한 것이 아닙니다. 그리스도를 향한 열렬한 사랑과 열정이 그것과 다르게 행동하도록 내버려두지 않기 때문입니다.

　혹자는 이렇게 말할지도 모르겠습니다. "내 마음 안에 사랑을 가지고 있습니다."라고 말입니다. 하지만 참회의 절기도나 모든 영적 수련은 반드시 필요합니다. 물론 그것들은 외적인 태도들입니다. 하지만 우리가 근본적인 것에 도달할 수 있는 것은 그러한 형식들을 통해서라는 것 또한 사실이기 때문입니다. 그것을 통하지 않는다면, 모든 게 공허해질 뿐입니다. 그렇습니다. 하느님을 기쁘게 해 드리기 위해 재주라도 넘어야 할까요? 하느님이 기뻐하시는 것은 그런 것이 아닙니다. 더군다나 우리가 그리스도를 경배하는 것이 그리스도께 뭔가 더해주는 것도 아닙니다. 그 열매를 따먹는 것은 바로 우리 자신입니다. 그 열매는 바로 우리에게 필요한 것입니다. 오늘날 수많은 이단들이 나타났습니다. 그들이 무슨 해괴한 짓을 하는지 아십니까? 마치 체조를 하듯이 머리를 땅에 박고 물구나무를 섭니다. 그들은 이런 고통스런 육체적 훈련을 통해 영혼을 지배하려 들고 영향을 주려 합니다. 우리는 이렇게 하라고 말하지 않습니다. 하지만 그리스도를 위해 참회의 절기도를 할 때, 은총은 곧바로 영혼에 영향을 줍니다. 은총은 회개를 가져오고, 고요와 평화와 기쁨을 가져다줍니다. 주님의 은총은 우리를 회개로 이끌어서 온유, 평화 그리고 기쁨을 가져다주기 때문입니다. 이 모든 것은 하느님의 은총과 함께 옵니다. 그리고 이어서 몸도 그 은총으로부터 유익을 얻습니다.

옛날에는 주인과 종이 있었습니다. 종은 존경과 복종의 의미로 주인 앞에 무릎을 꿇었습니다. 이렇게 우리도 참회의 절기도를 통하여 우리가 하느님의 겸손한 종들임을 나타냅니다. 우리는 이렇게 감각적인 몸의 자세를 통하여 우리의 미천함과 그분에 대한 우리의 경배를 나타냅니다. 참회의 절기도는 몇가지 결과를 가져옵니다. 그리스도인은 이런 방법으로 겸손을 행동으로 보입니다. 이것은 하느님의 은총을 자기 안에 끌어오도록 기여합니다. 은총이 오면 마음은 불과 같이 됩니다. 사랑의 불은 희생합니다. 참회의 절기도는 희생과 봉헌입니다. 사랑의 희생, 흠숭입니다. 이렇게 인간 전체, 몸과 영혼 모두가 하느님을 경배하는 데 참여합니다.

몸을 불쌍하게 여기지 마십시오. 몸을 괴롭히십시오. 여러분은 사랑의 불이 어떤 것인지 이해하지 못할 것입니다. 여러분은 희생해야 하고 금욕을 실천해야 합니다. 육체의 금욕, 영적인 금욕을 실천해야 합니다. 금욕 없이는 어떤 것도 이루어지지 않습니다. 영적인 일정표에 순종하십시오. 예를 들어 개인기도 규칙, 예배 의식들, 그 밖에 모든 것들을 철저하게 지키십시오. 절대 이것을 소홀히 해서는 안 됩니다. 어떤 것도 내일로 미루지 마십시오. 죽을병이 아니라면 심지어 병들어도 영적인 일과를 함부로 바꿔서는 안 됩니다. 나는 젊었을 때 하루 삼천 번 참회의 절기도를 하고도 피곤한 줄 몰랐습니다. 내 몸은 아주 잘 단련되어 있었습니다. 내 자신을 혹사시켰습니다. 피곤 자체를 무시해 버렸습니다. 아토스 성산에 있을 때, 산에 올라 나무를 지고 지친 몸으로 돌아왔는데 영적 아버지들은 그런 내게 정원에 땅을 파놓으라고 했습니다. 피곤을 무시하고 몸을 혹사시켰는데도 나는 아주 건강했습니다. 내 안에 그토록 활활 타오르는 큰 불을 지니고 있었기 때문입니다! 그것은 정말 큰 불덩이였습니다!

내가 어떤 방법으로 참회의 절기도를 했는지 들어보십시오. 땅바닥을 짚었는지조차 모르게 빠른 동작으로 절기도를 했습니다. 먼저 십자성호를 하는데, 우선 손가락을 모아서 이마에 찍고 다음은 무릎, 그리고 양쪽 어깨에 차례로 찍은 다음 두 손을 땅에 짚고 절을 한 후 재빨리 일어섭니다. 그때 아주 잠깐 무릎을 땅에 대었습니다. 하느님께 경배 드리는 일에 영혼과 몸이 어떻게 함께 참여하는지 아시겠습니까! 성신과 마음이 온전히 그리스도를 향합니다. 몸도 그리스도를 향합니다. 단정한 몸가짐으로, 사랑으로 참회의 절기도를 하십시오. 몇 번 절기도를 했는지 세지는 마십시오. 열 번을 하더라도 제대로 하는 것이 낫습니다. 열정이 없다면, 하느님에 대한 사랑과 경배의 감정이 없다면, 수많은 절기도를 해보아야 별 유익이 없습니다.

여건이 허락하는 한 할 수 있는 만큼 절기도를 하십시오. 하지만 거짓된 기도, 마음에 없는 헛된 기도는 하지 마십시오. 하느님 앞에 형식적인 태도로 기도하지 마십시오. 하느님은 그분을 위해 무엇을 하든, "온 마음과 온 정성을 다해"(마르코 12:30,33, 루가 10:27) 하라고 우리에게 요구하십니다.

기도는 사랑으로 하루 종일 해야 합니다. 예수 기도, 성가들, 참회의 절기도를 번갈아 가면서 하십시오. 성모님 앞에서 드리는 참회의 절기도도 실상은 그리스도에게 드리는 기도입니다. 지극히 거룩하신 성모는 그리스도를 몸 안에 품으신 분이시기 때문입니다. 그리스도는 우리 영혼의 구세주시고, 지극히 거룩하신 테오토코스(하느님의 어머니)는 우리의 위대한 중보자이십니다. 게다가 참회의 절기도는 육체의 운동이기도 합니다. 물론 이런 것을 염두에 둘 필요는 없지만, 위, 장, 심장, 척추에 이보다 더 좋은 운동은 없습니다. 이렇게 좋은 것인데, 하지 못할 이유가 무엇입니까? 하느님을 경배하면서 이 육체적 단련을 실천할 때, 또 영혼이 그러한 경배에 이르게 될 때, 영혼은 기쁨으로 가득 차고 평온과 평화를 발견합니다. 모든 게 다 여기에 있습니다. 이런 상태에는 다른 요소인 몸도 유익을 얻습니다. 몸은 이 경배의 흐름을 따라가고 또 그것에 참여함으로써, 큰 유익을 얻습니다. 혈액 순환계, 소화기관, 호흡 순환계, 내분비계 등 우리 몸의 모든 기관과 기능들이 건강하게 작동하게 됩니다. 이 모든 것들이 사실 우리 영혼과 매우 밀접한 관계를 가지고 있기 때문입니다.

기도의 영향은 기적적입니다.

수도원에 들어섰을 때, 여러분의 영혼은 하느님에 대한 사랑에 활짝 개방됩니다. 수도원에서는 모든 것이 거룩해집니다. 많은 영혼들이 그곳에서 기도드리고, 금욕 수련하며, 하느님 안에서의 삶을 살기 때문입니다. 거룩해진 영혼들은 수도원의 위대함을 만들어냅니다. 영혼은 정말로 대단한 힘이 있고, 환경에도 영향을 줍니다. 이런 방식으로 거룩해진 장소 또한 우리에게 영향을 주고 우리를 높여줍니다. 나는 이런 곳에 가면, 기도를 시작하기 전에 벌써 그 거룩한 장소가 나를 하늘 높이까지 고양시켜주는 것을 느낍니다. 팟모 섬이나 아토스 성산이 바로 그런 곳입니다.

수도사는 사람들과 단절되어 거의 대화가 없는 사람처럼 보입니다. 단지 자신의 영혼만 돌볼 뿐, 교회나 세상에는 아무런 이익도 주지 못하는 사람처럼 보입니다. 하지만 그렇지 않습니다. 교회가 이토록 오래도록 유지되어 온 것은 수도원 덕분입니다. 수도원에 들어가 그리스도에게 모든 것을 바치는 사람은 교회 안에 들어갑니다. 아마 이렇게 말할 사람도 있을 것입니다. "동굴에서 혼자 사는 은수도사가 과연 교회에 도움이 될 수 있을까요?"라고 말입니다. 그러나 대답은 "도움이 된다."는 것입니다. 동굴의 은둔수도사들은 신비로운 방법으로 교회를 돕습니다. 동굴에서 운둔 생활을 하는 사람은 나무를 심거나 정원을 가꾸거나 책을 써서 사회발전에 기여하지는 않습니다. 하지만 그는 그 동굴 안에서 창조하고 발전하며 마침내 신화됩니다. 동굴에서 은둔 수도하는 이유는 영적 생활 규칙을 방해받지 않기 위해서입니다. 청빈의 삶을 살지만 뜨거운 열망을 지닌 이 수도사들은 주로 기도로 교회를 돕습니다. 나는 여러분에게 조금 과장되게 들릴 수도 있는 이야기를 하나 해 드리겠습니다. 하지만 내 말을 믿어 주길 바랍니다. 그것은 수도사의 기도가 어떻게 교회와 세상에 기여하는 시에 관한 것이니 잘 들어보십시오.

일곱 명의 설교사제가 있다고 가정해 봅시다. 그들은 모두 신학자들이고 거룩한 삶을 살고 있습니다. 그들의 설교는 참으로 훌륭합니다. 각 사제는 신자가 만 명이나 되는 지역성당을 맡고 있습니다. 모두 칠만 명의 신자들이 그들의 설교를 듣습니다. 수만 명의 사람들이 감동을 받고 회개하고 그리스도에게 돌아옵니다. 수많은 가족들이 통째로 이렇게 구원을 받습니다. 하지만 아무도 보지 못하지만, 동굴에 앉아 수도하는 한 명의 수도사는 그 겸손한 기도를 통하여 그들보다 더욱 큰 영향을 끼칩니다. 일곱 사제보다단 한 명의 수도사가 더욱 중요한 결과를 가져옵니다. 나는 이것을 분명히 압니다. 나는 이것을 확신합니다. 수도사의 기도가 갖는 의미는 바로 이것입니다. 그는 수실에 혼자 있지만, 그 기도의 물결은 아무리 멀리 떨어져 있다 해도 모든 사람에게 퍼져갑니다. 수도사는 기도를 통하여 사람들의 모든 문제들을 공유합니다. 그리고 기적을 일으킵니다. 결론적으로 수도사의 기여는 가장 탁월한 학식을 소유한 설교자보다 더 큽니다.

"네 마음을 다하고 목숨을 다하고 생각을 다하고 힘을 다하여 주님이신 너의 하느님을 사랑하여라."

그들의 구원에 대해 염려하지 말고 여러분의 가족, 친척들을 위해서 기도하십시오. 그러한 염려는 그리스도와의 교제를 잃게 만들고, 여러분의 믿음 없음을 드러내는 것이기 때문입니다. 하느님의 사랑과 섭리를 절대 신뢰하고 그분께 모든 것을 맡기십시오. 여러분이 최선을 다해야 할 것은 하느님을 사랑하는 일에 여러분 자신을 온전히 바치는 것이고, 세상과 친척과 부모 형제들과 완전하게 단절하는 것입니다. 금욕가들이 삶으로 체현했던 이 모든 일들은 수도 서원식 까논에 기록되어 있습니다.

주님께서 말씀하셨습니다.
내 뒤를 따르려는 너희들은

진심으로 세상 모든 것을 부정해야 하느니라.
너희를 낳아준 부모, 너희의 자녀, 너희의 아내,
너희의 형제들과 친구들, 너희의 재산과 너희들의 집,
너희들의 친지와 너희의 종들을 다 부정해야 하느니라.
그래서 내 사도들의 존귀함을 얻을지니라.[27]

『교부들의 금언집』에 나오는 한 은둔 수도사에게서 일어난 일을 들어보십시오.

큰 부자의 외아들이 니트리아 사막으로 떠났습니다. 그곳에서 그는 영적 단련을 통하여 높은 경지에 이르게 되었습니다. 세월이 흘러 부모는 돌아가셨습니다. 은둔 수도사는 그들의 유일한 상속자였기 때문에, 고향 사람 몇 명이 은둔 수도사를 찾아 사막에 왔습니다. 상속재산은 엄청나게 많았습니다.

마침내 상속자인 수도사를 찾게 된 고향 사람들은 이렇게 말했습니다.

"원한다면 돌아가신 자네 부모의 재산을 상속받으라고 이렇게 찾아왔네."

그때 은둔 수도사는 고개를 땅을 향해 숙인 채 이렇게 대답했습니다.

"저는 세상에 대해 죽은 몸입니다. 그러하니 어떻게 죽은 사람이 죽은 사람의 재산을 상속할 수 있겠습니까?"

세상에 대해 죽지 않으면 아무것도 할 수 없습니다. 그리스도를 사랑합시다. 그러면 그분도 우리를 사랑해 주실 것입니다. 모든 아픔은 지나갈 것이고 승리할 것이고 변화할 것입니다. 또한 신 신학자 성 시메온도 다음과 같은 아름다운 말씀을 하셨습니다.

---

27) 수도사 삭발예식(서원식) 카논에 나오는 카티스마 성가.

하느님의 자녀들이여,

성경에 기록된 대로,

은총으로 신이 된 이들이여, … 빛의 아들들이여, …

거짓 주인, 헛된 이 세상을 부정할 이들이여,

부모 형제들의 이유 없는 미움을 받을 이들이여. …[28]

이 얼마나 아름다운 시입니까! 위대한 비결은 바로 어떻게 '지출'하느냐는 것입니다. 물론 어머니에 대한 사랑, 아버지에 대한 사랑도 있습니다. 하지만 주의하지 않으면 수도사는 공연한 것에 사랑을 낭비하게 됩니다. 여러분의 마음에 다섯 개 분량의 사랑이 있다고 해 봅시다. 그중 두 개는 부모님을 위해 사용하고 또 두 개는 형제 자매들을 위해 사용한다면, 하느님을 위해 남는 것은 무엇이겠습니까? 반대로 하느님 안에는 세상의 모든 사랑들이 들어있습니다. 그래서 하느님을 사랑하면 모든 것을 사랑하게 되는 것입니다. 하느님 안에 모든 것이 있기 때문입니다. 하느님은 여러분이 이와 같은 방식으로 그분을 사랑하길 원하십니다. 하느님 스스로 이렇게 말씀하셨습니다.

네 마음을 다하고 목숨을 다하고 생각을 다하고 힘을 다하여 주님이신 너의 하느님을 사랑하여라.

(마르코 12:30)

이것이 바로 그리스도교의 위대한 수학 정식입니다. 그 어떤 종교도 이러한 개념을 이해할 수 없었습니다. 그것은 인간 정신의 산물이 아니기 때문입니다. 그것을 우리에게 계시해주신 분은 바로 하느님이십니다.

---

28) 신 신학자 성 시메온, 『성시집』, VIII, 12-15.

참회의 신비에 대하여

> 참된 회개는
> 성화(聖化)를 가져다줍니다.

성화(聖化)를 가져다주는 것은 바로 참된 회개입니다.

　회개와 고백성사보다 더 고귀한 일은 없습니다. 이 신비성사는 하느님이 사람에게 주신 사랑의 선물입니다. 회개와 고백성사라는 완전한 방법으로 사람은 악에서 벗어납니다. 고백성사를 받고 나면 우리는 하느님과 화해된 것을 느낍니다. 기쁨이 우리를 사로잡고, 죄의식은 사라져 버립니다. 정교회 안에는 막다른 골목이 없습니다. 용서해주는 은총을 지닌 고백사제가 있기 때문입니다. 영적 아버지, 고백 사제는 정말 놀라운 것입니다.
　나는 어려서부터 고백성사를 해 왔습니다. 그리고 지금도 언제나 고백성사를 합니다. 죄를 짓게 되면, 나는 언제나 고백했고, 그러면 곧바로 무거운 짐들이 내게서 떠나가 버렸습니다. 나는 기쁨으로 날아갈 것만 같았습니다. 나는 죄인이며 나약한 존재입니다. 그래서 나는 하느님의 자비 안에 피신하여 구원 받습니다. 나는 평화를 되찾고 모든 것을 잊어버립니다. 나는 매일같이 죄를 짓습니다. 하지만 그럴 때마다 나는 그것을 내 안에 가둬두기보다는 오히려 기도의 기회로 삼습니다.
　죄는 사람의 영혼 안에 혼란이 지배하게 만듭니다. 이 혼란은 어떤 방법으로도 떠나지 않습니다. 이 혼란을 흩어버릴 수 있는 것은 오직 그리스도의 빛뿐입니다. 첫 번째로 움직이시는 분은 바로 그리스도이십니다. "고생하며 무거운 짐을 지고 허덕이는 사람은 다 나에게로 오너라. 내가 편히 쉬게 하리라."(마태오 11:28) 우리에게는 단지 이 빛을 받아들이겠다는 선한 의지만 있으면 됩니다. 우리는 이 선한 의지를, 하느님에 대한 사랑을 통해서, 기도와 신비의 성사들을 통해서 표현합니다.

회개하려면 영혼이 깨어나야 합니다. 이 깨어남 안에서 회개의 기적이 일어납니다. 사람의 선한 의지는 바로 이 깨어남 안에 있습니다. 그런데 이 깨어남은 사람만으로는 힘듭니다. 사람 혼자서는 아무것도 할 수 없습니다. 하느님이 개입하십니다. 그때 하느님의 은총이 옵니다. 은총 없이는 누구도 회개할 수 없습니다. 모든 것을 해내는 것은 바로 하느님의 사랑입니다. 사람을 회개로 이끌기 위해 하느님은 어떤 상황들, 예를 들어 질병이나 그 밖의 어려운 상황들을 사용하실 수 있습니다. 이렇게 회개는 하느님의 은총을 통해서 일어납니다. 우리가 해야 할 일은 단순함과 치밀함을 가지고 하느님 앞으로 한 발자국을 내딛는 것입니다. 그러면 그때부터 은총이 오기 시작합니다.

"그럼, 결국에는 은총이 모든 것을 해결하는 것이 아닙니까?"라고 질문하는 사람도 있을 것입니다. 이 문제는 아주 미묘한 문제입니다. 여기에서도 정확하게 내가 앞에서 말한 일이 일어납니다. 하느님께서 우리를 사랑하지 않으신다면 우리는 하느님을 사랑할 수 없습니다. 사도 바울로는 이것을 아주 잘 표현했습니다.

> 이제는 여러분이 하느님을 알고 있을 뿐만 아니라 하느님께서 여러분을 알고 계신데 왜 또다시 그 무력하고 천한 자연 숭배로 되돌아가서 그것들의 종노릇을 하려고 합니까?
>
> (갈라디아 4:9)

이와 같은 내용이 회개에서도 나타납니다. 주님이 우리에게 회개할 기회를 주시지 않는다면 우리는 회개할 수 없습니다. 모든 일이 다 이와 같습니다. 다시 말해 "나를 떠나서는 너희가 아무것도 할 수 없다."(요한 15:5)는 성경의 원리가 모든 일에서 확인된다는 것입니다. 그러므로 그리스도께서 우리 안에 오실 조건이 충족되지 않으면 참회는 오지 않습니다. 그 조건은 바로 겸손과 사랑과 기도와 참회의 절기도, 그리고 그리스도를 위한 수고입니다. 감정이 순수하지 않고 단순함이 부족하고 영혼이 탐욕에 젖어 있다면, 하느님의 은총은 오지 않습니다. 그러면 고백성사를 하러 간다 해도 마음의 평온을 느끼지 못합니다.

회개는 아주 미묘한 문제입니다. 참된 회개는 거룩함을 가져옵니다. 회개는 우리를 거룩하게 합니다.

죄를 고백할 때, 은총은 그를 영혼의 상처에서 자유롭게 해줍니다.

사람은 자신의 잘못들에 대해 전적으로 자기 혼자 책임져야 하는 것은 아닙니다. 잘못들과 죄들 그리고 욕정들이 오로지 고백 성사하는 신자 개인의 삶과만 관계있는 것이 아니라는 말입니다. 모든 사람은 부모의 삶에서, 특별히 어머니의 삶에서 그 경험들을 물려받습니다. 다시 말해 아이를 임신했을 때 어머니가 어떻게 살아가느냐에 영향을 받는다는 것입니다. 아이를 임신했을 때 속상한 일이 많지는 않았는지, 피곤해서 신경이 날카롭지는 않았는지, 기뻐했는지 아니면 슬퍼했는지 혹은 우울해 했는지 등과 관련이 있다는 말입니다. 어머니의 모든 신경계는 배 속에 있는 아이에게도 영향을 줍니다. 그렇기 때문에 아이가 태어나고 자랄 때, 아이는 그 어머니의 경험을 자신 안에 간직합니다. 다시 말해 다른 사람의 경험을 간직한다는 것입니다. 부모들로 인해 한 사람이 평생 동안 간직하게 될 어떤 상태가 그 영혼 안에 만들어집니다. 그리고 이것은 너무나도 깊게 흔적을 남겨서, 그 후 생애의 많은 사건들이 멀리 이것에 원인을 둔 결과로서 일어나게 됩니다. 한 개인의 행동방식은 그 부모의 상황과 직접적인 관계가 있습니다. 그가 자라나서 많은 교육을 받지만 이것은 쉽게 고쳐지지 않습니다. 한 개인의 영적인 상태에 대한 책임의 큰 부분이 바로 여기서 찾아집니다.

한 가지 놀라운 비밀이 있습니다. 사람이 이러한 악에서 해방될 수 있는 한 가지 방법이 있습니다. 주님의 은총으로 행해지는 총괄 고백성사가 그 방법입니다. 고백신부님은 이렇게 말하며 고백성사를 합니다.

"조용한 곳에서 아무 방해도 받지 않고, 처음부터, 다시 말해 당신이 자신에 대한 이해력을 지니게 된 순간부터 지금까지의 모든 일을 이야기해 주길 바랍니다. 기억나는 모든 일, 그리고 그런 일들에 대해 어떻게 대처했는지, 불행했던 일뿐만 아니라 좋았던 일도, 죄뿐만 아니라 선행도, 성공뿐만 아니라 실패도 다 이야기 해주십시오. 당신의 삶의 모든 일들을 이야기 해주십시오."

나는 여러 번 이러한 총괄 고백성사를 해주었고, 그로 인한 기적을 체험했습니다. 이렇게 모든 일을 고백사제에게 털어놓을 때 하느님의 은총이 옵니다. 은총은 삶의 모든 추악함으로부터, 영혼의 상처와 그 생채기로부터, 그리고 모든 죄의식들로부터 당신을 해방시켜 줍니다. 이렇게 고백하는 동안, 고백사제는 그가 그 모든 악에서 벗어나게 해달라고 간절히 주님께 기도드립니다.

얼마 전에도 한 부인이 나를 보러 왔습니다. 그녀는 이 총괄 고백성사를 했고, 그로부터 큰 유익을 얻었습니다. 어떤 문제가 그녀를 고통스럽게 했지만 고백성사 이후로는 심리 상태가 한결 나아졌습니다. 그래서 그녀는 나를 자기 친구 한 명에게 추천해 주었습니다. 우리는 밖으로 나갔고, 바위 위에 앉았습니다. 이렇게 우리는 이야기를 시작했습니다.

"하고 싶은 이야기를 다 하십시오. 내가 중간에 물어보면 대답해주고, 그렇지 않으면 있는 그대로 솔직하게 모든 것을 털어 놓으시면 됩니다."

나는 주의 깊게 그녀의 모든 이야기를 잘 들었을 뿐만 아니라 그녀의 영혼의 세계에 "기도가 영향을 끼치는 것"을 볼 수 있었습니다. 나는 그녀의 영혼 안으로 주님의 은총이 들어가는 것을 보았습니다. 사제에게 은총이 임하듯이, 고백자에게도 은총이 임하기 때문입니다. 신자가 고백 성사를 하는 동안 고백신부는 그를 위해 기도합니다. 둘 모두에게 동시에 은총이 임했고, 이 은총은 원인도 알 수 없이 오랫동안 그녀를 괴롭혔던 영혼의 상처에서 이 사람을 해방시켜주었습니다. 나는 이런 일들을 확실히 믿습니다.

고백사제에게 느끼는 그대로 이야기할 수 있어야 합니다. 하지만 더욱더 중요한 것은 고백사제가 기도하면서 당신의 영혼 안을 들여다보고 있다는 것입니다. 고백사제는 당신이 어떤 상태에 있는지를 보고, 하느님의 은총을 전해줍니다. 고백사제의 이 시선이 영적인 파장이 되어 당신의 짐을 벗겨주고 당신을 고쳐준다는 것이 입증된다는 것입니다. 그것이 물리적인 파장일 것이라고는 믿지 마십시오. 하지만 이것은 실제적으로 일어나는 일들입니다. 그리스도에게서 어떤 일이 일어났습니까? 그리스도는 하혈병 걸린 여인이 자신의 옷자락을 건드렸을 때 이렇게 말씀하셨습니다. "분명히 나에게서 기적의 힘이 뻗쳐 나갔다. 누군가가 내 옷에 손을 댄 것이 틀림없다."(루가 8:46) 물론 "주님이시니, 그런 기적이 가능하지 않습니까?"라고 반문할 것입니다. 물론 그리스도는 하느님이셨습니다. 하지만 사도들도 같은 기적을 일으켰습니다.

모든 영적 아버지들, 모든 고백사제들은 기도할 때 이런 은총을 받습니다. 에너지를 전달해주는 통로처럼 그들은 그 은총의 광선을 비추어줍니다. 예를 들면 이곳에 히터를 켜고자 합니다. 전기선이 있지만 히터가 작동되지 않습니다. 그것은 전기선이 전기 코드에 꽂혀있지 않기 때문입니다. 그러나 전기 코드가 연결되는 순간 전기선을 통하여 전기가 전해지고 히터가 작동됩니다. 우리 종교에서 이것은 영적인 문제들과 관련됩니다. 여기서 우리는 전기선에 비유해서 말했지만 실제적으로 그것은 '거룩한 정신분석학'이라고도 말할 수 있을 것입니다.

하느님은 고백 성사를 통해서 모든 것을 용서해주십니다.

고백한 죄들에 대해서는 결코 연연해하지 말고, 다시 생각하지도 마십시오. 죄들을 다시 회상하는 것은 좋지 않습니다. 용서를 구했습니까? 그렇다면 그것으로 모든 것이 끝납니다. 고백 성사를 하면 하느님은 모든 것을 용서해 주십니다. 다시 뒷걸음질 쳐서 우리 자신을 절망 안에 가둬서는 안 됩니다. 하느님 앞에서 겸손한 종이 됩시다. 우리 죄를 용서해주신 것에 대해 기뻐하고 감사드립시다.

자신의 죄에 대해 지나치게 자책하는 것도, 악한 자신을 너무 혐오하여 절망에 빠지는 것도 결코 건강한 것이 아닙니다. 절망과 환멸만큼 최악의 것은 없습니다. 그것은 사탄의 함정입니다. 사람으로 하여금 영적인 것들을 향한 마음을 잃어버리게 하여, 그를 절망과 무력감과 불안으로 이끌려는 것입니다. 그렇게 되면 사람은 아무것도 할 수 없는 상태가 되고, 아무 쓸모없는 존재가 되고 맙니다. 그는 이렇게 말합니다. "저는 죄인이고 비참한 존재입니다. 저는 이런 사람이고, … 저런 사람이고, … 이것을 하지 않았고 저것도 하지 않았습니다. 그때 그렇게 해야 했는데 하지 못했습니다.

이제 더 이상 아무것도 할 수 없는 지경이 되었습니다. … 수많은 세월을 허송했고, 나는 아무 자격도 없습니다." 그는 자기 안에 열등감 콤플렉스를 만들어 냅니다. 비생산적인 자기 학대에 빠져버립니다. 그에게는 모든 것이 폐허일 뿐입니다. 이런 상태가 얼마나 심각한 것인지 아시겠습니까? 그것은 거짓 겸손입니다.

그것은 절망한 사람들의 특징이고, 사탄은 그들의 주인이 됩니다. 이런 사람은 더 이상 성체 성혈도 받아 모시길 원하지 않게 됩니다. 그는 자신이 아무 짝에도 쓸모없는 자라고 믿습니다. 자신의 모든 행위와 자기 자신조차 허무에 팔아버리려 합니다. 그것은 사람으로 하여금 더 이상 하느님 사랑에 희망을 두지 못하게 하기 위해서 사탄이 드리워 놓은 덫입니다. 정말로 참으로 끔찍한 일이고, 하느님의 성령에 반대되는 것입니다.

나 역시, 아직도 죄를 짓는다고 생각합니다. 나는 바른 길 위에 있지 않습니다. 하지만 내게 슬픔을 가져다주는 모든 것, 나는 그 모든 것을 기도로 승화시킵니다. 나는 슬픔을 내 안에 가둬두는 대신 오히려 고백사제에게 달려가서 고백성사를 할 것입니다. 그러면 그것으로 모든 것이 끝납니다! 다시는 과거로 돌아가지 않고, 어떤 일을 하지 못했다고 후회하지 않습니다. 중요한 것은 '지금 무엇을 하느냐?'입니다. 지금 이 순간부터 앞으로 말입니다. 사도 바울로도 분명 말씀하셨습니다.

> 다만 나는 내 뒤에 있는 것을 잊고 앞에 있는 것만 바라보면서 목표를 향하여 달려갈 뿐입니다.
>
> (필립비 3:13-14)

사도 바울로의 경우, 그리스도에게 돌아가기 위해 노력하게 한 것은 두려움의 정신입니다. 하지만 그는 또한 신뢰를 가지고 있었고, 그래서 이렇게 말했습니다.

이제는 내가 사는 것이 아니라 그리스도가 내 안에서 사시는 것입니다.

(갈라디아 2:20)

또 이렇게 말합니다.

누가 감히 우리를 그리스도의 사랑에서 떼어놓을 수 있겠습니까? 환난입니까? 역경입니까? 박해입니까? 굶주림입니까? 헐벗음입니까? 혹 위험이나 칼입니까? 우리의 처지는, 우리는 종일토록 당신을 위하여 죽어갑니다. 도살당할 양처럼 천대받습니다.

(로마 8:35-36)

예언자이자 임금인 다윗도 이렇게 선언합니다.

나는 죽지 않고 살아서 주께서 하신 일을 널리 선포하리라.

(시편 118:17)

성경을 열심히 공부하십시오. 그리고 성경에 이런 말씀이 있다는 것을 기억하십시오.

나를 사랑하면 내 사랑을 받고 애타게 찾으면 나를 만나리라.

(잠언 8:17)

아름답고 건강한 것은 모두 그리스도 안에 있습니다.

그리스도를 사랑하면 모든 일이 쉽습니다. 나는 아직도 그런 결과에 이르지는 못했습니다. 이제야 그리스도를 제대로 사랑하려고 노력할 뿐입니다. 모든 것은 그리스도 안에 있습니다. 아름다운 모든 것, 건강한 모든 것이 그분 안에 있습니다. 건강한 영혼은 성령의 선물들로 살아갑니다. "성령께서 맺어주시는 열매는 사랑, 기쁨, 평화, 인내, 친절, 선행, 진실, 온유, 그리고 절제입니다."(갈라디아 5:22-23) 하느님의 사람은 사도 바울로가 '사랑의 찬가'에서 말한 대로 살아갑니다.

> 사랑은 오래 참습니다. 사랑은 친절합니다. 사랑은 시기하지 않습니다. 사랑은 자랑하지 않습니다. 사랑은 교만하지 않습니다. 사랑은 무례하지 않습니다. 사랑은 사욕을 품지 않습니다. 사랑은 성을 내지 않습니다. 사랑은 앙심을 품지 않습니다. 사랑은 불의를 보고 기뻐하지 아니하고 진리를 보고 기뻐합니다. 사랑은 모든 것을 덮어주고 모든 것을 믿고 모든 것을 바라고 모든 것을 견디어냅니다. 사랑은 가실 줄을 모릅니다.
>
> (고린토Ⅰ 13:4-8)

이런 사랑을 가지고 계십니까? 그렇다면 행복과 그리스도와 천국을 가진 것입니다. 이런 경우 몸도 모든 유기적 기능들이 아무 이상 없이 놀랍게 잘 운영됩니다. 하느님의 은총은 사람을 변화시킵니다. 몸뿐만 아니라 영혼도 변모시킵니다. 그래서 모든 병들이 사라집니다. 대장염도, 갑상선 질병도, 위장병도, 아무것도 걸리지 않습니다. 모든 것이 정상적으로 됩니다. 걷고 일하고 움직이고 건강을 누리는 것은 참 좋은 일입니다. 하지만 무엇보다도 먼저 영적으로 건강해야 합니다. 근본적인 것은 영적인 건강입니다. 그 다음이 육체적인 건강입니다. 거의 모든 병들은 하느님에 대한 신뢰의 부족에 기인합니다. 왜냐하면 그것이 바로 우리 안에 모든 불안을 만들어내기 때문입니다. 불안은 종교적 감정이 부재할 때 생겨납니다. 그리스도에 대한 열렬한 사랑을 느끼지 못한다면, 또 거룩한 일들에 관심을 두지 않는다면, 분명 우울감과 온갖 악이 여러분을 덮칠 것입니다. 그런데 세상에서는 어떤 일들이 벌어지고 있습니까? 예를 한번 들어보겠습니다.

한 소녀가 의사를 찾아갔습니다. 의사는 그녀에게 호르몬 치료제를 처방해 주었습니다. 나는 그녀에게 이렇게 말했습니다.

"그 약을 복용하지 말거라. 나는 의사도 아니고, 네가 내 책임 하에 행동하길 원치도 않는단다. 하지만 그 약을 복용하지 않은 것이 좋겠다고 생각한단다. 오히려 내분비 전문의를 찾아가서 문의해 보는 것이 좋겠구나. 너의 문제는 내분비 질환 그 이상의 문제란다. 그것은 바로 산부인과가 올바른 진료를 해 줄 것 같구나. 그것은 여러 시련들 때문에 온 것이란다."

"맞아요. 저는 정말로 속상한 일을 겪었어요."

"그래, 바로 그것이다. 그러니 이제 평화와 안정을 되찾거라. 그리고 고백성사를 하고 성체성혈을 받으려무나. 그러면 모든 일이 잘 해결될 거란다."

그 소녀는 내분비 전문의를 찾아갔고, 무슨 일이 있었는지 모두 그 의사에게 설명했습니다. 그러자 의사는 이렇게 말했습니다.

"어머, 세상에나. 이 약들은 전혀 쓸모없는 것들이에요. 다 갖다 버리세요. 아주 큰 일 날 약들입니다."

후에 소녀는 내게 전화를 걸었습니다.

"의사 선생님도 신부님이 말씀하신 것과 똑같은 말씀을 하셨어요."

무슨 일이 일어나는지 아시겠습니까? 많은 사람들이 고백성사와 성체성혈 성사를 통해서 치유를 받습니다.

사람 안에 그리스도가 없고 텅 비어 있을 때, 다른 수천 가지가 그 사람을 가득 채웁니다. 질투, 증오, 실증, 우울증, 반항, 세속적인 것에 대한 관심, 세속적인 향락 추구로 가득 찹니다. 영혼이 텅 비어 있지 않도록 그리스도로 가득 채우기 위해 노력하십시오. 우리 영혼은 물이 가득 든 물통과 같습니다. 만약 이 물들을 꽃들에게, 즉 덕들에게, 선의 길가에 부어주면, 당신은 참된 기쁨을 누리며 살 것이고, 악의 가시덤불들은 다 죽어 버릴 것입니다. 그러나 이 물을 가시덤불에 부어 주면, 가시들이 자라나고 우거져서, 여러분을 숨 막히게 할 것이고, 모든 꽃들은 시들어 죽을 것입니다.

모든 것을 승화시키기 위해 노력하십시오. 그러면 여러분은 하느님의 은총으로 기쁨 속에 살게 될 것입니다. "나에게 능력을 주시는 분에게 힘입어 나는 무슨 일이든지 할 수 있습니다."(필립비 4:13) 여러분의 힘으로 성공했다고 말하지 마십시오. "나를 떠나서는 아무것도 할 수 없다."고 주님이 직접 말씀하셨습니다. 다른 방법은 없습니다. 자신의 능력을 믿지 말고, 오직 하느님의 자비와 연민만 믿으십시오. 사람은 아주 작은 노력을 할 뿐이지만, 승리의 화관을 주시는 분은 그리스도이십니다. 여러분 혼자 힘으로 성공했다고 생각하는 것은 거짓된 환상입니다. 그리스도에게 점점 더 가까이 가는 사람은 점점 더 자신이 불완전한 존재임을 치열하게 느낍니다. 반대로 바리사이파 사람처럼 "나는 훌륭한 사람이고, 바로 내가 이 일을 했고, 이렇게 성공했다."라고 자부하는 것은 오류에 빠진 사람입니다.

기도와 하느님 경배는 슬픔을 기쁨으로 바꿉니다.

오늘날 사람은 너무 자주 슬픔, 절망, 무력감, 게으름, 불안 등 모든 사탄적인 것들을 경험합니다. 현대인들은 자주 우울증에 시달려 울부짖고 절망합니다. 그래서 가족은 안중에도 없이 엄청난 돈을 정신과 의사에게 갖다 바치고 우울증을 치료하기 위해 약물중독에 빠지기도 합니다. 사람들은 이것을 "불안감"이라 부릅니다. 우리 종교는 이 모든 현상이 다 유혹의 결과라고 믿습니다.

아픔은 영혼의 힘입니다. 하느님은 선과 사랑과 기쁨과 기도를 낳게 하려고 우리 안에 그러한 고통을 주십니다. 반대로 악마는 우리 영혼의 동력과 같은 이 아픔을 가로채서 악에 사용합니다. 아픔을 이용하여 낙담하게 만듭니다. 이렇게 해서 악마는 우리 영혼을 무기력함과 불안으로 이끕니다. 악마는 사람을 고통스럽게 하여 자기의 포로로 만들어 버리고, 마침내 영적으로 병들게 합니다.

한 가지 비결이 있습니다. 여러분은 이 사탄적인 힘을 선한 힘으로 바꿀 수 있습니다. 이것은 어려운 일이고 뭔가 준비가 필요합니다. 준비할 것은 바로 겸손입니다. 겸손을 통해 여러분은 하느님의 은총을 이끌어 옵니다. 여러분은 하느님의 이 은총에, 그분에 대한 경배에, 그리고 기도에 몰두합니다. 그러나 겸손을 얻지 못하면, 이 모든 것도 허사가 되고 맙니다. 반대로 겸손만 있다면 영혼을 지배하려는 모든 악한 감정들, 불안, 절망, 실망이 사라져 버립니다. 겸손이 없는 사람, 이기적인 사람은 자기 뜻에 반하면 그 누구의 도움도 원치 않습니다. 상처 받기를 원치 않습니다. 어떤 충고도 원치 않습니다. 그는 반항하고, 화를 내고, 거역하고, 반발하고, 우울증에 시달립니다.

이러한 상태는 주님의 은총을 통해서 치유됩니다. 영혼은 하느님 사랑을 향해 돌아서야 합니다. 영혼의 치유는 하느님에 대한 뜨거운 사랑을 통해서 일어납니다. 많은 성인들은 그리스도를 향한 사랑을 통해 슬픔을 기쁨으로 바꿔 놓았습니다. 성인들은 악마가 짓밟아 버리려던 이 영혼의 힘을 취하여 하느님께 바쳤습니다. 이렇게 하여 그들은 이 힘을 기쁨과 찬양으로 바꾸었습니다. 기도와 하느님 경배는 천천히 절망을 기쁨으로 변화시킵니다. 하느님의 은총이 힘을 발휘하기 때문입니다.

하느님과 연합하도록 여러분을 도와주는 이 하느님의 은총을 끌어당기는 힘을 가져야 합니다. 여기에는 하나의 예술이 필요합니다. 하느님께 온전히 자신을 바치고 그분과 하나가 되면, 여러분은 자꾸 뒤로 끌어당기는 악한 영을 잊게 될 것이고, 이렇게 무시를 당한 나쁜 영들은 결국 떠나가고 말 것입니다. 이렇게 하느님의 성령에 헌신하는 만큼, 여러분을 잡아당기는 자를 향해 되돌아서는 일은 그치게 될 것입니다. 은총이 여러분을 끌어당길 때, 여러분은 하느님과 하나가 됩니다. 하느님과 일치되고 그분께 온전히 바칠 때, 나머지 모든 것이 순조롭게 잘 풀리고, 여러분은 모든 것을 잊게 될 것이며 구원받게 될 것입니다. 절망과 모든 부정적인 것들에서 벗어나는 위대한 비결, 위대한 예술은 바로 하느님 사랑에 자신을 내맡기는 것입니다.

슬픔에 빠진 사람을 도와줄 수 있는 또 한 가지는 바로 노동과 삶에 대한 관심입니다. 정원, 식물들, 꽃들, 나무들, 들판, 산책, 걷기 등 이 모든 것들은 사람들을 무력증에서 빠져 나오게 하고 또 다른 관심사들을 만들어줍니다. 이것들은 약처럼 작용합니다. 예술, 음악도 마찬가지입니다. 실제로 예술 활동을 하면 아주 큰 도움을 받습니다. 그러나 더 큰 의미를 두어야 하는 것은 교회에 대한 관심, 성경 공부, 그리고 예배에 참여하는 것입니다. 하느님의 말씀을 공부하면 자신도 모르게 치유됩니다.

보살핏없는 나를 찾아왔던 한 소녀의 이야기를 해드릴까 합니다. 그녀는 심각한 우울증으로 고통받고 있었습니다. 약도 소용이 없었습니다. 직장과 가정 그리고 그녀가 좋아했던 모든 활동을 포기한 상태였습니다. 그래서 나는 내가 알고 있는 것을 말해주었습니다. 나는 영혼을 사로잡는 그리스도의 사랑에 대해 이야기했습니다. 하느님의 은총은 영혼을 채우고 변화시키기 때문입니다. 그런 다음 그녀의 영혼을 지배하고 있는 이 힘은 악마적인 것이라고 설명해주었습니다. 이 힘은 영혼의 능력을 슬픔과 낙담과 고통 속에 처박아 버리고, 아주 못쓰게 만든다고 말해주었습니다. 그리고 그녀에게 여러 가지 다양한 활동을 해 보라고 조언했습니다. 예를 들어 이전에 그녀를 즐겁게 해주었던 음악 활동 같은 것 말입니다. 하지만 나는 특별히 그리스도에게 돌아와서 그분께 사랑을 드리는 것이 제일 필요한 일이라고 강조했습니다. 또 우리 교회 안에는 하느님을 향한 사랑과 기도를 통해 치유하는 방법이 있다는 것을 말해주었습니다. 하지만 이것은 정말 열렬한 마음으로 실천되어야 한다는 것도 가르쳐주었습니다.

   이것이 바로 치유의 신비입니다. 그리고 우리 교회는 항상 그것을 인정해 왔습니다.

이웃 사랑에 관해서

> 하느님 사랑과 이웃 사랑은
> 결코 분리할 수 없는 짝입니다.

형제 사랑은 하느님 사랑을 키웁니다.

우리가 살아가면서 추구해야할 목표는 한 가지입니다. 그것은 바로 사랑입니다. 그리스도에 대한 경배와 우리 형제자매들에 대한 사랑입니다. 그리스도가 우리 모두의 머리이므로, 우리 모두는 하나가 되어야 합니다. 이렇게 하여 우리는 은총과 하늘과 영원한 생명을 얻습니다.

형제 사랑은 하느님 사랑을 키웁니다. 우리가 서로 드러나지 않게 사랑할 때, 우리는 행복해집니다. 그럴 때 우리 모두는 서로서로 사랑하고 있음을 느낍니다. 사랑을 통하지 않고는 아무도 하느님께 도달할 수 없습니다. 이것은 분명 성경의 가르침입니다.

하느님을 사랑한다고 하면서 자기의 형제를 미워하는 사람은 거짓말쟁이입니다. 눈에 보이는 형제를 사랑하지 않는 자가 어떻게 보이지 않는 하느님을 사랑할 수 있겠습니까?

(요한 I 4:20)

우리는 아무런 대가도 바라지 말고, 돌려받을 생각도 하지 말고, 모든 사람을 사랑하고 또 모든 사람을 위해 희생해야 합니다. 대가를 바라는 사랑은 이기적인 사랑입니다. 그것은 순수하고 진실하고 참된 사랑이 아닙니다.

여러분은 모든 이를 사랑하고 모든 이들과 함께 아파해야 합니다.

한 지체가 고통을 당하면 다른 모든 지체도 함께 아파하지 않겠습니까? 또 한 지체가 영광스럽게 되면 다른 모든 지체도 함께 기뻐하지 않겠습니까? 여러분은 다 함께 그리스도의 몸을 이루고 있으며 한 사람 한 사람은 그 지체가 되어 있습니다.

(고린토Ⅰ 12:26-27)

이것이 교회입니다. 나와 너 그리고 우리 모두가 하나라고 느껴야 합니다. 자기사랑은 이기주의일 뿐입니다. "나만 잘나면 되지. 나만 낙원에 가면 되지"라는 생각은 절대 하지 마십시오. 반대로 우리는 모든 이들에게 똑같은 사랑을 느껴야 합니다. 이것이 바로 겸손입니다.

이와 같이 우리가 서로 연합하여 살면 우리는 행복할 것이고, 낙원을 누리며 살 것입니다. 우리 이웃 한 사람 한 사람을 "우리 몸의 지체들"이라고 여긴다면 과연 그들에게 무관심할 수 있겠습니까? 이들에게 슬픔을 줄 수 있겠습니까? 이들을 증오할 수 있겠습니까? 이것이야말로 우리 교회의 가장 큰 신비입니다. 우리 모두 하느님 안에서 하나가 됩시다. 이렇게 한다면, 우리는 하느님께 속한 사람들이 됩니다. 이러한 일치보다 더 좋은 것은 없습니다. 이것이 바로 교회입니다. 이것이 바로 정교회입니다. 이것이 바로 천국입니다. 성 사도 요한의 복음경에 나오는 예수님의 기도를 잘 새겨 들어봅시다.

나는 이제 세상을 떠나 아버지께 돌아가지만 이 사람들은 세상에 남아 있을 것입니다. … 그리고 아버지와 내가 하나인 것처럼 이 사람들도 하나가 되게 하여주십시오. 아버지, 이 사람들이 모두 하나가 되게 하여 주십시오. 아버지께서 내 안에 계시고 내가 아버지 안에 있는 것과 같이 이 사람들도 우리들 안에 있게 하여 주십시오. … 그것은 아버지와 내가 하나인 것처럼 이 사람들도 하나가 되게 하려는 것입니다. 내가 이 사람들 안에 있고 아버지께서 내 안에 계신 것은 이 사람들을 완전히 하나가 되게 하려는 것입니다. …

(요한 17:11, 21-24)

그리스도는 일치에 대해서 말하고 또 말합니다. 계속 반복함으로써 이 일치를 강조합니다. 우리 모두 하나가 됩시다. 그리스도가 우리의 모두의 유일한 머리가 되게 합시다. 그리스도가 성부와 성령과 함께 하나를 이루시는 것처럼 말입니다. 바로 이 지점에 우리 교회의 위대하고도 깊은 신비가 숨겨져 있습니다. 어떠한 종교도 이러한 이야기를 하지 않습니다. 그 어떤 종교도 그리스도가 우리에게 요구하신 것, 그리스도 안에서 모두가 연합되라는 것을 요구하지 않습니다. 이 안에 진리의 충만이 있습니다. 그리스도 안에 있는 사람은 이 일치 안에 이 사랑 안에 있습니다. 여기에는 어떠한 분리나 두려움도 존재하지 않습니다. 죽음도 악마도 지옥도 존재하지 않습니다. 오직 사랑, 기쁨, 평화, 하느님에 대한 경배만 존재합니다. 그때 시도 비올로와 힘께 우리도 이렇게 고백할 수 있게 됩니다.

이제는 내가 사는 것이 아니라 그리스도가 내 안에서 사시는 것입니다.

(갈라디아 2:20)

우리는 이 지점에 매우 쉽게 도달할 수 있습니다. 여기에는 선한 의지가 필요합니다. 하느님은 벌써 우리 마음 안에 오실 준비가 다 되셨습니다. 성 사도 요한은 묵시록에서 "그분은 문을 두드리고 있고"(요한묵시록 3:20), "만물을 새롭게 하실 것"(요한묵시록 21:5)이라고 말합니다. 그로 인해 우리의 생각은 변화되고 사악함에서 해방됩니다. 생각은 더 좋고 거룩하고 부드럽게 되어갑니다. 그러나 만약 우리가 주님이 두드리시는 그 문을 열지 않는다면, 그분이 요구하시는 자질들을 갖추고 있지 않다면, 우리가 그분에게 합당한 존재가 아니라면, 주님은 우리 마음 안에 들어오시지 않습니다.

그분께 합당한 사람이 되기 위해서는, 우리가 결코 다시는 죽지 않기 위해서 역설적으로 옛 사람에 대해 죽어야 합니다. 그럴 때 우리는 교회라는 온전한 몸에 통합되어 그리스도 안에서 살아가게 됩니다. 이렇게 해서 하느님의 은총이 우리에게 올 것입니다. 은총이 오게 될 때, 그 은총은 우리에게 모든 것을 주실 것입니다.

어느 날 아토스 성산에서 나는 하나의 풍경을 보았는데, 참 마음에 들었습니다. 바다에 배 한 척이 떠 있었고 배 안에는 수도사들이 여러 종류의 성물들을 들고 있는 모습이었습니다. 그들의 고향은 제 각각 달랐지만, 그 누구 하나 "이것은 내 것이다."라고 말하지 않고 "이것은 우리 것이다."라고 말하고 있었습니다.

아무 대가를 바라지 말고 모든 사람에게 우리의 사랑을 퍼뜨립시다.

사랑은 모든 것 위에 있습니다. 영적 자녀 여러분, 우리가 가장 관심을 가져야 할 것은 다른 사람에 대한 사랑이며 그의 영혼입니다. 기도든 조언이든 권고든 우리가 하는 모든 것은 사랑으로 해야 합니다. 사랑이 없으면, 기도는 유익이 없고, 조언은 상처를 주며, 충고는 해롭고 파괴할 뿐입니다. 우리가 사랑하는지 사랑하지 않는지에 따라 타인의 반응도 달라집니다. 사랑! 사랑! 사랑! 형제 사랑은 우리로 하여금 그리스도를 더욱 참되게 사랑할 수 있도록 준비시켜 줍니다. 이 얼마나 아름다운 일입니까!

아무것도 바라지 말고 우리의 사랑을 모든 이들에게 퍼뜨립시다. 하느님의 은총이 우리 안에 스며들면, 사람들이 우리를 사랑하든 안하든, 우리에게 선의를 가지고 말하든 그렇지 않든, 개의치 않게 됩니다. 우리는 다만 모두를 사랑해야 함을, 사랑할 수밖에 없음을 느낄 뿐입니다. 다른 사람들이 우리에게 친절하게 말해주길 기대하는 것은 이기적인 생각입니다. 그 반대의 경우라도 우리는 슬퍼해서는 안 됩니다. 상대방이 느낀 대로 이야기하도록 내버려 두십시오. 사랑을 구걸하지 마십시오. 우리가 추구해야 할 것은 그들을 사랑하고 그들의 영혼을 위해 기도하는 것입니다. 그때 사랑을 구걸하지 않아도, 또 그것을 추구하지 않아도, 우리 모두를 사랑하게 될 것입니다. 강요하지 않아도 가슴 깊숙한 곳에서 자유롭게 진실로 그들은 우리를 사랑할 것입니다. 우리를 사랑해주길 원하지 않고 사랑한다면, 모든 이들이 마치 꿀벌처럼 우리 주위에 모이는 것을 보게 될 것입니다. 이 모든 것은 우리 모두에게 참으로 가치 있는 일입니다.

형제가 당신을 괴롭히고 피곤하게 하면 이렇게 생각해야 합니다. "지금 내 눈이, 내 손이, 내 다리가 나를 아프게 하니, 내가 사랑으로 정성을 다해 돌보아 주어야겠구나."라고 말입니다. "눈이 손더러 '너는 나에게 소용이 없다.' 하고 말할 수도 없고 머리가 발더러 '너는 나에게 소용이 없다.'고 말할 수도 없습니다."(고린토 I 12:21)라고 성경에 기록되어 있듯이 말입니다. 그러나 선행에 대해 보상을 받을 것이라는 생각도, 악행에 대해 벌을 받을 것이라는 생각도 하지 맙시다. 그리스도의 사랑으로 사랑한다면 진리를 알게 됩니다. 그러면 나를 사랑해달라고 요구하지 않습니다. 사랑을 요구하는 것은 좋지 않습니다. 당신이 먼저 사랑하십시오. 당신이 먼저 사랑을 주십시오. 이것이 올바른 자세입니다. 우리의 구원은 다른 사람이 아니라 바로 우리 자신에게 달려있습니다. 하느님은 바로 이것을 원하십니다. 성경에 기록되어 있듯이 "하느님은 모든 사람이 다 구원을 받게 되고 진리를 알게 되기를 바라십니다."(디모테오Ⅰ 2:4)

사랑 말고는 아무에게도 빚을 지지 마십시오.(로마 13:8)

어떤 사람이 중상 모략과 모욕 등으로 우리에게 불의를 저지를 때, 그는 우리의 형제이고, 다만 우리의 원수 악마가 그를 점령하고 있을 뿐이라고 생각합시다. 그는 악마의 제물이 된 것입니다. 그러므로 우리는 그와 함께 아파해야 하고, 그와 우리 자신을 모두 도와달라고 하느님께 간구해야 합니다. 하지만 반대로 그에게 화를 내면 그때 적대자 사탄은 그 사람에게서 뛰쳐나와 우리마저도 덮쳐버릴 것이고, 그래서 우리 모두를 장난감처럼 가지고 놀 것입니다. 다른 사람을 비판하는 사람은 그리스도를 사랑하지 않는 사람입니다. 그것은 이기주의라는 잘못입니다. 바로 이 이기주의로부터 모든 악담이 시작됩니다. 작은 예를 하나 들어보겠습니다.

한 사람이 홀로 사막에 있다고 가정해 봅시다. 그곳에는 아무도 없습니다. 갑자기 멀리서 한 사람이 울부짖습니다. 그곳으로 가보니 아주 무서운 광경이 펼쳐져 있습니다. 사자가 한 사람을 잡아 물고서는 미친 듯이 그 사람을 찢습니다. 그 사람은 절망하여 도움을 청합니다. 아마 사자는 곧 그를 죽이고야 말 것입니다. 이 상황에서 그를 도와주려면 어떻게 해야 합니까? 그의 곁으로 뛰어 가야 합니까? 어떻게? 그것은 불가능한 일입니다. 소리쳐야 합니까? 누구에게? 그곳에는 아무도 없습니다. 그 사람의 고통을 줄여주기 위해 돌을 던져 그 사람을 죽이는 것은 어떨까요? 물론 그것도 안 됩니다! 실제로 만약 악마에게 사로잡힌 어떤 사람이 우리에게 나쁜 행동을 보인다고 해서 그것을 이해하지 못하고 비판하거나 화를 낸다면, 그것은 바로 죽어가는 사람에게 돌을 던지는 것과 같은 셈입니다. 이런 생각을 하지 못하고 사랑 없이 그를 대한다면 우리는 그의 상처에 돌을 던져 고통을 가중시키는 사람이 되고 맙니다. 우리도 악을 행하는 자가 되고, 그렇게 되면 사자는 우리에게도 달려들어 그 사람보다 더욱 큰 해를 입힐 것입니다. 그렇다면 이웃에 대한 우리의 사랑, 특별히 하느님에 대한 우리의 사랑은 어떤 것이어야 할까요?

우리는 다른 사람의 악함을 도리어 그를 괴롭히는 질병처럼, 그가 어떻게 해도 벗어날 수 없는 중병처럼 생각해야 합니다. 그러므로 우리는 마음속으로 "주 예수 그리스도여, 죄인인 저를 불쌍히 여기소서."라고 기도하면서, 우리 형제들을 향해 연민의 시선을 가져야 하고, 상냥하게 대해 주어야 합니다. 그렇게 하여 우리 영혼이 주님의 은총으로 더욱 강해져서 누구라도 비판하지 않는 상태가 되도록 해야 합니다. 우리는 모든 이들을 성인(聖人)처럼 여겨야 합니다. 우리 모두는 똑같이 우리 안에 옛 사람을 가지고 있습니다. 누구를 막론하고 "이웃은 혈육이요 우리의 형제이다."라는 마음가짐으로 행동해야 합니다. 사도 바울로가 "자기 몸을 미워하는 사람은 없습니다."(에페소 5:29)라고 말했듯이 절대로 다른 사람을 비판해서는 안 됩니다.

어떤 사람이 정념에 시달릴 때, 우리는 그가 그 정념에서 치유 받고 해방되도록 그에게 사랑과 자비의 빛을 비춰주기 위해 노력해야 합니다. 우리보다 그가 더 고통 받고 있다는 것을 잊지 말아야 합니다. 공동체 생활에서 누가 잘못을 저질러도, 그것을 대놓고 지적해서는 안 됩니다. 우리의 태도는 신중함과 존중과 기도의 태도여야 합니다. 악을 행하지 않도록 노력해야 하는 것은 우리 모두의 몫입니다. 우리가 형제의 불평을 참아내면 그것이 바로 순교입니다. 그러니 기쁜 마음으로 그것을 받아들입시다.

그리스도인은 친절합니다. 그러므로 차라리 불의의 희생자가 되는 것을 선호해야 합니다. 우리 안에 선과 사랑이 있다면 다른 사람이 나를 속상하게 해도 그 사실을 금방 잊어버립니다. 비결은 바로 여기에 있습니다. 악이 저 멀리서 내게 다가올 때, 우리는 그것을 피할 수 없습니다. 하지만 그 악을 무시해 버림으로써 대처하는 것이야말로 가장 위대한 예술입니다. 그러면 하느님 은총에 힘입어서, 비록 악이 다가와도 그것에 영향 받지 않을 것입니다. 왜냐하면 당신은 은총으로 충만하기 때문입니다.

하느님의 성령 안에서는 모든 것이 다릅니다. 성령 안에 있으면 다른 사람이 당신에게 행한 모든 것을 받아들일 수 있습니다. 그 어떤 것도 다 받아들일 수 있습니다. 그래서 "하느님은 옳은 사람에게나 옳지 못한 사람에게나 똑같이 비를 내려주신다."(마태오 5:45)는 말씀처럼 모든 것을 차별 없이 대합니다. 다른 사람의 잘못도 결국 우리 자신의 잘못으로 여깁니다. 평생 살아가면서 여러분들이 얻어야 할 것은 바로 이러한 분별력입니다. 모든 것을 깊이 있게 숙고하고, 결코 피상적인 것만 보고 판단하지 마십시오. 그리스도를 향해 나아가지 않고, 인내하지 않고, 의를 위해 고통 받지 않는다면, 우리는 계속해서 고통 속에 머물게 될 것입니다. 비결은 모든 문제들을 영적인 시각에서 고려하는 것입니다. 신 신학자 성 시메온도 이렇게 말했습니다.

우리는 모든 신자들을 단 하나인 것처럼 보아야 합니다. 그리고 그들 각 자 안에 그리스도가 계신다고 생각해야 합니다. 또한 우리는 그들 한 사람 한 사람을 위해 생명이라도 내놓을 만한 사랑을 가져야 합니다. 그 누구에게도 악하다고 말하거나 악하다고 생각하지 말아야 합니다. 반대로 모든 사람이 선하다고 생각해야 합니다. 만약 어떤 정념의 제물이 된 형제를 보게 된다면 그를 절대 미워하지 마십시오. 오히려 그를 공격하는 정념, 정욕을 미워합시다. 어떤 사람이 과거에 지은 죄들과 나쁜 습관 그리고 욕정들로 참혹한 상황에 처해있다면, 더욱 큰 자비를 베풉시다. 우리 모두가 선에서 악으로 쉽게 바뀌는 그런 속성을 지닌 사람이기 때문에, 우리 또한 유혹과 시련을 당할 수 있습니다.[29]

형제 사랑은 하느님을 더욱더 사랑하도록 준비시켜 줍니다. 하느님 사랑의 비밀은 바로 형제를 향한 사랑입니다. 눈으로 보는 당신의 형제를 사랑하지 않는다면, 볼 수 없는 하느님을 어떻게 사랑할 수 있겠습니까?

> 하느님을 사랑한다고 하면서 자기의 형제를 미워하는 사람은 거짓말쟁이입니다. 눈에 보이는 형제를 사랑하지 않는 자가 어떻게 보이지 않는 하느님을 사랑할 수 있겠습니까?
>
> (요한Ⅰ 4:20)

선한 마음을 나눠주기 위해 노력합시다.

사랑과 온유함과 평화를 가집시다. 그러면 악의 지배를 받는 형제들과 이웃들을 도울 수 있습니다. 다른 사람이 있을 때나 없을 때나, 모범은 언제나 신비로운 방법으로 빛을 발하기 마련입니다. 그러므로 선한 마음을 나눠주기 위해 노력합시다. 다른 사람의 삶에 동의할 수 없다고 하여 안 좋

---

[29] 신 신학자 시메온, 『신학과 참된 지식과 실천에 관한 백장(百章)』, 51.

은 말을 하게 되면, 그 사람은 금방 그것을 느낍니다. 이렇게 해서 우리는 그를 밀어내게 됩니다. 반대로 우리가 자비와 용서를 보여준다면, 비록 그가 우리를 보지 못해도, 악이 영향을 주듯 우리의 선함도 그에게 영향을 줍니다.

신성모독에 대해, 하느님의 적들에게, 또한 우리를 박해하는 자들에게 분노하거나 흥분하지 마십시오. 분노는 악한 것입니다. 그들의 악한 말과 행동은 미워하되, 앞에서 말했듯이 사람은 미워하지 마십시오. 그에게 분노하지도 마십시오. 오히려 그를 위해 기도하십시오. 그리스도인은 사랑과 섬세한 감정을 가집니다. 그리고 그것에 따라 행동합니다.

아무도 그를 볼 수 없지만 은둔 수도사는 세상을 이롭게 하듯이, 여러분도 아무 대가를 바라지 말고 여러분의 사랑을 퍼뜨려야 합니다. 기도의 파장들이 다른 사람에게 영향을 주고, 온 세상에 성령을 전해주기 때문입니다. 그러므로 여러분도 사랑과 인내와 입가의 미소로 행동해야 합니다.

사랑은 참되어야 합니다. 그런데, 오직 하느님의 사랑만이 참된 사랑입니다. 우리를 힘들게 하고 어려움을 가져다주는 사람이 있다면, 그를 사랑하려는 우리의 노력을 그가 알아차릴 수 없을 만큼 세심한 방법으로, 우리의 사랑을 전해주어야 합니다. 지나치게 외적인 표현들은 삼가야 합니다. 왜냐하면 그것은 도리어 반발심을 불러일으키기 때문입니다. 침묵은 모든 악에서 우리를 구합니다. 혀를 다스리는 것, 그것은 정말 중요한 일입니다! 침묵은 은밀한 방법으로 이웃에게 빛을 비춰줍니다. 이야기를 하나 해드리겠습니다.

질서에 엄청나게 집착하는 한 수녀가 수녀원장에게 흥분해서 이렇게 말했습니다.

"원장 수녀님, 아무개 수녀님은 그 특이한 성격 때문에 많은 문제들을 일으킵니다. 수녀원 전체를 혼란스럽게 만듭니다. 이제 더 이상 참지 못하겠습니다."

그러자 수녀원장은 이렇게 대답했습니다.

"문제를 일으키는 그 수녀보다 지금 이렇게 불평을 늘어놓는 수녀님이 더 나쁩니다."

이 대답을 들은 수녀는 처음에는 당황했고, 반발했지만, 원장 수녀님의 설명을 듣고 나서 깨닫게 되었고 크게 기뻐했습니다. 수녀원장은 자상하게 이렇게 설명해 주었습니다.

"그 수녀를 지배하고 있고 그녀로 하여금 그렇게 행동하도록 만든 자는 바로 악한 영입니다. 하지만 그 수녀보다는 나은 사람이라고 스스로 생각하고 있는 수녀님도 마찬가지로 악한 영에 지배당하고 있습니다. 악한 영은 두 사람 모두를 희롱하고 있는 것입니다. 그러나 그 수녀는 자신의 뜻과는 상관없이 그런 상황에 처해버렸지만, 수녀님은 반발심과 사랑의 부족으로 인해 똑같은 상황에 빠진 것입니다. 이렇게 수녀님은 조금도 그 수녀에게 이롭지 못할 뿐만 아니라, 수녀님 자신도 괴롭히고 있는 것입니다."

침묵, 관용, 기도를 통해서 우리는 은밀하게 다른 사람에게 선을 행합니다.

사람이 하느님을 사랑하지 않는 것을 보게 될 때, 우리는 슬픕니다. 하지만 우리가 슬퍼한다고 해서 해결될 문제는 아닙니다. 충고도 마찬가지입니다. 충고하는 것은 좋은 방법이 아닙니다. 하지만 한 가지 비결이 있습니다. 그것을 안다면 우리는 이웃에게 도움을 줄 수 있습니다. 그 비결은 하느님의 은총이 활동할 때까지 하느님께 기도하고 헌신하는 것입니다. 우리는 우리의 사랑으로, 하느님을 사랑하려는 뜨거운 열정으로 은총을 끌어옵니다. 그래서 그 은총의 물결을 다른 사람들에게까지 퍼뜨립니다. 그러면 그 은총은 우리 이웃들을 깨어나게 하고 그들이 하느님 사랑을 열망하도록 만들 것입니다. 오히려 '하느님이 그 사랑을 보내시어 모든 이들을 깨울 것'이라고 말하는 것이 옳겠습니다. 우리는 할 수 없는 일, 그것을 하느님의 은총은 할 수 있습니다. 우리의 기도를 통해서, 우리는 모든 사람이 하느님 사랑에 합당한 자들이 되게 할 것입니다.

여러분은 또한 이런 사실도 알아야 합니다. 심한 상처로 얼룩진 영혼들, 악한 욕정들로 인해 고통 받는 영혼들은 주님의 은총과 사랑을 더욱 충만하게 얻게 된다는 사실을 알아야 합니다. 성인이 된 분들 중에는 이런 사람들이 많습니다. 그런데 우리는 대개 그런 사람들을 비판만 합니다. 사도 바울로의 이 말씀을 기억하기 바랍니다.

> 법이 생겨서 범죄는 늘어났지만 죄가 많은 곳에는 은총도 풍성하게 내렸습니다.
>
> (로마 5:20)

이 말씀을 기억한다면, 여러분은 이런 사람들이야말로 여러분이나 나보다 더욱 합당한 사람들임을 느껴야 합니다. 우리는 그들을 연약한 사람이라고 생각합니다. 그런데 그들이 하느님께 한번 문을 열기만 하면, 그들은 온통 사랑과 열정이 되고 맙니다. 전혀 다른 삶을 살았지만 이제 그들은 영혼의 모든 능력들을 온전히 그리스도께 바칩니다. '버림 받은 영혼들'이라고만 여겨졌던 그들 안에서 그리스도의 사랑의 기적이 일어나게 됩니다.

그러므로 용기를 잃지도 서두르지도 맙시다. 겉에 드러난 피상적인 것만 보고 판단하던 버릇을 이제 내다 버립시다. 예를 들어 헐벗은 혹은 괴상한 옷차림을 한 여인을 보았다고 합시다. 그녀의 겉모습만 보고 판단하지 맙시다. 오히려 그녀의 마음 깊숙한 곳, 그녀의 영혼 안으로 들어갑시다. 아주 훌륭한 영혼의 소유자일지도 모릅니다. 다만 그 어떤 실존적인 고민이나 내적인 갈등이 그렇게 외적으로 표현되고 있을지도 모릅니다. 그녀는 강한 열망을 소유한 사람일지도, 앞으로 나아가길 간절히 원하는 사람일지도, 그래서 다른 사람의 관심을 끌고 싶은지도 모릅니다. 그러나 자신도 모르게 전혀 다른 방식으로 행동합니다. 하지만 그녀가 그리스도를 알게 되면 어떻게 될지 생각해 보십시오. 단지 믿는 정도가 아니라 그녀가 가진 모든 열정을 그리스도에게 쏟아부을 것입니다. 하느님의 은총을 끌어안기 위해 무엇이든 해낼 것입니다. 마침내 그녀는 성녀가 될 것입니다.

다른 사람들에게 착한 사람이 되어야 한다고 주장하는 것은 자신을 남보다 앞세우는 것입니다. 사실 착한 사람이 되어야 하는 것은 우리 자신입니다. 하지만 이것이 가능하지 않으니까 다른 이들에게 이것을 요구하고 주장할 뿐입니다. 모든 것은 기도를 통해서 고쳐질 수 있음에도 불구하고, 우리는 기도하기 보다는 오히려 슬퍼하고 분노하고 다른 사람들을 비판합니다.

대개 우리는 불안과 두려움 때문에, 또 영혼의 상태가 좋지 않을 때, 우리 자신도 모르게 남들에게 악을 행합니다. 심지어 그들을 끔찍이 사랑함에도 불구하고 말입니다. 엄마와 자녀의 관계가 그 좋은 예입니다. 비록 말하지 않아도, 겉으로 드러내지 않아도, 자녀의 삶과 건강과 성취에 대해서 엄마가 경험하는 불안감은 고스란히 아이에게 전해집니다. 이런 사랑, 다시 말해 자연적인 사랑도 종종 아주 해로운 것이 될 수 있습니다. 그러나 그리스도의 사랑은 다릅니다. 그것은 기도와 삶의 거룩함과 관련되어 있기 때문입니다. 이 사랑은 사람을 거룩한 성인으로 만듭니다. 사람에게 평화를 줍니다. 왜냐하면 사랑, 그것은 곧 하느님이기 때문입니다.

오직 그리스도 안에서 사랑해야 합니다. 남에게 이롭게 되려면 하느님 사랑 안에서 살아야 합니다. 다른 방법으로는 이웃을 이롭게 할 수 없습니다. 다른 사람을 강요해서는 안 됩니다. 그 사람의 시간이 올 것이고, 적절한 때가 있을 것입니다. 그러므로 다만 그 사람을 위해 기도하십시오. 침묵과 인내와 기도로 은밀하게 다른 이들을 도우십시오. 하느님의 은총은 그의 생각을 밝혀줄 것이고, 그를 사랑으로 보살펴줄 것입니다. 정말 오묘합니다! 하느님은 사랑이시라는 것을 받아들이기만 한다면, 찬란한 빛, 전에는 단 한 번도 본적이 없었던 빛이 그 사람에게 임할 것입니다. 이렇게 해서 그는 구원을 찾게 될 것입니다.

실천적 모범, 사랑, 온유함보다 더 탁월한 선교는 없습니다.

'질로티스'($Zηλωτής$)[30]가 됩시다. 여기서 '질로티스'는 온 마음을 다해서 그리스도를 사랑하는 사람, 그리고 그리스도의 이름으로 사람들을 위해 희생하고 봉사하는 사람을 말합니다. 하느님을 사랑하는 것과 사람을 사랑하는 것은 짝을 이룹니다. 그것을 나눌 수는 없습니다. 열정, 열망, 눈물, 참된 헌신만 있어야 하고, 이해타산이 있어서는 안 됩니다. 모든 것이 마음에서 우러나오도록 하십시오!

'광신주의'는 그리스도와 아무 상관이 없습니다. 참된 그리스도인이 되어야 합니다. 그러면, 여러분은 아무도 비판하지 않게 될 것입니다. "사랑은 모든 것을 덮어주고 모든 것을 믿고 모든 것을 바라고 모든 것을 견디어 냅니다."(고린토 I 13:7) 타종교인, 타교파 그리스도인, 다시 말해 종파와 교파를 떠나 모든 사람을 존중하고 친절하게 대합시다. 이슬람교도라 할지라도 도와주고 대화하고 좋은 관계를 맺을 수 있습니다. 다른 사람의 자유를

---

[30] '질로티스'($Zηλωτής$)라는 그리스어 단어는 성경에서는 유대교 열심당원으로, 일반적으로는 광신자, 열광자, 근본주의자, 비타협주의자 등 부정적 의미로 쓰이고 있다. 하지만 여기서는 신앙에 헌신과 열정을 다한다는 긍정적 의미로 의도적으로 사용된 용어이다.

존중해 줍시다. 그리스도가 "문 앞에서 문을 두드리고 계신 것"처럼 우리도 강요하지 말고 그 영혼이 자유롭게 주님을 받아들일 때까지 기다려야 합니다. 이렇게 우리도 모든 영혼들 앞에서 그리스도처럼 문을 두드리며 기다립시다.

선교활동을 할 때에는 아주 세심한 배려가 필요합니다. 말로든 책으로든 우리가 다른 이들에게 제공하는 것들을 그들이 반발 없이 받아들일 수 있도록 배려해야 합니다. 한 가지 더 염두에 둘 것은, 말을 적게 하라는 것입니다. 말들은 귀에 울리고, 대개는 신경을 날카롭게 건드립니다. 반향을 불러오는 것은 기도와 삶입니다. 삶은 감동케 하고 다시 태어나게 하고 변화시키지만, 말은 열매를 맺지 못할 때가 많습니다. 우리의 사랑과 선행으로 모범을 보이면 이것이 바로 선교입니다. 이와 관련된 예를 한번 들어보겠습니다.

어느 날 학자들이 모인 연설회에 한 신부님이 참석했습니다. 조카가 그 신부님을 데리고 갔던 것입니다. 연설자는 마르크시즘을 주제로 많은 이야기를 했습니다. 청중들은 연설에 열광하였고 마지막에는 큰 박수를 쳤습니다. 그때 연설자가 신부님을 보고 이렇게 말했습니다.

"제 연설회에 신부님 한 분이 참석해 주셨습니다. 혹시 종교와 철학의 관점에서 이 주제에 대해 의견이 있으시다면 청해 듣고 싶습니다. 한 말씀 해 주십시오."

그는 빈정거리듯 말했습니다. 교회를 놀림거리로 만들어보자는 속셈이 있습니다. 신부님은 일어나서 이렇게 말했습니다.

"제가 무슨 말을 하겠습니까! 저는 잘 모르지만 제가 알기로는 이런 철학자는 그의 책 몇 페이지에서 이렇게 말했고 또 다른 철학자는 무슨 책 몇 쪽에서 이렇게 말했으며, 다른 철학자는 … 또 모세는 성경에서 이렇게 말했고, 이사야는 … 또 다윗은 … 그리고 그리스도는 이렇게 말씀하셨습니다."

이렇게 유창하게 지식을 펼쳐보이다가 마지막에 사도 바울로의 이 말을 인용했습니다.

> 그러니 이제 지혜로운 자가 어디 있고 학자가 어디 있습니까? 또 이 세상의 이론가가 어디 있습니까? … 세상이 자기 지혜로는 하느님을 알 수 없습니다. 이것이 하느님의 지혜로운 경륜입니다. … 그런데 하느님께서는 지혜 있다는 자들을 부끄럽게 하시려고 이 세상의 어리석은 사람들을 택하셨으며, 강하다는 자들을 부끄럽게 하시려고 이 세상의 약한 사람들을 택하셨습니다. … 그러니 인간으로서는 아무도 하느님 앞에서 자랑할 수 없다는 말입니다.
>
> (고린토Ⅰ 1:20-29)

지혜로운 신부님은 이렇게 해서 연설자의 말문을 막아버렸습니다. 여기서 더 중요한 것은 신부님이 자기 자랑을 늘어놓지 않고 아주 겸손하고 온유하게 말했다는 것입니다. 알고 보니 총대주교청 소속 주교님이셨습니다. 마지막에 신부님은 이렇게 말했습니다.

"저는 잘 모릅니다. 어떤 것이 옳은지는 여러분들이 판단하십시오."

끝으로 연설자는 이렇게 말했습니다.

"신부님께서는 우리에게 참 잘 말씀해 주셨습니다. 저의 주장을 모두 확실하게 반박해 주셨습니다."

온유와 친절과 사랑이 함께 간다면, 어떤 주제와 관련해서 전문 지식을 쌓는 것은 아주 중요합니다. 그것은 모든 영역에 적용됩니다. 어떤 주제든 알고 있는 만큼만 말하십시오. 아는 것이 없다면 여러분 자신의 모범을 통하여 말하십시오.

토론과 대화에서는 종교와 관련해서 말을 줄이십시오. 그러면 토론에서 이기게 될 것입니다. 의견이 다른 사람이 말할 때는 원 없이 다 말할 수 있도록 내버려 두십시오. 그가 온유한 사람과 마주하고 있다는 느낌을 가질 수 있게 하십시오. 당신의 선함과 당신의 기도가 그에게 영향을 미칠 수 있게 노력하고, 그런 연후에 말할 것이 있거든 아주 간단하게 조금만 말하십시오. 남의 의견을 강하게 반박한다고 해도 바뀔 것은 별로 없습니다. "당신은 거짓말을 하고 있어요."라고 외친다 한들 뭐가 바뀌겠습니까? 여러분은 "이리 수중에 있는 양과 같습니다."(마태오 10:16) 어떻게 해야 할까요? 겉으로는 무심하게 대하되, 마음속으로는 기도 하십시오. 신뢰를 가지고 항상 귀를 기울이십시오. 배울 것이 있다면 배우십시오. 하지만 언제나 거룩함으로, 온유함으로, 또 기도 안에서 그렇게 하십시오. 그런데 이렇게 할 수 있으려면, 여러분이 먼저 성인이 되어야 합니다.

사랑은 모든 것을 능가합니다.

그리스도를 향한 사랑에는 한계가 없습니다. 이웃을 사랑하는 것도 마찬가지입니다. 사랑은 지구 끝까지 퍼집니다. 모든 곳, 모든 사람에게 미칩니다. 나는 한때 마탈라[31]의 히피족과 함께 살기를 원했던 적이 있습니다. 하지만 그들과 섞여 죄를 지으며 살기 위해서가 아니라, 다만 그들과 함께 살면서 그리스도의 사랑을 보여주어, 그 사랑이 얼마나 위대한지, 그 사랑의 힘이 사람들을 어떻게 변화시키는지 보여 주고 싶었습니다. 사랑은 모든 것을 능가합니다. 예를 들어 보겠습니다.

한 은둔 수도사가 두 명의 제자 수도사와 함께 살았습니다. 그는 제자들

---
[31] 크레테 섬의 마탈라 지역은 1960년대 히피족들이 모이는 장소들 중 하나였다.

에게 이로움을 주기 위해, 그들을 선한 사람으로 만들기 위해 노력했습니다. 하지만 그는 늘 염려가 되었습니다. 그들이 정말 영적 삶에서 진보해 가고 있는지, 하느님 나라에 들어갈 준비가 되었는지 걱정되었습니다. 그는 하느님의 징표를 기다렸지만 아무 응답도 받지 못했습니다. 다른 은둔 수도처의 성당에서 철야예배가 있던 어느 날이었습니다. 그들의 거처에서는 몇 시간 걸어서 가야 할 먼 곳이었습니다. 사막을 지나야 갈 수 있는 곳이었습니다. 은둔 수도사는 제 시간에 성당에 도착해서 철야 예배를 준비하게 하려고 이른 아침 일찌감치 제자들을 그곳으로 보냈습니다. 은둔 수도사는 오후에 도착할 예정이었습니다. 제자들은 서둘러 길을 가고 있었습니다. 그때 갑자기 어디선가 신음소리가 들려왔습니다. 큰 부상을 입은 한 사람이 도움을 청하고 있었던 것입니다.

"제발, 저 좀 데려가 주십시오. 여기는 사막이라, 아무도 지나가는 사람이 없으니, 나를 도와줄 사람이 없습니다. 제발 나를 부축해서 첫 번째 마을까지만 데려다 주십시오. 부탁드립니다."

하지만 제자들은 이렇게 말했습니다.

"그럴 수 없습니다. 우리는 빨리 가서 철야 예배를 준비하라는 지시를 받고 가는 길입니다."

"제발, 저 좀 데려가 주세요. 이곳에 이렇게 내버려 두면 저는 죽습니다. 맹수들이 날 잡아 먹을 거예요."

"죄송하지만 그럴 수 없습니다. 어쩔 수 없습니다. 우리는 맡은 임무를 수행해야만 합니다."

이렇게 냉정하게 말하고 제자들은 떠나가 버렸습니다. 오후에 은둔 수도사도 철야예배에 참여하기 위해 길을 떠났습니다. 똑같은 길을 지나갔습니다. 그리고 그도 역시 부상을 당한 사람이 있는 곳에 도착했습니다. 은둔 수도사는 부상당한 사람을 보고 다가가서 이렇게 말했습니다.

"하느님의 사람이여, 무슨 일을 당하셨습니까? 다치셨습니까? 언제부터 여기 이렇게 계십니까? 아무도 당신을 보지 못했습니까?"

"아침에 두 명의 수도사가 지나가기에 나를 좀 도와달라고 요청했지만 철야예배를 준비하러 가야 한다면서 나를 뿌리치고 바쁘게 가버렸습니다."

"내가 데려다 줄게요. 걱정하지 마십시오."

"연로하신 분이신데, 어떻게 저를 도와 줄 수 있겠습니까? 저를 일으켜 세우지도 못할 것입니다. 불가능한 일이에요!"

"아닙니다. 제가 데려다 주겠습니다. 이렇게 당신을 내버려 둘 수는 없어요."

"저를 일으켜 세울 수 없다니까요."

"아닙니다. 내가 이렇게 몸을 숙일 테니 내게 업히십시오. 천천히 마을까지 함께 갑시다. 오늘 이 만큼, 내일 저 만큼. 그러면 마을에 도착하겠지요."

은둔 수도사는 힘겹게 그를 업고서는 모래 속을 걷기 시작했습니다. 땀이 강물처럼 흘러내렸지만 "며칠이 걸려도 결국 마을에 도착할 수 있을 거야"라고 마음속으로 생각했습니다.

그런데 힘겹게 걸음을 앞으로 내놓을 때마다 등에 업힌 사람이 점점 더 가벼워지더니 어느 순간 아무것도 업지 않은 것처럼 느껴졌습니다. 그때 무슨 일인가 하고 뒤돌아보았더니 그 어깨 위에는 천사가 있었습니다. 천사는 그에게 말했습니다.

"당신이 지도하고 있는 두 수도사들은 눈곱만큼의 사랑도 없기 때문에 하느님의 왕국에 들어갈 자격이 없습니다. 이 소식을 당신에게 전하라고 하느님이 나를 보내셨습니다."[32]

---

32) 『에베르게티노스』(Ἐυεργετινός), 2권 13, 아테네, 1988.

하느님의 섭리에 관하여

하느님은 사랑이십니다.
하느님은 단순히 우리 삶의 구경꾼이 아닙니다.
아버지로서 우리를 극진히 보살펴 주시고
우리의 자유의지도 존중해 주십니다.

하느님은 예지(豫知)하실 뿐 예정(豫定)하지는 않으십니다.

하느님이 아시는 것을 우리의 지성은 결코 인지할 수 없습니다. 하느님의 지식은 무한합니다. 하느님의 지식은 끝이 없고 유형무형의 모든 피조물을 아십니다. 하느님은 모든 것을 정확하게 아시며, 그 모든 깊이와 크기도 아십니다. 하느님은 우리가 우리 자신을 알고 있기 전부터 우리를 아십니다. 하느님은 우리의 계획을 아시며, 우리의 감춰진 아주 작은 생각들도 아십니다. 우리의 속셈을 아시며, 우리보다 앞서 우리의 결정을 아십니다. 그분은 우리가 잉태되기도 전에, 세상이 창조되기도 전에 우리를 아십니다. 그래서 다윗은 이렇게 경탄하며 외쳤던 것입니다.

주여, 당신께서는 나를 환히 아십니다.
내가 앉아도 아시고 서 있어도 아십니다.
멀리 있어도 당신은 내 생각을 꿰뚫어 보시고,
걸어갈 때나 누웠을 때나 환히 아시고,

내 모든 행실을 당신은 매양 아십니다.
입을 벌리기도 전에 무슨 소리 할지, 주께서는 다 아십니다.
앞뒤를 막으시고 당신의 손 내 위에 있사옵니다.

(시편 139:1-5)

성령은 어느 곳에서나 활동합니다. 그래서 성령에 감동받은 사람은 그 은총의 힘으로 하느님이 아시는 것을 그 자신 또한 알 수 있게 됩니다. 그는 과거, 현재, 미래를 알게 됩니다. 그 모든 것을 드러내주시는 분은 바로 성령이십니다. 하느님은 우리의 모든 행동을 아십니다. 모든 것이 기록됩니다. 하느님은 지금 여러분이 알고 있는 것을 이미 세상 창조 전부터 아십니다. 신 신학자 성 시메온의 '성체성혈을 받기 전 기도문'에는 이런 내용이 있습니다.

오, 당신의 눈은 내 자신의 불완전함을 다 아십니다.
아직 이루어지지 않은 행위까지 이미 당신의 책에 다 기록해 두셨습니다.

어떤 사람은 이 말을 오해하고 혼동합니다. "하느님은 모든 것을 이미 기록해 두셨고 우리는 정해진 운명대로 살 뿐이니, 그렇다면 우리가 하는 행동도 이미 다 정해져 있는 것이고, 만약 그대가 살인을 한다 해도 그것 또한 하느님이 정해 놓으신 것 아닌가?"라고 내게 말할 것입니다. "내가 당신을 죽이도록 이미 다 결정되어 있다면, 그 책임을 누가 져야 합니까? 내가 책임을 져야 합니까? 결정된 일을 로봇처럼 따르는 사람이 왜 책임을 져야 합니까? '하느님께서는 선하시다.'고 하셨는데 내가 선한 행동을 하도록, 내가 살인을 피하도록 기록해 놓지 않은 이유는 무엇입니까?"

여기에 바로 신비가 있습니다. 하느님은 전지전능하심 안에서 미래에 다가올 사건을 포함하여 모든 것을 다 알고 계십니다. 하지만 하느님은 악에 대해 책임이 없습니다. 하느님은 예지하시지만 예정하지는 않으시기 때문입니다. 하느님에게는 과거, 현재, 미래가 없습니다. 모든 것이 하느님의 현존 앞에 밝히 드러나고 심판받습니다. 사도 바울로도 이렇게 말합니다.

피조물치고 하느님 앞에 드러나지 않는 것은 없습니다. 하느님의 눈 앞에는 모든 것이 다 벌거숭이로 드러나게 마련입니다. 언젠가는 우리도 그분 앞에서 심판을 받아야 합니다.

(히브리 4:13)

하느님은 전지하심 안에서 선과 악을 다 아십니다. 하느님은 본성상 선하시기에 선과는 협력하시지만 악에는 낯선 분이십니다. 악에 낯선 분이신데 어떻게 우리를 악으로 예정해 놓으실 수 있겠습니까? 하느님은 모든 것을 "매우 좋게" 만드셨고 모든 것에 선하고 거룩한 운명을 주셨습니다.

문제는 악입니다. 우리 종교는 이 악의 문제를 훌륭하고도 신비로운 방법으로 설명합니다. 악은 실존합니다. 그리고 그것은 악마로부터 옵니다. 우리 안에는 악한 영과 선한 영이 있어서 서로 싸움을 하고 있습니다. 그리스도는 이렇게 말씀해 주셨습니다.

아무도 두 주인을 섬길 수는 없다. 한 편을 미워하고 다른 편을 사랑하거나 한 편을 존중하고 다른 편을 업신여기게 됩니다. 하느님과 재물을 아울러 섬길 수 없다.

(마태오 6:24)

다시 말해 우리 안에는 선과 악이 전쟁하고 있습니다. 그러나 우리는 이 전쟁에서 둘 중 하나를 선택할 자유가 있습니다. 선택하고 결정하는 주체는 하느님이 아니라 바로 사람입니다. 사람의 자유의지입니다.

예를 들어 하느님은 그 전지(全知)하심 안에서 어떤 사람이 나이 서른이 되면 살인을 저지를 것임을 아십니다. 그분은 이것을 아주 구체적으로 아십니다. 그분은 이것을 미리, 아니 세상 창조 이전에 이미 그것을 아십니다. 그런데 사람은 자기에게 고유한 의지의 자유 안에서 자유의지에 따라 행동합니다. 이 자유의지는 하느님의 선물이지만 사람은 그것을 타락시켰습니다. 하느님은 그것에 하등 책임이 없습니다. 하느님은 우리가 그렇게 되도록 결코 예정해 놓지 않으셨습니다. 그분의 전지하심은 우리를 조금도 강제하지 않으십니다. 그분은 우리의 자유를 존중하십니다. 그것을 없애지 않으십니다. 그분은 우리를 사랑하십니다. 그분은 우리를 노예로 만들지 않으십니다. 우리에게 존귀함을 입혀주셨고, 그래서 우리 자신의 자유에 간섭하지 않으십니다. 그러므로 책임은 우리에게 있습니다. 우리는 우리가 하고 싶은 대로 하기 때문입니다. 하느님은 그렇게 하라고 강요하지 않으십니다. 하느님은 당신이 살인할 것임을 정확히 알고 계시지만, 그렇다고 해서 그렇게 할 수 밖에 없도록 미리 정해 놓지는 않았다는 말입니다. 어떻게 하느님이 당신을 사악함과 살인으로 이끌어 가길 원할 수 있습니까? 하느님은 절대적인 사랑이십니다. 하느님이 원하는 것은 오직 사랑입니다. 그런 하느님이 금방 도로 빼앗아 가기 위해 당신에게 자유를 준다는 말입니까? 온전한 자유 안에서 행동하는 것은 바로 당신입니다. 비록 강제하지 않지만 하느님이 미리 다 알고 있는 것을 결정하고 선택하는 것은 바로 당신입니다. 그래서 책임은 당신에게 있는 것입니다.

이런 주제들은 정말로 오묘합니다. 그래서 잘 이해하려면 하느님의 빛으로 조명 받아야 합니다. 그것은 신비입니다. 자연 안에 있는 모든 선이 다 신비입니다. 다양한 색깔을 띤 작은 꽃은 정말 아름답지 않습니까? 꽃은 당신을 매혹하여 당신으로 하여금 꽃을 사랑하지 않고는 못 배기게 만듭니다. 그래서 다가가면 그 상큼한 향기에 취해서 더욱더 사랑할 수밖에 없게 만듭니다. 이것이 바로 자연이 주는 선함입니다. 이 모든 것이 신비롭지 않습니까? 그 색깔들, 그 향기, 이 모든 것이 어떻게 그렇게 만들어지게 되었을까요? 정말 놀랍고 설명할 수 없는 신비입니다. 우리는 새들이나 동물들 그리고 바다 생물들에게도 똑같은 신비를 발견합니다. 이 모든 자연이 하느님의 선하심을 드러내줍니다.

어떤 이들은 이렇게 말합니다. "하느님은 왜 내가 아프도록 내버려두시죠? 왜 쉽게 죄짓도록 내버려 두시죠? 왜 이런 성격을 주셨죠?" 나는 이렇게 대답하겠습니다. 하느님은 우리를 선하게 만드셨습니다. 하느님은 사람에게 가장 아름답고 선한 것을 주셨습니다. 그리고 완전에 이르라는 목표를 우리에게 주셨습니다. 그러나 우리에게 자유도 주셨습니다. 그래서 선을 따르든지, 악을 따르든지 그 책임은 사람에게 달려있습니다. 한 쪽에는 하느님의 사랑이 있고 또 다른 쪽에는 사람의 자유가 있습니다. 사랑과 자유가 서로 만납니다. 인간의 영은 성령과 연합됩니다. 이것이 바로 신비로운 삶입니다. 우리의 영이 하느님의 성령과 연합된다면 그때 우리는 선을 행하고 선한 사람이 됩니다.

우리 정념들에 대한 책임은 다른 데 있습니다. 그 책임은 바로 우리의 자유의지에 있습니다. 하느님은 우리의 의지에 제한을 두지 않으십니다. 우리에게 어떠한 강제도 하지 않으십니다. 우리가 무엇을 할지, 어떤 방식으로 살아갈지, 그것은 바로 우리 자신에게 달려 있다는 것입니다. 둘 중 하나입니다. 신적 현실에 대한 경험, 행복을 누리며 그리스도와 함께 살든지, 아니면 슬픔과 근심 속에서 살든지 말입니다. 이것도 저것도 아닌 상태, 중간 상태는 없습니다. 이것 아니면 저것입니다. 본성은 반드시 보복합니다.

본성은 허무를 끔찍이 두려워합니다. 모든 만물은 이 본성에 적합하든지 그렇지 않든지 둘 중 하나입니다. 예를 들어 입맞춤은 거룩한 것일 수도 음흉한 것일 수도 있습니다. 그러나 여기서 주목해야 할 것은 사람은 온전한 자유 안에서 행동한다는 것입니다. 만약 하느님이 우리를 의지가 없는 존재로 창조했다면, 그래서 우리가 오직 하느님의 의지에 따라서만 행동한다면, 자유란 존재하지 않을 것입니다. 하느님은 사람 스스로가 착한 사람이 되길 추구하도록, 그렇게 되고자 하는 열망을 스스로 가지도록 창조하셨습니다. 비록 실제로는 하느님의 은총에서 비롯되는 것이라 할지라도, 선에 도달하는 것은 또한 인간 고유의 위업이 됩니다. 첫 단계에서 사람은 먼저 선한 사람이 되길 바라기에 이릅니다. 그러면 다음에 하느님의 은총이 오고 사람은 이 바람을 성취할 수 있게 됩니다.

우리 아버지이신 하느님은 섭리를 펼치시고 원하시는 바를 보여주시지만, 또한 우리의 자유를 존중하십니다.

하느님은 사랑이십니다. 그분은 우리 삶의 단순한 구경꾼이 아닙니다. 우리 아버지이신 하느님은 섭리를 펼치시고 원하시는 바를 보여주시지만, 또한 우리의 자유를 존중하십니다. 우리에게 강요하지 않으십니다. 우리는 하느님의 섭리에 희망을 두어야 합니다. 또한 우리는 하느님이 우리 곁에 계심을 굳게 믿고 그분을 신뢰합시다. 그분의 사랑에 우리 자신을 온전히 내맡겨야 합니다. 그때 우리는 우리 가까이 계신 그분을 보게 될 것입니다. 잘못된 길을 가지나 않을까 두려워하지 않을 수 있게 됩니다.

사람의 몸은 완벽합니다. 이 얼마나 완벽한 몸입니까! 그것은 거대한 공장과 같습니다. 물을 마시면 위장으로 가고 콩팥으로 가서 피를 깨끗하게 정화합니다. 심장의 박동은 또 얼마나 정교한 펌프입니까! 간, 허파, 쓸개, 췌장. 두뇌, 신경계, 오감은 물론이고 거기다 영적인 능력들, 이 모든 것에 대해 무슨 말을 더하겠습니까? 하느님의 보호와 섭리 아래서 이 모든 것이 동시에 조화롭게 기능합니다.

이 모든 것이 하느님의 섭리입니다. 소나무를 보십시오. 솔잎이 얼마나 많은지 셀 수 있습니까? 하지만 하느님은 다 아실 뿐만 아니라 원하시기만 한다면 솔잎 하나도 떨어지지 않습니다. 우리 머리카락도 마찬가지입니다. 하느님은 모든 것을 세고 계십니다. 그분은 사랑과 보살핌으로 우리 삶의 아주 세심한 것까지 보호해주시고 돌봐주십니다.

우리는 하느님의 위대한 섭리 안에서 살지만 그것을 잘 깨닫지 못합니다. 하느님은 아주 신비스러운 분이십니다. 그러므로 우리는 그분의 활동을 온전히 이해할 수는 없습니다. 하느님이 어떤 것을 처음에는 이렇게 해놓으시고 나중에 갑자기 다르게 바꿔놓으셨다고 믿지 마십시오. 하느님은 실수가 없는 분이십니다. 변경하지 않으십니다. 그 근원, 그 본질에 있어서 하느님이 어떤 분이신지 우리는 알지 못합니다. 하느님이 무엇을 원하시는지 우리는 도무지 알 수 없습니다.

'내 생각은 너희 생각과 같지 않다. 나의 길은 너희 길과 같지 않다.' 주의 말씀이시다. '하늘이 땅에서 아득하듯 나의 길은 너희 길보다 높다. 나의 생각은 너희 생각보다 높다.'

(이사야 55:8-9)

하느님이 우리에게 겸손의 은총을 주실 때, 우리는 모든 것을 보고 모든 것을 느끼게 됩니다. 이렇게 해서 우리는 아주 명확하게 하느님을 경험하며 살게 됩니다. 이 겸손이 없다면 아무것도 보지 못합니다. 반대로 거룩한 겸손에 합당한 사람이 되면, 모든 것을 보고, 모든 것에 기뻐합니다. 낙원에서 하느님과 함께 살게 됩니다. 여기서 낙원은 바로 그리스도십니다. 한 가지 해줄 이야기가 있습니다. 『영적 아버지들의 금언집』을 읽어 보았는지 모르겠지만, 하느님의 섭리와 영적 아버지의 기도의 힘을 보여 주는 내용입니다.

한 영적 아버지가 어떤 일 때문에 그의 제자 수도사 빠이시오스를 거처에서 멀리 떨어진 곳으로 보냈습니다. 제자는 오랜 시간 길을 걸어서 갔습니다. 정오가 되었고 땡볕이 뜨겁게 내리쬐었습니다. 그때 큰 바위 밑에 그늘이 있는 것을 보고 제자는 조금 쉬었다 가려고 그늘 밑에 누웠습니다. 그러다 그곳에서 잠이 들었습니다. 꿈결인지 아니면 그저 정신이 몽롱한 상태였는지 모르지만, 영적 아버지가 나타나 이렇게 말했습니다.

"빠이시오스, 빠이시오스, 일어나서 거기에서 떠나거라!"

영적 아버지가 이렇게 크게 소리치는 것을 듣고, 일어나서 그 자리에서 비켜섰습니다. 다섯 발자국쯤 되는 곳으로 조금 비켜서자마자 "꽝!"하고 바위가 떨어졌습니다. 덫에 걸린 새처럼, 그 바위에 깔려 죽을 뻔 했던 것입니다. 영적 아버지는 비록 빠이시오스에게서 멀리 떨어져 있었지만 그를 볼 수 있었던 것입니다.[33]

이것이 바로 하느님의 섭리입니다. 주님의 말씀이 이를 증명해줍니다.

> 믿는 사람에게는 기적이 따르게 될 것인데 내 이름으로 마귀도 쫓아내고 여러 가지 기이한 언어로 말도 하고 뱀을 쥐거나 독을 마셔도 아무런 해도 입지 않을 것이며 또 병자에게 손을 얹으면 병이 나을 것입니다.
>
> (마르코 16:17-18)

---

33) 참고. 성 요한 클리마코스, 『거룩한 등정의 사다리』, 『시나이산의 복된 요한의 삶』에서.

우리는 "주님이시여, 당신은 어느 곳에서나 계시며 제가 어디에 있든지 모든 것을 보십니다. 부모와 같은 사랑으로 제 발자국 하나하나를 따라 다니십니다."라고 생각하고 말할 충분한 근거가 있습니다.

다윗도 이렇게 고백합니다.

> 당신 생각을 벗어나 어디로 가리이까?
> 당신 앞을 떠나 어디로 도망치리이까?
> 하늘에 올라가도 거기에 계시고
> 지하에 가서 자리깔고 누워도 거기에도 계시며,
> 새벽의 날개 붙잡고 동녘에 가도,
> 바다 끝 서쪽으로 가서 자리를 잡아보아도
> 거기에서도 당신 손은 나를 인도하시고
> 그 오른손이 나를 꼭 붙드십니다.
>
> (시편 139:7-10)

물론 이것을 아는 것만으로는 충분치 않습니다. 이것을 믿고, 살고, 경험하고, 내 마음속의 가장 확고한 확신으로 삼는다면, 그것은 우리에게 가장 큰 힘과 위로가 될 것입니다.

어린이 교육에 관해서

인간의 영적인 상태와 관련하여
가장 중요한 책임이 있는 곳,
그 중의 하나가 바로 가족입니다.

임신의 순간부터 아이들의 교육은 시작됩니다.

아이의 교육은 임신의 순간부터 시작됩니다. 자궁 안에 있는 태아는 심장박동 소리를 듣고 느낍니다. 들을 뿐만 아니라 어머니가 보는 것을 함께 봅니다. 태아의 머리가 성장하지는 않았지만 어머니의 행동과 느낌을 이해합니다. 어머니의 얼굴이 어두워지면 태아의 얼굴도 어두워집니다. 어머니가 화를 내면 태아도 화를 냅니다. 어머니가 느끼는 슬픔, 아픔, 두려움, 불안감, 이 모든 감정을 태아도 같이 느낍니다. 어머니가 임신한 아이를 원치 않고 사랑하지도 않는다면, 그 감정을 느끼는 아기는 영혼에 상처를 입고 평생 그 상처를 안고 살아갑니다. 정반대로 어머니의 거룩한 마음가짐은 태아에게도 영향을 줍니다. 어머니가 기쁨, 평화, 사랑의 감정을 가지고 있으면, 이미 태어난 아이가 그리하듯이, 신비스러운 방법으로 태아도 그 감정들을 느낍니다.

그러므로 어머니가 임신 중일 때는 기도를 많이 해야 하고, 태아를 사랑하는 마음으로 자신의 배를 쓰다듬어 주고, 시편들을 읽고 성가를 부르며 거룩한 삶을 살아야 합니다. 이렇게 하면 어머니 자신에게도 도움이 되지만 태아에게도 크게 이로움을 줍니다. 아이에게 거룩한 마음가짐을 심어주기 위해서 처음부터 이러한 희생을 감수해야 합니다. 아이를 임신한 여인이 얼마나 세심하게 신경써야 하는지 아시겠습니까? 이 책임과 영예가 얼마나 큰 것인지 아시겠습니까?

이와 관련된 이야기를 하나 해드리겠습니다. 비록 이성은 없지만 살아있는 생물체에 관한 이야기입니다. 이 이야기는 여러분들의 이해를 도와줄 것입니다. 미국에서 다음과 같은 실험을 했습니다. 같은 온도, 같은 토양, 같은 넓이의 공간에 꽃들을 심었고, 똑같은 양의 물을 주었습니다. 하지만 한 가지 다른 조건이 있었습니다. 한쪽에는 부드럽고 고요하고 아름다운 음악을 틀어주었습니다. 다른 쪽에는 아무 음악도 틀어주지 않았습니다. 어떤 결과가 나왔을까요? 음악을 듣고 자란 꽃들에게 매우 혁신적인 결과가 나타났습니다. 생생함도 유별났고 색깔도 더욱 아름다웠고 성장 속도도 비교할 수 없을 만큼 빨랐습니다.

자녀들의 구원과 바른 성장은 부모의 가정생활에 달려 있습니다.

자녀들을 구원하고 바르게 성장하게 하는 것은 부모의 가정생활입니다. 부모는 자신을 온전히 하느님의 사랑에 바쳐야 합니다. 부모는 자녀들 곁에서 온유와 인내와 사랑으로 거룩한 사람이 되어야 합니다. 매일 새로운 마음가짐과 자녀들에 대한 열성과 사랑이 있어야 합니다. 부모의 기쁨과 거룩한 삶은 자녀들에게 은총을 넘쳐흐르게 해줍니다. 자녀들이 나쁘게 행동할 때 그 원인은 대부분 부모의 잘못에 있습니다. 부모가 자녀에게 아무리 충고하고 통제하고 엄하게 대해도 잘못된 행동은 쉽사리 고쳐지지 않습니다. 부모가 성화를 위해 조금도 노력하지 않는다면, 영적인 투쟁을 게을리 한다면, 큰 잘못을 저지를 것이고, 그들 안에 있는 악을 자녀들에게 전해주게 될 것입니다. 부모가 거룩한 삶을 살지 않는다면, 또 자녀들에게 사랑으로 말하지 않는다면, 악마는 그 자녀들의 반항을 통해서 부모님을 고통스럽게 할 것입니다. 자녀들에게는 부모의 사랑, 마음의 일치, 부모의 화합이 무엇보다도 필요합니다. 그것이야말로 자녀들에게는 가장 큰 안전과 보호입니다.

자녀들이 올바른 행동을 하지 않는 것은 부모의 상태와 직접적인 관계가 있습니다. 부모 상호간의 나쁜 행실로 인해 상처를 입게 될 때, 자녀들은 성장과 성숙의 길로 나아갈 모든 힘과 자세를 잃게 됩니다. 그들은 잘못된 것을 배우게 됩니다. 그들의 영혼이라는 집이 한순간에 무너져 내릴 위기를 맞게 됩니다. 두 가지 예를 들어 보겠습니다.

두 명의 젊은 여성이 나를 찾아 온 적이 있습니다. 그중 한 여성은 아주 안 좋은 감정과 성질을 가진 사람이었습니다. 그들은 내게 그 원인을 물었습니다. 나는 그 젊은 여성들에게 이렇게 대답했습니다.

"그것은 집에서, 여러분의 부모에게서 기인한 것입니다."

나는 그중 한 여성의 영혼과 그가 살아온 삶을 '보았기에' 이렇게 말했습니다.

"당신은 이 모든 것을 엄마에게서 물려받았습니다."

하지만 그 소녀는 이렇게 말했습니다.

"우리 부모는 아주 훌륭한 분들이예요. 신실한 신앙인이어서, 고백성사도 하고 성체성혈도 모시지요. 사람들은 우리가 아주 훌륭한 신앙인의 가정에서 양육되고 있다고 말할 정도랍니다. 적어도 종교가 잘못된 것이 아니라면 …"

나는 여성들에게 대답했습니다.

"여러분이 나에게 말한 그 모든 것을 나는 믿지 않습니다. 내가 믿고 있는 단 한 가지가 있다면, 그것은 여러분의 부모가 그리스도의 기쁨 안에서 살고 있지 않다는 것입니다."

이런 이야기를 듣자 다른 여성이 이렇게 말했습니다.

"마리아, 신부님이 바른 말씀을 하시는 거야. 맞는 말씀이잖아. 우리 부모는 고백성사를 하고 성체성혈도 받으시지만, 가정이 평화로운 적이 언제 있었니? 아버지는 어머니에게 항상 불평이었잖아. 끊임없이 같이 식사하는 것도, 같이 어딜 가는 것도 싫어했잖아. 그러니 신부님이 하시는 말씀이 다 맞는 말씀이야."

나는 그 소녀에게 어머니 이름을 물어보았습니다. 그녀는 내게 어머니의 이름을 말해 주었습니다. 그때 나는 이렇게 말했습니다.

"당신의 마음 깊숙한 곳에는 어머니와의 깊은 앙금이 있습니다."

내 이야기를 잘 들어 보십시오. 그들이 어머니의 이름을 내게 말하는 순간, 나는 그 어머니를 볼 수 있었고, 또 딸이 엄마를 바라보는 모습도 볼 수 있었습니다.

어느 날 이 젊은 여성 중 한 명이 그 어머니와 함께 나를 찾아왔습니다. 근심에 차 있던 어머니는 한탄하면서 울었습니다.

"무슨 일이십니까?"라고 나는 물었습니다.

"저는 큰 딸 때문에 속상해 죽겠어요. 큰 딸이 자기 남편을 집에서 쫓아내고는 거짓말만 계속하면서 그 사실을 숨겨 왔답니다."

"무슨 거짓말을 했다는 것이지요?"

"오래 전에 남편을 쫓아내고는 부모인 우리에게 아무 말도 하지 않았어요. 전화로 스텔리오스는 어디 있느냐고 물어보면 잘 있고 지금은 신문을 사러 밖으로 나갔다고 말하곤 했습니다. 기회가 될 때마다 적당히 둘러 대어 우리가 눈치를 못 채게 했어요. 이 년 동안 말입니다. 쫓아낸 사실을 숨긴 것입니다. 최근에 우연히 사위를 만나 본인한테 자초지종을 다 듣게 되었죠."

저는 이렇게 대답했습니다.

"잘못은 당신에게 있습니다. 당신과 당신 남편도요. 하지만 더 잘못한 것은 당신입니다."

"제가요? 제가 얼마나 아이들을 사랑했는데요. 아이들을 위해 항상 부엌에서 벗어나지 못하고 하느님과 성당으로 인도하면서 언제나 좋은 충고만 했습니다. 그런데 어떻게 제게 잘못이 있나요?"

함께 온 딸에게 이렇게 질문했습니다.

"네 생각을 말해보렴. 너는 어떻게 생각하니?"

"네. 신부님 말씀이 옳아요. 우리 어머니는 평생 아버지와 싸우면서 사셔서 저는 어쩜 한 번도 빵을 맛있게 먹어보지 못했어요."

"잘 들으셨죠? 제가 옳지요? 부모가 잘못한 겁니다. 당신들이 아이들에게 상처를 주었어요. 그들의 잘못이 아니에요. 하지만 그들은 부모 잘못으로 이런 결과를 겪고 있는 것이지요."

자녀들의 마음속에 있는 부모의 영향의 흔적은 평생 남아 자녀들의 영적 상태를 규정합니다. 부모의 행동은 계속해서 자녀들의 삶에 영향을 미칩니다. 자녀들의 인생에서 삶에 대한 그들의 태도와 인간관계는 유년 시절의 경험과 직접적인 관계가 있습니다. 자녀는 성장하고 교육을 받지만 마음 깊숙한 곳의 상처는 사라지지 않습니다. 이것은 우리 삶의 아주 작은 일에서도 나타납니다. 예를 들면 걸신이 들린 사람처럼 탐식이 생겼다고 해봅시다. 음식을 먹고 나서도 음식을 보면 또 먹고 싶어십니다. 아무리 먹어도 배가 고프고 먹지 않으면 어지럽고 손이 떨릴 것만 같습니다. 그리고 살이 빠질 것 같은 두려움에 사로잡힙니다. 이것은 심리적으로 설명할 수 있는 문제입니다. 아버지나 어머니를 모르고 자랐거나, 가난해서 항상 배고픔에 허덕였거나, 너무 가난해서 말라깽이 같은 왜소함에 열등감을 지니고 살았기 때문일 수도 있습니다. 이런 것들은 하나의 영적 상태이지만, 또한 육체의 약함과 관련된 것으로 표현되기도 합니다.

가정은 사람의 영적 상태에 중대한 영향을 줍니다. 다양한 내적인 문제로부터 자녀들을 벗어나게 해주고 싶다면, 충고나 협박이나 설득이나 강제로는 충분하지 않습니다. 오히려 결과는 더 악화시킬지도 모릅니다. 자녀들의 행동은 부모의 거룩한 삶을 통해서 개선됩니다. 부모가 성인(聖人)이 된다면 아이들은 아무런 문제도 없게 됩니다. 거룩하게 되십시오. 그러면 자녀들과 아무런 문제도 생기지 않을 것입니다. 자녀들은 거룩한 사람 곁에, 아주 큰 사랑을 가진 부모와 함께, 두려움을 주거나 가르치려고만 하지 않고 오히려 거룩함의 모범을 보여주고 기도 해주는 사람 곁에 있고 싶어 합니다. 그리스도를 향해 두 손을 높이 들고 침묵하며 열심히 기도하고 신비로운 방법으로 아이들을 안아 주어야 합니다. 말썽을 부린다면 적절한 훈육 방법을 찾아 교육해야지, 억지로 부모의 주장을 받아들이게 하면 안 됩니다. 그리고 그 무엇보다도 먼저 자녀들을 위해 기도하십시오.

부모 중 특히 어머니는 자녀들이 말썽을 부릴 때 종종 도가 넘게 야단쳐서 자녀에게 상처를 줍니다. 너무 심하게 야단을 치면, 그것은 곧바로 상처로 남습니다. 심지어 드러나게 야단치지 않고 단지 속으로만 야단을 치거나 악감정을 품고 쳐다보기만 해도 자녀들은 그것을 다 느낍니다. 어머니가 자기를 사랑하지 않는다는 것을 금방 느낍니다. 자녀는 어머니에게 질문합니다.

"엄마, 저를 사랑하시나요?"

"그럼, 얘야." 이렇게 대답하지만 자녀는 그것을 믿지 않습니다. 상처를 받았기 때문입니다. 어머니는 자녀를 사랑합니다. 그래서 머리를 쓰다듬어 줍니다. 하지만 자녀는 손을 뿌리칩니다. 그 손길을 받아들이지 않습니다. 이미 상처를 받았기 때문에, 어머니의 모든 행동을 위선으로밖에 여기지 않습니다.

과잉보호는 자녀들의 성숙을 가로막습니다.

과잉보호 즉 부모의 너무 지나친 안달과 염려는 자녀들에게 해를 끼칩니다. 이 이야기를 한번 들어 보십시오.

한 어머니는 다섯 살 먹은 아이가 말을 듣지 않는다고 불평을 했습니다. 나는 이렇게 말했습니다.

"잘못은 어머니인 당신에게 있습니다."

하지만 내게 상담을 요청한 그 어머니는 내 말을 이해하지 못했습니다. 어느 날 나는 그 어머니가 운전하는 차를 타고 같이 바닷가에 간 적이 있었습니다. 아이도 함께 갔습니다. 잠시 후 꼬마는 엄마의 손을 벗어나 바다 쪽으로 달려갔습니다. 물론 아주 거대한 모래더미가 있었고 그 뒤쪽으로 경사가 급한 곳에 바다가 있었습니다. 어린 꼬마가 모래더미 위에서 두 팔을 벌리고 섰습니다. 그때 어머니는 너무나 불안해서 당장이라도 소리를 지르며 달려갈 기세였습니다. 하지만 나는 어머니를 진정시키고는 아이의 뒤쪽으로 가서 몰래 잘 지켜보라고 권했습니다. 아이는 엄마가 평소처럼 놀라고 불안해하고 소리 지르며 안달하길 기대했는데 그런 기대가 어긋나자 실망했습니다. 그리고는 천천히 그곳에서 내려와서 우리 곁으로 돌아왔습니다. 바로 그것이었습니다! 어머니는 그제야 올바른 교육방법을 깨닫게 되었습니다.

한번은 한 어머니가 와서 세 살 된 아들이 음식을 골고루 먹지 않아서 특히 요구르트를 먹지 않아서 속상하다고 볼멘소리를 했습니다. 그래서 나는 매일 이렇게 교육을 시키라고 일러주었습니다.

"이렇게 해보십시오. 냉장고에 있는 모든 음식을 치워버리십시오. 요구르트만 냉장고에 채워 넣으세요. 부모도 며칠간은 좀 힘들 겁니다. 식사 시간이 되었다면 베드로에게 요구르트를 주십시오. 먹지 않겠지요. 그럼 밤에도 그렇게 하십시오. 다음날도 똑같이 하십시오. 그러면 배가 고플 것이기에 조금 맛을 볼 것입니다. 울 것이고 소리를 지를 것이지만 다 참아내야 합니다. 그 후엔 감사한 마음으로 먹을 것입니다."

어머니는 조언대로 실천했고, 결국 베드로는 요구르트를 가장 좋아하게 되었습니다.

이런 것들은 그렇게 어려운 일이 아닙니다. 하지만 적지 않은 어머니들이 자녀교육에 서툴 뿐만 아니라 오히려 역효과가 나는 방법으로 양육하고 있습니다. 어머니들이 자녀들을 강압적으로 대하고 너무 지나치게 과잉보호를 하니 양육은 제대로 이루어지지 않습니다. 하지만 자녀의 성장을 위해서는 스스로 관심을 가지도록 내버려 두어야 합니다. 그래야만 인생에서 성공합니다. 계속해서 자녀들 위에 군림하려고만 하면 자녀들은 반항합니다. 압력을 받거나 과잉보호를 받은 대부분의 자녀들이 인생에서 실패합니다. 과잉보호는 잘못된 교육의 전형적인 형태로 자녀들의 올바른 성장을 가로막습니다.

며칠 전에 대학입학에 실패한 아들 때문에 절망한 어머니가 나를 방문했습니다. 초등학교, 중학교, 고등학교 내내 우등생이었지만, 연거푸 대학입시에 실패한 아들은 이제 공부를 등한시하고 부모에게 반항만 하게 되었다는 것입니다.

나는 그 어머니에게 "당신의 잘못입니다."라고 말했습니다.

"당신도 교육을 받은 사람인데, 아이에게 어떻게 대하셨습니까? 학창 시절 내내 강압적으로 대하지 않았는지 반성해 보셨습니까? 항상 첫째가 되어라, 부모님을 부끄럽게 하지 마라, 사회에서 성공한 사람이 되어야 한다.

… 이제 당신 아들은 모든 걸 발로 차버리고 아무것도 원하지 않게 되었습니다. 하지만 지금이라도 당장 강요와 과잉보호를 중단한다면, 아이는 중심을 잡고 잘 헤쳐 나갈 겁니다. 자유롭게 해 줄 때 말입니다."

자녀는 곁에서 간절히 기도해 줄 사람이 필요합니다.

자녀는 곁에서 간절히 기도해 줄 사람이 필요합니다. 어머니는 마음에서 우러나는 사랑으로 자녀를 쓰다듬어 줄 뿐만 아니라 또한 기도의 손으로 쓰다듬어 주어야 합니다. 자녀는 영적으로 쓰다듬어 주는 것을 영혼 깊은 곳에서 느낍니다. 어머니는 신비롭게 이 영적 어루만짐을 자녀에게 전해주고, 그러면 자녀는 어머니에게 강한 끌림을 느끼고 안심하게 됩니다. 끊임없고 강렬하며 뜨거운 기도로 어머니가 자녀를 감싸줄 때, 자녀는 안전함을 느끼고 그렇게 해서 자신을 짓누르는 것으로부터 자유롭게 됩니다. 어머니들은 걱정하고 충고하고 많은 이야기를 해줄 줄은 알지만 정작 기도하는 것을 배우지는 못했습니다.

많은 충고나 강요는 오히려 아주 나쁜 결과를 가져올 수 있습니다. 아이들에게 너무 많은 말을 하지 마십시오. 말은 귀를 울릴 뿐이지만 기도는 마음을 어루만집니다. 믿음을 가지고 근심하지 않는 가운데 기도해야 합니다. 하지만 또한 훌륭한 모범도 필요합니다.

어느 날 내가 사는 이 수도원에 한 어머니가 나를 찾아왔습니다. 그녀는 아들 요르고스 때문에 절망하고 있었습니다. 아들 요르고스는 나쁜 친구들과 늦게까지 밖에서 지내는 등 아주 방탕한 생활을 하고 있었습니다. 그의 상태는 날이 갈수록 악화되었습니다. 어머니는 눈물 흘리며 염려하는 것 말고도 아무것도 할 수 있는 것이 없었습니다.

나는 그녀에게 이렇게 조언했습니다.

"기도하는 것 말고는 단 한 마디도 하지 마십시오."

우리는 저녁 10시부터 10시 15분까지 함께 그를 위해 기도하는 시간을 갖기로 정했습니다. 그리고 아들에게는 아무 때나 자유롭게 외출할 자유를 주고, 또 몇 시에 귀가했는지도 물어보지 말라고 했습니다. 아주 사랑스러운 마음으로 "냉장고에 음식을 남겨 두었으니 먹으렴." 하고 말할 뿐 다른 이야기는 일체 하지 말라고 했습니다. 늘 아들을 사랑으로 대하고 계속해서 기도하라고만 일러두었습니다. 어머니는 시키는 대로 했습니다. 한 이십 일쯤 지났을 때 그녀의 아들이 마침내 이렇게 말했습니다.

"엄마, 왜 내게 아무 말도 하지 않아요?"

"사랑하는 요르고스, 내가 너에게 말을 하지 않는다고? 내가?"

"엄마. 엄마는 분명 내게 무슨 불만이 있어요. 그런데도 아무 말을 하지 않고 있어요."

"귀여운 요르고스, 지금 네가 하는 말은 참 이상하구나. 지금 내가 너에게 말을 하지 않는다고? 너는 내게서 무슨 말이 듣고 싶은 거니?"

아들인 요르고스는 대답하지 않았습니다. 어머니는 수도원에 와서 내게 이렇게 말했습니다.

"신부님, 아들이 내게 와서 한 말을 어떻게 받아들여야 하죠?"

"우리의 방법이 성공한 거죠."

"무슨 방법이요?"

"내가 이야기하지 않았나요. 아이에게 말은 하지 말고 오직 은밀하게 기도만 한다면, 아이가 정신을 차릴 것이라고요."

"그럼, 아이가 드디어 정신을 차렸다는 것인가요?"

"그렇지요, 바로 이것이에요. 아이는 당신은 자신을 감시하고 간섭하길 원했던 겁니다. '어디 있었니?', '도대체 무슨 짓을 하고 돌아다니는 거니?' 라고 말입니다. 그러면 아이는 그것을 구실로 삼아 다시 소리를 지르고 반항하고 점점 더 엇나가는 것이었지요."

"정말로 그러네요. 정말로 신비로운 일이군요."

"이제 이해하셨나요? 지금 이 상황이 모든 것을 말해주고 있어요. 아들은 당신을 괴롭히고 싶었던 거예요. 아들은 엄마가 잔뜩 약이 올라서 야단치기를 은근히 기대했던 것입니다. 그런데 야단을 치지 않으니, 오히려 자기가 침울해 하고 있어요. 엄마가 슬퍼하지 않으니 오히려 자기가 슬퍼하는 것이지요. 지금까지는 자기가 원하는 대로 엄마의 약을 올리니 슬퍼하지 않았지만 엄마가 슬퍼하지 않고 아무런 반응을 보이지 않으니 이제 아들은 오히려 슬퍼하는 거에요."

어느 날 부인의 아들 요르고스는 부모에게 멀리 떠나겠다고 선언했습니다. 그리고는 직장도 그만두고 캐나다로 떠나가 버렸습니다. 그는 이미 직장 사장에게도 "저는 사직하겠습니다. 다른 사람을 알아보십시오."라고 말해둔 터였습니다. 그러는 사이 나는 그 부모에게 이렇게 말해두었습니다.

"우리는 다만 기도합시다."

"하지만 그는 당장이라도 떠날 태세입니다. 나는 그의 뒷덜미라도 잡아서 못가게 할 것입니다."라고 그 아버지가 말했습니다.

"아니, 가만 내버려 두십시오."

나는 그에게 말했습니다.

"신부님, 아이가 떠나겠다는 데도요!"

나는 이렇게 대답했습니다.

"떠나고 싶으면 떠나라고 하십시오. 당신은 기도에만 열심히 매달리십시오. 나도 함께 기도하겠습니다."

이, 삼 일 후 주일이 되었습니다. 아침 일찍 요르고스는 부모에게 이렇게 말했습니다.

"떠나겠습니다. 친구들과 함께 갈 겁니다."

"원하는 대로 하렴." 부모들은 말했습니다.

요르고스는 떠났습니다. 여자 친구 둘, 남자 친구 둘 이렇게 다섯이서 자동차 한 대를 빌려 할키다로 떠났습니다. 그들은 여기저기를 돌아 다녔습니다. 성 요한 러시아인 지역, 만두디 지역, 성 안나 지역, 바실리까 지역을 두루 돌아다녔습니다. 이렇게 돌아다니며, 에게해 해변에서 수영도 하고 먹고 마시면서 즐겼습니다. 그리고 그들은 다시 집으로 행했습니다. 벌써 저녁이 되었고, 요르고스는 술에 취한 상태였습니다. 그러나 요르고스가 운전을 했고, 그러다가 성 안나 지역에서 어떤 주택 난간을 들이받고 말았습니다. 차는 다 찌그러졌습니다. 그래서 어떻게 했겠습니까? 찌그러진 차를 끌고 천천히 아테네까지 왔습니다. 그는 아직 어둔 이른 새벽이 되어서야 집에 도착했습니다. 부모는 아무 말도 하지 않았습니다. 요르고스는 너무 피곤하여 잠에 골아 떨어졌습니다. 한참 잠을 자고 난 뒤 일어나서 그는 이렇게 말했습니다.

"아버지, 일이 이렇게 … 됐습니다. 차를 수리하려면 돈이 좀 많이 필요합니다."

아버지는 이렇게 대답했습니다.

"얘야, 너도 잘 알겠지만 나는 큰 빚을 지고 있단다. 그리도 네 동생들도 있잖니? 어떻게 하면 좋겠니?"

"그럼 제가 어떻게 해야 하죠?"

"너 하고 싶은 대로 하렴. 이제 너도 어른이잖니. 사고능력도 있고. 캐나다에 가서 돈을 벌든지. …"

"그렇게 할 수는 없어요. 지금 자동차를 수리해야 합니다."

"난 잘 모르겠다. 네가 알아서 해라."

자, 상황이 어떻게 되었을까요? 요르고스는 직장 사장을 찾아가서 빌었습니다.

"사장님, 내게 문제가 생겼습니다. 그래서 직장을 그만둘 수 없게 되었습니다. 그러니 다른 사람을 뽑지 말아주십시오."

그래서 사장은 알았다고 했습니다.

"그래, 잘 생각했다. 알았다."

"감사합니다. 그런데 제가 지금 돈이 필요합니다."

"그래. 하지만 네가 언제 떠날지 모르니, 네 아버지가 보증을 서주어야겠다."

"아니, 제가 확실히 보증하겠습니다. 아버지는 이제 더 이상 제 일에 간섭하지 않겠다고 말씀하셨어요. 그러니 제가 일해서 그 돈을 갚겠습니다."

이게 하느님의 기적이 아니면 또 무엇이겠습니까? 그의 어머니가 나를 찾아 왔을 때, 나는 그에게 이렇게 말했습니다.

"우리가 계획한 방법이 성공했습니다. 우리의 기도를 하느님께서 들어주셨습니다. 이제 당신 아들은 집에 머물 것이고, 더욱 지혜롭게 행동할 것입니다."

우리의 기도로 이렇게 되었습니다. 기적이 일어났습니다. 그 부모는 금식과 기도와 침묵에만 집중했고, 그렇게 해서 성공했습니다. 나중에 그들의 아들 요르고스가 부모 몰래 나를 찾아왔습니다. 요르고스는 성품이 훌륭한 어른으로 성장해 있었습니다. 항공사에 취직하여 일하는 그는 어엿하게 한 가족의 훌륭한 아버지로 살아가고 있습니다.

자녀를 위해 기도는 많이 하되, 충고는 될수록 적게 하십시오.

모든 일은 기도와 침묵 그리고 사랑을 바탕으로 성취됩니다. 기도의 결과가 무엇인지 이해하시겠습니까? 기도 속의 사랑, 그리스도 안에서의 사랑 말입니다. 지극히 병적인 본성을 가진 인간적인 사랑으로 자녀들을 사랑하는 한, 그들은 점점 더 혼란에 빠질 것이고, 부정적으로 행동하게 될 것입니다. 하지만 부부의 사랑, 부모 자식 간의 사랑이 그리스도교적이고 거룩하다면, 여러분은 아무런 문제도 없을 것입니다. 부모의 거룩한 삶은 자녀들을 구원합니다. 이렇게 되려면, 하느님의 은총이 부모의 영혼에 작용해야 합니다. 누구든지 자기만의 힘으로는 거룩해질 수 없습니다. 자녀들의 영혼에 빛을 비춰주고, 따뜻하게 해주고, 생명을 주는 것은 바로 하느님의 이 은총입니다.

자녀 문제나 그 밖의 문제들에 대해 상담하기 위해서 사람들은 자주 내게 전화를 겁니다. 심지어 외국에서도 전화를 합니다. 오늘은 밀라노에서 한 어머니가 내게 전화를 해서, 자녀들 앞에서 어떻게 행동해야 좋은 것인지 조언을 부탁했습니다. 그래서 나는 이렇게 대답했습니다.

"기도하십시오. 말이 필요하다면 사랑을 가지고 말하십시오. 기도는 더 많이 하고 말은 적게 하십시오. 그 누구를 위해서든 기도는 많이 말은 적게 하십시오. 그 누구라도 귀찮게 하는 존재가 되지 마십시오. 다만 은밀하게 기도 하십시오. 그런 다음에 필요하다면 말을 건네십시오. 그러면 하느님은 우리의 말이 상대에게 받아들여졌는지 우리 마음속에서 알 수 있게 해주십니다. 그런 경우가 아니라면 말하지 맙시다. 다만 은밀하게 기도만 합시다. 왜냐하면 말하는 것 자체가 다른 사람들을 귀찮게 하고 반발심을 불러오기 때문입니다. 가끔씩은 이 반발심이 겉으로 표출되어 심한 갈등을 불러일으키기도 합니다. 그러므로 가장 좋은 방법은 은밀한 기도를 통하여 다른 사람의 마음속에 은밀히 들어가는 것입니다. 이것이 귀에 대고 시끄럽게 말하는 것보다 훨씬 좋습니다.

그러므로 먼저 기도하고, 그런 후에 말하라고 권고합니다. 특히 자녀들에게 이 방법을 적용해 보십시오. 계속해서 충고만 하면 자녀들은 당신을 지겹게 여길 것이고, 야단만 치면 심한 압박감에 느낄 것입니다. 그러므로 기도를 더 선호하십시오. 기도로 말하십시오. 먼저 모든 것을 하느님께 말씀 드리십시오. 그러면 하느님이 자녀들 안에서 말씀해 주십니다. 다시 말해서 귀로 들을 수 있는 그런 음성을 통해 아이들에게 조언하지 않도록 해야 합니다. 물론 그렇게 해야 할 때도 있습니다. 그럴 때조차 자녀에 관한 모든 것을 먼저 하느님께 말씀드리십시오. '주 예수 그리스도시여, 우리 아이들에게 빛을 비춰주십시오. 나는 당신께 제 아이들을 맡깁니다. 당신은 제게 이 아이들을 주셨으나 저는 너무도 나약하고 어리석어서 잘 돌보지 못합니다. 그러니 제발 우리 아이들에게 당신의 빛을 비춰주십시오.' 그러면 하느님은 자녀들에게 말씀하실 것이고, 결국 아이들은 이렇게 말하게 될 것입니다. '말썽을 부려 부모님을 속상하게 하지 말았어야 했는데.' 하느님의 은총으로 이런 한탄과 후회가 그들의 마음 깊은 곳에서 우러나게 될 것입니다."

부모는 하느님께 말씀 드리고 하느님이 자녀들의 마음속에서 말씀하시게 하는 이 방법이야말로 가장 완벽한 방법입니다. 이러한 방법이 아니라면 부모가 아무리 반복해서 말해도, 자녀들은 그것을 그저 잔소리로 여기고 짜증만 내게 됩니다. 그냥 귀로만 흘려듣다가 마침내 부모의 반복되는 이야기를 억압의 한 종류로 받아들입니다. 그리고 자녀가 자라면서 점점 더 반항이 심해져, 부모가 억압한 것에 대해 복수합니다. 반면 언제나 그리스도의 사랑으로 밀하고 부모 스스로 거룩한 삶을 보여준다면, 그것이야말로 가장 완벽한 방법입니다. 자녀들을 바르게 만들어 주는 것은 인간적인 노력이 아니라 부모 자신의 거룩한 삶의 빛이기 때문입니다.

자녀들이 어떤 문제로 인해서 큰 상처를 받고 외상성 장애를 겪고 있다면, 아무리 거칠게 반항하고 대꾸한다 해도 거기에 영향을 받아서는 안 됩니다. 실제로는 자녀도 그것을 원치 않지만 달리 어떻게 해 볼 도리가 없어서 어쩔 수 없이 그렇게 표출되는 것이기 때문입니다. 그리고는 곧 후회합니다. 그런데도 당신이 아픔을 겪고 있는 자녀에게 도리어 화를 내고 짜증을 낸다면, 당신은 결국 악마와 하나가 되는 셈이고, 그렇게 해서 자녀와 부모 모두가 악마의 노리개가 될 뿐인 것입니다.

주 안에서 가장 훌륭한 교육은 바로 부모의 거룩한 삶입니다.

자녀들의 얼굴에서 하느님을 보아야 하고, 자녀들에게 하느님의 사랑을 주어야 합니다. 자녀들 또한 기도하는 법을 배워야 합니다. 자녀들이 기도할 수 있으려면, 기도하는 부모의 피를 물려받아야 합니다. 이것을 이해하지 못하고 "부모가 기도하고 아주 경건한 삶을 살고 또 '주님의 정신으로 교육하고 훈계하며 잘 기르기만' (에페소 6:4) 한다면, 자녀들은 저절로 선한 사람이 될 것"이라고 말하는 사람도 있습니다. 보십시오. 지나친 강요로 정반대의 결과가 초래되는 예들입니다.

부모가 경건한 것만으로는 충분치 않습니다. 자녀들을 착한 사람으로 만들겠다는 의도겠지만 힘으로 자녀들을 강요하려 해서는 안 됩니다. 부모는 아주 종교적인 환경에서 자녀들을 보살핀다고 자부할지 모르지만 실제로는 부모의 이기적인 행동일 가능성이 높습니다. 그것은 결과적으로 자녀들을 그리스도로부터 멀어지게 하는 것이 될 수도 있습니다. 자녀들은 강요를 싫어합니다. 자녀들이 부모를 따라 교회에 오도록 강요하지는 마십시오. 여러분은 이렇게 말할 수 있습니다. "원한다면 나와 함께 교회에 가도 좋고 아니면 나중에 교회에 다녀도 돼."라고 말입니다. 하느님이 이들의 영혼 안에서 말씀하시도록 놔두십시오. 종종 경건한 부모 밑에서 자란 자녀들이 반항하여 교회를 멀리하고 떠나가 버리는 것은 자칫 경건하고 훌륭하다고 생각하는 부모의 강요와 억압에 대한 복수심리가 작용했기 때문입니다. 스스로 경건하다고 굳게 믿는 부모는 자녀들을 잘 돌봐준다고 굳게 믿지만, 도리어 훌륭한 그리스도인이라고 자신만만해 한 그들이 세속적이고 인간적인 사랑으로 자녀들을 억압하기 때문에 정반대의 결과를 초래하기도 합니다. 억압을 당하면서 자란 자녀들은 십대 후반이 되면 정반대로 행동합니다. 나쁜 친구들을 사귀고 나쁜 언행을 하며 반항합니다.

반면에 자유로운 분위기에서 편안을 누리며 자연스럽게 부모의 모범을 보면서 성장하는 그런 아이들을 보는 것은 참으로 기쁜 일입니다. 비결은 바로 여기 있습니다. 자녀들에게 영감을 불어 넣어주고 빛을 비추어 주기 위해서는 부모가 먼저 훌륭한 사람, 성인이 되려고 노력해야 합니다. 아이들은 부모의 삶에서 뿜어 나오는 빛에 영향을 받습니다. 부모는 "고백성사를 해라, 성체성혈을 받아라. 이것을 해라, 저것을 해라." 하고 계속 주장하고 명령합니다. 하지만 아무 소용이 없습니다. 반면에 자녀들은 부모인 당신을 봅니다. 당신의 생활과 당신에게서 나오는 빛을 봅니다. 거기에 비밀이 숨어 있습니다. 자녀들이 어릴 때부터 이렇게 모범을 보인다면, 성장해서도 지도하기가 더욱 수월해집니다. 이 주제에 대해 지혜로운 솔로몬은 훌륭한 예를 들어 설명해 줍니다. 바른 출발, 바른 토대의 중요성을 강조하면서 말입니다. 그는 「지혜서」에서 이렇게 말합니다.

> 지혜를 얻으려고 아침 일찍이 일어나는 사람들은 쉽게 지혜를 찾을 것입니다. 지혜는 바로 네 문간에 와서 앉아 있을 것입니다.
>
> (지혜서 6:14)

젊었을 때부터 이 지혜를 잘 배워나가야 합니다. "아침 일찍부터 지혜를 찾는 자"란 어렸을 때부터 지혜를 소유한 자를 말합니다. 그 지혜는 바로 그리스도이십니다.

부모가 거룩한 삶을 삶으로써 자녀들에게 그 거룩함을 전달해주고 주님 안에서 훈육을 할 수 있다면 자녀는 어떤 악한 영향, 어떤 최악의 환경에 처하더라도 영향을 받지 않을 것입니다. 왜냐하면 그의 문 밖에 서 계시는 지혜이신 그리스도를 언제든지 발견할 수 있기 때문입니다. 이것을 얻기 위해 애써 수고하지 않아도 됩니다. 바르고 선한 사람이 되기가 현실적으로는 참 어려워 보이지만, 어렸을 때부터 좋은 경험들 속에서 살면서 바른 출발을 하게 된다면 그것처럼 쉬운 일도 없습니다. 그러면 성장해서도 큰 수고를 들일 필요가 없게 됩니다. 이 선함이 이미 마음속에 자리 잡고 있고, 또 그것으로 살아가기 때문입니다. 이미 그것을 소유하고 있고, 또 경험하고 있기 때문에 수고하지 않아도 됩니다. 잘 지켜나가고 잘 보존하기만 한다면, 이 선은 평생 당신의 재산이 될 것입니다.

여러분은 학교에서도 기도와 거룩한 삶을 통해서 아이들을 도울 수 있습니다.

부모에게 적용되는 이 모든 진실이 교육자에게도 적용될 수 있습니다. 학교에서도 기도와 거룩한 삶을 통해서 아이를 도울 수 있다는 말입니다. 하느님 은총의 그늘이 그들을 덮어주어 선하게 만들어 줄 수 있습니다. 소위 '문제아'들을 인간적인 방법으로 고치려 하지 마십시오. 결코 좋은 결과를 얻을 수 없습니다. 오직 기도를 통해서만 좋은 결과를 얻을 수 있습니다. 모든 사람들을 위해 주님의 은총을 간구하십시오. 그들의 영혼 안에 주님의 은총이 스며들어 변화를 일으키도록 말입니다. 이것이 바로 그리스도인다운 방법입니다.

교육자는 자기도 모르는 사이에 근심을 아이들에게 전달하고 그들에게 영향을 줍니다. 믿음이 있다면 모든 근심이 사라집니다. 우리는 뭐라고 기도합니까? "우리의 모든 삶을 하느님이신 우리 주 예수 그리스도께 맡깁시다."[34]라고 기도하지 않습니까?

신중하게 아이들의 사랑에 응답하십시오. 아이들이 여러분을 사랑하게 될 때 여러분은 그들을 그리스도에게로 인도할 수 있습니다. 바로 여러분이 그들의 통로가 될 것입니다. 여러분의 사랑을 참되게 하십시오. 부모들이 흔히 그렇듯 인간적인 방법으로 아이들을 사랑하지 마십시오. 그것은 아이들에게 도움이 되지 않습니다. 기도 안에서의 사랑, 그리스도 안에서의 사랑. 이 사랑이야말로 진정 이롭습니다. 당신이 바라보고 있는 아이들 한 명 한 명을 위해 하느님께 기도하십시오. 그러면 하느님은 은총을 보내주실 것이고, 그를 하느님 자신과 연합시켜 주실 것입니다. 교실에 들어가기 전에, 특별히 문제가 많은 학급 수업에 들어가기 전에, 먼저 기도하십시오. "주 예수 그리스도 하느님의 아들이여, 죄인인 나를 불쌍히 여기소서." 교실에 들어가면서 모든 학생들을 눈빛으로 안아주십시오. 기도한 연후에 최선을 다해 가르치십시오. 그리스도께 이렇게 봉헌하면 여러분도 기쁨을 얻을 것입니다. 이렇게 하면 여러분과 아이들은 거룩하게 될 것입니다. 이렇게 하여 여러분은 직장에서도 선한 그리스도인으로 살아감으로써 그리스도의 사랑 안에서, 교회의 사랑 안에서 살게 될 것입니다.

학생이 문제를 일으킨다면 먼저 전체를 둘러보고 이렇게 충고해 주십시오.

"여러분, 우리는 공부하기 위해 모였어요. 나는 여러분들을 도와주기 위해 여러분과 함께 있는 것이고요. 인생에서 성공하려면 여러분 자신도 열

---

34) 정교회 모든 예식에서 바쳐지는 소연도와 대연도의 마지막 기도문.

심히 노력해야 해요. 나도 여러분을 진정으로 사랑하기 때문에 이렇게 열심히 가르치는 겁니다. 그러니 우리 모두가 바라는 것을 얻기 위해, 이제 조용히 합시다."

그러나 문제 학생들을 지목하여 쳐다보지 마십시오. 그래도 계속 문제를 일으키면 그에게 말하십시오. 하지만 화를 내지 말고 진지하게 확고한 태도로 그렇게 하십시오. 학생들의 영혼이 좋은 영향을 받도록 교실에서는 특별히 분위기에 신경을 쓰십시오. 아이들이 문제를 일으키는 것은 그들 자신의 잘못이 아닙니다. 그것은 어른들 때문입니다.

아이들에게 그리스도나 하느님에 대해 너무 많은 이야기를 하지 마십시오. 대신 아이들을 위해 하느님께 기도하십시오. 말은 귀청을 울릴 뿐이지만, 기도는 그들 마음 안으로 들어갑니다. 비결 하나를 알려 드리겠습니다. 수업을 시작하는 첫 날에는 수업을 하지 마십시오. 대신 유익한 이야기를 들려주십시오. 단어 하나하나 신경 써서 말하십시오. 그리고 아이들에 대한 사랑을 보여주십시오. 처음부터 하느님이나 영혼에 관해서 말하지 마십시오. 이것은 나중에 해도 괜찮습니다. 그러나 하느님에 대해 말할 때는 잘 준비를 해서 이렇게 말하십시오.

"많은 사람들이 의심하는 주제가 하나 있어요. 바로 하느님에 대한 것이지요. 여러분의 생각은 어떻습니까?"

그런 후에 대화를 이어가십시오. 그 다음 날은 학생들에게 "영혼은 존재할까요?"라고 질문하고 설명해 주십시오. 그 다음에는 악에 대해서 철학적으로 설명해주십시오. 우리 안에 선한 인격과 악한 인격이 있다는 것, 선한 인격을 가꾸어야 한다는 것, 선한 인격은 발전과 선함과 사랑을 원한다는 것, 사회 속에서 선한 사람이 되려면 바로 이 선한 인격을 일깨워야 한다는 것을 말해주십시오. 이 성가를 기억하십시오. "내 영혼아, 내 영혼아, 깨어 일어날지어다. 어찌하여 졸고 있느냐?"[35] 하지만 이 성가를 있는 그대로 읊을 것이 아니라 아이들에게 맞게 이렇게 말하면 좋을 것입니다. "여러분, 공부를 위해, 선함을 위해, 사랑을 위해, 여러분은 깨어나야 합니다. 오직 사랑만이 모든 것을 아름답게 하고 우리 삶을 채워주고 의미를 얻게 해주지요. 우리 안에 있는 악한 자아는 우리에게 게으름과 무관심을 요구해요. 그런데 바로 이것이 우리의 삶을 아무런 맛도 없고 의미도 없고 아름답지도 못한 것으로 만들어 버리지요." 하지만 이 모든 것은 준비가 필요합니다. 사랑은 희생을, 특별히 시간의 희생을 요구합니다. 아이들에게 뭔가 줄 수 있으려면, 먼저 당신 자신이 교양을 쌓는 데 우선순위를 두어야 합니다. 항상 준비된 상태여야 합니다. 그리고 모든 것을 사랑과 기쁨으로 말하십시오. 아이들 모두에게 여러분의 사랑을 보여주십시오. 여러분이 원하는 것, 여러분이 말하고 있는 것이 무엇인지 분명히 알아야 합니다. 하지만 그것을 아이들과 함께 공유하기 위해서는 기술이 필요합니다. 이 주제에 대해 아주 멋진 이야기를 들은 적이 있습니다. 잘 들어보십시오.

모든 학생들에게 존경받는 선생님 한 분이 계셨습니다. 하지만 그는 한 명의 반항하는 학생 때문에 골치를 앓고 있었고 그래서 그 학생을 퇴학조치 할 생각까지 하고 있었습니다. 이런 상황에서 새로운 교사가 그 학급을 담당하게 되었습니다. 그는 문제 학생에 대한 정보를 얻었습니다. 특별히 그 아이가 자전거에 큰 애착을 가지고 있다는 것을 알고는 두 번째 수업 시간에 이렇게 말했습니다.

"얘들아, 내가 속상한 일이 하나 있단다. 내가 학교에서 먼 곳에 살아서 걸어서 이곳까지 오사니 너무 다리가 아프단다. 그래서 자전거를 타고 다니고 싶은데, 탈 줄 모르니 난감하구나. 누가 나에게 자전거 타는 방법을 가르쳐 줄 수 있을까?"

문제의 학생이 얼른 일어나서 말했습니다. "저요. 제가 선생님께 자전거

---

35) 사순절에 읽는 『크레타의 성 안드레아 참회의 대까논』에 나오는 콘다키온.

타는 법을 가르쳐 드리겠습니다."

"자전거를 탈 줄 아니?"

"네, 압니다."

그때부터 둘은 아주 가까운 사이가 되었습니다. 그뿐만이 아니라 그 아이를 보기만 해도 넌더리를 치던 이전의 담임교사도 그 아이와 친하게 되었습니다. 이 교사는 자신이야말로 학생들을 잘 다룰 줄 모르는 무능한 교사라고 자책할 정도였습니다. 학교에는 종종 고아들이 있습니다. 고아를 돌보고 가르치는 것은 매우 세심한 배려가 필요한 문제입니다. 부모가 없어 그 사랑을 느끼지 못하고 자란 아이들의 삶은 참으로 불행합니다. 그러나 그리스도를 영적인 아버지로, 성모님을 영적인 어머니로 모신다면 그들은 더욱 쉽게 성인이 될 수도 있습니다. 사랑과 이해를 가지고 고아를 대하는 한편 그들이 그리스도와 교회와 연결될 수 있도록 인도해야 합니다.

하느님의 도움을 간구하도록 아이들을 가르치십시오.

아이들의 발전을 보장해주는 위대한 비밀, 묘약이 있다면 그것은 바로 겸손입니다. 하느님에 대한 신뢰는 절대적인 안전을 가져다줍니다. 하느님은 모든 것입니다. 누구도 "내가 전부다."라고 말할 수 없습니다. 그것은 이기심만 강화시킬 뿐입니다. 하느님은 우리가 아이들을 겸손으로 인도해주길 바라십니다. 겸손이 없다면, 우리나 아이들 모두 아무것도 이룰 수가 없습니다. 아이들에게 용기를 줄 때는 조심해야 할 부분이 있습니다. 아이들에게 "너는 아주 소중한 사람이야. 너는 잘 해 낼 수 있어. 너는 용감한 사람이야. 너는 완벽해!" 이렇게 이야기해서는 안 됩니다. 이렇게 말하는 것은 아이들에게 아무 도움도 주지 못합니다. 그러나 아이들에게 기도하라고 말해 줄 수는 있습니다. "얘야, 네가 가지고 있는 재능들은 하느님께서 주신 거란다. 그 재능을 잘 길러 성공할 수 있게 힘을 달라고 하느님께 기도하렴." 이러한 조언이 가장 완벽한 것입니다. 모든 일에 있어서 하느님의 도움을 요청할 수 있도록 아이들을 가르쳐야 합니다.

아이들에게 도가 지나친 칭찬은 도리어 해가 됩니다. 하느님은 이렇게 경고하십시오.

> 오, 너희를 바로 인도할 자들이 도리어 엉뚱한 길로 이끌어 너희의 갈 길을 망쳐놓는구나.
>
> (이사야 3:12)

사람의 칭찬은 도리어 우리를 오류 속에 빠뜨리고 우리 인생길을 혼란스럽게 만들어 버립니다. 하느님의 말씀은 얼마나 지혜롭습니까! 칭찬은 아이들로 하여금 인생의 어려운 문제들을 헤쳐나갈 수 있도록 준비시키지 못합니다. 그들은 방향감각을 잃고 혼란에 빠져 마침내 인생에서 실패하게 됩니다. 오늘날 세상은 정반대의 태도를 취합니다. 아이들에게 칭찬하고 아첨만 합니다. 아이들을 혼내서도 안 되고 아이들의 뜻을 거슬러도 안 된다고 말합니다. 아이들을 억눌러서도 안 된다고 말합니다. 세상의 이런 흐름에 익숙해진 아이들은 아주 작은 어려움에도 대처할 수 없는 사람이 되고 맙니다. 그래서 조금이라도 괴로운 일을 만나면 꺾이고 맙니다. 내적인 힘이 전혀 없는 사람이 되고 맙니다.

아이들의 삶을 실패로 인도하는 주범은 먼저는 부모이고 그 다음은 교사입니다. 그들은 계속해서 칭찬만 합니다. 아이들의 이기심만 강화시킬 뿐인 그런 이야기들을 잘도 골라 합니다. 아이들을 하느님의 성령께로, 교회로 인도하기는커녕 오히려 더 멀어지게 합니다. 그래서 조금 더 나이 들어,

학교에 가게 되면, 종교에서 멀어지고, 또 멀리하게 됩니다. 하느님에 대해, 부모에 대해, 모든 사람에 대해 공경심을 잃게 됩니다. 제멋대로 고집부리며 몰상식하게 살면서, 종교도 하느님도 더 이상 존귀하게 여기지 않게 됩니다. 이렇게 해서 이기적인 삶에 몰두하게 될 것이니, 이제 그리스도교와는 하등 관계없는 사람이 되어 버립니다.

칭찬만 계속하는 것은 아이들의 교육에 이롭지 않습니다.

칭찬만 계속하는 것은 아이들의 교육에 이롭지 않습니다. 그것은 오히려 아이들을 이기적이고 허영심 가득한 사람으로 만듭니다. 그렇게 자란 아이들은 비록 거짓말이라도 평생 사람들이 자신을 계속해서 칭송해주길 바랍니다. 불행하게도 오늘날 모든 사람은 너무나 떳떳하게 거짓말을 하도록 배웠고, 또 허영심 때문에 그런 거짓 칭송에 길들여졌습니다. 이 거짓 칭송은 모든 이들의 나날의 양식이 되었습니다. 그래서 "거짓말일지라도 조롱일지라도 남을 칭찬하고 아첨하여라."라고 말합니다. 하지만 하느님은 이것을 원치 않으십니다. 하느님은 오직 진실을 원하십니다. 불행하게도 우리 모두는 이것을 알지 못하고, 오히려 정반대로 행동하고 있습니다.

적대자 사탄은 무분별하게 계속 칭찬만 들은 아이들을 유혹합니다. 아이들 마음속에서 이기심을 발동하게 만듭니다. 아주 어려서부터 부모와 선생님으로부터 칭찬받는 데 익숙해진 아이들이 학업에서 좋은 결과를 얻을 수도 있습니다. 하지만 그것이 무슨 소용입니까? 삶에서 그들은 그리스도인이 아닌 이기주의자가 될 것입니다. 이기주의자는 모든 이들이 자신을 계속 칭찬해주고, 사랑해주고, 좋은 말만 해주길 바랍니다. 하지만 하느님과 교회와 그리스도는 이것을 전혀 원치 않으십니다.

우리 그리스도교는 이런 방법을 원치 않습니다. 이러한 교육법을 거부합니다. 그와는 정반대로 그리스도교는 아이들이 어려서부터 진리를 배우기를 원합니다. 그리스도의 진리는 사람을 칭찬하는 것은 그를 이기주의자로 만드는 것이라고 가르칩니다. 이기적인 사람은 혼동에 빠진 사람입니다. 그는 악마에 의해 악한 정신에 의해 인도되는 사람입니다. 이렇게 이기주의 안에서 성장한 사람은 결국 하느님을 부정하게 될 것이고, 사회 부적응자가 될 것입니다.

그러므로 진실만을 말해야 합니다. 사람들이 진실을 배우도록 해야 합니다. 우리가 진실을 말하면 듣는 사람은 그것을 알아차리고 주의하게 됩니다. 또 남의 말을 귀 기울여 듣고, 자기 자신을 잘 통제하는 사람이 됩니다. 아이들에게도 이렇게 해야 합니다. 아이들에게 항상 진실을 말해주어야 하고, 잘못한 일이 있을 때는 따끔하게 야단쳐야 합니다. 지혜자 솔로몬도 "자식이 미우면 매를 들지 않고 자식이 귀여우면 채찍을 찾는다."(잠언 13:24)고 하지 않았습니까? 그렇다고 해서 아이에게 채찍을 들라는 말이 아닙니다. 그것은 도를 넘는 것이고 반대의 결과를 가져올 것이기 때문입니다.

어려서부터 칭찬만 해준다면, 그것은 아이들을 이기주의로 이끌 뿐입니다. 아이들을 이기주의자로 망쳐놓는 방법은 너무 간단합니다. 무조건 착하다 잘했다고 말함으로써 아이의 자아에 바람을 불어넣기만 하면 됩니다. 그러면 아이들도 "나를 칭찬해주는 사람이 좋은 사람이야."라고 생각하게 될 것입니다. 이런 상황은 결코 바람직하시 않습니다. 사람이 이기수의 안에서 성장하면, 내면에 혼란이 생겨납니다. 그로 인해 고통당하고, 무엇을 해야 할지 모르게 됩니다. 이러한 정신적 혼란의 원인은 바로 이기주의입니다. 정신과 의사들이 이러한 문제를 연구한다면, 그들도 금방 이기주의야말로 큰 병이라는 것을 발견하게 될 것입니다.

우리 이웃을 과장되게 칭찬하거나 아첨해서는 안 됩니다. 오히려 그들을 겸손과 하느님 사랑으로 인도해야 합니다. 남에게서 사랑받으려고 거짓으로 칭찬하고 칭송해서는 안 됩니다. 우리가 먼저 사랑하는 법을 배워야 하며, 다른 사람이 우리를 사랑하도록 요청해서는 안 됩니다. 우리는 사랑하는 법을 배워야지, 남이 우리를 사랑해주길 바래서는 안 됩니다. 우리는 아무 대가도 바라지 않고 또 칭찬이나 사랑을 기대하지 않으면서, 모든 사람을 사랑해야 하고, 할 수 있는 한 최선을 다해 그리스도 안에 있는 우리 형제들을 위해 희생해야 합니다. 그러면 그들도 하느님이 그들 내면에서 하라고 말씀하시는 대로 우리에게 행동할 것입니다. 그들이 그리스도인이라면, 우리가 그들에게 행한 도움이나 원조나 몇 마디의 선한 말에 대해 그들은 하느님께 감사와 영광을 돌릴 것입니다.

학교에서도 이렇게 아이들을 인도해야 합니다. 이것이 진실입니다. 그렇지 않으면 아이들이 현실에 적응하지 못하게 될 것입니다. 그들은 무슨 일을 하는지 모르고 어디로 가는지도 알지 못하게 됩니다. 잘못은 우리에게 있습니다. 우리가 그들을 그렇게 만들었기 때문입니다. 우리가 그들을 진리와 겸손과 하느님 사랑으로 인도하지 못했기 때문입니다. 우리가 그들을 이기주의자들로 만들어 버렸습니다. 보십시오, 그 결과가 무엇인지 말입니다!

하지만 겸손한 부모를 가진 아이들도 있습니다. 이런 부모는 어려서부터 아이들에게 하느님에 대해, 거룩한 겸손에 대해 가르쳐줍니다. 이렇게 자란 아이들은 결코 동료 형제들과 문제를 일으키지 않습니다. 그들은 잘못을 지적당하면 화를 내는 대신 오히려 고치려고 노력하고, 이기주의자가 되지 않게 해달라고 하느님께 기도드립니다.

내 자신과 관련해서 무슨 말을 해드릴까요? 아토스 성산에 갔을 때 나는 정말로 성인과 같은 영적 아버지들을 만나는 행운을 누렸습니다. 이들은 절대로 '브라보'라고 칭찬해 주지 않았습니다. 하느님을 어떻게 사랑해야 하는지 늘 충고해 주었고 내가 어떻게 겸손한 사람이 되어야 하는지도 말씀해 주셨습니다. 하느님께서 내 영혼을 더욱 견고하게 해주시고 또 그분을 더욱더 사랑할 수 있게 해달라고 늘 기도하고 간구하라고 가르쳐 주셨습니다. 그래서 나는 '브라보'라는 단어가 있는지도 몰랐고, 이 말을 듣고 싶어 하지도 않았습니다. 오히려 나는 영적 아버지들께서 나를 야단치지 않으시면 속상했습니다. "이런, 나는 아직도 훌륭한 영적 아버지를 찾지 못했군." 하고 독백하곤 했습니다. 나는 그분들이 나를 더욱 엄격하게, 더욱 준엄하게, 더욱 따끔한 질책으로 대해주길 원했습니다. 내가 지금 하는 이 말을 어떤 그리스도인이 듣는다면 당치도 않는 말이라며 반문할지도 모릅니다. 허튼 소리라 여기며 그냥 무시해 버릴지도 모릅니다. 그럼에도 불구하고 이것이 올바른 것이고, 겸손과 진실입니다.

나의 부모도 나를 칭찬해 주신 적이 없습니다. 나 또한 칭찬을 원하지 않았습니다. 그래서 나는 무슨 일을 하든지 아무런 대가도 바라지 않고 했습니다. 이제 사람들은 나를 칭송합니다. 하지만 나는 이 상황이 매우 불편합니다. 어떻게 말할 수 있을까 … 남들이 내게 '브라보'라고 말하는 것을 들을 때, 나는 속에서 한숨과 불만이 나옵니다. 하지만 겸손을 배우게 된 것이 내게 조금도 해가 되지 않았습니다. 사람들이 나를 칭송하길 원치 않는 이유가 무엇일까요? 칭송과 칭찬은 사람으로 하여금 방향감각을 잃게 만들고, 하느님의 은총을 멀어지게 하는 것이기 때문입니다. 하느님의 은총은 오직 한 가지 방법, 오직 겸손을 통해서만 옵니다. 겸손한 사람은 완성된 사랑입니다. 그러니 이처럼 아름다운 일이 또 있을까요? 그렇지 않습니까?

누구든지 이런 말을 듣는다면 이렇게 반문할 것입니다. "무슨 말씀입니까? 칭찬하지 않으면 아이들은 책도 읽지 않고, 공부도 하지 않고, 아무것도 하지 않으려 할 것입니다. …" 설사 그런 경우에도 문제는 우리 자신입니다. 우리 자신이 그런 모습을 보이기 때문이라는 것입니다. 아이들을 그렇게 만드는 것은 바로 우리 자신의 모습이라는 것입니다. 다시 말해 그것은 우리가 진리에서 멀어져 있다는 것을 말해줄 뿐입니다. 사람을 낙원에서 쫓아낸 것은 바로 이기심입니다. 이기심은 엄청난 악입니다. 첫 번째 인간인 아담과 이브는 꾸밈없고 겸손한 사람이었습니다. 그래서 낙원에서 살았습니다. 그들에겐 이기심이 없었습니다. 신학 용어로 말하자면 그들은 "최초의 상태"에 있었습니다. 최초의 상태라 함은 하느님이 처음 인간을 창조하실 때 주신 은총들, 즉 생명, 불멸성, 양심, 자유, 사랑, 겸손과 같은 은총을 소유한 상태를 말합니다. 하지만 악마는 칭찬으로 사람들을 속였습니다. 사람들을 이기심으로 오염시켰습니다. 하느님이 창조하신 인간의 본래 모습은 바로 겸손한 사람입니다. 반대로 이기심은 자연스럽지 못한 것이고, 병든 것이며 본성에 반(反)하는 것입니다.

이렇게 우리는 아이들을 칭찬하기만 함으로써 "내가 최고"라는 의식을 심어주었고, 그렇게 해서 아이들의 이기심을 극도로 강화시켰습니다. 우리는 아이들에게 이렇게 큰 잘못을 저지른 것입니다. 그렇게 해서 아이들로 하여금 악마의 손아귀에 더욱 쉽게 놀아나게 만들어 버린 것입니다. 그들은 자라면서 삶의 모든 가치들로부터 멀어지게 됩니다. 이 모든 것이 아이들을 망치고 반역의 인간이 되게 한 것이라고 생각되지 않으십니까? 원인은 그 부모들이 어려서부터 그들 마음속에 심어놓은 이기심입니다. 그런데 가장 이기적인 존재는 악마, 즉 추락한 천사 루시퍼입니다. 이기심에 사로잡힌 우리 안에는 추락한 천사 루시퍼가 살고 있는 것이고, 우리 또한 악마와 함께 살고 있는 것입니다. 그래서 겸손하게 살 수 없는 것입니다. 반대로 겸손은 하느님께 속한 것입니다. 그것은 또한 사람의 영혼에 없어서는 안 되는 것입니다. 그것은 우리의 몸의 가장 중요한 부분과 같은 것입니다.

그러므로 겸손이 없는 것은 마치 우리 몸에 심장이 없는 것이나 다름없습니다. 하지만 사람은 이기심과 함께 사악한 영의 편에 섭니다. 그래서 이기심은 언제나 선한 영이 아니라 악한 영을 따라 자라납니다.

악마는 이렇게 만드는 데 대단한 성공을 했습니다. 악마는 이 땅을 온통 미로로 만들어 놓아서, 우리가 서로 소통하지 못하게 해 놓았습니다. 이것이 바로 우리도 모르게 우리에게 닥쳐온 현실입니다. 우리가 어쩌다가 이런 잘못에 빠져들었는지 아시겠습니까? 우리는 이 땅을, 이 시대를 거대한 정신병원으로 만들어버리고 말았습니다. 그런데도 우리는 아직도 무엇이 잘못인지 깨닫지 못하고 있습니다. 우리 모두는 의아해 합니다. "어떻게 된 겁니까? 어디로 가는 겁니까! 우리 아이들은 왜 밖으로만 나돌까요? 왜 가출을 할까요? 왜 삶을 포기하고, 공부를 포기할까요? 왜 이 지경이 됐을까요?" 악마는 교묘하게 자신의 정체를 숨겨서 사람들로 하여금 그 원인을 엉뚱한 데서 찾도록 하는 데 성공하였습니다. 어떤 사람이 심리적으로 고통 받을 때 의사들과 정신 분석가들은 이렇게 말합니다. "아, 당신은 신경증을 앓고 있군요! 아, 당신은 불안증에 시달리고 있군요!" 이런 식입니다. 그 배후에 악마가 숨어서 교묘하게 이기심으로 사람들을 치켜세운다는 사실을 인정하지 않습니다. 그러나 악마는 분명히 존재하는 악한 영입니다. 악마가 없다고 주장하는 것은 악마를 언급하는 성경 자체를 부정하는 것입니다. 악마는 우리의 적이고 그리스도의 적입니다. 적그리스도입니다. 그리스도는 우리를 악마로부터 해방시켜 주시고 우리에게 구원을 주시기 위해 이 땅에 오셨습니다.

이 모든 사실로부터 이끌어낼 수 있는 결론은 아이들이 칭송이나 칭찬을 바라지 않고 겸손하고 소박하게 살아가도록 가르쳐야 한다는 것입니다. 겸손이 필요하다는 것, 겸손이 우리 삶을 건강하게 해준다는 것을 가르쳐주어야 합니다.

현대사회의 사고방식은 아이들에게 악영향을 끼칩니다. 현대사회의 심리학과 교육학은 아이들을 하느님에 대한 불신앙으로 몰아갑니다. 그것은 아이들이 스스로 자신을 통제할 능력을 잃어버리게 만듭니다. 결과적으로 우리 아이들과 젊은이들이 어떻게 되었습니까? 오늘날 젊은이들은 "우리를 이해해 주어야 한다."고 강변합니다. 그러나 젊은이들에게 끌려 다녀서는 안 됩니다. 반대로 그들을 위해 기도해야 합니다. 진리를 말해주어야 합니다. 우리가 참되게 살아야할 뿐만 아니라 또 참된 삶을 젊은이들에게 요구해야 합니다. 젊은이들의 사고방식에 맞추려 해서는 안 됩니다. 그리스도교 신앙의 위엄을 파괴해서는 안 됩니다. 그들을 돕겠다는 핑계로 그들의 정신 상태에 맞추려 해서는 안 됩니다. 우리 자신의 정체성을 지켜나가야 하고, 진리와 빛을 선포해야 합니다.

아이들이 교회의 스승들로부터 배울 수 있게 해야 합니다. 교부들의 가르침은 아이들에게 고백성사에 대해, 정념들에 대해, 또 악한 성향들에 대해 어떻게 해야 하는지 가르쳐 줄 것입니다. 성인들이 자신 안에 있는 악들을 어떻게 이겨냈는지 말해줄 것입니다. 하느님이 아이들 안에 들어가실 수 있도록 우리 모두 기도해야 합니다.

마음속의 생각들에 대해서

> 우리 형제들을 위해
> 사랑으로 늘 기도해야 합니다.

우리 영혼 안에 선함과 사랑을 간직합시다.

사람에게는 선이나 혹은 악을 자기 주위에 전달하는 힘이 있습니다. 이것은 아주 미묘한 주제들입니다. 그래서 아주 세심한 주의가 필요합니다. 우리는 어떤 일이든지 선한 시선으로 바라보아야 합니다. 상대가 누구든지 악한 생각을 품지 마십시오. 단 한 번의 곱지 못한 눈길이나 한숨일지라도 그것은 우리 이웃에게 영향을 줍니다. 아무리 작게라도 화를 내는 것은 악이 됩니다. 우리 영혼 안에 선함과 사랑을 간직합시다. 우리가 전달해주어야 할 것은 바로 이것입니다.

우리에게 해를 가하는 사람에 대해서도 절대 화를 내지 맙시다. 다만 사랑으로 이들을 위해 기도합시다. 우리 이웃이 어떤 일을 하더라도 그 사람에 대해 나쁜 생각을 하지 맙시다. 항상 사랑으로 기도해주고, 항상 좋게만 생각합시다. 첫 순교자 스테파노스 성인을 생각해 보십시오. 그는 자신에게 돌팔매질 하는 이들을 위해 "이 사람들의 죄를 묻지 말아 주십시오."(사도행전 7:60)라고 간구했습니다. 우리도 똑같이 그렇게 해야 합니다.

우리가 다른 사람에 대해 끊임없이 기도하면, 우리가 기도하는 대로 하느님이 그 사람에게 불행을 주시거나 혹은 그 사람의 죄에 대해 벌을 주실 것이라고는 생각하지 마십시오. 이러한 생각은 우리도 모르는 사이에 매우 끔찍한 악을 불러들일 것입니다. 우리는 자주 흥분하여 다른 사람에게 이렇게 이야기합니다. "하느님의 정의가 두렵지 않습니까? 하느님이 내리실 벌이 두렵지도 않습니까?" 또 어떤 때는 이렇게 말하기도 합니다. "자네가 한 일에 대해 하느님은 틀림없이 벌을 주실 거야." 또는 "주님, 그가 나에게 한 일 때문에 그를 벌하지는 말아 주십시오." 혹은 "아무개에게 이런 일이 일어나지 않게 해주십시오. …"

이러한 모든 경우들은, 다른 사람이 벌 받는 것을 보고 싶어 하는 욕망이 우리 안에 깊게 박혀 있다는 것을 보여줍니다. 비록 남의 잘못에 대해 그 자리에서 화를 내지는 않을지라도, 그를 위해 하느님께 기도하는 듯한 표면적인 모습 안에 자신도 모르게 분노와 격분의 감정을 드러냅니다. 겉으로는 그 사람을 위해 하느님께 간청하는 것처럼 보이지만 실제로는 그 형제를 저주하고 있다는 것입니다.

또한 우리는 기도하는 대신, "하느님이 너에게 벌을 주실 거야. 네가 나에게 행한 악행을 하느님이 갚아 주실 거야." 이렇게 말하기도 합니다. 이렇게 말함으로써 다시 한번 그에게 벌을 내려주시길 하느님께 빕니다. "그래도 하느님은 다 보고 계셔"라고 말하는 것도 마찬가지입니다. 이런 경우에도 우리 영혼의 감정은 신비로운 방법으로 작용하여, 우리 이웃의 영혼에 영향을 주고 불행을 가져다줍니다. 앙심을 품으면 어떤 기운이 우리에게서 나와 다른 사람에게 전달됩니다. 전파를 통해서 소리가 전달되듯이, 정말 다른 사람에게 나쁜 일이 생기게 만듭니다. 다른 사람에게 악감정을 품으면, 눈빛도 사나워지고 악해지는 것과 같습니다. 이 모든 것이 다 우리 자신의 격분에서 비롯됩니다. 아무도 모르게 우리 자신의 악을 퍼뜨리는 것은 바로 우리 자신입니다. 하느님이 벌을 주시는 게 아닙니다. 바로 우리의 악한 마음이 다른 사람의 영혼에 비밀스럽게 악을 퍼뜨립니다. 그리스도는 절대로 악을 원하지 않으십니다. 반대로 이렇게 요구합니다.

> 원수를 사랑하고 너희를 박해하는 사람들을 위하여 기도하여라.
> (마태오 5:44)

악한 시선은 정말 추악합니다. 어떤 것 혹은 어떤 사람에 대해 질투심이나 부러움을 느낄 때 악영향이 일어납니다. 질투심은 다른 사람에게 엄청난 영향을 미치므로 세심한 주의가 필요합니다. 질투는 다른 사람들에게 끔직한 해악을 끼칩니다. 구약성경에 이런 말씀이 있습니다.

> 악은 사람의 마음을 현혹시켜 아름다움을 더럽히고 방종한 정욕은 깨끗한 마음을 빗나가게 한다.
> (지혜서 4:12)

그러나 그가 하느님의 사람이고, 고백성사와 성체성혈성사 등 성사생활을 열심히 하고, 십자가를 지니고 다니는 사람이라면, 악영향이 미치지 못합니다. 모든 악마들이 한꺼번에 달려들어 그를 공격해도, 그런 사람은 아무 해를 입지 않습니다.

'자기 혼자 중얼대는 불평이라도 다 드러나는 법입니다.'

우리 영혼 안에는 "도덕적 감각"이라는 부분이 있습니다. 어떤 사람이 옳지 않게 행동하는 것을 볼 때, 그것에 저항하여 일어나는 것이 바로 이 '도덕적 감각'이고, 대개 그렇게 판단하는 사람도 이미 그런 잘못을 저지른 경험이 있는 경우가 많습니다. 다만 그런 자신이 아니라 남을 공격하는 것일 뿐입니다. 하느님은 이것을 원하시지 않습니다. 그리스도는 성경에서 이렇게 말씀하십니다.

> 그런 사람이 남을 가르치면서 왜 자기 자신은 가르치지 못합니까? 또 남더러는 도둑질을 하지 말라고 설교하면서 왜 자신은 도둑질을 합니까?
>
> (로마 2:21)

도둑질은 작은 죄에 지나지 않을 수도 있습니다. 하지만 그런 작은 죄가 우리를 살인자로 만들 수도 있음을 명심하십시오. 우리는 자신에게는 그렇지 않으면서 다른 사람에게는 나쁘게 말합니다. 예를 들어 우리는 "너는 그렇게 했어야 했어. 하지만 그렇게 하지 않았기 때문에 지금 이런 일을 당하고 있는 거야!"라고 말합니다. 이것은 사실상 다른 사람이 불행해지길 원하는 것과 마찬가지입니다. 우리가 악을 생각하면, 실제로 그 악이 일어나고 맙니다. 이렇게 비밀스럽고 보이지 않는 방법으로, 우리는 선을 행하기 위해 써야 할 다른 사람들의 힘들을 약화시킵니다. 이렇게 우리는 다른 사람이 겪는 불행의 원인이 됩니다. 우리는 다른 사람이 질병을 얻게 된 원인이 될 수도 있고, 직장을 잃게 된 원인, 혹은 재산을 몽땅 날려버리게 된 원인이 될 수도 있습니다. 이때 우리는 다른 사람만이 아니라 우리 자신에게도 불행을 가져옵니다. 주님의 은총으로부터 멀어지기 때문입니다. 아무리 기도드려도 주님이 우리 기도를 들어주시지 않는 경우가 있습니다. 그 이유가 무엇일지 생각해 보셨습니까? 대답은 바로 이것입니다.

> 구해도 얻지 못한다면 그것은 욕정을 채우려고 잘못 구하기 때문입니다.
>
> (야고보 4:3)

다른 사람이 불행해지길 은근히 바라는 우리 마음의 이 악한 성향을 어떻게 치유해야 할까요? 우리는 "그렇게 행동했으니 그는 하느님에게 반드시 벌을 받게 될 거야."라고 말하곤 합니다. 물론 이렇게 말할 때, 의도적인 악의는 없을 수도 있습니다. 하지만 정말 조금도 악의가 없었는지 분별하는 것은 결코 쉬운 일이 아닙니다. 분명하게 드러나지 않기 때문입니다. 우리 영혼이 감추고 있는 힘은 정말 비밀스럽게 작용합니다. 영혼이 사람이나 물건에 영향을 주는 방법 또한 이처럼 매우 은밀하고 미묘합니다.

만약 우리가 두려움을 가지고, 또 회개하게 도와주시고 이끌어 주시길 하느님께 간구하면서 다른 사람의 잘못을 지적한다면, 문제는 달라집니다. 다시 말해 다른 사람의 행동에 대해 하느님이 벌을 주시길 바라는 마음이 전혀 존재하지 않는 경우라면, 우리는 그에게 어떤 악영향도 주지 않을 뿐만 아니라 오히려 선을 전달해 줍니다. 이웃을 위해 기도하면, 기도하는 사람에게서 선한 기운이 나옵니다. 이 기운은 이웃에게 전해져서 치유와 용기와 활력을 줍니다. 이 기운이 우리에게서 나가는 방법, 그것은 신비입니다. 정말로 마음 안에 선함을 가지고 있으면, 이 선한 기운을 아주 은밀하고 부드럽게 다른 이들에게 보내줍니다. 이 기운은 이웃에게 빛을 보내줍니다. 이 빛은 보호막을 쳐주어 그들을 지켜줍니다. 우리가 다른 사람에 대해 선한 마음을 가지고 기도할 때, 우리는 형제들을 치유할 수 있고, 그들로 하여금 하느님 가까이 가도록 도와줄 수 있습니다.

보이지 않는 생명이 있습니다. 영혼의 생명이 그렇습니다. 이 생명은 매우 강력합니다. 그래서 수십 킬로미터 떨어져 있는 사람에게도 영향을 줄 수 있습니다. 이것은 저주도 마찬가지입니다. 저주는 악을 가져오는 힘입니다. 하지만 우리가 다른 사람을 위해 사랑으로 기도한다면, 아무리 거리가 멀더라도, 그 선(善)도 전해집니다. 이렇듯 선이든 악이든 거리에 영향을 받지 않습니다. 아주 멀리 떨어진 곳까지 전해집니다. 지혜자 솔로몬은 이렇게 말합니다.

주님의 귀는 예민하셔서 모든 것을 다 들으시므로 불평을 속삭이기만 해도 그 귀에 다 들린다.

(지혜서 1:10)

단 한마디 말을 하지 않아도 우리 영혼의 속삭임은 신비롭게 다른 사람에게 전해집니다. 선과 악은 말하지 않아도 시공을 초월하여 이웃에게 전달됩니다. 이렇듯 표현되지 않는 것이 대개는 말보다 더 큰 힘이 있습니다.

성모 마리아여, 당신 이름에 영광 돌리게 하소서.

내 개인적 경험을 한번 들어보십시오. 어느 날 나는 할키다를 지나 내 고향으로 가고 있었습니다. 할키다 기차역 앞에서 나는 마차를 몰고 지나가는 한 소년을 보게 되었습니다. 그런데 갑자기 마차를 끄는 말이 말을 듣지 않았습니다. 그러자 마부 소년은 성모 마리아를 욕하기 시작했습니다. 그 순간 나는 몹시 슬퍼서 순간적으로 이렇게 기도했습니다. "성모 마리아여, 제발 저 소년이 당신 이름에 영광 돌리게 해주십시오." 오 분 후에 마차는 결국 뒤집어졌고 그 소년은 크게 다쳤습니다. 소년은 자신의 머리를 감싸고 두려워 떨면서 이렇게 소리치기 시작했습니다. "성모님, 성모님, 성모님!" 나는 다시 더 크게 성모님께 기도했습니다. "성모 마리아여, 왜 이렇게 하셨습니까? 전 당신의 이름이 영광 받기를 바랬을 뿐입니다. 이런 결과를 원치는 않았습니다." 그 소년이 너무 가여웠습니다. 소년이 그렇게 된 것이 나 때문인 것만 같았습니다. 나는 선한 마음으로 성모 마리아에게 그런 요구를 했다고 생각했으나, 내 영혼 깊숙한 곳에는 성모 마리아를 모독하는 말을 듣고 나도 모르게 그 소년에 대해 적대감을 품고 있었던 것입니다.

또 다른 사건을 이야기 해드리겠습니다. 이 이야기를 들으면 여러분 모두 놀랄 것입니다. 이것은 내가 상상해 낸 이야기가 아니라 실제로 있었던 일입니다.

어느 날 한적한 오후 한 부인이 친구 집을 방문했습니다. 응접실에는 꽤 비싸 보이는 알록달록한 꽃문양의 일본제 꽃병이 있었습니다.

"어머, 정말 예쁜 꽃병이네. 언제 샀니?"

"남편이 사다 준 거야."라고 친구는 자랑스럽게 말했습니다.

다음 날 아침 8시, 친구 집을 방문했던 부인은 남편과 커피를 마시다가 친구 집에서 본 꽃병이 생각났습니다. 그녀는 남편에게 감탄에 찬 어조로 이렇게 말했습니다.

"제 친구 집 이야긴데요. 친구 남편이 예쁜 꽃문양의 일본제 꽃병을 친구에게 선물했는데 응접실 분위기가 확 살더군요."

그날 오후, 그녀는 일 때문에 다시 그 친구를 방문했습니다. 그녀는 꽃병을 다시 한번 보고 싶었습니다. 그러나 아무리 둘러봐도 꽃병은 안 보였습니다. 그래서 친구에게 물었습니다.

"꽃병은 어디 갔니?"

"설명할 길이 막막하네."라고 친구가 대답했습니다.

"글쎄, 오늘 아침 8시쯤 방에 조용하게 있었는데 갑자기 '와장창' 큰소리가 나면서 꽃병이 산산조각 나 버렸어. 누가 만지지도 않았고 바람이 불어서 흔들린 것도 아닌데 혼자서 저절로 말이야."

처음에는 말문을 열지 못했습니다. 잠시 후 그녀는 조심스럽게 말을 꺼냈습니다.

"참 신기하네. 아침 8시에 남편과 커피를 마시면서, 감탄을 자아냈던 네 꽃병에 대해서 말했지. 흥분해서 자세하게 꽃병을 설명해 주었는데. 혹시 나쁜 힘이 작용한 건 아닐까? 내가 너의 꽃병을 부러워해서 말이야."

그 친구는 농담으로 말했지만 그것은 사실이었습니다. 그녀는 마음속에 은근히 질투가 났던 것을 깨닫지 못했을 뿐입니다. 아무리 먼 곳에 있더라도 나쁜 힘은 전달됩니다. 이것은 신비스러운 일입니다. 거리도 문제가 되지 않습니다. 그래서 꽃병이 깨져버렸던 것입니다.

다른 일이 또 하나 생각납니다. 이 또한 질투로 인해 일어난 일입니다.

한 시어머니가 며느리를 매우 질투했습니다. 며느리의 좋은 점은 조금도 보려 하지 않았습니다. 어느 날 며느리는 정장용으로 훌륭한 옷감을 사왔습니다. 시어머니는 그것을 보고 질투했습니다. 며느리는 옷감을 옷장 깊숙이 넣어 두고 그 옷장을 잠갔습니다. 어느 날 며느리가 정장을 맞추기 위해서 옷감을 꺼냈는데, 옷감은 조각조각 가위질 당해서 쓸모없게 되버린 상태였습니다. 옷장이 잠겨 있었는데도 말입니다.

악한 기운에는 장벽이 없습니다. 문이 잠겨 있어도, 아무리 멀리 있어도 말입니다. 악한 기운은 자동차를 망가트릴 수도 있습니다.

하느님의 성령의 힘으로, 우리는 어떤 죄도 지을 수 없는 사람이 됩니다.

이처럼 우리들의 악한 생각들, 악감정들이 다른 사람들에게 영향을 줍니다. 그래서 우리는 우리 자신의 내면 깊숙한 곳에 있는 사악함을 뿌리뽑아 낼 방법을 찾아야 합니다. 우리 영혼이 성화될 때, 영혼은 선한 빛을 발합니다. 그러면 우리는 침묵으로, 말하지 않고도 우리의 사랑을 전할 수 있습니다.

물론 처음에는 힘듭니다. 사도 바울로를 생각해 보십시오. 바울로 성인도 처음에는 그랬습니다. 사도 바울로는 고통스럽게 고백합니다.

    나는 내가 해야 하겠다고 생각하는 선은 행하지 않고 해서는 안 되겠다고 생각하는 악을 행하고 있습니다.

(로마 7:19)

그는 또 이렇게 탄식합니다.

    내 몸 속에는 내 이성의 법과 대결하여 싸우고 있는 다른 법이 있다는 것을 알고 있습니다. 그 법은 나를 사로잡아 내 몸 속에 있는 죄의 법의 종이 되게 합니다. 나는 과연 비참한 인간입니다. 누가 이 죽음의 육체에서 나를 구해 줄 것입니까?

(로마 7:23-24)

사도 바울로 역시 선을 열망하고 선을 행하고자 몸부림쳤지만, 너무도 연약했기에 그럴 수 없었던 것입니다.

이렇게 고백했던 사도 바울로는 하느님 사랑과 하느님에 대한 경배에 온전히 자신을 내어주었고, 하느님은 그런 그의 마음을 보시고 그 안에 찾아오셨습니다. 하느님의 은총이 그 안에 사리 잡게 되었습니다. 그리하여 이제 그리스도와 함께 사는 데 성공했습니다. "해야 하겠다고 생각하는 선은 행하지 않았다."고 고백한 사도 바울로는 하느님의 은총으로 결국 어떤 악도 행할 수 없는 사람이 되는 데 성공한 것입니다. 처음에는 선을 행할 수 없는 사람이었으나 그리스도가 그 안에 오시자 이제는 반대로 악을 행할 수 없는 사람이 되었습니다. 그는 이렇게 고백합니다.

> 이제는 내가 사는 것이 아니라 그리스도가 내 안에서 사시는 것입니다. 지금 내가 살고 있는 것은 나를 사랑하시고 또 나를 위해서 당신의 몸을 내어주신 하느님의 아들을 믿는 믿음으로 사는 것입니다.
>
> (갈라디아 2:20)

자랑스럽게 이 놀라운 고백을 한 사람이 실은 이전에는 "내가 선을 행하길 원하나, 선을 행할 수 없나이다."라고 탄식했던 바로 그 사람입니다. "나는 과연 비참한 인간입니다."라고 탄식했던 사람은 어디 갔습니까? 그런 사람은 사라져버렸습니다. 은총은 바울로 사도 안에서 그 사역을 완수한 것입니다. 그는 은총에 의해 감동된 사람이 되었습니다. 그가 자신을 낮추기 시작하자 은총이 그를 충만하게 채웠던 것입니다.

이해하시겠습니까? 우리 모두는 하느님의 성령과 함께 할 때 어떤 죄도 지을 수 없는 사람이 됩니다. 그리스도가 우리 안에 사시기 때문입니다. 그때 우리는 오직 선에만 합당한 자들이 됩니다. 이렇게 해서 우리는 하느님의 은총을 끌어오게 되고, 하느님의 거처가 됩니다. 이러한 방향으로 전념하여 나아간다면, 그리스도를 사랑하는 일에 헌신한다면, 모든 것이 변모됩니다. 모든 것이 그 실체와 힘과 본질에 있어서 변하게 됩니다. 원한, 분노, 질투, 시기, 격분, 악평, 배은망덕, 우울, 낙담 등 이 모든 것이 사랑, 기쁨, 열정, 하느님에 대한 열렬한 사랑으로 바뀝니다. 이것이 낙원이 아니라면 무엇이 낙원이겠습니까!

자연에 대하여

> 우리를 둘러싸고 있는 만물은
> 하느님 사랑의 물방울들입니다.

자연의 아름다움은 우리를 위대한 사랑이신 그리스도께로 인도하는 작은 사랑들입니다.

우리를 둘러싸고 있는 모든 자연을 기뻐하십시오. 이 모든 것이 우리에게 하느님을 가르쳐줍니다. 우리를 하느님께로 인도합니다. 생물들과 무생물들, 식물들과 동물들, 새들과 산들 그리고 바다와 해돋이와 수많은 별들, 우리 주변에 있는 이 모든 것은 그리스도라는 위대한 사랑으로 우리를 인도하는 작은 사랑들입니다. 꽃들은 은총의 선물로 받는 그 자신의 향기와 경이로움으로 우리를 가르쳐줍니다. 우리에게 하느님의 사랑에 대해 속삭여줍니다. 그 향기와 아름다움을 의인들뿐만 아니라 죄인들에게도 퍼뜨려줍니다.

그리스도인이 되려면, 시인의 영혼을 소유해야 합니다. 시인이 되어야 합니다. 그리스도는 전박한 영혼들이 곁에 있는 것을 원지 않으십니다. 그리스도인은 사랑한다는 그 사실만으로 이미 시인이고 시 속에서 살아갑니다. 시인들의 영혼은 사랑을 자신의 소유로 삼고, 마음 안에 그 사랑을 품으며, 그 사랑을 껴안고 깊이 느낍니다.

아름다운 순간들을 '활용' 할 줄 알아야 합니다. 아름다운 순간들은 영혼이 기도하기에 가장 좋은 마음을 준비시켜 줍니다. 영혼을 섬세하고 고귀하고 시적으로 만들어 줍니다. 새벽 일찍 일어나 지평선 아래서 붉게 타오르며 떠오르는 태양을 보십시오. 하지만 어떤 풍경, 혹은 이름 모를 작은 성당, 혹은 아름다운 꽃들이 당신에게 영감과 환희를 불어넣어 줄 때, 그 자체에 머물러 있지 마십시오. 그 대상 너머에 있는 유일하신 아름다움이신 하느님께 영광 돌리고, 이 모든 아름다움 안에서 하느님을 경험하십시오. 모든 것은 거룩합니다. 바다도, 해수욕도, 음식도. 이 모든 것을 기뻐하십시오. 이 모든 것이 우리를 풍요롭게 해주고 위대한 사랑이신 그리스도께로 인도합니다.

사람이 만든 모든 것들을 잘 관찰해 보십시오. 집들, 건물들, 크고 작은 도시들, 시골 마을들, 사람들 그리고 여러 문명들을 잘 살펴보십시오. 질문하십시오. 모든 방면으로 지식을 넓혀가고 그 어떤 것에도 무관심으로 대하지 마십시오. 이 모든 것은 우리가 하느님의 경이로움을 더욱더 깊게 공부하는 데 도움이 됩니다. 모든 것이 우리 모두를 서로 연결해주는 기회를 제공합니다. 또한 우주 만물의 주님께 감사와 영광과 기도를 드릴 수 있게 해줍니다. 모든 것 안에서, 자연 안에서, 만물 안에서 호흡하십시오. 자연은 숨겨진 복음경입니다. 하지만 우리가 내적인 은총을 상실한다면, 우리는 자연의 유익을 조금도 누릴 수 없습니다. 자연이 우리를 깨우쳐 줄 수는 있지만, 낙원에 데려갈 수는 없습니다.

성령을 소유한 사람, 하느님의 영을 품은 사람은 아주 민감합니다. 어딜 지나가든 모든 것을 주의 깊게 바라봅니다. 모든 것이 향기를 냅니다. 모든 감각들이 살아있습니다. 하지만 그는 무엇보다 하느님의 영으로 살아갑니다. 완전히 다른 사람이 됩니다. 모든 것을 보고 듣습니다. 새, 돌, 나비를 봅니다. 지나가는 모든 곳마다, 모든 사물을 각각 느끼고 그 냄새를 알아차립니다. 나비, 꿀벌 등 모든 사물들과 내밀하게 만납니다. 그를 이토록 주의 깊은 사람으로 만드는 것은 바로 은총입니다. 그는 존재하는 모든 것과 함께 살기를 원합니다.

아토스 성산에서 하느님의 은총이 나를 방문했을 때, 나는 위에서 말한 것들을 실제로 경험했습니다. 종달새가 생각납니다. 종달새는 도약하기 위해 날개를 뒤로 젖히고 목청을 다해 노래하곤 했습니다. 아! 놀라워라! 그때 내게 물이 있었다면 목을 축이게 해주었을 텐데. … 종달새는 왜 지저귀는 걸까요? 왜 그렇게 목청 높여 노래하는 것일까요? 종달새는 자신의 노래를 즐깁니다. 그것을 느낍니다. 그래서 그는 그토록 목청 높여 노래했던 것입니다.

숲 속의 새들이 나에게 큰 영감을 주었습니다. 한번 깔리시온에 가서 종달새 소리를 들어보십시오. 마음이 돌 같은 사람도 감동받을 것입니다. 여러분이 모든 존재들과 함께 살아간다는 것을 어찌 느끼지 않을 수 있겠습니까? 종달새의 노래를 깊이 관찰해 보십시오. 이 노래는 창조주에게서 나온 것입니다. 창조된 세상의 궁극적 목적은 창조주의 위엄과 섭리를 보여주는 것입니다. 하느님이 사람을 창조하신 이유는 자연과는 또 다릅니다. 사람은 자유와 이성을 부여받았습니다.

어느 날 나는 그곳을 위해 하나의 계획을 세웠습니다. 소나무들 사이에 저수조를 만들어 자동 급수 시설을 설치할 생각이었습니다. 이렇게만 된다면 종달새들이 와서 물을 마실 것이고, 작은 벌레들과 날아다니는 곤충들이 올 것입니다.

깔리시온에 살고 있을 때, 한번은 병을 앓고 나서 수노원으로 돌아오는 길이었습니다. 마리아 부인이 당나귀를 데리고 나를 찾아 왔습니다. 함께 수도원으로 가는 길에 마리아 부인에게 물었습니다.

"마리아 부인, 넓은 들판, 아름다운 색깔들, 나비들, 향기들, 종달새들, 아름다운 이 모든 것들이 어떻게 되어가고 있나요? "

"아무것도 변한 것은 없어요. "

내게 이렇게 대답했습니다.

"그래요?"

그녀에게 대답했습니다.

"그래요? 5월인데 정말로 변한 것이 하나도 없나요? "

"전혀요."

그녀는 무뚝뚝하게 대답했습니다.

잠시 후 우리는 이 모든 것들을 함께 만났습니다. 꽃들과 향기와 나비들.

"마리아씨, 지금 생각은 어떠세요?"

"아, 제가 주의 깊게 보지 못했군요!"

조금 더 가서 우리는 플라타니아에 도착했습니다. 종달새들은 요란하게 노래를 불러대고 있었습니다.

"마리아 부인, 제게 거짓말 하셨네요."

"아니 그게 아니라. 저는 전혀 주의를 기울이지 않았어요."

마리아 부인은 이렇게 대답했습니다.

나도 처음에는 신경이 둔한 사람이었습니다. 잘 이해하지 못했습니다. 하지만 나중에 하느님이 은총을 주셨습니다. 그때 모든 것이 변했습니다. 내가 순종의 삶을 살기 시작한 후로 이렇게 변하게 되었습니다.

미틸리니 섬에서 본 화석화된 나무들이 생각납니다. 그 나무들은 오백만 년 전부터 거기 있었습니다. 그 나무들은 내게 너무나 큰 인상을 주었습니다. 그 나무 화석들을 보고 하느님의 이름에 영광 돌리는 것, 그것 또한 하나의 기도입니다.

하느님이 창조하신 모든 피조물에 사랑으로 다가가는 것, 그것 또한 기도입니다.

하느님이 창조하신 모든 피조물에 사랑으로 다가가는 것, 그 모든 것들, 심지어 야생 동물들과도 조화롭게 살아가는 것, 그것 또한 기도입니다. 나는 이런 삶을 열망하고, 또 그렇게 살고자 노력합니다. 이 내용과 관련된 이야기를 하나 들려드리겠습니다.

어떤 사람이 얼마 전에 앵무새 한 마리를 선물했습니다. 처음 며칠간은 사나워서 다루기가 힘들었습니다. 쉽게 접근할 수 없었습니다. 앵무새는 부리로 내 손을 잘라버릴 기세였습니다. 하느님의 은총과 예수 기도를 통해 앵무새를 길들이려고 노력했습니다. 그래서 앵무새에게 "주 예수 그리스도 우리 하느님이시여, 저를 불쌍히 여기소서."라고 속으로 혹은 큰 소리로 기도하면서 작은 나무 막대기로 새장에 가둬 둔 앵무새의 등을 쓰다듬어 주었습니다. 며칠 동안 매일 시간을 조금 내어 주의 깊게 반복해서 그렇게 했습니다. 그렇게 며칠이 지나자 앵무새는 전혀 거부 반응을 보이지 않게 되었습니다. 그래서 이제는 목 아래쪽에서부터 가슴으로 부드럽게 쓰다듬었습니다. 예수 기도를 드리면서 앵무새가 거부 반응을 일으키지 않도록 부드럽게 말입니다. 그렇게 다시 며칠이 지난 후 이제는 용기를 내어 나무 막대기 대신 작은 연필 하나를 가지고 같은 행동을 반복했습니다. 그러다 마침내 연필마저 치우고 내 손을 사용하기 시작했습니다. 이렇게 해서 어느 정도 친해지자 새장에서 앵무새를 꺼내어 내 어깨 위에 올려놓았습니다. 복도에서 앵무새와 함께 걸어 다녔고, 내가 앉아서 밥을 먹을 때는 내게로 와서 함께 밥을 먹게 했습니다. 그런데 어느 날 앵무새가 사라져버렸습니다. 어느 신부님과 아이들이 방문했을 때 아이들이 새장을 열자 그 틈에 앵무새가 날아가 버린 것입니다.

그 후 어떤 분이 또 다른 앵무새를 우리에게 주었습니다. 처음에는 이 앵무새도 전에 있던 앵무새처럼 사나웠습니다. 전과 같은 방법으로 자연스럽게 '예수 기도'를 하면서 앵무새를 길들였습니다. 천천히 간단한 말들로 훈련시켰고, 이름을 지어 불러 주었습니다. 가끔 새장 밖에 꺼내놓으면 내 어깨 위에 앉기도 하고 나와 함께 식사를 하곤 했습니다. 새장에는 철창문이 있었습니다. 앵무새가 밖에 나와 있을 때, 다시 철창문을 열면 앵무새는 새장 위에 날아가 앉습니다. 다시 새장으로 들어가라고 신호를 보내면, 앵무새는 기다렸다는 듯 새장 안으로 들어갑니다. 앵무새는 자기만 압니다. 주인이 자기에게 관심을 가져주길 원합니다. 그래서 언제나 부드럽게 이야기해야 하고 절대 무시하면 안 됩니다. 특별히 질투심이 강하기 때문에 주인이 다른 사람과 말하는 것을 좋아하지 않습니다. 다른 사람에게만 신경 쓰고 자기를 등한시 하면 몹시 화를 냅니다. 나하고 아주 많이 친해진 앵무새는 이제 몇 가지 단어와 이름들뿐만 아니라 '예수 기도'도 배웠습니다. "주 예수 그리스도여, 죄인인 저를 불쌍히 여기소서." 또는 "은총이 가득하신 동정 성모 마리아여, 기뻐하소서. 주님이 당신과 함께 계시나이다." 또는 "하느님은 선하시도다." 혹은 "주여 불쌍히 여기소서."라고 성가도 부릅니다.

지금 나는 독수리 한 마리를 길들이고 싶습니다. 나는 그 독수리를 북쪽 에브비아 지역에서 찾아냈습니다. 휴식하기 위해 들르곤 했던 장소가 있었는데, 그곳에서 조금 위쪽으로 '독수리 둥지'라고 이름 붙여준 한 장소를 발견했습니다. 이렇게 이름 붙여준 데는 다 사연이 있습니다. 결코 우연이 아니란 말입니다. 그곳은 접근하기 어려운 곳입니다. 바위투성이인데다 그 아래로 에게해가 펼쳐져 있습니다. 공기가 맑고 시야가 깨끗할 때는 아토스 성산의 깝소칼리비아가 보이는 곳입니다.

어느 날 그곳에서 2.5m는 되어 보이는 날개를 펼치고 있는 독수리를 보앉습니다. 정말로 야생의 독수리였습니다! 요란하게 날갯짓을 하지 않고 조용히 위용있게 우리 위를 날았습니다. 나는 그때 한 가지 계획을 세웠습니다. 앵무새를 길들였던 것처럼 독수리도 길들여 보기로 한 것입니다. 하느님이 도우시면 독수리와도 친구가 될 수 있으리라 믿습니다. 거룩한 방법을 사용해서 그렇게 해 볼 것입니다. 새들은 배우는 것을 좋아합니다. 독수리는 또한 고기를 좋아합니다.

아침 일찍 높은 곳에 있는 바위로 두 명과 함께 갈 예정입니다. 처음에는 예수 기도를 드릴 것입니다. 이어서 우리는 더욱 소리 높여 조과(아침기도 예식)의 몇몇 시편들을 읊을 것입니다. 그리고 몇몇 성가와 애니 성가도 부르고, 동시에 향도 조금 피울 것입니다. 시편들도 아주 중요한 역할을 하겠지만 향에서 나는 냄새도 큰 역할을 할 것입니다. 향내는 은은하여 마음을 편안하게 해줍니다. 수도원에서 딸란도[36]를 치는 것처럼, 1.5m 정도 되는 긴 나무 막대기와 짧은 막대기를 준비해 가서 종을 칠 것입니다. "또딸란도, 또딸란도, 또딸란도 또따또따 또딸란도. …" 그리고 "요한! 요한!" 하고 독수리를 부를 것입니다. 이미 독수리 이름을 '요한'이라고 정해놓았기 때문입니다. 또 익힌 고기도 가져 갈 것입니다. 작은 고기 조각을 바위 위에 올려놓고는 200m쯤 되는 곳에 멀찍이 떨어져서, 독수리를 지켜보며 이렇게 말할 것입니다. "주 예수 그리스도시여, 저를 불쌍히 여기소서." 이렇게 하면 독수리는 분명히 바위 있는 곳에 내려와서 고기를 먹을 것입니다.

다음 날도 똑같이 반복할 것입니다. 독수리는 우리 위를 날아다니다 아래로 내려와서 고기를 먹을 것입니다. 한 번, 두 번, 세 번, … 그렇게 하면 목적은 달성될 것입니다. 독수리는 내 것이 되고 말 것입니다! 딸란도를 치면 내려와 고기를 먹게 될 것이니, 아무 때든 내가 원하는 시간에 독수리를

---

36) 딸란도 : 수도원에서 사용되는, 길고 좁은 나무 판자로 된 일종의 나무 종. 작은 나무 망치로 리듬감있게 두들겨 소리를 낸다. 예배나 예식 전 준비 신호로 수도원을 한 바퀴 돌며 이 나무 종을 친다.

내려오게 할 수 있을 것입니다. 천천히 길들여질 것이고 마침내 독수리를 붙잡을 수 있게 될 것입니다. 물론 독수리가 나를 산산조각 낼 수도 있습니다. 정말로 위험한 야생동물입니다! 독수리 발은 정말로 크고 무시무시합니다. 독수리가 내 어깨에 앉게 된다 해도 언제 갑자기 내 어깨를 물어뜯을지 모르는 일입니다. 물론 방법은 있습니다. 나는 성 게라시모스의 지팡이를 가져갈 것입니다. 그리고 지팡이를 독수리의 등 위에 두 번 갖다 대면서 이렇게 소리를 칠 것입니다. "요한 … 요한 …" 정말 훌륭한 이름입니다. 독수리는 신학자 성 사도 요한의 상징이기 때문입니다. 그 다음 날에는 다시 가서 독수리가 고기를 먹어치울 때 지팡이로 독수리 등을 세 번 대볼 것입니다. 그 다음 날에는 머리에서 꼬리까지 쓰다듬어 볼 것입니다. 그리고 그 다음에는 입과 목 그리고 배까지 그렇게 해 볼 것입니다. 이렇게 반복해서 계속해서 해 볼 것입니다. 친구가 될 때까지 말입니다. 그런 다음에는 지팡이 대신 손으로 직접 독수리의 머리와 날개와 부리를 쓰다듬어 볼 것입니다. 이때는 정말로 위험하니 극도의 주의가 필요할 것입니다. 독수리가 원하기만 한다면 언제든 그 날카로운 발톱으로 당신을 가로채 잡아먹을 것입니다. 독수리의 발톱은 쇠처럼 억셉니다. 고기 냄새를 풍기면 그 발톱으로 당신을 확 가로챌 것입니다. 그러나 독수리는 매우 영리하고 왕 같은 동물이고 대담합니다. 이런 독수리를 길들이는 데 성공한다면 우리는 하느님의 은총이 우리를 찾아온 것을 실제로 보게 될 것입니다.

다른 이야기 하나를 더 들려드리겠습니다. 어느 날 레니 부인이 염소들을 몰고 내가 머물고 있던 에브비아 북쪽 광야로 나를 찾아 와서, 이렇게 말했습니다. "제 염소들을 위해서 기도해 주십시오. 염소들이 이상합니다."

그런데 내가 기도하려고 일어서자, 염소들이 제 발로 내게 다가왔습니다. 부인이 내게 이끌어오지 않았는데도 말입니다. 나는 손을 내밀고서 기도문을 읽었습니다. 모든 염소들이 내 곁으로 와서는 머리를 쳐들고 나를 바라보았습니다. 그런 다음 내가 손을 내밀자 염소들은 고개를 숙이고 내 손에 입을 맞추었습니다. 그러면서 염소들은 저마다 자기를 쓰다듬어 달라고 머리를 디밀었습니다. 그래서 염소를 다 쓰다듬어 주었더니 아주 만족해하는 듯 했습니다. 염소들은 나를 에워싸고 계속 위 아래로 훑어보았습니다. 나는 염소들을 쳐다보며 축복해주었습니다. 염소들과 이야기하며 기도해 주었습니다.

그 당시 우리에게는 개도 한 마리 있었습니다. 그 개는 내가 밖으로 나가기만 하면 곧바로 달려와서 내 손에 입을 맞추면서 잔뜩 침을 발라놓았습니다. 그리고는 내가 혼이라도 낼까봐 금방 사라져 버리곤 했습니다!

하느님의 지혜를 가진 사람은 사랑으로 모든 것을 바라봅니다.

우리가 하느님의 은총 안에서 살아갈 때, 자연의 모든 것은 우리의 영적 삶에 큰 도움을 제공해줍니다. 나는 자연의 조화를 느낄 때마다 눈물을 흘립니다. 왜 삶을 지루하게 여깁니까? 진리의 영을 따라, 하느님의 성령을 따라 살아야 합니다. 하느님의 지혜를 가진 사람은 사랑으로 모든 것을 세심하게 바라봅니다. 하느님의 지혜는 그를 모든 것을 소유한 자로, 모든 것을 기뻐하는 사람으로 만들어줍니다.

들어보십시오. 내가 매우 좋아하는, **탐브르스 포르피라스**의 시입니다. 내가 살아가는 모습입니다. 앞으로도 나는 그렇게 살 것입니다. 정말 내게 가장 잘 어울리는 삶입니다.

　　언덕 위 소나무들

수많은 가지 한 아름 내게 안겨주리니,
그 가지 엮어 그 곁에
소박하고 외로운 오두막 하나 지으려네.

여름 오면,
그 마른 뾰족 잎들 내게 주리니,
그 위에 누워 그들과 함께 노래하려네.
새벽 휘파람 소리 맞추어.
그것으로 족하네,
그렇게 내 인생 꺼져 간다 해도, 기쁨에 겨워.
다시 잔가지 뿌려 주리니
내 영원한 침대로 삼으려네.

병에 대하여

나는 질병을
'그리스도의 사랑'으로 느낍니다.

사랑하는 그리스도여, 당신의 사랑은 무한합니다.

나는 내게 많은 병을 주신 것에 대해 하느님께 감사드립니다. 나는 자주 이렇게 말합니다. "사랑하는 그리스도여, 당신의 사랑은 무한합니다!" 내가 이렇게 살아있다는 것이 정말 기적입니다. 나는 수많은 질병을 앓았습니다. 그 중 하나는 뇌하수체 암입니다. 뇌하수체에 암이 생겼고 크게 자라 눈 신경을 짓누르고 있습니다. 그래서 지금은 앞을 보지 못하고, 또 몹시 아픕니다. 그러나 나는 기도드립니다. 인내로 그리스도의 십자가를 짊어집니다. 내 혀는 또 어떻습니까? 혀가 부어서 그전의 혀가 아닙니다. 뇌하수체 암 때문에 생긴 현상입니다. 세월이 지나면서 내 병은 더 악화될 것입니다. 암 덩어리는 더 커질 것이고 말하기조차 힘들게 될 것입니다. 몹시 아프고 고통스럽습니다. 그러나 내 병은 참으로 아름답습니다. 나는 이 병이야말로 하느님의 사랑이라고 느낍니다. 그 병으로 인해 신비로운 감정을 경험합니다. 그래서 그 병으로 인해 하느님께 감사드립니다. 이 병은 내 죄 때문입니다. 나는 하느님이 깨끗하게 해주시려고 그토록 애쓰시는 죄인일 뿐입니다.

열여섯 살 때, 나는 내게 큰 병, 예를 들어 암같은 병을 주십사고 하느님께 기도드렸습니다. 하느님에 대한 사랑으로 고통을 감당하고 또 고통 속에서 하느님께 영광 돌리기 위해서였습니다. 오랫동안 이 기도를 드렸습니다. 하지만 내 영적 아버지는 그렇게 기도하는 것은 이기적인 생각이고 하느님을 강요하는 것이라고 지적해 주었습니다. 하느님은 무엇을 해야할지 다 아시는 분이기 때문입니다. 그래서 더 이상 이 기도를 드리지 않았습니다. 그런데 잘 보십시오. 하느님은 내 기도를 잊지 않으셨고 수십 년이 지난 후에 병의 은총을 주셨습니다.

지금 나는 내가 간구했던 것을 다시 제거해 달라고 하느님께 기도드리지 않습니다. 나는 이 병을 가지게 된 것을 기뻐합니다. 하느님을 너무 사랑하고 그래서 그분의 수난에 이렇게라도 동참하길 원하기 때문입니다. 하느님은 나를 훈육하고 계십니다. 하느님은 "사랑하시는 자를 견책하시고 아들로 여기시는 자에게 매를 드시는"(히브리 12:6) 분이십니다. 내 병은 하느님의 특별한 선의에서 온 것입니다. 이렇게 하느님은 나로 하여금 그 사랑의 신비에 들어가게 불러 주셨습니다. 그분의 은총을 통해서 그 부름에 응답할 수 있게 해주셨습니다. 하지만 나는 합당치 못한 사람입니다. 여러분들은 이렇게 말할 것입니다. "하느님이 신부님께 계시해주신 모든 것에도 불구하고, 신부님이 합당치 못하다는 말씀이십니까?" 이 모든 것은 사실 나를 심판합니다. 이 모든 것이 하느님의 은총에서 비롯된 것이고, 하느님은 내게 수많은 선물을 주셨지만, 나는 그 선물에 아무런 보답도 못했기 때문입니다. 물론 단 한순간도 노력을 게을리 한 적은 없습니다. 하느님은 내가 그분의 사랑에 혹시 온전히라도 바쳐질 수 있도록 나를 도우실 것입니다.

이것이 내가 병을 낳게 해 달라고 하느님께 기도하지 않는 이유입니다. 하느님은 나의 이 모든 고통을 다 알고 계십니다. 나는 그것을 분명히 압니다. 그래서 나는 오로지 내 영혼을 위해, 또 내 죄들을 용서해 달라고 기도드릴 뿐입니다. 나는 약도 복용하지 않습니다. 수술이나 건강 검사도 하러 가지 않았고, 앞으로도 수술 같은 건 받을 생각이 없습니다. 나는 하느님이 이 모든 사태를 해결해주시도록 다 맡길 예정입니다. 나는 오직 선한 사람이 되기 위해 노력할 것입니다. 내가 정말 선한 사람이 될 수 있도록 기도해주시길 여러분 모두에게 부탁드립니다. 나를 지탱해주는 것은 하느님의 은총입니다. 나는 오직 그리스도께 나 자신을 맡기고 그리스도와 연합하기 위해 노력합니다. 내가 원하는 것은 오직 이것뿐이지만 아직 성공하지 못했습니다. 겸손해서 이렇게 말하는 것이 아닙니다. 하지만 나는 용기를 잃지 않습니다. 나는 끈기 있게 버팁니다. 내 죄들을 용서해 달라고 하느님께 기도드립니다. 많은 사람들이 이렇게 말합니다. "기도할 수 없습니다."라고 말입니다. 나는 단 한 번을 제외하고는 이런 상황을 경험한 적이 없습니다. 아토스 성산에서 영적 아버지에게 불순종해서 혼란을 겪었을 때를 제외하고는, 언제나 기도에 전념할 수 있었습니다.

내가 앞으로 얼마나 더 살 수 있을지에 대해서는 신경쓰지 않습니다. 다 하느님의 사랑에 맡겨 놓았습니다. 사람들은 죽음에 대해 생각하려 않습니다. 살고 싶은 욕망 때문입니다. 어떤 점에서 그것 자체가, 즉 살고자하는 욕망 자체가 불멸의 한 단서입니다. 그러나 "우리는 살아도 주님을 위해서 살고 죽더라도 주님을 위해서 죽습니다. 그러므로 우리는 살아도 주님의 것이고 죽어도 주님의 것입니다."(로마 14:8) 죽음은 우리를 그리스도께로 인도하는 '다리'일 뿐입니다. 우리는 눈을 감는 순간부터 영원을 향해 눈을 뜨게 됩니다. 우리는 그리스도 앞에 나아가게 될 것입니다. 또 다른 세상에서 우리는 하느님의 은총을 '더욱 분명하게' 누리며 살 것입니다.

주님을 만나 뵐 생각을 하니 너무 기쁠 뿐입니다.

어느 날 죽음이 임박했던 적이 있었습니다. 결국 한 쪽 눈을 실명하고 말았지만, 눈 수술을 받았을 때, 병원에서 소염제 코르타손을 처방했는데, 이것이 부작용을 일으켜 위장에 심각한 출혈이 발생하였습니다. 그때 나는 작은 오두막에 살고 있었고, 수도원은 아직 완공되기 전이었습니다. 나는 너무나 쇠약해져 밤낮을 구분조차 할 수 없었고, 죽음의 문턱까지 간 상태였습니다. 그럼에도 불구하고 나는 살아남았습니다. 나는 피골이 상접할 만큼 말랐고, 식욕도 없어졌습니다. 삼 개월 동안 하루에 세 숟가락의 염소젖으로 연명했습니다. 정말 염소 한 마리가 나를 살린 것입니다.

이제 곧 떠날 것이라 생각하며 살았습니다. 주님을 만나 뵐 생각을 하니 너무나 기뻤습니다. 내 마음속 깊숙이 하느님 현존의 감정을 간직하며 살았습니다. 하느님은 아주 특별한 은총으로 나를 지지해 주고 위로해 주길 바라셨습니다. 이제 내 영혼을 하느님 손에 돌려드려야 한다고 느꼈던 순간마다, 나는 하늘에서 밝게 빛나는 별 하나를 보았습니다. 그 별은 아주 감미로운 광채로 주위를 밝히고 있었습니다. 그 별은 정말 빛나고 감미로웠고, 참으로 아름다웠습니다. 그 빛은 옅은 푸른 바다색, 혹은 하늘색이었고, 다이아몬드나 보석을 떠올리게 했습니다. 그것을 볼 때마다 나는 충만한 위로와 기쁨을 느꼈습니다. 온 교회, 삼위일체 하느님, 지극히 거룩하신 성모님, 천사들과 모든 성인들이 이 별 안에 있다고 느꼈기 때문이었습니다. 내 모든 가족들, 친지들, 내가 사랑하는 모든 사람들, 나의 영적 아버지들이 그곳에 있다고 느껴졌습니다. 나도 이 세상을 떠나 그 별로 갈 것이라는 믿음이 있었습니다. 내가 덕이 많고 훌륭해서가 아니라 하느님의 사랑으로 말입니다. 하느님은 나를 사랑하신다고 굳게 믿었고, 내게 나타나셔서 "너를 기다리고 있었느니라."라고 말할 것만 같았고, 또 그렇게 믿고 싶었습니다.

 나는 지옥과 악마들이 지키고 있는 세관들에 대해서는 생각하고 싶지 않았습니다. 헤아릴 수 없을 만큼 많은 죄를 지었지만 그 죄들을 기억하지 않았습니다. 그 죄들은 그냥 놔두고, 오직 하느님의 사랑만 생각하며 기뻐했습니다. 그리고 이렇게 간청했습니다.

 "주님이시여, 당신의 사랑으로 저도 그곳에 있게 해 주십시오. 그러나 죄 때문에 제가 지옥으로 가야 한다면 당신의 사랑으로 당신이 원하는 곳 어디든지 저를 데려가 주십시오. 다만 당신과 함께 있길 원합니다."

 여러 해 동안 나는 그리스도에 대한 사랑으로 광야에서 살았습니다. 그때 나는 이렇게 나 자신에게 말하곤 했습니다.

 "만약 저승에 갔을 때 '친구여, 예복도 입지 않고 어떻게 여길 들어왔느냐?', '여기는 무엇 하러 왔느냐?' 하고 하느님이 나에게 물어보신다면, 나는 이렇게 대답해야지. '주님이시여, 주님께서 뜻대로 하옵소서. 당신의 사랑이 원하는 것은 무엇이든지요. 당신의 사랑이 원하는 곳이라면 어디든 보내주십시오. 내 자신을 온전히 당신 사랑에 맡기나이다. 제가 지옥에 있길 원하신다면 그렇게 하소서. 하오나 당신의 사랑만은 거두어 가지 말아 주소서!'"

 나는 내가 큰 죄인이라는 것을 알고 있습니다. 그래서 나는 계속해서 마음속으로 신 신학자 시메온 성인의 기도를 드립니다.

 주님이시여, 당신 눈에 니보다 더 큰 죄인은 없으며 내가 행한 것보다 더 많은 잘못을 행한 이는 없음을 내가 알고 있나이다. 하오나, 아무리 많은 잘못과 산더미 같은 죄라도 내 하느님의 크나큰 관용과 지극한 인간 사랑을 뛰어넘지 못함도 나는 잘 알고 있나이다.[37]

---

37) 신 신학자 성 시메온의 영성체 준비 기도문 중에서.

기도문의 내용을 곰곰이 되새겨보십시오. 이것은 내 말이 아닙니다. 나는 이런 말들을 생각하고 표현할 수조차 없습니다. 이 기도문들은 성인들의 것입니다. 성인들이 남긴 이 기도문들을 우리의 영혼으로 깊이 받아들이고 느끼고 그렇게 살아갑시다. 이 기도문은 이어서 계속 이렇게 고백합니다.

나의 창조주, 나의 구세주, 나의 하느님이시여, 한 방울의 눈물도, 그 눈물 한 방울의 아주 작은 파편도 당신은 외면하지 않으시나이다. 당신 눈은 나의 불완전함을 다 알고 계시고, 당신의 책에는 아직 저지르지 않은 내 죄까지도 이미 다 기록되어 있나이다. 하오니 나의 비참함을 굽어보소서. 나의 고통을 살펴주소서. 온 우주의 하느님이시여, 내 모든 죄를 용서해 주소서.

나는 이 부분을 특별히 더 좋아합니다. 나는 끊임없이 반복하여 간절하게 이 기도문으로 기도드렸습니다. 반복하면 할수록, 나를 위로해 주었던 이 별이 무한의 세계 안에서 나타났습니다. 내가 앓고 있던 그 시절 내내 이 별이 나타났습니다. 그 별이 나타나면 내 영혼은 기뻐 뛰며 "내 별이 왔구나!" 이렇게 말했습니다. 나를 이 세상으로부터 저 높은 곳으로 끌어 올려주는 것만 같았습니다. 그 별을 볼 때마다 나는 아주 큰 기쁨을 느꼈습니다. 말했듯이 나는 내 죄들을 생각하고 싶지 않았습니다. 이 죄들을 생각하는 것은 나를 이 신비스러운 상태에서 끌어내리기 때문입니다. 오직 한 번만 공허의 느낌, 부재의 느낌을 받았습니다. 아무것도 빛나지 않았고 충만하지도 않았습니다. 나는 곧바로 알게 되었습니다. 반대자 악마의 짓임을 알게 되었습니다. 나는 악마를 무시했습니다. 그리고 다른 곳으로 향했습니다. 내 여동생에게 이 일에 대해 다 말했습니다. 그러자 조금 후에 다시 아주 밝게 그 별이 빛나는 것을 보았습니다. 다시 기쁨은 찾아 왔고 내 마음 안에서 그 별은 더욱 생생하게 빛났습니다.

  이 기간에 온 몸은 감당할 수 없을 정도의 끔찍한 고통을 겪었습니다. 나는 하느님의 사랑에 내 자신을 내주었습니다. 고통으로부터 나를 구해달라고 기도하지 않았습니다. 나를 불쌍히 여겨 달라는 간절한 마음뿐이었습니다. 오직 주님만 의지했고, 하느님의 은총이 역사하기를 기다렸습니다. 죽음이 두렵지 않았습니다. 그리스도 곁에 가기만을 기다렸습니다. 말했듯이 계속해서 신 신학자 성 시메온의 기도를 드렸습니다. 그러나 내 건강이 회복되길 바라거나 무엇인가 얻으려고 기도드린 것은 아니었습니다. 기도문의 한 마디 한 마디가 정말로 내 것처럼 다가왔습니다.

질병 안에 숨겨진 비밀은 바로 하느님의 은총을 얻기 위해 투쟁하는 것입니다.

  불평하지 않고 하느님께 영광 돌리며 그분의 자비를 간청한다면, 우리는 질병에서 많은 유익을 얻을 수 있습니다. 우리가 병을 얻었을 때, 문제가 되는 것은 약을 복용해야 할까 아니면 기적을 일으키는 성인의 성해가 모셔진 성당에 가서 기도드려야 할까 결정하는 것이 아닙니다. 우리는 숨겨진 비밀을 알아야 합니다. 그것은 주님의 은총을 얻기 위해 영적으로 투쟁하는 것입니다. 이것이 바로 비밀입니다. 그 밖에 우리가 알아야 할 것이 있다면 하느님의 은총이 우리에게 가르쳐 줄 것입니다. 다시 말해 우리가 어떤 방식으로 그리스도께 우리 자신을 내맡겨야 하는지 알게 해줄 것입니다. 만약 병을 얻게 되더라도 그 병을 무시할 때, 우리는 더 이상 그것에 대해 생각하지 않고, 부드럽게 또 아무 대가도 바라지 않고 오직 그리스도만 생각하게 됩니다. 그러면 이제 하느님이 우리 영혼에 가장 유익한 방식으로 그분의 기적을 이루실 것입니다. 그러므로 성찬예배에서 우리가 기도드리는 것처럼, "우리 모든 삶을 온전히 그리스도께 맡깁시다."[38]

    우리는 병을 무시하고자 하는 의지를 가져야 합니다. 이런 의지가 없다면, 병을 무시할 수 없습니다. 우리는 '병을 무시한다, 병을 중시하지 않는다.' 고 생각할지도 모르지만, 그와는 반대로 실제로는 머릿속에 계속 병에 대한 생각을 품고 있게 되고, 그래서 마음의 평화를 누릴 수 없게 됩니다. 한 가지 예를 들어 증명해 보겠습니다. 우리는 이렇게 말합니다. "하느님께서 나를 치유해 주실 것이라고 믿습니다. 그래서 약을 먹지 않습니다. 밤새워 이 문제에 대해 간청할 것입니다. 하느님께서 들어주실 겁니다." 밤새도록 우리는 기도하고, 간청하고, 기원하고, 요구합니다. 소리 높여 부르짖습니다. 하느님과 모든 성인들을 협박하면서 밤낮으로 분주하게 병이 낫게 해 달라고 울부짖습니다. 이것을 병을 무시하는 것이라 볼 수는 없지 않습니까? 우리가 하느님과 성인들에게 끈질기게 요구하면 할수록 그리고 낫게 해 달라고 협박하면 할수록, 우리는 그 병으로 더욱 고통받게 됩니다. 병을 쫓아내려 하면 할수록, 그 병을 더 고통스럽게 경험할 뿐입니다. 그래서 병이 낫기는커녕 더욱 악화됩니다. 우리는 무슨 일이 있어도 기적이 일어날 것이라고 상상합니다. 그러나 실제로는 기적을 믿지 않습니다. 결국 이런 방식으로는 병을 고칠 수 없게 됩니다.

    기도합니다. 약도 먹지 않습니다. 하지만 평화를 얻지 못합니다. 그리고 기적도 일어나지 않습니다. 그렇다면 이렇게 말할 것입니다. "약도 먹지 않는 내가 믿음이 없다니요?" 하지만 우리 마음 깊숙한 곳에는 여전히 의심과 두려움이 있습니다. "정말로 나을 수 있을까?" 이에 대해 성경은 분명히 말합니다.

---

[38] 성찬예배와 각종 예식에서 드리는 소연도와 대연도의 마지막 기원문.

나는 분명히 말한다. 너희가 의심하지 않고 믿는다면 이 무화과나무에서 본 일을 할 수 있을 뿐만 아니라 이 산더러 '번쩍 들려서 바다에 빠져라' 하더라도 그대로 될 것이다.

(마태오 21:21)

의심없는 참된 믿음만 있다면, 약을 복용하건 복용하지 않건 믿음이 역사할 것입니다. 의사들과 약을 통해서든 기적을 통해서든 하느님이 역사하십니다. 시락의 집회서는 말합니다.

의사를 존경하여라, 너를 돌봐주는 사람이요 또한 주님께서 내신 사람이기 때문이다. … 주님께서 약초를 땅에 나게 하셨으니 지혜로운 사람은 그러한 것을 가벼이 여기지 않는다. 그리고 의사를 찾아 가거라. … 그는 주님께서 내신 사람이다. 너에게 필요한 사람이니 그를 멀리하지 말아라.

(집회서 38:1,4,12)

비밀은 온전히 믿음 안에 있습니다. 의심 없고 단순하고 순진한 믿음 말입니다. "정직한 마음으로 주님을 생각하고 순진한 마음으로 주님을 찾아라."(지혜서 1:1) 하느님은 우리를 극진하게 사랑하신다는 진리를 믿으십시오. 하느님은 우리가 그분의 것이 되길 바라십니다. 하느님이 질병을 주시는 이유가 바로 이깃입니다. 온진히 그분을 신뢰하며 우리 자신을 그분께 맡기길 원하시기 때문입니다.

그리스도를 사랑합시다. 그러면 우리 삶의 모든 것이 바뀔 것입니다. 어떤 대가를 얻기 위해, 예를 들면 건강을 위해, 그리스도를 사랑하지 맙시다. 열정과 감사의 마음을 가지고 순수하고도 거룩한 사랑으로 하느님을 사랑합시다. 목적을 가지고서 기도하지 맙시다. 하느님께 "그가 다시 당신께 돌아오도록 그의 건강을 회복시켜 주십시오." 이렇게 간구하지도 맙시다. 이것은 옳지 않습니다. 하느님이 어떻게 해야 할지에 대해 우리는 결코 간섭하거나 훈수해서는 안됩니다. 하느님께 "나를 고쳐주시오." 하고 명령할 수 있습니까? 전지하신 하느님께 우리가 뭔가를 알려드리는 게 과연 합당할까요? 우리는 아무리 기도하고 요구해도 하느님은 들어주실 마음이 없을지도 모릅니다.

어떤 사람이 얼마 전에 이렇게 물었습니다.

"언제 건강이 좋아질까요?"

나는 이렇게 대답했습니다.

"'언제 건강이 좋아질까요?' 라고 말하면 절대 건강을 회복할 수 없게 될 것입니다. 이러한 문제로 하느님께 간청하는 것은 옳지 않습니다. 근심하며 병을 고쳐달라고 하느님께 기도하지만, 오히려 병이 당신을 더 꼼짝 못하게 만들고 더 맹렬하게 당신을 괴롭힐 것입니다. 이런 의도로는 단 한 마디 기도도 하지 마십시오."

그는 두려운 마음이 들어 이렇게 말했습니다.

"그러면 어떻게 하라는 말씀이신가요? 기도를 하지 말까요!"

나는 이렇게 대답해 주었습니다. "절대 그래선 안 되지요. 당신은 기도해야 합니다. 그것도 열심히 기도해야 합니다. 다만 당신의 죄를 용서해 달라고, 하느님을 더 사랑할 힘을 달라고, 하느님께 온전히 헌신할 수 있게 해달라고 기도해야 합니다. 왜냐하면 병이 떠나게 해달라고 기도할수록, 병은 찰거머리처럼 더욱 강하게 당신에게 달라붙을 것이고, 당신을 옭아매고 조일 것이며, 절대 당신에게서 떨어져 나가지 않을 것이기 때문입니다. 물론 우리는 나약한 인간이니, 병마와 싸우다 보면 자꾸 마음이 약해지고 큰 어려움을 겪게 될 것입니다. 그럴 때라면, 가장 겸손한 자세로 병을 낫게 해 달라고 하느님께 기도하십시오."

신뢰를 가지고 하느님의 사랑에 온전히 우리 자신을 맡깁시다.

그리스도께 온전히 자신을 내맡기면, 우리의 영은 평화를 느끼고 모든 신체 조직들이 정상적으로 작동합니다. 모든 것이 그 영향을 받습니다. 치유되고 고통도 사라집니다. 하느님께 모든 것을 온전히 맡긴다면, 설령 암에 걸렸다 해도, 하느님의 은총으로 우리 영혼은 평온을 누릴 것입니다. 이렇게 해서 암과 모든 질병들이 사라질 것입니다.

위궤양도 종종 신경증에서 비롯됩니다. 우리의 감정체계가 스트레스를 받으면, 그 스트레스로 인해 위축되고 고통 받습니다. 그렇게 해서 위궤양이 생깁니다. 한 번, 두 번, 세 번! 스트레스와 불안에 자꾸 시달리다 보면, 위궤양이나 암이 생깁니다! 우리 영혼 안에 혼란이 자리 잡으면, 그것은 우리 몸에 영향을 주고 우리 건강에도 이상이 옵니다.

최선의 방법은 우리의 건강을 위해서 기도하지 않는 것입니다. 건강하게 잘 살게 해달라고 기도하는 대신, 선한 사람이 되게 해달라고 기도하는 것입니다. 그래서 나도 늘 이렇게 기도해 왔습니다. '선한 사람이 된다.'고 말할 때, 그것은 덕으로 충만한 사람이 되는 것을 의미하는 것도, 혹은 '이렇게 혹은 저렇게 되기 위해서' 즉 어떤 다른 목적을 위해 그렇게 되라는 것도 아닙니다. 오직 거룩한 열정을 얻으라는 말입니다. 그리고 온전한 신뢰를 가지고 하느님의 사랑에 우리 자신을 맡기라는 말입니다. 오히려 우리 영혼을 위해 기도합시다. 그리고 우리는 우리 영혼을 교회에 속한 한 부분, 그리스도를 머리로 둔 교회라는 몸의 한 지체, 온 인류 형제들, 그리스도 안에 있는 모든 형제들 속에 있는 한 부분이라고 생각해야 합니다.

나는 두 팔을 벌리고 모두를 위해 기도합니다. 성체 성혈을 받을 때, 성작 앞에서 나는 내 영혼을 활짝 열어 주님을 받아 모십니다. 그리고 고개를 숙인 다음 여러분들을 위해, 온 교회를 위해 기도합니다. 여러분들도 그렇게 하십시오. 여러분의 건강을 위해 기도하지 마십시오. "주님, 저를 낫게 해 주십시오."라고 간구하지 마십시오. 오히려 끊임없이 사랑으로 아무것도 바라지 말고 이렇게 기도하십시오. "주 예수 그리스도시여, 저를 불쌍히 여기소서." 그리고 "주님, 당신의 사랑이 원하는 것이라면 그렇게 해주십시오. 당신의 뜻에 제 삶을 맡깁니다."라고 기도하십시오. 오직 이런 방법을 통해서만 그리스도와 형제들을 사랑하며 일해 나갈 수 있습니다. 그리스도를 사랑하십시오. 성인(聖人)이 되십시오. 오직 그리스도와의 친교에, 그분을 사랑하는 일에, 거룩한 사랑에 헌신하십시오.

나는 병에 굴복하지 않습니다. 암으로 인해 내 몸이 썩어가도 불평하지 않습니다. 오직 주님을 찬양하고자 하는 열정만으로 가슴 벅찹니다. 여러분을 향한 사랑이, 온 세상을 위한 사랑이, 내가 침묵하는 것을 허용하지 않습니다. 나는 말을 하면 폐에서 공기가 없어져 건강에 치명적일 수 있습니다. 심장에 문제가 발생하기 때문입니다. 그래도 나는 말하지 않을 수 없습니다. 심장마비보다 더 심한 일도 당했지만 나는 여전히 살아 있습니다. 이것이야말로 하느님의 섭리가 아니겠습니까? 병에, 하느님의 뜻에 나는 순종합니다. 한숨 짖지 않고 인내합니다. 내 자신을 질책하면서 말입니다. 나는 병들었습니다. 내 영 또한 병들었습니다.

나는 연락을 주고받는 한 은둔수도사에게 말했습니다.

"저를 위해 기도해 주십시오. 저는 당신을 사랑합니다! 그러니 저를 사랑해 주시고 불쌍히 여기시어 기도해 주십시오. 하느님이 저에게 자비를 베풀어 주시도록 기도해 주십시오."

그분은 이렇게 대답해 주셨습니다.

"신부님이 제게 기도를 부탁하다니요? 신부님의 기도가 더욱더 훌륭하니 신부님 스스로 기도하십시오."

나는 그에게 이렇게 대답했습니다.

"지금 저는 예전 같지 않습니다. 영적 수련을 그만큼 못하고 있습니다. 마치 이 성가의 내용처럼 말입니다."

내 영혼은 쇠약해졌고, 내 몸은 땅을 기고, 내 영혼은 연약해졌으며, 내 생각은 힘이 없도다. 마지막이 가까웠고, 내 인생은 사라지고 있도다. 비참한 내 영혼아, 심판관이 네 은밀한 행실들을 드러내러 오실 때 너는 무엇을 하겠느냐?[39]

이 성가야말로 꼭 내 이야기 같습니다. 내 처지가 바로 이렇습니다. 내가 이런 저런 죄를 짓지 않았다면 지금처럼 이렇게 아프지도 않을 것이고 그리스도께 좀 더 가까이 있을 텐데. …" 하고 나는 자성합니다. 내가 아무 생각 없이 내 개인적인 이야기를 한 것 같습니다.

오래도록 건강하게 살고 싶다면 지혜자 솔로몬의 이 말을 새겨들으십시오.

주를 두려워하여 섬기는 것이 지혜의 근본이요, 거룩하신 이를 깊이 아는 것이 슬기다. 지혜가 시키는 대로 살아야 수명이 길어진다.[40]

이것이 바로 비결입니다. 우리는 이 지혜와 지식을 얻어야 합니다. 그러면, 모든 것이 정상적으로 작동하게 될 것이고, 질서 안에 있게 될 것이며, 그래서 우리는 기쁨과 건강 안에서 살게 될 것입니다.

---

39) 크레타의 성 안드레아의 참회의 대까논, 9오디 첫 번째 뜨로빠리온(성가).
40) 잠언 9:10-11.

빠르나소의 아고리아니 지역에 있는 성 삼위일체 소성당에서
성 뽀르피리오스(1972년 여름)

초자연적인 통찰력에 대해서

> 오직 겸손한 사람만이
> 하느님의 선물들을 받습니다.
> 그 선물들을 하느님께 돌려드리고
> 하느님의 영광을 사용합니다.

하느님의 신비들은 영혼이 건강한 사람에게 드러납니다.

하느님께 합당한 사람은 성령으로 충만해집니다. 그는 하느님의 은총을 갖게 됩니다. 하느님은, 그리스도의 신비 안에서, 그에게 기쁨, 평화, 온유, 사랑을 주십니다. 하느님은 그에게 또 다른 선물들도 주시고, 그는 그 선물들에 대해 감사드립니다. 그것은 바울로 사도가 말한 성령의 열매들입니다.

성령께서 맺어주시는 열매는 사랑, 기쁨, 평화, 인내, 친절, 선행, 진실, 온유, 그리고 절제입니다.

(갈라디아 5:22-23)

하느님께는 과거, 현재, 미래라는 개념이 없습니다.

피조물치고 하느님 앞에 드러나지 않는 것은 없습니다. 하느님의 눈앞에는 모든 것이 다 벌거숭이로 드러나게 마련입니다. 언젠가는 우리도 그분 앞에서 심판을 받아야 합니다.

(히브리 4:13)

　이처럼 하느님은 건강한 영혼을 소유한 사람에게 하느님의 신비를 밝혀 주십니다. 그러면 그는 하느님이 허락하시는 깊이까지 그분의 뜻을 알게 됩니다.
　사람 안에 하느님의 은총이 와서 머무르려면 몇 가지 전제 조건이 채워져야 합니다. 오직 겸손한 사람만이 하느님의 선물을 받습니다. 그러면 겸손한 사람은 하느님이 주신 그 은총을 하느님의 영광을 위해서 사용함으로써 하느님께 돌려드립니다. 선한 사람, 겸손한 사람, 경건한 사람, 하느님을 사랑하는 사람, 하느님의 은총으로 덕을 소유하게 된 사람은 결코 속지 않습니다. 이런 사람은 항상 속으로 자신은 자격이 없는 사람임을 느낍니다. 그래서 하느님이 자신에게 은총을 주신 것은 더욱 선하게 되라고, 또 그것을 위해 투쟁하라고 주신 것임을 압니다.
　그와는 반대로, 무슨 일이 일어나든 관심조차 없는 이기적인 사람에게는 하느님의 은총이 오지 않습니다. 이기적인 마음을 가진 사람은 자신이 하느님의 은총으로 충만하다고 생각하지만 실은 거짓에 속한 사람입니다. 그는 악마에 넘겨진 사람입니다. 그 거짓은 하나의 심리 상태, 잘못된 판단으로 나타납니다. 본질적으로 그러한 거짓은 이기심에서 비롯됩니다. 거짓에 빠진 사람에게는 망상들과, 유혹하는 여러 상상의 산물들이 만들어지고, 그것으로 인해 괴롭힘을 당합니다. 거짓은 고치기가 어렵습니다. 오직 하느님의 은총으로만 고칠 수 있습니다. 우리는 그런 사람을 위해 기도할 수 있고, 그러면 하느님은 거짓에 빠진 사람을 불쌍히 여겨주실 것입니다. 그런 사람도 노력할 수 있습니다. '거울'을 보듯, 영적 아버지에게 달려갈 수 있습니다. 진심으로 모든 것을 고백한다면, 하느님의 은총이 그를 치유해

주실 것입니다.

성경은 영들을 분별할 수 있도록 우리를 밝혀줍니다.

오늘날도 우리는 종종 거룩한 성인들을 볼 수 있습니다. 하지만 그에 못지 않게 거짓에 빠져 있는 사람들도 만납니다. 어떤 은둔 수도사를 찾아가면, 그는 이렇게 말합니다. "아무개 씨, 잘 오셨습니다. 어찌하여 주의하지 않았습니까? 어떻게 이런 일이 일어나게 했습니까?" 당신을 전혀 모르는 사람인데도, 당신의 이름도 알아맞히고, 당신만의 비밀도 점쟁이처럼 짚어냅니다. 그러면 당신은 이렇게 생각할 것입니다. "이 사람은 성인이 틀림없어! 내 이름도, 내 숨겨진 과거도 다 알아맞혔어!" 하지만 당신은 점쟁이에게도 간다. 정말로 오늘날 세상은 점쟁이들, 선량한 사람들을 속여먹는 사기꾼들로 넘쳐납니다. 그러면 이 점쟁이도 당신이 어디 출신인지 다 알아맞힙니다. 그러면 당신은 몹시 놀라면서 제 정신을 못 차리고 이렇게 생각합니다. "이게 무슨 일이지? 진리는 어디 있는 거야? 성인도 점쟁이도 내 모든 것을 알아맞히니 … 그럼 점쟁이도 성인이란 말인가?" 이러니 어떻게 마음이 혼란스럽지 않겠습니까?

성경은 영들을 분별할 수 있도록 우리를 밝혀줍니다. 그래서 성경을 아주 주의해서 심도 있게 그리고 자세하게 읽어야 합니다. 하느님의 은총과 성령의 역사에서 비롯되는 사도들의 거룩한 취함과 사탄의 영에서 비롯되는 각종 사술의 수작은 본질적으로 다른 것입니다. 점쟁이들이 행하는 것은 거짓입니다. 그것은 어리석은 거짓 말장난입니다. 그들은 '빛의 천사'인 척 우리를 속이는 적대자입니다. 성경도 이렇게 말합니다. 그러나 그것은 조금도 놀라운 일이 아닙니다. 사탄도 빛의 천사의 탈을 쓰고 나타나지 않습니까?"(고린토Ⅱ 11:14) 악마의 계략을 눈치 채지 못한다면, '이것이 신성한 성령에서 오는 것이 아니다.'라고 말할 수 없게 됩니다. 오히려 그것에 현혹되어 '이거야말로 참으로 놀라운 일이로다.'라고 생각하게 될 위험이 있습니다. 이런 거짓에 속아 넘어가는 사람들이 참 많습니다.

이 같은 상태의 배후에는 늘 선과 악, 선한 천사와 악한 천사, 두 가지가 있습니다. 후자는 바로 악마, 악한 영입니다. 마찬가지로 우리 안에도 선과 악이 공존합니다. 다시 말해 옛사람과 그리스도에 속한 새사람이 있습니다. 옛사람이란 옛날 자신의 모습에 머물러 있는 사람입니다. 옛사람은 악한 영의 영향을 받아서 그 자신도 사악해집니다. 그는 온 세상을 악한 시선으로 바라보고 모든 것을 향해 저주를 퍼붓습니다.

이렇게 해서 악한 영의 지배를 받고 있는 점쟁이와 같은 나약한 사람은 끊임없이 악담과 저주를 퍼붓습니다. 그는 예언을 가장합니다. 늘 악한 방향에서 다가올 사건들을 말합니다. 그는 아래로 향해 있습니다. 그 사악함으로 인해, 자신의 옛사람의 저급한 행위들을 반복합니다. 영적인 고양의 상태로 나아가지 않고 악마적인 상태로 내려갑니다. 그곳에는 하느님이 없습니다. 그러나 이 사람은 자신이 그리스도에 속해 있다고 자부합니다. 실제로 그는 교회를 다닐 수도 있고, 세례를 받을 수도 있고, 성경을 잘 아는 사람일 수도 있습니다. 그렇지만 그는 악에 사로잡혀 있습니다. 그의 생각, 그의 상상, 그의 영혼은 병들어 있습니다. 그런 사람은 다른 사람까지도 거짓으로 인도합니다. 그는 말합니다. "나는 그리스도를 보았습니다. 나는 성모 마리아를 보았습니다." "전쟁이 일어날 것이다, 대학살이 있을 것이다, 혹은 대재앙이 있을 것이다. …"라는 계시를 받았다고 주장합니다. 종종 실제로 그 예언들이 적중하기도 합니다. 그런 악을 계획하고 실행하는 것은 악마이기 때문에 실제로 그런 일들이 일어나기도 합니다. 이것이 바로 악마가 다가올 미래의 악을 미리 알 수 있는 이유입니다. 이해가 되십니까? 성모님을 보았다, 혹은 삼위일체 하느님을 보았다, 혹은 세라핌 성인을 보았다고 당신에게 주장하거나, 또 이런 저런 계시를 받았다고 말할지라도, 그는 실상 악마의 접신술사에 지나지 않습니다. 이해가 되십니까? 하지만 결국 그는 땅에서 떼굴떼굴 구르다 정신을 잃고 입에 거품을 물고는 울부짖습니다. 그제야 그가 그리스도의 사람이 아니라는 사실이 명확해집니다. 그리스도나 성모 마리아나 혹은 그 밖의 다른 성인에게서 영감을 받았다고 믿을 수도 있겠지만, 그것은 사실이 아닙니다.

악령의 지배하에 있는 사람이 어떤지 아십니까? 만약 어떤 사람이 그에게 다가가서 "이 사기꾼아!" 하면서 따귀를 올려치면, 그는 아마 곧바로 온갖 욕을 해댈 것이고, 심지어는 거룩한 하느님을 모독하는 일도 서슴지 않을 것입니다. 악마적 상태에 빠져 있는 그는 결국 정신병원에 끌려가고 말 것입니다. 다시 말하지만 이 모든 현상들과 심령술 그리고 그와 유사한 모든 것은 다 병적인 상태입니다.

하느님은 합당한 자들에게 위대한 비밀들을 드러내십니다.

하느님이 합당한 자들에게 위대한 계시를 행하신다는 것을 여러분들이 쉽게 이해할 수 있도록 몇 가지 예를 말씀드리겠습니다. 하느님은 과거와 현재의 사건들을 밝혀주시고 미래의 일을 알려주십니다. 사람의 영혼 깊숙한 곳, 사람들의 아픔과 기쁨, 그들의 죄와 은사들, 그들의 몸과 영혼의 병들, 죽을 시간과 장소 등을 밝혀주십니다. 내 이야기를 들어보십시오.

시나이 산 위쪽 높은 곳에는 영적 투사들의 거처가 많습니다. 언젠가 그곳에 영적 아버지 한 분이 제자 수도사 한 명과 함께 살고 있었습니다. 영적 아버지가 백세가 되었을 때 그는 마지막 날이 다가왔음을 알았습니다.

거처 아래쪽 내리막길 언덕에는 그나마 흙이 조금 있었습니다. 하루는 영적 아버지가 이렇게 말했습니다.

"내 무덤을 파거라. 난 곧 죽게 될 것이니라. 잠시 후 다시 부르겠네."

제자 수도사는 순종하여 곧바로 무덤을 팠습니다. 영적 아버지는 기도를 한 후, 다시 제자 수도사를 불렀습니다.

"아들아, 이리 와서 내 손을 잡고 무덤까지 나를 데려다 다오. 난 곧 죽게 될 것인데, 그렇게 되면 어떻게 너 혼자 나를 저 무덤까지 옮기겠느냐? 자, 내 손을 잡아다오."

영적 아버지는 지팡이를 잡고 수도사의 도움을 받아서 천천히 내리막길을 내려갔습니다. 무덤에 도착하자 그는 이렇게 말했습니다.

"날 잡아주게. 날 잘 잡아주게! "

그리고 거룩한 입맞춤으로 마지막 작별인사를 하고 제자의 도움을 받아 무덤으로 들어갔습니다. 파 놓은 무덤 안에 누운 뒤 영적 아버지는 두 눈을 감고 기도를 드리기 시작했습니다. 그리고 잠시 후 그의 영혼을 하느님께 바쳤습니다.

잘 보셨습니까? 믿기 힘든 사건이지만 실제로 일어난 일입니다!

또한, 하느님께 합당하게 된 수많은 성인들은 원하기만 한다면 순식간에 다른 장소로 옮겨지기도 했습니다. "몸째로 그랬는지, 몸을 떠나서 그랬는지"(참고. 고린토Ⅱ 12:2) 알 수 없으나, 다른 사람들도 그것을 목도할 수 있었습니다.

어느 날 시나이 수도원의 요르기오스 수도원장이 중병에 걸렸습니다. 그러나 수도원장은 예루살렘을 방문하여, 총대주교의 손을 통해 성체성혈을 모시고 싶은 강렬한 열망을 느꼈습니다. 그때 마침 수도사들이 수도원장 수실을 찾아와서 수도원 성당에 예배드리러 오실 수 있는지 물어보았습니다. 수도원장은 "성당에 가지 못합니다."라고 대답했습니다. 이들이 떠나

자마자 수도원장은 몸은 남아있었지만 영적으로 예루살렘의 부활성당으로 가서 성찬예배에 참석했습니다. 수도원장은 지성소 안으로 총대주교가 들어가는 것을 보았습니다. 그리고 다른 많은 주교들과 사제들과 보제들이 성찬예배 때 시나이 수도원의 요르기오스 수도원장님을 보았습니다. 그들은 심지어 성체성혈을 영하는 순간에 수도원장에게 영대를 건네주기까지 했습니다. 수도원장은 거룩한 제단에 가까이 나와 총대주교가 주시는 거룩한 신비의 성체성혈을 모셨습니다. 성체성혈이 끝났을 때 모든 사제들은 손 씻는 곳에 가서 손을 씻었습니다. 요르기오스 수도원장이 총대주교 곁을 지나갈 때 총대주교는 "점심때 기다리겠습니다."라고 말했습니다.

요르기오스 수도원장은 아무 말도 하지 않고 고개를 숙였습니다.

한편 시나이의 수도원에서는 성찬예배가 끝난 뒤, 사제와 보제는 촛불과 향로를 든 수도사와 함께 수도원장 방을 찾아가서 요르기오스 수도원장에게 성체성혈을 주었습니다.

예루살렘의 총대주교는 식사 시간이 되자 식당에서 요르기오스 수도원장을 기다렸습니다. 시간이 지나도 요르기오스 수도원장이 오지 않자, 더 이상 기다릴 수 없어서 식사를 시작했습니다. 총대주교는 순종의 덕을 지닌 요르기오스 수도원장이 아무런 전갈도 없이 식사 약속을 어긴 것을 이상하게 여겼습니다. 그래서 식사 초대를 불참한 이유를 알기 위해 예루살렘에서 시나이 수도원으로 세 명의 전령을 보냈습니다.

총대주교가 보낸 전령들은 수도원에 도착하여 이렇게 말했습니다.

"수도원장님은 예루살렘의 부활성당에서 성체성혈을 받으셨습니다. 모든 사람들이 그분을 뵈었고 총대주교님은 반갑게 식사에 초대하셨습니다. 그러나 수도원장님은 아무런 연락도 없이 가버리셨습니다. 총대주교님은 이 일을 의아해 하셨습니다. 총대주교님의 호의를 무시한 행동이라 생각하시고 저희들에게 이 불순종에 대해 질책하라고 하셨습니다."

수도원의 수도사들은 이 이야기에 몹시 놀랐습니다.

"무슨 말씀입니까?"

수도사들은 전령들에게 대답했습니다.

"우리 수도원장님은 오십 년 동안 수도원 밖으로 나가신 적이 없습니다! 잘못 아신 것 같습니다."

"아닙니다. 우리 모두는 수도원장님을 부활 성당에서 뵈었습니다."

"진실을 확인시켜드리겠습니다. 자, 이쪽으로 오십시오. 수도원장님께 모셔다 드리겠습니다."

그들은 수도원장 방으로 안내되었고 수도원장을 만난 특사들은 총대주교의 불만을 전달했습니다. 수도원장은 아무런 말씀이 없었습니다. 그리고 조금 후에 그들에게 말씀하셨습니다.

"총대주교께 저를 용서해 달라는 말씀을 전해주십시오. 그리고 한 가지 기쁜 소식도 전해 주십시오. 하느님은 제가 이제 6개월 후면 이 세상의 삶을 마칠 것임을 알려주셨습니다. 총대주교청에서 준비하실 것이 있다면 준비하도록 이 소식 또한 전해주십시오."

잘 들으셨나요? 시나이 산의 수도원장은 몸과 함께 갔는지 아니면 육체 없이 갔는지 잘 모르지만 기적적으로 예루살렘을 방문했고, 많은 사람들이 예루살렘에서 그를 보게 되었던 것입니다.

우리 성인들 중에는 서로 멀리 떨어져 있으면서도 아무 매개 없이 대화를 나누고 함께 기도했던 분들이 많습니다. 이 모든 것이 하느님의 은총으로 가능했던 것입니다. 하느님의 은총이 있다면 거리라는 개념은 더 이상 의미가 없어집니다. 이번에는 개인적인 경험을 하나 소개하겠습니다. 이에 대해 하느님이 나를 용서해 주시기를 빌 뿐입니다. 예전에 나는 에비아 섬 성 하랄람보스 수도원의 수도사제 바울로 신부님과 비록 멀리 떨어져 있었지만 자주 정신적으로 대화를 나눴습니다. 이와 관련하여 아주 인상적인

한 가지 경험을 이야기하겠습니다.

아토스 성산을 떠나 이곳에 왔을 때, 나는 중대한 문제를 안고 있었습니다. 내가 건강이 악화되어 아토스 성산을 나오게 되었다는 것은 여러분도 이제 잘 알고 있을 것입니다. 건강상의 이유로 나는 가끔씩 계란도 먹고, 우유도 마셔야 했습니다. 하지만 콩 요리는 건강에 금물이었습니다. 그러나 이곳에서는 주로 콩 요리를 먹었습니다. 내 건강만 놓고 볼 때 수도원 공동체 생활은 도움이 되지 않았습니다. 나는 다른 수도사들에게 내 음식 문제로 오해를 사거나 나만을 위한 특별한 상차림으로 불편을 끼치고 싶지 않았습니다. 음식에 대해 나만 예외가 되는 것도 부끄러웠습니다. 그래서 조용히 수도원에서 떠나야겠다고 생각했습니다.

어느 날 나는 큰 나무 그늘 아래 앉아 있었습니다. 수도원을 떠나야 한다는 생각들이 나를 계속 괴롭히고 있었습니다. 그때 갑자기 바울로 신부님이 구약과 신약이 포함된 큰 성경을 하나 들고 내 앞에 서 계셨습니다. 신부님은 나무가 우거진 깊은 숲 속으로 가서 책을 읽고 있다가 갑자기 일어서서 내게로 와서, 이렇게 말했습니다.

"뽀르피리오스 신부님, 어떻게 지내십니까? 내가 무슨 생각을 했는지 아십니까? 나는 신부님의 문제를 알고 있습니다. 위장병이 신부님을 고통스럽게 하고 있다는 것을 말입니다. 신부님의 위는 수도원 음식을 소화할 수 없습니다. 그래서 우리는 신부님께 계란과 우유를 드려야 한다고 생각하고 있습니다. 신부님은 아프시니, 병이 낫도록 적절한 음식을 먹는 것은 당연한 일이 아니겠습니까?"

나는 신부에게 물었습니다.

"어떻게 그렇게 생각하게 되셨습니까?"

"지금 이쪽으로 오면서 생각하게 된 것입니다."

보셨습니까? 하느님의 은총은 모든 것을 합니다. 예전에도 그랬지만 지금도 나는, 자주 아토스 성산으로 날아갑니다. 이렇게 날아가서 성산의 수도사들과 함께 기도합니다. 금욕 수도사들을 추동하는 은총을 강력하게 느낍니다. 또 분향의 진동하는 향기를 느낍니다. 아토스 성산 위로 분향이 온통 구름처럼 솟아오릅니다. 이 거룩한 아토스 성산을, 성인들이 걸어 다녔습니다. 그들 모두는 하느님께 헌신했고, 그분께 바쳐진 기도 그 자체였습니다. 돌들도 성인들이 누렸던 하느님의 은총에 흠뻑 젖어있습니다. 아토스 성산의 수도사들은 이 땅에 보내진 하느님의 천사들입니다. 그들은 그곳에서 사랑과 헌신으로 하느님의 수난에 참여하는 수난의 삶을 살아갑니다.

여기 이곳 수도원에서 밤에 일어날 때마다, "나는 볼 수 있습니다." 수도사들의 아침 기도로 인해 하느님의 은총이 흘러넘치는 아토스 성산의 거룩한 순간을 나는 봅니다. 딸란도를 치면 수도사들은 "우리가 잠에서 깨어 일어나서 전능하신 하느님을 흠숭하며 찬양하나이다. …"[41]라는 기도를 듣기 위해 달려갑니다. 가슴 설레며 사랑과 기쁨으로 기도를 시작합니다. 천국이 열리는 순간입니다! 여러분에게 말해주고 싶었던 이 모든 것을 느끼게 된 것은 전적으로 하느님의 은총입니다. 이 경험들을 들려주는 것은 다 여러분을 사랑하기 때문입니다.

한 가지 또 다른 비밀을 말씀드리겠습니다. 한밤중에 아토스 성산에서 영적 투쟁하는 한 금욕 수도사와 전화통화를 합니다. 이분은 거룩한 교부들을 열심히 공부합니다. 그리고 내게도 많은 것을 설명해 줍니다. 그리고 영적인 문제로 대화합니다. 정말 행복해 미칠 정도입니다! 더 이상 무슨 말을 하겠습니까! 오늘 새벽, 정확히 새벽 3시에 일어난 일입니다. 우리가 전화로 대화를 하고 있을 때 종치는 소리가 들렸습니다. 삼십 분 동안 유익한 대화를 했습니다. 정말 기뻤습니다. 말로 표현할 수 없는 큰 기쁨을 느꼈습니다. 하느님께 영광! 대화 도중에 그 수도사가 내게 말했습니다.

---

41) 아침 예식(조과) 시작 기도의 성 삼위일체께 바치는 쁘로빠리온(성가).

"예배시작을 알리는 종소리가 납니다. 시간에 늦지 않게 지금 가야합니다."

나는 그에게 말했습니다.

"수도사님, 저를 혼자 내버려 두지 마십시오!"

수도사는 이렇게 대답했습니다.

"물론이죠. 어서 오십시오. 함께 성당에 갑시다. 우리는 함께 하느님의 위대하심을, 성만찬 예배를, 그리스도의 은총을 보게 될 것입니다. 어서 오십시오. 우리 주 예수 그리스도 안에는 거리가 존재하지 않습니다. 어떤 거리도 존재하지 않습니다."

이렇게 해서 우리는 함께 성당에 들어갔습니다. 오랜 시간 동안 그와 함께 기도를 드렸습니다. 모든 신부님들을 보았고 거룩한 이콘들, 촛대들, 초들, 등잔들이 빛나는 것을 보았습니다. 신부님들이 정성을 다해서 성찬예배를 드리는 것을 보았습니다. 내 영혼이 꼭 하늘나라에 있는 것 같았습니다. 영적 투사들인 수도사들이 성당을 가득 메웠고, 모두는 큰 기쁨 안에서 함께 성가를 불렀습니다. 성체성혈을 받는 순간, 나는 하느님의 은총에 감동하였고, 그 수도사와 함께 성체성혈을 받으러 나갔습니다. 이런 고백을 하는 나를 용서해 주십시오. 모든 수도사들이 거룩하게 기도하는 것을 보았습니다. 아주 큰 기쁨을 느꼈습니다. 그들이 보는 것을 나도 보았습니다. 거룩한 금욕가들, 기쁨에 겨워 목이 잠긴 작은 영혼들 사이에서 드린 이 성찬예배는 참으로 영적인 대향연이었습니다. 그들은 충만함을 느꼈고, 성탄 축일의 기쁨을 누렸습니다. 여러분들도 나와 함께 있었더라면, 그 아름다운 성가와 기도와 강론을 함께 들었더라면 얼마나 좋았을까요!

내가 보았던 이 모든 것들이 실제로도 본 그대로였다고 다른 사람들이 확인해 줄 때, 내 기쁨은 엄청납니다. 내가 본 이 모든 것은 오직 하느님에게서 비롯된 것임을 나는 압니다. 이것이 무엇을 의미하는지 예를 들어보겠습니다. 나는 어떤 교부의 말을 인용한 후에 그 구절을 찾아서 내게 읽어 달라고 자주 여러분에게 요청합니다. 그리고 여러분에게 말합니다. "10페이지, 중간 부분에 있는 두 번째 단락에서 제가 말한 내용을 찾아보십시오." 여러분은 그 내용을 찾아서 내게 읽어줍니다. 내가 이야기한 내용이 정확하게 적혀 있습니다. 하지만 나는 "이전에 나는 이 책에 이런 내용이 있는 줄 전혀 몰랐습니다. 오늘에야 처음 들어보는 것입니다." 이렇게 말합니다. 여러분은 분명 기이하게 여길 것입니다. 나는 거짓말을 하고 있는 것이 아닙니다. 이 모든 것이 참으로 진실입니다. 전에 전혀 읽어 본 적도 없고, 미리 준비한 말도 아닙니다. 하지만 내가 말하는 순간, 하느님의 은총이 나를 비추어줍니다. 여러분들이 이것을 확인해 주니 나는 정말 기쁩니다. 한 가지 예를 더 말씀드리겠습니다.

어느 날 메기스티스 라브라의 수도원장이 오후 7시 고고학 학회에서 연설했습니다. 기도를 통해서 나는 신비스러운 방법으로 그곳에 갔고 그를 '보았습니다.' 30분 정도 그 강연회에 참석했습니다. 연설 장소를 가득 채운 사람들은 모두 집중하여 들었고, 큰 감동을 받았습니다. 그때 내가 무엇을 보았는지 아십니까! 연설하는 동안 너무 땀을 많이 흘려 수도복까지 다 젖은 수도원장을 보았습니다. 나는 나중에 수도원장에게 전화해서 연설을 잘 하셨는지 물어보았습니다. 수도원장은 내게 말했습니다.

"참으로 좋았습니다. 모든 사람들이 감동을 받았습니다. 그러나 긴장했는지 땀이 강처럼 흘렀답니다!"

참으로 신비입니다! 무소부재하신 하느님은 참으로 모든 것을 자신의 현존으로 채우십니다.

또 한번은 북쪽 에비아 섬에 다섯 명의 일행과 함께 여행을 갔었습니다. 아름다운 자연을 배경으로 자동차가 달렸습니다. 왼쪽으로는 식물들, 나무들, 꽃들, 오른쪽으로는 끝이 없는 바다가 펼쳐졌습니다. 모든 것이 아름다웠고 깨끗했고 빛났습니다. 모두들 아무 말이 없었습니다. 옆에 있던 일행에게 내가 갑자기 물었습니다.

"밖에 뭐가 보이십니까? 당신이 지금 보고 있는 것을 장님인 나도 동시에 당신의 눈을 통해 보고 있습니다."

그리고 나는 노래를 부르기 시작했습니다.

당신의 눈은 나의 눈,
눈썹도 내 것,
두 손은 내 마음을 여는 열쇠들.

이 노래는 유행가지만 비유적인 의미가 있습니다. 이해하시겠습니까? 또 다른 눈이 있습니다. 그것은 영혼의 눈입니다. 육체의 눈으로 볼 수 있는 것은 제한되어 있습니다. 반면 영혼의 눈은 달 뒤쪽까지도 볼 수 있습니다. 여러분들은 육체의 눈으로 사물을 봅니다. 나도 은총으로 똑같은 것들을 봅니다. 하지만 더욱 잘 봅니다. 더 깨끗하게 봅니다. 육체의 눈으로는 사물의 겉모습만 봅니다. 하지만 나는 그것들이 내적으로는 어떠한지도 볼 수 있습니다. 다른 사람의 영혼을 볼 수 있고, 그 마음도 읽을 수 있습니다.

영적 아버지를 사랑하고 그와 강하게 결합된 사람은 영적 아버지가 가진 은총을 똑같이 물려받습니다.

하느님이 내게 이런 은총을 주신 것은 내가 영적 아버지에게 순종했기 때문입니다. 자신의 영적 아버지를 사랑하고 자신을 전적으로 맡긴 사람은 영적 아버지가 가진 은총을 똑같이 물려받습니다. 성 프로코로스는 성 요한 신학자에게서, 성 프로클로스는 성 요한 크리소스토모스에게서, 신 신학자 성 시메온은 그의 영적 아버지로부터 똑같은 은총을 물려받았습니다. 구약성경에 보면 엘리야 예언자는 그의 제자인 엘리사에게 예언의 은총을 물려주었습니다.

엘리야 예언자는 겉옷으로 요르단 강을 쳐서 갈라지게 했고, 마치 둑처럼 물이 서있게 했습니다. 이렇게 해서 두 사람은 갈라진 강 사이로 드러난 마른 땅을 밟고 강 건너편으로 지나갔습니다. 엘리사는 엘리야 예언자에게 무엇을 요구했습니까? 두 배의 은총과 축복을 요구했습니다. 엘리야 예언자는 승천했고 엘리사는 스승이 입었던 겉옷을 들어 그의 스승이었던 엘리야 예언자처럼 강물을 쳤습니다. 그러나 강은 갈라지지 않았습니다. 엘리야 예언자의 축복을 받지 않았기 때문입니다. 그때 엘리사는 말하기를 "엘리야의 하느님이신 주님이시여! 어디 계시옵니까?" "내 영적 아버지 엘리야여, 당신의 하느님은 지금 어디에 계시옵니까?" 그러자 이번에는 강물이 갈라졌습니다. 그 이유는 엘리사가 잘못을 깨닫고 엘리야 예언자의 축복을 받았기 때문입니다. (참고. 열왕기 하 2:8-15)

이렇듯 영적 아버지의 축복 없이는 아무것도 할 수 없습니다. 축복 없이는 아무것도 성공할 수 없습니다. 여러분에게 은총이 오면 이 모든 것이 무얼 의미하는지 깨닫게 될 것입니다. 성령을 얻으면 성령이 여러분들을 가르쳐주실 것이고 모든 것을 다 자세하게 알려주실 것입니다. 주님은 분명히 말씀하셨습니다.

> 이제 아버지께서 내 이름으로 보내주실 성령 곧 그 협조자는 모든 것을 너희에게 가르쳐주실 뿐만 아니라 내가 너희에게 한 말을 모두 되새기게 하여주실 것이다.
>
> (요한 14:26)

하느님은 선한 사람이 되게 하시려고 내게 이 은총을 주셨습니다.

여러분에게 여러 번 말씀드렸듯이, 나는 은사를 기대하지도 원하지도 간구하지도 않았습니다. 내 영적 아버지들은 통 말씀이 없었습니다. 이것이 전통이었습니다. 나를 말씀으로 가르치지 않으셨고 오직 모범만 보여주셨습니다. 성인들의 삶과 교부들의 삶에서 모든 것을 배웠습니다. 교부들은 무리한 요구를 하지 않습니다. 기적을 요청하지도 않습니다. 표징이나 은사들도 요구하지 않았습니다. 오직 그리스도의 사랑만을 추구했고 어떤 다른 것도 요구하지 않았습니다. 하느님은 선한 사람이 되라고 내게 은총을 주셨습니다.

주님의 은총으로 무엇인가를 '보게' 될 때, 나는 참 기쁩니다. 나는 그리스도 안에 있는 이 기쁨을 깊이 느낍니다. 주님의 은총이 내게 임하여, 내가 다른 사람의 영혼을 읽고 알게 될 때, 하느님의 은총은 내게 더욱 큰 '열정'을 가져다줍니다. 하느님의 은총은 참된 친교, 친밀함, 가족애, 일치를 낳게 해줍니다. 이 일치가 가슴 터질 것 같은 기쁨을 가져다줍니다. 그러나 나는 표현하기가 두렵습니다. 나는 '보기는 하지만' 말을 하지는 않습니다. 하지만 하느님의 은총이 그것을 말해야 한다고 가르쳐주면 나는 말합니다. 나는 모든 사람을 사랑하기 때문에, 하느님이 말하라고 밝혀주시는 몇 가지는 이야기합니다. 그리스도가 우리 모두를 위해 어떤 위대한 일들을 행하시는지 온 세상이 알고 기뻐하도록 말입니다. 그것은 그리스도의 사랑과 친교 안에 있는 사람들이 구원 받도록 도와주기 위한 것입니다.

이렇게 말하는 나를 용서해주십시오! 나는 결코 그 무엇이든 간에 내게 계시해달라고 하느님께 간구하지 않습니다. 나는 하느님께 여쭈어 보는 것을 그다지 좋아하지 않습니다. 그것은 하느님이 원하시는 것이 아니라고 믿습니다. 하느님 앞에서 예의 없는 것이라고 생각합니다. 더 나쁘게 생각하면, 그것은 하느님을 협박하는 행위입니다. 그러니 "주, 예수 그리스도시여, 저를 불쌍히 여기소서."라고 예수 기도를 드리며 자비를 구할 뿐, 모든 것을 그리스도께 맡깁니다. 그리스도가 원하신다면, 그분 스스로가 알아서 드러내시고, 밝혀주실 것입니다.

하느님은 수많은 신비들을 우리에게 밝혀주시지 않고 숨겨 놓으십니다. 홀로 은둔처에서 살면서 하느님을 사랑하는 사람에게, 하느님은 비밀들 중에서 몇 가지를 밝혀주십니다. 그는 그 신비들을 보지만, 전부 다 말하지는 않습니다. 오로지 하느님이 허락하시는 것만을 말합니다. 하지만 세상에서 사는 사람, 세상일에 파묻혀 온갖 통신 수단을 통해 소통하는 사람은 결코 이해할 수도 알 수도 없는 일들을 말입니다.

모든 것을 "볼 수" 있게 된 지금, 나는 나 자신을 더욱 낮춥니다. 어떻게 설명해야 좋을까요! … 하느님은 나를 보호해 주십니다. 그의 은총을 내게 보내주십니다. 그리고 나는 말합니다. "저는 보잘것없고 자격이 없는 사람입니다. 하느님이시여, 제게 무엇을 원하시옵니까?" 그러나 하느님은 나와 같은 죄인들도 사랑하셔서 선한 사람이 되기를 원하십니다. 주님의 은총은 바로 그와 같은 일들을 이루시기 때문입니다.

이 은사는 하느님의 선물이며 하느님 은총에서 비롯됩니다. 하지만 그것을 보존하는 것은 사람에게 달려있습니다. 주의하지 않으면 사람은 그 영적인 은총들을 잃어버립니다. 영성과 관련된 문제들은 참으로 고도의 주의와 집중을 요구합니다. 영적 체험들을 다른 사람에게 말하지 마십시오. 그렇지 않으면 우리는 주님의 은총을 잃게 됩니다. 우리는 성모 마리아의 태도를 잘 알고 있습니다. 그분은 침묵을 지키셨습니다. 성모 마리아는 천사에게 들은 이야기를 의인 요셉에게 말하지 않았습니다. 의인 요셉은 천사에게 이 소식을 들었습니다. 요셉이 잠들었을 때, 천사는 신비롭게 그에게 다가와서 비밀을 말해주었습니다. "신비를 알지 못하는 자는 가까이 올 수 없도다."⁴²⁾ 주의하십시오! 하느님은 자주 숨으십니다. 하느님은 존재하지 않는다고 생각할 만큼 자신을 감추십니다. 그러나 겸손의 은사를 받은 사람에게는 자신을 드러내십니다.

나는 하느님의 영광을 위해, 모든 것을 하느님께 돌려드립니다. 물론 나는 녹슬어 삭아버린 쇠파이프 같다고 믿습니다. 그러나 하느님은 이 낡은 관을 통해서 참으로 깨끗한 생명수를 주십니다. 이 물은 성령의 샘에서 나옵니다. 아주 목마를 때는 플라스틱이든, 금속이든 녹슨 것이든 상관하지 않습니다. 물에만 관심이 있기 때문입니다. 보십시오. 이제 나는 곧 영혼을 하느님 손에 맡겨야 할 때가 되었습니다. 하지만 사람들은 이런 늙고 하찮은 사람을 찾아옵니다. 그러나 나로부터 받을 것은 아무것도 없습니다. 나는 아무것도 가진 것이 없습니다. 오직 그리스도만이 모든 것을 가지고 계십니다.

하느님의 은총으로 충만하게 되면 사람은 전혀 몰라보게 변합니다. 그의 영혼은 춤을 춥니다. 그 영혼은 기뻐 뜁니다. 그는 안에서 터져나오는 기쁨의 소리를 듣고 즐거워합니다. 하느님의 은총은 나에게도 그와 같은 기쁨을 누리게 해주십니다. 내 목소리도, 내 얼굴도, 모든 것이 변합니다. 나는 내 자신의 성공이 아니라 하느님의 은총을 자랑하도록 배웠습니다. 내가 어려서 아토스 성산에 들어간 이래로, 이 은총은 내 삶에서 일어난 모든 일들을 통해서 끊임없이 또 아주 확연하게 지속적으로 나를 끌어당겼습니다. 하지만 그리스도를 위해 열정을 가지고 사는 데 성공하지 못했다고 나는 늘 느낍니다. 나는 이 일에서 너무 뒤쳐져 있습니다! 얼마나 멀리 떨어져 있는지 모릅니다! 하느님이 내 마음 안에 주신 이 모든 것이 내 영혼을 심판합니다. 내 안에는 두려움이 하나 있습니다. 나는 이 성경 말씀을 생각할 때마다 두려움이 앞섭니다.

---

42) 성모 희보 축일 까논 9오디 이르모스.

그날에는 많은 사람이 나를 보고 '주님, 주님! 우리가 주님의 이름으로 예언을 하고 주님의 이름으로 마귀를 쫓아내고 또 주님의 이름으로 많은 기적을 행하지 않았습니까?' 하고 말할 것이다. 그러나 그 때에 나는 분명히 그들에게 '악한 일을 일삼는 자들아, 나에게서 물러가거라. 나는 너희를 도무지 알지 못합니다.' 하고 말할 것이다.

(마태오 7:22-23)

그러나 나는 절망하지 않습니다. 하느님의 사랑과 자비에 나를 맡깁니다. 참으로 영감 어린 성체성혈 기도문에는 이런 내용이 있습니다.

구세주여, 나는 아옵나이다. 그 누구도 나보다 더 당신께 범죄 하지 않았나이다. 또한 내가 행한 죄악을 행하지도 않았나이다. 하오나 나는 또한 아옵나이다. 나의 엄청난 잘못들과 산더미 같은 죄악도 사람을 사랑하시는 당신의 관용과 자애를 뛰어넘지 못함을 아옵나이다.[43]

황금처럼 귀한 이 말씀들은 교부들에 의해 작성되었습니다. 그러므로 믿음과 경건한 마음을 가지고 이 기도문으로 기도한다면, 우리도 그와 같이 살게 될 것입니다.

여러분을 사랑하기 때문에 하느님이 내게 드러내주신 몇 가지를 말씀드립니다.

나는 여러분에게 내 마음 깊숙한 곳에 있는 것들을 많이 이야기했습니

---

[43] 성체성혈을 받기 위한 기도문 중 일곱 번째인 신 신학자 성 시메온의 기도문 중에서.

다. 이런 비밀스런 영적체험을 혼자 간직하지 않고 이렇게 말한 것 때문에 거북해 하는 사람들도 분명 있을 것입니다. 이런 이야기를 한 것 때문에 나를 이기적인 사람이라고, 교만한 사람이라고 말할 수도 있을 것입니다. 하지만 내가 이런 이야기들을 하는 것은 다만 여러분을 몹시 사랑하기 때문에서입니다. 여러분에게 조금이라도 유익을 주기 위해서입니다. 여러분도 이 길을 걸어가길 바라기 때문입니다. 지혜로운 솔로몬은 이렇게 말했습니다.

> 나는 사람을 눈멀게 하는 시기심을 벗삼지 않겠다. 시기심이란 지혜와는 정반대의 것이기 때문이다.
>
> (지혜서 6:23)

> 그러면 이제 나는 지혜가 무엇이며 그 기원이 무엇인지를 말하겠다. 내가 그대들에게 감출 것이라곤 하나도 없다. 나는 창세 초부터 이어진 지혜의 자취를 더듬어볼 것이며 진리의 길에서 벗어나지 않고 지혜가 무엇인가를 분명하게 보여주리라.
>
> (지혜서 6:22)

지혜자 솔로몬은 하느님의 지혜를 숨기고 싶지 않았습니다. 그로 하여금 하느님 지혜의 신비들을 드러내게 추동하신 분은 바로 하느님이십니다.

내가 지금 하고 있는 일, 즉 하느님께서 내게 무엇을 주었는지 이야기하는 일은 사도들의 태도와도 부합합니다. 사도 바울로는 로마서에서 이렇게 말합니다.

> 내가 여러분을 애타게 만나보려는 것은 여러분과 함께 영적인 축복을 나눔으로써 여러분에게 힘을 북돋아주려는 것입니다. 다시 말하면 우리

가 함께 지내면서 여러분과 내가 피차의 믿음을 통하여 서로 격려를 받으려는 것입니다.

(로마 1:11-12)

'나눔'은 또한 '얻음'이라는 의미도 있습니다. 사랑으로 나누어 주십시오. 내 자신은 줄 것이 하나도 없다고 믿고, 다만 하느님의 것을 서로 나누어 준다고 생각한다면 이것이야말로 참된 겸손입니다. 그러나 아주 근본적인 사람들은 "자신의 개인적인 영적체험을 이야기하다니, 정말 이기적이고 교만하군." 하고 신랄하게 비판할 수도 있을 것입니다. 하지만 보십시오. 성경에서 사도 바울로는 "… 여러분에게 힘을 북돋아주려는 것입니다. …"라고 말했습니다. 바람이 몹시 불면 나무가 휘청거리는 것처럼 사람도 똑같습니다. 우리가 휘어지거나 비뚤어지지 않게 우리의 힘을 북돋아줄 지지대가 우리에게도 필요합니다. 만약 우리가 휘어지면, 결국 비뚤게 성장할 것입니다. 그러면 마음이 미련해져서 하느님께 합당한 사람이 될 수 없습니다.

물론 하느님이 우리 안에 몰래 비밀을 밝혀주실 때, 우리가 '침묵'한다면 더 좋습니다. 그러나 사도 바울로와 같은 상황에 처할 때는 이야기가 달라집니다.

나는 과연 어리석은 사람이 되고 말았습니다. 그러나 나를 이 지경에 몰아넣은 사람은 바로 여러분들입니다. 사실 여러분은 나를 인정해 주어야 할 사람들이 아니었습니까? 내가 비록 보잘것없는 사람이기는 하지만 그 특출하다는 사도들보다 조금도 못할 것이 없습니다.

(고린토II 12:11)

오직 사랑에 떠밀려, 자신의 신비 체험과 내밀한 삶을 다른 사람들에게 말하지 않을 수 없었을 때, 아빠스 이삭도 똑같은 감정을 느꼈습니다. 아빠스 이삭의 고백을 들어보십시오.

> 나는 바보가 되었습니다. 침묵으로 신비를 간직하려 했지만 더 이상 참을 수가 없습니다. 오히려 나는 내 형제들의 이익을 위해서 얼빠진 사람이 됩니다. …[44]

나보다 훨씬 오래 전에 사셨던 아빠스 이사악 성인도 나처럼 행동하셨습니다.

하느님이 불쌍한 내게 드러내주신 몇 가지의 신비들을 여러분에게 이렇게 말씀드리는 것은 여러분에 대한 사랑 때문입니다. 그러나 지금도 나는 이렇게 말하는 것이 내가 아닌 다른 어떤 사람인 것처럼 느껴집니다. 또 그렇게 믿습니다. 이런 초자연적인 현상을 볼 때마다 나는 내가 얼마나 보잘 것 없는 사람인지 깨닫고 전율을 느낍니다. 내게 이런 초자연적인 통찰력이 주어진 것은 내가 성인의 경지에 이르렀기 때문이 아닙니다. 또 무슨 대단하고 특별한 이유가 있는 것도 아닙니다. 그것은 다만 내가 착한 사람이 되기를 원해서, 하느님의 그 크신 사랑이 내게 허락해 준 은총입니다. 하느님이 내게 드러내주신 이 신비로운 일들을 나는 아주 몇몇 사람들에게만 이야기합니다. 왜냐하면 영적인 사람들만이 이것을 받아들일 수 있기 때문입니다. 학식이 많은 사람은 보고 듣고 기록하고 결국 "플라톤과 똑같은 말을 하고 있군요." 이렇게 결론 내릴 수도 있을 것입니다. 하지만 결코 그렇지 않습니다. 물론 우리는 같은 단어, 같은 표현을 사용할 수 있지만 그 의미는 전혀 다른 것이기 때문입니다.

---

[44] 시리아의 이삭 성인, 『수덕에 관한 강론들』 18.

내가 초자연적인 통찰력으로 본 것들을 말하려 하지 않을 때는, 그 누구도 내게 말해달라고 보채서는 안 됩니다. 왜냐하면 나는 누구에게나 순종하는 버릇이 있기 때문입니다. 나는 너무 말랑하고 유순해서 하고 싶지 않아도 자꾸 조르면 결국 해주게 되고 나중에는 그것 때문에 후회를 하곤 합니다. 이것이 나 개인의 나약함에도 기인하지만, 아토스 성산에서 두 영적 아버지에게 완벽하게 순종하며 살아온 결과이기도 합니다.

가끔 어떤 사람이 망할 길로 가려는 것을 미리 알게 되지만, 그럴 경우에도 내가 할 수 있는 일은 별로 없었습니다. 미리 알려주어도 그는 이해를 못하기 때문입니다. 내 생각이 옳은 것이라 해도 나는 끝까지 주장하지는 않습니다. 남의 자유를 제한하거나 침해해서는 안 되기 때문입니다. 이것은 결코 간단한 문제가 아닙니다.

소나무 숲 속에서, 우리는 하느님의 위대함을 보았습니다.

나는 하느님의 은총으로 종종 다른 상태에 들어갑니다. 목소리가 변합니다. 내 얼굴은 거룩한 빛에 젖어듭니다. 아토스 성산에서도 경험했고, 또 다른 곳에서도 이런 일이 일어났습니다. 이러한 현상은 파르나소 지방 아고리아니 시골에 있던 성 삼위일체 교회에서도 일어났습니다. 그때 나와 함께 했던 두 소녀 바실리끼와 파나요타도 그런 상태에 들어간 나를 보았습니다. 내게 영감을 주었던 것은 바로 그 버려져 다 허물어진 소성당이었습니다. 그곳에서 무슨 일이 있었는지 들어보십시오.

파르나스 지역의 숲 속을 걷다가 성 삼위일체께 봉헌된 아담한 시골 성당 앞에 이르게 되었습니다. 나는 안으로 들어가, 아름다운 문에 다가갔습니다. 두 명의 소녀는 성당 문 쪽에 서 있었습니다. 나는 성당에 들어서는 첫 순간부터 큰 감동을 받았습니다. 그 성당에서 과거의 수많은 사람들이 어떻게 지냈는지 볼 수 있었습니다. 아주 오래 전 신부님들이 축일성찬예배를 거행하는 것을 보았습니다. 성인 같은 사람들이 기도하는 모습, 거룩한 주교의 모습, 고통 속에서 하느님의 자비를 구하는 사람들도 보았습니다. 그 순간 나는 뜨거운 감동에 타올라 까논과 뜨로파리온과 그 밖의 성가들을 우렁차게 불렀습니다. 형용할 수 없는 기쁨을 느꼈습니다. 성가를 부르는 내 목소리는 나도 처음 듣는 목소리였습니다. 마치 백 명이 함께 부르는 듯 우렁찼고, 감미로웠으며, 조화로웠습니다. 그것은 천상의 목소리이었습니다. "나는 큰 군중의 소리와도 같고 큰 물 소리와도 같고 요란한 천둥소리와도 같은 소리를 들었습니다."(요한묵시록 19:6) 나는 두 손을 펼쳐 들었고, 내 얼굴과 표정은 밝게 빛나 전혀 다른 모습으로 변화되었습니다. 나는 완전히 영적인 '상태'에 들어갔습니다. 그때 갑자기 하늘은 성당의 천장 돔이 되었고, 나무 가지들은 촛대가 되었습니다. .

같이 있던 소녀들은 내 뒤에 3미터 정도 되는 거리에 서 있었습니다. 소녀들은 녹음기로 내가 성가 부르는 것을 녹음하려고 했으나 내가 녹음하지 못하게 했습니다. 나는 아토스 성산에서 어려서부터 비밀을 잘 지키도록 배웠습니다. 그 이후 아테네로 왔을 때 나는 그때 부른 성가들이 너무 듣고 싶었습니다. 녹음하지 못하게 한 것이 너무 안타까웠습니다. 그래서 그녀들에게 말했습니다.

"지금, 녹음된 그 성가가 있었다면 참 좋았겠지요. 정말로 아름다웠는데! 우리가 지금 그 성가를 들을 수 있다면 얼마나 기쁠까요! 그 목소리는 사람의 소리가 아니었어요. 내 목소리가 아니었어요. 하느님의 은총의 목소리였어요. 그 소리를 다시 듣고 싶고 그날로 다시 되돌아가고 싶어요. 우리는 소나무들 사이에서 하느님의 위대함을 보았습니다. 여러분도 함께 보지 않았습니까! 그 숲속에서의 경험은 얼마나 아름다웠습니까! 나는 비밀을 간직하는 사람이라서 그때 녹음하는 것을 원치 않았어요. 내가 겸손해지기 위해서 그랬지요."

성가를 부르는 순간 우리 영혼은 하늘로 올라갑니다. 그것을 어떻게 아냐구요? 나는 거룩함에 취합니다. 그것은 취하면 취할수록 더욱 원하게 됩니다. 아토스 성산에서의 아름다운 시절들이 기억납니다. 내 영적 아버지들은 나를 은수도처 밖으로 멀리 내보내지 않았습니다. 나는 아직 어렸기 때문에 축일 때도 영적 아버지들은 나를 데려가지 않았습니다. 그래서 혼자 남았을 때 나는 은수도처에 있던 성 요르기오스 소성당에 가서 이렇게 애절한 성가들을 불렀습니다. 『빠라클리티기 예배서』[45]를 열면 아주 아름다운 성가들이 있습니다. 그래서 그 성가들을 자주 불렀습니다. 성모님께 드리는 기원의식 성가도 많이 불렀습니다. 아주 간절한 마음과 사랑으로 '주 예수 그리스도에게 바치는 카논'도 불렀습니다. 내 영적 아버지들은 성가 부르는 법을 가르쳐주지 않았습니다. 귀로 듣고 배운 것입니다. 간절한 마음으로 기도하면서 성가를 불렀습니다. 마음은 항상 뜨거웠습니다. 나처럼 여러분도 성가 부르기를 사랑하기를 기원합니다.

나는 팟모 섬에서 거룩한 묵시 사건을 경험했습니다.

요르고스 씨와 케티 부인과 함께 팟모 섬의 신학자 성 사도 요한 수도원으로 순례를 갔습니다. 아침이었습니다. 성 사도 요한의 은총 안에 내가 잠기는 것을 느꼈습니다. 요한묵시록 성당에는 순례자들이 많았습니다. 내 벅찬 감정을 사람들에게 들킬까봐 두려웠습니다. 내 감정을 숨기지 않고 다 드러냈다면 사람들은 아마 나를 미쳤다고 했을 것입니다. 그래서 나는

---

45) 8주를 주기로 하여 매주 고유한 음조에 따라 부르는 성가들을 모아놓은 예식서.

성당에서 나갔습니다. 하느님과 비밀스럽게, 신비스럽게 만나는 그 경험들을 다른 사람들이 보는 것이 좋은 것은 아닙니다. 그래서 나는 그들에게 그곳을 떠나자고 말했습니다. 그리고는 같은 날 오후, 한적한 시간에 우리는 다시 그곳에 갔습니다. 성당 안에는 다른 사람은 없었고, 우리 세 명뿐이었습니다. 성당 안에 들어가기 전에 나는 그들에게 미리 마음의 준비를 시켰습니다.

"무엇을 보더라도 움직이지 말고, 말하지도 마십시오."

우리는 경건한 마음으로 안으로 들어갔고, 소리 없이 겸손하게 침묵을 지켰습니다. 거룩한 묵시 앞에 섰습니다. 우리 셋은 무릎을 꿇었고 나는 가운데 있었습니다. 그리고 엎드려 예수 기도를 드렸습니다. 15분 정도였습니다. 나는 텅 빈 느낌을 받았습니다. 아무런 감동도 느끼지 못했습니다. 광야와도 같았습니다. 순간 나는 깨닫게 되었습니다. 반대자, 악마가 나를 방해하고 있다는 것을 말입니다. "계획처럼 되진 않을 걸!" 하고 속으로 악마에게 말했습니다. 나는 기도를 드렸고 그러길 원했습니다. 아니 오히려 나는 기도를 드리지도 또 드리길 원하지도 않았다고 말하는 것이 더 옳을 것입니다. 왜냐하면 기도를 드릴 때, 또 그것을 원할 때, 우리의 적 사탄은 이를 다 계산에 넣고 있기 때문입니다. 이런 상황은 정말 복잡 미묘합니다. 혼자서는 적을 무시해 버릴 수 없습니다. 적을 무시해 버릴 수 있다면 그것은 분명 하느님의 은총이 작용한 것입니다. 그것은 설명이 필요없습니다.

주의 깊게 들어보십시오. 나는 마음을 졸이지 않았습니다. 그 상태를 억지로 꾸미지 않았습니다. 영적인 일은 억지로 해서는 안 됩니다. 다시 밖으로 나왔습니다. 내 영혼이 굳게 닫혀 열리지 않는 것에 신경쓰지 않으려고, 꽃들을 쳐다보았습니다. 바다를 바라보았습니다. 그런 다음 다시 성당 안으로 들어갔습니다. 숯에 불을 붙여 향을 조금 올려놓았습니다. 그랬더니 내 마음이 조금 열렸습니다. 그때 하느님의 은총이 찾아 왔습니다. 내 얼굴은 빛났습니다. 내 마음 안에 하느님이 계셨고 나는 두 손을 들고 울기 시작했습니다. 계속해서 눈물이 흘러나왔습니다. 그리고 어느 순간 쓰러졌습니다. 일행들의 말을 의하면 나는 20분 동안 땅에 쓰러져 있었습니다.

팟모 섬에서 일어난 기적은 정말로 큰 기적입니다. 큰 의미가 있습니다. 나는 묵시 사건을 보았습니다. 신학자 성 사도 요한과 그의 제자 프로코로스를 보았고, 묵시 사건을 생생하게 보았습니다. 갈라진 바위 틈에서 그리스도의 소리를 들었습니다.

이 이야기가 소문나지 않기를 바랍니다. 하느님이신 주 예수 그리스도께서 나를 불쌍히 여겨주시기를 빌 뿐입니다. 이렇게 말하는 것은 여러분 자신도 억지를 쓰지 않고 자연스럽게 하느님 손에 자신을 맡기는 법을 배우게 되길 바라기 때문입니다. 그러면 하느님은 여러분의 영혼을 찾아오셔서 충만한 은총을 베풀어 주실 것입니다. 만약 악마가 이것을 방해한다면 그냥 무시해 버리십시오. 이해하셨습니까? 나도 그렇게 했습니다. 어떤 것이 방해한다고 느껴지면, 나는 곧바로 다른 일로 관심을 옮겼습니다. 이것은 아주 큰 의미가 있습니다.

나는 이 모든 것들을 여러분에게 말했지만, 이것이 옳은 일인지는 모르겠습니다. 차라리 이야기하지 말아야 했던 것은 아닐까 하는 생각이 듭니다. 이 모든 것은 신비입니다. 그래서 나는 잘 설명할 수 없습니다. 말씀드릴 수 있는 것이 있다면, 이 모든 것은 단순함, 겸손함, 온유함 안에서 일어난다는 것입니다. 하느님과의 연합을 기대하고, 염원하고, 그래서 하느님께 어떤 압력을 가하면 결코 오지 않는다는 것입니다. 다만 이것은 "생각지도 않은 날, 짐작도 못한 시간에"(마태오 24:50) 찾아온다는 것입니다. 그것은 아주 거룩하고 신비로운 방법으로 찾아오는 것이기에 결코 배울 수 있는 어떤 것이 아닙니다. 그것은 하느님의 은총이 마음속에 확고히 자리잡기까지 아주 은밀하고 비밀스럽게 당신의 영혼에 스며들 것입니다.

영원한 세계에 대해서

> 우리는 죽음에 대해
> 전혀 공포를 느낄 필요가 없습니다.
> 죽음은 끔찍한 것이 아니라,
> 영원한 세계로 들어가는 문입니다.

이 세상을 떠나게 될 때, 축제를 지내는 자들의 노래 소리가 끊이지 않으며 …

우리는 성경을 통해서 영원한 세계에 대해 알게 됩니다. 영원하신 하느님은 사람도 영원히 살 수 있도록 창조하셨습니다. 그래서 영원한 하늘 왕국의 시민이 되어 하느님 안에서 영원히 살기를 바란다면, 우리는 이미 이 땅에서부터 영원토록 하늘 왕국의 시민입니다.

우리 정교회는 신비 성사들과 예식들 그리고 성가들을 통해서 특히 감사의 성만찬 예배를 통해서 우리가 끊임없이 영원한 세계를 기억하도록 해줍니다. 우리가 성체성혈을 받을 때 사제는 우리 각자에게 '죄를 용서해주시고 영원한 생명을 주십시오.' 라고 기원합니다.

그리스도가 사람 마음에 들어가시면 그 사람에게는 죽음도 지옥도 악마도 없습니다. 이 모든 것이 존재하지 않게 됩니다. 물론 그리스도에게서 멀어진 이들에게는 이 모든 것이 존재합니다. 아주 가까이 존재합니다. 하지만 부활축일 성찬예배 때 봉독되는 설교에서 성 요한 크리소스토모스는 이렇게 선언합니다. "저승아 네 승리가 어디로 갔느냐? 그리스도께서 부활하시니 너는 폐허가 되고 말았도다." 그래서 우리 그리스도인들은, 하느님을 믿고 그 계명을 지키는 사람에게는 죽음이 없다고 굳게 믿습니다. 성 사도 요한의 복음서에서 주님은 직접 이렇게 말씀하십니다.

정말 잘 들어두어라. 내 말을 잘 지키는 사람은 영원히 죽지 않을 것이다.

(요한 8:51)

부활축일 까논 성가는 지옥과 죽음이 죽었고 파멸되었다고 선언합니다. 그것은 사람의 힘도 천사의 힘도 아닌 하느님 아들이신 그리스도의 부활로 된 것입니다.

그리스도께서는 죽은 자들 가운데서 다시 살아나셔서 죽었다가 부활한 첫 사람이 되셨습니다.

(고린토Ⅰ 15:20)

부활 축일 까논 작사가는 자신의 느낌뿐만 아니라 우리들의 감정까지도 표현해 줍니다. 단순히 믿는 차원을 넘어서 죽음과 지옥이 멸망된 것을 축일로 지내며 기뻐합니다. 동시에 새로운 삶의 시작, 첫 출발을 경축합니다. 이 승리를 가져오셨고 우리에게 영원한 생명을 베풀어주신 그리스도를 가슴 뜨겁게 찬양합니다. 사도 바울로도 이렇게 말합니다.

우리 주 예수 그리스도를 통하여 우리에게 승리를 주신 하느님께 감사합시다.

(고린토Ⅰ 15:57)

이 썩을 몸이 불멸의 옷을 입고 이 죽을 몸이 불사의 옷을 입게 될 때에는, 승리가 죽음을 삼켜버렸습니다.

(고린토Ⅰ 15:54)

"우리는 살아도 주님의 것이고 죽어도 주님의 것입니다."(로마 14:8)

또 다른 삶으로 건너 간다는 것은 옆 동네로 가는 것과 같습니다. 다리를 건너 건너편으로 가는 것과 같습니다. 그래서 다른 삶이라는 표현은 적절하지 못합니다. 삶은 하나입니다. 하느님의 뜻대로 살면 사후의 삶이 어떤지 살아있을 때부터 드러내 보여주십니다. 사랑의 제자인 복음사도 요한의 말씀을 들어봅시다.

사랑하는 여러분, 이제 우리는 하느님의 자녀입니다. 우리가 장차 어떻게 될지는 분명하지 않지만 그리스도께서 나타나시면 우리도 그리스도와 같은 사람이 되리라는 것을 우리는 알고 있습니다. 그 때에는 우리가 그리스도의 참모습을 뵙겠기 때문입니다.

(요한Ⅰ 3:2)

사후에 우리가 살아가게 될 그 세상은 인간의 말로는 표현할 수 없습니다. 하지만 사도 바울로는 이렇게 묘사합니다.

하느님께서는 진실하십니다. 그분은 여러분을 부르셔서 당신의 아들 우리 주 예수 그리스도와 친교를 맺게 해주셨습니다.

향기로운 삶과 말씀_459

(고린토Ⅰ 1:9)

언젠가 잠시 죽음에 이른 적이 있었습니다. 다른 세상에 갔었습니다. 그곳의 그지없는 아름다움들을 보았습니다. 떠나고 싶지 않았습니다. 다시 이 세상으로 돌아온 것이 슬프기만 했습니다. 그곳에는 모든 것이 밝았습니다. 표현할 수 없는 기쁨! 천국이었습니다.

그리스도께서 부활하셨네.
죽음으로 죽음을 멸하시고
무덤에 있는 자들에게
생명을 베푸셨나이다.

하루는 아포스톨로스가 내게 물었습니다.
"연세가 85세나 되었는데도, 신부님은 아직도 수도원에 대한 계획을 세우십니까?"
나는 이렇게 대답했습니다.
"나는 영원한 사람입니다. 우리 모두가 이렇게 느껴야 합니다. 우리는 영원한 생명을 사는 사람처럼 일해야 하고, 동시에 곧 임종을 맞이할 사람처럼 살아야 합니다. 그럴 때 우리는 나무를 심고 건물을 짓는 일 등에 헌신할 수 있습니다. 하지만 내 자신이 그것을 누릴 생각은 말아야 합니다."
그리스도가 나를 천국으로 부르신다면 그곳에서 나는 하느님의 은총으로 살게 될 것입니다. 다시 말하자면 이 땅에서보다 더욱 강렬하고 더욱더 큰 기쁨과 하느님의 영광을 보며 살게 될 것입니다. 나는 이제 이 세상에서 몇 년을 더 살지 잘 모르겠습니다. 오 년, 십 년, 이십 년? 사는 동안 그리스도의 기쁨으로 살면 언제나 기쁩니다. 더 살려고 안간힘을 쓰지 않습니다. 얼마나 더 살게 될지도 연연하지 않습니다. 더 살게 해달라고 기도하지도 않습니다. 이 모든 것을 온전히 하느님의 사랑에 맡겼습니다. 이 세상에 있건 다른 세상에 있건 나는 하느님의 것입니다. "우리는 살아도 주님을 위해서 살고 죽더라도 주님을 위해서 죽습니다. 그러므로 우리는 살아도 주님의 것이고 죽어도 주님의 것입니다."(로마 14:8) 나를 어디로 보내실지는 하느님이 결정하십니다. 나는 죽음을 맞이할 준비가 되었고, 지옥에 대해 생각하며 절망하고 싶지는 않습니다. 전에도 말했듯이 죽음에 이르렀던 적이 있었는데 그때 나는 그리스도를 만날 생각에 너무 기뻤습니다. 물론 내가 지은 죄들을 망각한 것은 아니지만, 내가 지은 죄들보다 하느님의 자애가 더욱 크다는 것을 믿었습니다.

내가 저지른 잘못은 이루 말할 수 없이 많사옵니다. 구원을 받기 위해, 순결하고 축복을 받은 당신에게 비오니, 연약한 나의 영혼을 지켜주시고 …

이 하나만은 분명한 진실입니다. 우리 모두 떠납니다. 이곳에 영원히 머물지 않습니다. 우리의 목표는 영원한 삶입니다. 그러므로 그 영원한 삶을 위해 반드시 준비해야 합니다. 그렇게 잘 준비한다면 "우리는 행복한 사람이고 아무것도 두려워 할 것이 없다."는 것을 깨닫게 될 것입니다. 우리가 기뻐하며 나아가는 그곳은 빛이 영원히 사라지지 않는 곳입니다. 거기에서 우리는 끊임없이 성 삼위일제의 이름과 성모 마리아와 헤루빔과 세라핌 그리고 우리 교회의 모든 성인들의 이름을 부르면서 찬양할 것입니다. 그러나 그렇게 되려면, 우리는 이곳, 이 지상의 삶에서부터 성 삼위일체이신 하느님을 찬양하며 살아야 합니다. 이곳에서부터 하느님과 일치되지 않는다면 다른 세상에서도 하늘나라의 영광과 기쁨을 누릴 수 없습니다. 낡은 삶에 대해 죽을 때, 우리는 이곳에서부터 영원한 삶을 살게 됩니다.

이와 관련된 내용이 아토스 성산의 한 수도원 입구에 적혀 있는 것을 본 적이 있습니다.

죽기 전에 낡은 사람에 대해 죽는다면, 여러분은 결코 죽지 않을 것입니다. 낡은 사람에 대해 이미 죽은 자가 되어 죽음을 맞이한다면, 그것은 죽어도 죽지 않은 것이고 또 영원히 죽지 않을 것입니다.

다시 말해 낡은 사람에 대해 죽는다면 그때부터 영원한 세계에서 산다는 뜻입니다. 거기에는 죽음이 없습니다.

꺼지지 않는 불

영원한 삶이란 존재하지 않는다고 말하는 사람이 참 많습니다. 그러나 이것은 진실이 아닙니다. 나는 영원한 삶을 알고 있고 매일 영원한 삶을 살고 있습니다. 다른 삶이 있다는 것은 마치 내일 해가 뜰 것이라는 사실처럼 확실한 것이라고 나는 믿습니다. 그렇습니다. 영원한 세계를 보았고, 또 지금 그곳에서 사는 모든 증거자들이 우리에게 이것을 증명해줍니다. 복음사도 요한처럼 말입니다.

나는 하느님 아들의 이름을 믿는 여러분에게 이 글을 씁니다. 그것은 여러분이 영원한 생명을 갖고 있다는 것을 여러분에게 알리려는 것입니다.

(요한 I 5:13)

하느님의 은총으로 나는 이 세상을 떠난 사람들이 빛 속에서 살며 기뻐하는 모습을 봅니다. 그 삶은 정말로 아름답습니다!

잘 들어보십시오. 오늘 나는 아주 감동 받았습니다. 타소스의 부모는 몹시 슬퍼서 위로를 받고자 수도원을 방문했습니다. 얼마 전에 10살짜리 어린 타소스를 잃었기 때문입니다. 바다에서 놀고 있었는데 그만 미끄러져서 바다에 빠졌습니다. 하느님이 주신 깨달음으로 나는 그들에게 이렇게 말했습니다.

"하느님이 하시는 일은 그 의미가 깊습니다. 우리는 아무것도 모릅니다. 우리는 오로지 우리가 보는 것만 압니다. 타소스는 하늘나라로 불려 갔습니다. 하느님이 그렇게 하신 것입니다. 씩씩하고 천사 같은 타소스를 데려갔습니다. 하느님이 데려가셨으니 우리는 이렇게 이야기할 뿐입니다. '아버지의 뜻이 하늘에서와 같이 땅에서도 이루어지게 하소서.' '… 다만 주의 이름을 찬양할지어라.' 그리스도가 최후의 심판 때 타소스를 부활시킬 것임을 확신하십시오. 여기 이 세상에 살았다면 우리처럼 고통을 받았을 것이고 죄도 지었을 겁니다. 하지만 지금 타소스는 천사가 되어 타락한 천사들로 인해 비어있는 한 자리를 채우고 있습니다. 주 예수 그리스도시여, 저를 불쌍히 여기소서.

그러니 모든 것을 잊어버리시고 단지 타소스를 추도하십시오. 타소스를 위해 기도하면서 기억하면, 당신의 영혼도 기도를 통해서 하늘나라로 갈 것입니다. 이렇게 하면 천천히 당신의 영혼에도 선함이 찾아올 것입니다. 만민 그렇게 하지 않는다면, 영적으로나 육체적으로나 좋지 않은 영향을 받게 될 것입니다. 당신은 많이 지쳤고 아파했습니다. 그러나 하느님은 당신의 영혼에 은총을 주시어 당신 아들 타소스가 그리스도 곁에 있다는 확신을 갖게 해주실 것입니다. 하느님께 자비를 구합시다. 힘을 주시어 우리가 좀더 선한 사람이 될 수 있게 해달라고 기도합시다. 아이는 참으로 하늘나라로, 그리스도 곁으로 갔습니다. 지금 영적인 존재로서 천사들과 함께 하느님을 바라보며 찬양하고 있습니다. 그가 있는 곳은 꺼지지 않는 빛으로 충만한 곳입니다. 그리스도와 함께 있습니다. 영원한 기쁨과 감사와 '축제를 지내는 자들의 노래 소리가 끊이지 않는 …' 곳에 있다는 말입니다. 우리 모두 아브라함 품 안에 있는, 하느님 곁에 있는, 모든 천사들과 함께 있는 타소스를 만나러 갑시다. 우리 모두는 그곳에 가기를 열망하고 영원토록 그곳에서 살기를 원합니다. 사도 베드로는 이렇게 말씀하십니다.

> 하느님의 심판날을 기다릴 뿐 아니라 그날이 속히 오도록 힘써야 할 것입니다. 그날이 오면 하늘은 불타 없어지고 천체는 타서 녹아버릴 것입니다. 그러나 우리는 하느님의 약속을 믿고 새 하늘과 새 땅을 기다리고 있습니다. 거기에는 정의가 깃들여 있습니다.
>
> (베드로Ⅱ 3:12-13)

우리 그리스도인들은 죽은 이들과 대화하고 도울 수 있는 방법을 가지고 있습니다. 자선을 하고 기도하면서 성찬예배와 성체성혈에 참여하면서 말입니다. 이런 방법으로 죽은 이들과 대화할 수 있습니다. 비록 우리는 그들을 볼 수 없지만, 그들은 우리를 보고 느끼며 기뻐할 것입니다. 전에도 말했듯이, 내가 죽으면, 나는 지금보다 더 가까이 여러분과 함께 있게 될 것입니다. 왜냐하면 내가 그리스도와 더 가까이에서 지내게 될 것이기 때문입니다.

그리스도에 대한 사랑은 사랑하는 사람과의 이별이라는 가장 큰 슬픔조차 변하게 해줍니다. 그리스도를 사랑하면, 사랑하는 사람이 죽게 되어도 그가 그리스도 곁에 있을 것이라 생각하며 마음의 평화와 기쁨을 누립니다.

그리스도는 우리에게 죽지 않는 영원함을 주셨습니다.

우리는 죽음을 두려워하지 말아야 합니다. 그것은 전혀 두려운 것이 아닙니다. 죽음은 영원으로 건너가기 위해 통과하는 문입니다. 물론 우리는 잘 준비해야 합니다. 이 세상에서부터 그리스도 안에서, 그리스도와 늘 가까이 살아감으로써, 다음 삶에 가서 곧바로 그리스도 곁으로 찾아갈 수 있어야 합니다. 하늘나라는 영원한 곳입니다. 그리스도를 사랑하는 모든 사람들은 그곳에 가게 될 것이고, 그곳에서 무한한 영적 기쁨을 누리며 살 것입니다.

어느 날 총대주교청에서 전화가 왔습니다. 우리는 기도에 대해 대화했습니다. 나는 그에게 이렇게 질문했습니다.

"성수식을 할 때 죽은 이들을 위한 성가도 부릅니다. 하지만 성수식이란 본래 집이나 살아있는 사람들이 소유한 것을 거룩하게 하는 예식입니다. 그런 예식 안에 죽은 이들을 위한 성가가 포함된 이유는 무엇일까요?"

그분은 내게 이렇게 답해주셨습니다.

"그것은 우리의 기도가 완벽하기 때문이지요. 우리의 기도는 죽은 이들까지도 포함합니다."

얼마나 지혜로운 대답입니까! 우리는 이런 걸 잘 모릅니다. 우리가 드리는 예식 안에, 기도 안에 무슨 내용이 있는지도 모르고, 또 그 내용의 의미가 무엇인지도 모른 채 기도하고 예배드립니다. 그리고 대부분 우리 자신을 위해 기도하기 바쁩니다.

그리스도는 우리에게 영원한 불멸을 주셨습니다. "정말 잘 들어두어라. 내 말을 잘 지키는 사람은 영원히 죽지 않을 것이다."(요한 8:51)라고 분명하게 약속하셨습니다. 그리스도와 함께 사십시오. 그러면 그리스도 안에서 행복을 누릴 것입니다. 우리는 그리스도 안에서 살아야 합니다. 그리스도의 몸인 교회로 들어가야 합니다. 그런데 교회로 들어가려면 낡은 사람으로서의 나는 죽어야 합니다. 그렇게만 된다면 이제 영원한 생명을 가로막는 것은 아무것도 없게 됩니다. 죽음도 영원한 불멸을 꺾지 못합니다. 이제 오직 영원한 삶이 있을 뿐입니다.

성 뽀르피리오스 수도사제와의 만남

피시디아의 소티리오스 대주교

　1968년 아테네 대교구청에서 대주교 총대리로 봉직하고 있었을 때 저는 처음으로 성인처럼 공경 받고 있던 뽀르피리오스 수도사제에 대해 들었습니다. 그 당시 엄청난 업무량으로 무척 바빴던 저는 그분에 대해 특별한 관심을 가지지 못했고 솔직히 말해 그분을 꼭 한번 만나야겠다는 마음도 별로 없었습니다.
　그 후로 10년 쯤 되었을 때, 한국정교회의 주임사제로 봉직하던 저는 한국정교회 선교사업 때문에 아테네에 들렀습니다. 그리고 지인이 마련해 준 홀라르고스 지역에 있는 빈 집에서 잠시 동안 지냈습니다. 교육자였던 집 주인이 다른 지역에서 일하고 있었기 때문에 이 집이 비어 있었던 것입니다. 아테네에서 일을 마치고 그 집에서 떠났을 때, 한 지인은 바로 직전에 뽀르피리오스 성인도 제가 머물렀던 그 집에 머물렀었다고 말해주었습니다. 성인은 건강 진단을 받기 위해서 아테네에 잠시 들렀던 것입니다.
　그 후 다시 아테네를 방문했을 때, 지인들은 다시 뽀르피리오스 성인에 대해서 감탄해 하면서 그분에 대해서 말해주었고 그분을 꼭 만나 보라고 제게 권했습니다. 그리고 마침내 뽀르피리오스 성인과의 첫 만남이 성사되었습니다. 첫 만남을 가질 당시, 성인은 아티키의 밀레시 지역(아테네에서 동북쪽으로 40km쯤 떨어진 곳)에 처음에 머물던 컨테이너 옆에 새로 시멘트를 사용하여 대충대충 지은 작은 방에서 사셨습니다. 이 첫 만남에서 성인은 친절하면서도 상냥하게 저를 맞이해 주셨고 자기 옆에 앉도록 배려해 주셨습니다.

성인을 만나고 보니, 성인에 관해서 들은 놀랍고도 경이로운 이야기들에 대한 궁금증이 생겼습니다. 내 앞에 있는 연로하고 병든 수도사제가 그렇게 놀라운 기적들을 보여주었다는 것이 잘 믿기지가 않았습니다. 그러나 성인은 저의 이런 의아심을 꿰뚫어 보시고 묻기도 전에 직접 답변해 주셨습니다. 성인은 칼을 손에 쥐시더니 칼의 손잡이에서 칼날이 있는 쪽으로 손가락을 천천히 옮겨 가면서 이렇게 말씀하셨습니다.

"영적인 문제는 정말로 주의를 기울여야 합니다. 성령이 인도하는 곳까지만 가야 하는 것이지요. 우리가 혼자서 자기 힘으로 그 이상을 가려 하면 -이때 성인은 손가락을 아래 쪽의 칼날로 천천히 옮겨갔습니다- 그때는 악마가 우리를 속임수에 빠뜨립니다!"

이 말씀을 듣고 난 뒤 저는 영적인 문제에 대해서 성인과 대화를 나누었습니다. 성인은 겸손하게 자신의 생각을 말씀하셨고, 자신의 의견을 말할 때마다 제가 그 의견에 동의하는 지를 물어보셨습니다.

그때부터 저는 그리스에 갈 때마다 영적투사요 거룩한 수도사제이신 뽀르피리오스 성인을 찾아뵈었고, 성인은 한국 정교회의 선교사업에 관하여 여러 가지로 조언해주셨습니다.

1978년 아현동에 위치한 한국 정교회 성 니콜라스 대성당 마당에 종탑을 세우기 시작했습니다.[46] 종탑 토목공사가 시작되었을 때 지금은 고인이

---

46) 이 종탑 공사는 정동에 위치했던 옛 성 니콜라스 성당 보수공사를 위해서 그리스 한국전쟁 참전 용사들이 각자 급여에서 조금씩 모아 조성한 기금으로 이뤄졌습니다.

되신 스틸리아노스 부르바하끼스가 한 달 동안 선교사업을 돕기 위해 한국을 방문하셨습니다. 그 분은 한 달 후 다시 본국으로 돌아가셨고 종탑 공사는 계속되었습니다.

스틸리아노스 교우는 아테네로 돌아온 뒤 15일 정도 지난 후에 뽀르피리오스 성인을 방문했고 그분에게 한국을 다녀왔다고 말했습니다.

그러자 성인은 제 안부를 물으셨다고 합니다.

"소티리오스 신부님은 안녕하십니까?"

"잘 계십니다. 성 니콜라스 대성당 종탑 공사가 한창입니다."

이 말을 듣던 성인은 이렇게 말했다고 합니다.

"종탑 공사는 이미 끝났습니다."

"아닙니다. 아직 공사 중입니다. 제가 그곳에 있었을 때 한창 공사 중이었습니다."

그때 마침 일행 중 예전에 한국을 방문하셨던 분이 계셨는데 그분은 한국에서 건축 및 각종 공사가 얼마나 빨리 진행되는지를 알고 있었기 때문에 이렇게 대답했습니다.

"한국에서 언제 귀국하셨습니까?"

"15일 전쯤입니다."

"모르셨군요. 한국 사람들은 15일이면 종탑이 아니라 집도 짓습니다!"

성인의 말씀이 사실이었다는 것은 물론 나중에 분명히 확인되었습니다. 예지와 통찰의 은사를 지니셨던 뽀르피리오스 성인은 성인만이 아시는 방법으로 이미 완공된 종탑을 보셨던 것입니다.

1986년 저는 여름 수련회를 개최하곤 했던 청평에 수도원을 세우는 문제에 대해 조언을 듣고자 성인을 방문했습니다. 성인에게 수도원 설립 계획에 대해 말씀 드렸을 때, 성인은 조금 생각에 잠기시더니 제게 이렇게 말씀하셨습니다.

"수도원으로는 훌륭한 장소입니다. 그리고 물줄기는 세 군데가 있군요."

"아닙니다. 세 군데가 아니라 두 군데입니다."

이 장소에 대해 잘 알고 있었던 저는 수련회를 위해 설치해둔 천막 앞의 다소 큰 계곡과 뒤쪽의 작은 계곡을 두고 그렇게 말했던 것입니다.

"아닙니다. 물줄기는 세 군데입니다." 성인은 자신의 주장을 굽히지 않았습니다.

물론 저는 나중에서야 성인의 주장이 옳았음을 깨달았습니다. 여름 수련회 장소였던 수도원 부지 한 곳에서 지하수를 발견했기 때문입니다. 이 지하수는 얼마나 물이 풍부한지 지금까지도 수도원에 필요한 식수를 풍부하게 제공해주고 있습니다. 또 수질은 얼마나 좋은지 모릅니다. 이 지하수를 가지고 식수 적합 판정을 위해서 수질 검사를 의뢰했는데, 수질 검사원은 한국에서 이런 훌륭한 물은 처음 봤다며 그 자리에서 물을 다 마셔버렸습니다. 바로 이 지하수를 두고 성인은 세 번째의 물줄기라 하셨던 것입니다. 그리스와 한국은 아주 먼 거리지만, 성인은 신비로운 능력으로 그 물을 보았고, 우리가 발견하기도 전에 그 물을 축복해 주셨습니다. 물에 관한 비슷한 기적 이야기는 이 전기에서도 소개되고 있습니다.

그 후 서울로 돌아온 저는 수도원 건물 건축을 시작하려 했습니다. 그러나 시작하기도 전에 난관에 부딪쳤습니다. 성 니콜라스 대성당의 운영위원 회의에서 그때 가장 연장자셨던 고(故) 파벨 김 교우가 가슴 아파하면서 저를 보고는 이렇게 말씀하셨습니다.

"신부님, 알아두셔야 할 것이 있습니다. 그곳에 수도원을 짓는 것은 불가능합니다. 그곳은 건축 허가가 나지 않습니다. 그곳은 그린벨트 지역이고 군사지역이기 때문입니다. 군사 지도에 현리는 군사 지역으로 표시되어 있고 군사 지역 내에 있는 땅을 사용하려면 아주 복잡한 과정을 거쳐야 합니다. 그곳에 건물을 짓기 위해서는 일곱 개의 허가증이 필요합니다! 그런데 우리가 필요한 그 허가증들을 발급받는 일은 불가능합니다!"

그래서 회의에 모인 위원들은 그 장소에 수도원을 짓지 않는 것이 좋겠다는 다는 쪽으로 의견을 모았습니다. 하지만 그 순간 저는 뽀르피리오스 성인이 마치 내 앞에 있는 것 같은 느낌을 받았습니다. 그래서 이렇게 말했습니다.

"우리의 어려움을 충분히 이해합니다. 그러나 올 여름에 그리스에 갔을 때 모든 사람이 성인처럼 공경하는 뽀르피리오스 수도사제님을 만나 우리의 계획을 이야기했을 때, 그분은 그곳이 수도원 짓기에 아주 적합한 장소라고 말씀해주셨습니다. 그러니 하느님의 뜻이라면 수도원 건물은 세워질 것입니다."

그러자 고 파벨 김 교우님이 이렇게 말했습니다.

"그건 저희들이 모르고 있었던 일이군요. 성인 같은 분께서 수도원을 짓기에 훌륭한 장소라고 하셨다면 … 그럼 다함께 노력해봅시다."

그리고 회의에 참석한 모든 사람들도 찬성했습니다. 그 후 우리 모두는 참으로 열심히 노력했습니다. 결과가 어땠을까요? 모든 문제를 해결할 수 있는 돌파구를 찾았고 결국에는 우리는 일곱 개의 허가증을 발급 받을 수 있었습니다. 아무도 처음에는 확신할 수 없었지만, 우리는 수도원 건축을 위해 최선을 다했습니다. 뽀르피리오스 성인은 최선을 다하는 우리의 모습을 멀리서 다 내다보고 계셨을 것이고, 그래서 정말 힘겨웠던 순간 기도로 우리를 도와주셨을 것입니다. 어찌 우리를 부관심으로 방치하실 수 있겠습니까?

1988년 수도원 건물이 완공되었습니다. 그 후 저는 뽀르피리오스 성인을 만나서 이 기쁜 소식을 전해주었습니다. 성인은 잠시 생각에 잠기시더니 이렇게 말씀해 주셨습니다.

"수도원 장소로는 참 좋은데, 수도원 건물을 좀 더 높은 곳에, 그러니까 지금 건물 모서리 방향에 있는 바위 위쪽에 지었으면 더 나았을지도 모르겠습니다!"

저는 슬픈 표정으로 성인을 쳐다보았습니다. 이미 지어진 수도원 건물을 옮기는 것은 불가능했으니까요! 그러나 성인은 잠시 침묵하신 뒤 제게 이렇게 말씀해 주셨습니다.

"아닙니다. 그 쪽은 바람이 더 세게 부는 곳이군요. 차라리 지금의 위치가 더 나은 것 같습니다."

성인은 미소 지으며 말씀하셨습니다.

"그곳의 장소를 제가 너무 잘 알고 있지요?"

"신부님은 성령의 인도로 그곳에 가서 다 보실 수 있지 않습니까!" 하고 내가 화답하니, 이 말을 들은 성인은 입가에 미소를 가득 띠고 계속해서 말씀하셨습니다.

"지금 그 건물에 기역자가 되도록 건물을 증축하면 좋겠습니다."

"다른 건물을 짓기 위한 건축헌금은 어디서 구하지요?"

"먼저 콘크리트 기초 작업을 하십시오. 그런 다음 천천히 건축을 진행하십시오."

성인이 제게 말씀해 주신 것 중에 이 한 가지만 아직까지 현실로 이루어지지 않았습니다. 이제 우리 정교회에서 공식적으로 시성되셨으니, 주님께서 성인의 간구를 들어주시어, 성인이 제게 주신 마지막 말씀이 이루어지기를 바랍니다. 아멘!